W9-DGF-444

*The Ultimate*
# Italian Review
# and Practice

458.24 S

8/19
KK

# The Ultimate
# Italian Review
# and Practice

## PREMIUM SECOND EDITION

David M. Stillman, PhD
Tiziano Cherubini, PhD
Ronni L. Gordon, PhD

New York  Chicago  San Francisco  Athens  London  Madrid
Mexico City  Milan  New Delhi  Singapore  Sydney  Toronto

Copyright © 2019 by McGraw-Hill. All rights reserved. Printed in the United States of America. Except as permitted under the United States Copyright Act of 1976, no part of this publication may be reproduced or distributed in any form or by any means, or stored in a database or retrieval system, without the prior written permission of the publisher.

1 2 3 4 5 6 7 8 9    LHS    24 23 22 21 20 19

ISBN      978-1-260-45351-5
MHID        1-260-45351-0

e-ISBN    978-1-260-45352-2
e-MHID      1-260-45352-9

McGraw-Hill books are available at special quantity discounts to use as premiums and sales promotions or for use in corporate training programs. To contact a representative, please visit the Contact Us pages at www.mhprofessional.com.

**McGraw-Hill Language Lab App**

Flashcards and audio exercises supplement this book in the McGraw-Hill Language Lab app. This is freely available in the Apple App Store (for iPhone and iPad) and the Google Play store (for Android devices). A web version is also available at mhlanguagelab.com. Note: Internet access required for streaming audio.

**By the same authors**

Italian Vocabulary Drills

*Per Ronni, mia moglie*
*«dolce guida e cara»*
Dante Alighieri, *Paradiso* XXIII, 34

**D.M.S.**


*Per mia madre Paola, mio padre Roberto*
*e mia sorella Claudia,*
*che hanno sempre creduto nei miei sogni*

**T.C.**


*Per Alex e Mimi, i nostri figli adorati,*
*i due soli del nostro universo*

**R.L.G.**

# Contents

## IV The Complex Sentence and Other Aspects of Usage

# Preface

*A different language is a different vision of life.*
  —Federico Fellini

*Knowledge of languages is the doorway to wisdom.*
  —Roger Bacon

*The Ultimate Italian Review and Practice*, Second Edition, is designed to provide advanced beginners and intermediate and advanced learners of Italian with a powerful tool for review and progress in the language. This book presents clear, concise, and well-organized grammar explanations with examples that reflect everyday usage, often in the form of conversational exchanges. The presentations of structure and the examples, usually contextualized, will encourage learners to see the study of grammar as a stepping-stone to communication.

In addition to the many features that made the first edition of *The Ultimate Italian Review and Practice* so popular and successful with learners, we have added to this second edition an **audio app** that provides abundant listening comprehension and speaking practice. Dialogues and monologues recorded by native speakers and oral exercises based on these passages provide you with the opportunity to hear spoken Italian on a variety of topics. You can listen to the app whenever and wherever you choose, and—*hey presto!*—more exposure and accelerated progress.

*The Ultimate Italian Review and Practice*, Second Edition, presents engaging exercises built around everyday communication situations, with instructions in Italian to help set the scene and prepare you for the task at hand. Vocabulary boxes provide a review of the vocabulary common to most first- and second-year Italian textbooks, as well as new words and phrases essential for the exercises, thus increasing your vocabulary and enhancing your ability to express yourself on many topics. Exercises reflect authentic, current Italian usage and touch on all areas of modern life, including family, food, education, entertainment, business, professional life, and technology. The Answer Key at the end of the book allows you to check your work as you progress through the exercises.

*The Ultimate Italian Review and Practice*, Second Edition, has 28 chapters divided into four parts:

  I    Verbs—Forms and Uses
  II   Nouns and Their Modifiers; Pronouns
  III  Other Elements of the Sentence
  IV   The Complex Sentence and Other Aspects of Usage

**Note culturali**, cultural notes featured throughout the book, enhance the effectiveness of the grammar exercises by providing an authentic Italian context in which to practice and become acquainted with contemporary Italy. To further your progress, we have included a chapter, "Word Formation," that helps you with vocabulary building, and another, "Potential Pitfalls," that alerts you to the most common errors made by English-speaking learners of Italian.

A unique feature of *The Ultimate Italian Review and Practice*, Second Edition, are the **Note linguistiche**, for learners who come to their study of Italian after having studied Spanish or French. These notes highlight important points of contrast between Italian and the other Romance languages, thus helping learners avoid common errors deriving from their knowledge of French and Spanish.

*The Ultimate Italian Review and Practice*, Second Edition, is ideal for learners working on their own and as an ancillary for students using a textbook in a classroom setting. Chapters may be covered in any order, permitting learners and teachers to individualize grammar practice.

Comprehensive, inviting, and easy to use, *The Ultimate Italian Review and Practice*, Second Edition, will help you increase your confidence in using and understanding Italian, thereby enhancing your appreciation of *la bella lingua* and *il bel paese*. As the great Italian opera composer Giuseppe Verdi expresses in his opera *Attila*, "Avrai tu l'universo, resti l'Italia a me" . . . *You may have the universe, but let Italy remain mine!*

Tanti auguri,

David M. Stillman, PhD
Tiziano Cherubini, PhD
Ronni L. Gordon, PhD

# Verbs—
# Forms and Uses

# The Present Tense of Regular Verbs

## An Introduction to Conjugation

Verbs are presented in conjugation paradigms that summarize the forms that the verbs have in each tense. Verbs are said to have three persons: the speaker, the person spoken to, and a third person, referring neither to the speaker nor the person spoken to. Italian, like English, has two numbers: singular and plural. The pattern used in the presentation of verb forms can be summarized by introducing the subject pronouns.

The persons of the verb and their corresponding pronouns in English are as follows.

|  | SINGULAR | PLURAL |
|---|---|---|
| FIRST PERSON | *I* | *we* |
| SECOND PERSON | *you* | *you* |
| THIRD PERSON | *he/she/it* | *they* |

The persons of the verb and their corresponding pronouns in Italian are as follows.

|  | SINGULAR | PLURAL |
|---|---|---|
| FIRST PERSON | io | noi |
| SECOND PERSON | tu | voi |
| THIRD PERSON | lui/lei/Lei | loro/Loro |

## Differences Between English and Italian

- English has only one form for *you*; Italian has four. **Tu** is a singular form and is informal; it is used to address one person with whom you have an informal relationship: a family member, a close friend, a fellow student, etc. **Voi** is the plural of **tu** and is used to address two or more people with whom you have an informal relationship. To address someone with whom you have a formal relationship, Italian uses the pronoun **Lei**. **Lei** meaning *you* is distinguished from **lei** meaning *she* in writing by beginning with an uppercase **L**, even in the middle of a sentence.

| | |
|---|---|
| Non so se **Lei** lavora oggi. | *I don't know whether you are working today.* |
| Non so se **lei** lavora oggi. | *I don't know whether she is working today.* |

In formal Italian, **Loro** is the plural of **Lei** and is used to address two or more people with whom you have a formal relationship. The **L** of **Loro** meaning *you* is capitalized in writing to distinguish it from **loro** meaning *they*.

| | |
|---|---|
| Non so se **Loro** lavorano oggi. | *I don't know whether you are working today.* |
| Non so se **loro** lavorano oggi. | *I don't know whether they are working today.* |

In contemporary Italian, **voi** serves as the plural of both **tu** and **Lei**, while **Loro** is limited to elevated or bureaucratic style.

In literary, formal, or archaic Italian, you may encounter the pronouns **egli/esso** *he,* **ella/essa** *she,* **essi** *they* (masculine), and **esse** *they* (feminine).

- In English, subject pronouns must be used with verbs. In Italian, however, the forms of the verb change to show who the subject is, and pronouns are used only for emphasis or contrast.

- Italian verbs are divided into three groups, called *conjugations*. Each conjugation has a characteristic ending in its infinitive form.

| | |
|---|---|
| FIRST CONJUGATION | parl**are** |
| SECOND CONJUGATION | vend**ere** |
| THIRD CONJUGATION | fin**ire** |

When the infinitive ending is removed, the stem of the verb remains.

| | |
|---|---|
| parl**are** | parl- |
| vend**ere** | vend- |
| fin**ire** | fin- |

The second and third conjugations have subgroups as well.

Regular verbs of each of the three conjugations follow set patterns.

## Stress in Italian Verbs

The stress pattern of present-tense verb forms is not indicated by Italian spelling.

- The singular forms and the third-person plural forms are stressed on the stem: **parlo, parli, parla, parlano**. The **noi** and **voi** forms are stressed on the endings: **parliamo, parlate**. (The stressed vowel is underlined in this book as a help to students; it is not used in Italian spelling.)

- The singular and third-person plural forms of most present-tense Italian verbs are stressed on the syllable before the ending: **aiuto, ammiri, analizza, prenotano**. However, a considerable number of verbs are stressed two syllables back from the ending. This irregularity is not shown in Italian spelling; it is indicated in the verb lists of this book by underlining the stressed vowel of the **io** form in parentheses after the infinitive.

**accelerare (io accelero)** *to accelerate*

The remaining forms of the present tense can be deduced from the form in parentheses: **acceleri, accelera, acceleriamo, accelerate, accelerano**.

# First-Conjugation Verbs

Verbs of the first conjugation (**-are** verbs) are conjugated like **parlare** *to speak*.

## parlare

|               | SINGULAR | PLURAL    |
|---------------|----------|-----------|
| FIRST PERSON  | parlo    | parliamo  |
| SECOND PERSON | parli    | parlate   |
| THIRD PERSON  | parla    | parlano   |

## Useful First-Conjugation Verbs

**abbandonare** *to abandon*

**abbassare** *to lower, pull down; to turn down (the radio), dim (a light)*

**abbinare** *to combine, link*

**accelerare (io accelero)** *to accelerate*

**aiutare** *to help*

**allenare** *to exercise, train*

**alzare** *to raise*

**amare** *to love*

**ammirare** *to admire*

**analizzare** *to analyze*

**annoiare** *to bore, annoy, bother*

**annotare** *to jot down*

**apprezzare** *to value, appreciate*

**arredare** *to furnish*

**arrestare** *to arrest*

**arrivare** *to arrive*

**ascoltare** *to listen to*

**aspettare** *to wait for*

**attraversare** *to cross*

**aumentare** *to increase*

**ballare** *to dance*

**brindare** *to propose/make a toast*

**buttare** *to throw*

**camminare** *to walk*

**cantare** *to sing*

**celebrare (io celebro)** *to celebrate*

**cenare** *to have dinner, dine*

**chiamare** *to call*

**circondare** *to surround*

**combinare** *to arrange, settle, plan*

**comprare** *to buy*

**consegnare** *to hand over, deliver*

**conservare** *to keep, preserve*

**considerare (io considero)** *to consider*

**contare** *to count*

**controllare** *to check, inspect*

**creare** *to create*

**cucinare** *to cook*

**depositare (io deposito)** *to deposit, leave*

**desiderare (io desidero)** *to desire*

**digitare (io digito)** *to type*

**disegnare** *to sketch, draw, outline; to design*

**disturbare** *to bother, trouble, disturb*

**diventare** *to become*

**domandare** *to ask (for)*

**dubitare (io dubito)** *to doubt*

**durare** *to last*

**entrare** *to come/go in*

**esitare (io esito)** *to hesitate*

**evitare (io evito)** *to avoid*

**fermare** *to stop*

**firmare** *to sign*

**fissare** *to establish, fix, settle*

**frequentare** *to attend, frequent*

**fumare** *to smoke*

**funzionare** *to function, work (of a machine)*

**girare** *to turn, spin*

**giurare** *to swear*

**governare** *to govern*

**gridare** *to shout*

**guadagnare** *to earn*

**guardare** *to look at*

**guidare** *to drive*

**immaginare (io immagino)** *to imagine*

**imparare** *to learn*

**incassare** *to cash; to take in money*

**indossare** *to put on, wear*

**indovinare** *to guess*

**ingrassare** *to get fat, put on weight*
**inquinare** *to pollute, contaminate*
**insegnare** *to teach*
**intervistare** *to interview*
**invitare** *to invite*
**lavare** *to wash*
**lavorare** *to work*
**lottare** *to struggle, fight, wrestle*
**mandare** *to send*
**migliorare** *to improve*
**misurare** *to measure*
**mostrare** *to show*
**notare** *to notice*
**nuotare** *to swim*
**ordinare (io ordino)** *to order*
**organizzare** *to organize*
**paragonare** *to compare*
**parlare** *to speak*
**partecipare (io partecipo)** *to participate*
**passare** *to pass; to spend time*
**pattinare (io pattino)** *to skate; to skid*
**pensare** *to think*
**perdonare** *to pardon, forgive*
**pesare** *to weigh; to be heavy*
**piantare** *to plant; to abandon, dump*
**portare** *to carry, bear; to take (someone somewhere); to wear*
**pranzare** *to have lunch*
**prenotare** *to reserve, book*
**preparare** *to prepare*
**presentare** *to present, introduce*
**prestare** *to lend, loan*
**provare** *to try, test; to experience*
**raccomandare** *to recommend*
**raccontare** *to tell about, narrate*
**rappresentare** *to represent*
**recitare (io recito)** *to act*

**regalare** *to give as a gift*
**respirare** *to breathe*
**ricordare** *to remember; to remind*
**ripassare** *to review (for exams, etc.)*
**riposare** *to rest*
**ritornare** *to return*
**rubare** *to steal*
**saltare** *to jump*
**salutare** *to greet, say hello to*
**scherzare** *to joke, jest*
**scusare** *to excuse, forgive*
**sembrare** *to seem*
**sistemare** *to arrange, fix, set up*
**sognare** *to dream*
**sopportare** *to stand, bear, endure*
**sorpassare** *to pass, go beyond*
**sparare** *to shoot, fire*
**spaventare** *to frighten*
**sperare** *to hope*
**spostare** *to move, shift, displace*
**squillare** *to ring*
**stampare** *to print*
**stirare** *to iron*
**suonare** *to sound; to play (an instrument)*
**superare (io supero)** *to exceed, surpass, outdo*
**telefonare (io telefono)** *to telephone*
**tentare** *to try; to tempt*
**tirare** *to pull*
**tornare** *to return*
**trovare** *to find*
**urlare** *to scream, howl*
**versare** *to pour*
**vietare** *to prohibit, forbid*
**visitare (io visito)** *to visit*
**volare** *to fly*
**votare** *to vote*

## First-Conjugation Verbs Ending in **-care** and **-gare**

First-conjugation verbs whose stems end in -c or -g are regular in speech, but appear to be irregular in writing. These apparent irregularities can be predicted by the rules of Italian orthography.

The sounds /k/ and /g/ are written as follows in Italian.

| /k/ | /g/ |
|-----|-----|
| ca | ga |
| che | ghe |
| chi | ghi |
| co | go |
| cu | gu |

Thus, verbs whose infinitives end in **-care** or **-gare** need to add **h** before the endings of the **tu** and **noi** forms.

| **cercare** *to look for* | |
|------------|-------------|
| cerco | cerchiamo |
| cerchi | cercate |
| cerca | cercano |

| **pagare** *to pay* | |
|------------|-------------|
| pago | paghiamo |
| paghi | pagate |
| paga | pagano |

## Useful First-Conjugation Verbs Ending in -care and -gare

**annegare** *to drown*
**bloccare** *to block*
**caricare (io caríco)** *to load*
**cercare** *to look for*
**comunicare (io comúnico)** *to communicate*
**dedicare (io dédico)** *to dedicate*
**dimenticare (io diméntico)** *to forget*
**distaccare** *to detach*
**divulgare** *to divulge*
**drogare** *to drug*
**educare (io édúco)** *to bring up; to educate*
**elencare** *to list (names); to enumerate*
**fabbricare (io fábbrico)** *to manufacture*
**fantasticare (io fantástico)** *to daydream*
**giocare** *to play*
**giudicare (io giúdico)** *to judge*
**identificare (io identífico)** *to identify*
**imbarcare** *to board; to put on board*
**impiegare** *to use; to hire*
**interrogare (io intérrogo)** *to question*
**investigare (io invéstigo)** *to investigate*
**lastricare (io lástrico)** *to pave*
**leccare** *to lick*

**legare** *to tie (up)*
**litigare (io lítigo)** *to quarrel, argue*
**lusingare** *to flatter*
**mancare** *to be lacking*
**masticare (io mástico)** *to chew*
**navigare (io návigo)** *to sail, navigate*
**obbligare (io óbbligo)** *to force, oblige*
**pagare** *to pay*
**peccare** *to sin*
**pescare** *to fish*
**pregare** *to pray, ask, beg*
**pubblicare (io púbblico)** *to publish*
**recare** *to bring about, cause*
**sbarcare** *to land, disembark*
**sbrigare** *to accomplish, finish (a task)*
**scaricare (io scárico)** *to download*
**seccare** *to dry; to annoy*
**slogare** *to dislocate, sprain*
**soffocare (io sóffoco)** *to suffocate*
**stancare** *to tire*
**toccare** *to touch*
**traslocare** *to move* (change residence)
**truccare** *to apply makeup (to someone)*
**zoppicare (io zóppico)** *to limp*

# First-Conjugation Verbs Ending in **-ciare**, **-giare**, and **-sciare**

The sounds /ch/ as in *church*, /j/ as in *joy*, and /sh/ as in *show* are written as follows in Italian.

| /ch/ | /j/ | /sh/ |
|------|-----|------|
| cia  | gia | scia |
| ce   | ge  | sce  |
| ci   | gi  | sci  |
| cio  | gio | scio |
| ciu  | giu | sciu |

The **i** written before **a**, **o**, and **u** is not pronounced; it merely indicates the sound of the preceding consonant.

When the **tu** and **noi** present-tense endings are added to the stem of one of these verbs, only one **i** is written. Study the conjugations of **baciare**, **viaggiare**, and **lasciare**.

**baciare**  *to kiss*

| | |
|---|---|
| bacio | baciamo |
| baci  | baciate |
| bacia | baciano |

**viaggiare**  *to travel*

| | |
|---|---|
| viaggio | viaggiamo |
| viaggi  | viaggiate |
| viaggia | viaggiano |

**lasciare**  *to let; to leave (behind)*

| | |
|---|---|
| lascio | lasciamo |
| lasci  | lasciate |
| lascia | lasciano |

This single-**i** rule applies after both single and double **c** and **g**: ba**ci**, ba**ci**amo; abbra**cci**, abbra**cci**amo; man**gi**, man**gi**amo; via**ggi**, via**ggi**amo.

## Useful First-Conjugation Verbs Ending in **-ciare**, **-giare**, and **-sciare**

**abbracciare**  *to hug, embrace*
**allacciare**  *to tie, fasten*
**annunciare**  *to announce*
**appoggiare**  *to support; to lean (something) against*
**arrangiare**  *to arrange*
**assaggiare**  *to try, taste*
**associare**  *to associate*
**baciare**  *to kiss*
**bocciare**  *to reject, fail*
**cacciare**  *to hunt; to expel*

**cominciare**  *to begin*
**danneggiare**  *to damage, hurt*
**ghiacciare**  *to freeze, turn to ice*
**incominciare**  *to begin*
**incoraggiare**  *to encourage*
**intrecciare**  *to weave, intertwine*
**lanciare**  *to throw, toss; to launch*
**lasciare**  *to let; to leave (behind)*
**mangiare**  *to eat*
**noleggiare**  *to rent*
**parcheggiare**  *to park*

**pareggiare** *to balance, make even*
**passeggiare** *to walk, take a walk*
**rinunciare** *to renounce, quit*
**rovesciare** *to knock over*

**scacciare** *to chase/drive away*
**schiacciare** *to crush*
**scocciare** *to bother, annoy*
**viaggiare** *to travel*

## First-Conjugation Verbs with Stems Ending in -i

Most verbs whose stems end in -i are stressed on the vowel before the i in the singular and third-person plural forms.

**studiare** *to study*

| | |
|---|---|
| stu̲dio | studiamo |
| stu̲di | studiate |
| stu̲dia | stu̲diano |

When the **tu** and **noi** endings are added to the stem of one of these verbs, only one i is written. In a few verbs with stems ending in -i, the i is the stem vowel, constitutes a syllable, and is stressed. In these verbs, the **tu** form is written with two is, and both are pronounced.

**sciare** *to ski*

| | |
|---|---|
| sci̲o | sciamo |
| sci̲i | sciate |
| sci̲a | sci̲ano |

In this book, the stressed i is underlined as a help to students; it is not used in Italian spelling.

## Useful First-Conjugation Verbs Ending in -iare

**affiliare** *to affiliate*
**alleviare** *to alleviate*
**arrabbiare** *to make angry*
**assomigliare** *to resemble, look like*
**avviare (io avvi̲o)** *to start up, set in motion*
**copiare** *to copy*
**fischiare** *to whistle; to boo, hiss*
**incendiare** *to set on fire*
**iniziare** *to begin*
**inviare (io invi̲o)** *to send*
**licenziare** *to fire, dismiss, discharge*
**macchiare** *to stain, spot*
**negoziare** *to negotiate*

**odiare** *to hate*
**picchiare** *to hit, beat*
**raddoppiare** *to double*
**rimorchiare** *to tow*
**ringraziare** *to thank*
**rischiare** *to risk*
**risparmiare** *to save (money, time)*
**sbagliare** *to make a mistake*
**sparecchiare** *to clear the table*
**studiare** *to study*
**svegliare** *to awaken*
**tagliare** *to cut*
**umiliare** *to humiliate*
**viziare** *to spoil (a child)*

**A** **Forme plurali.** *Scrivi il corrispettivo plurale di ogni verbo e sottolinea la vocale accentata della forma plurale.*

ESEMPIO parlo → parl<u>ia</u>mo

1. taglia
2. canti
3. sveglio
4. spera
5. inizio

6. entri
7. mangia
8. controlla
9. incoraggi
10. aiuta

**B** **Forme singolari.** *Scrivi il corrispettivo singolare di ogni verbo e sottolinea la vocale accentata della forma singolare.*

ESEMPIO parliamo → p<u>a</u>rlo

1. spaventano
2. fischiate
3. lanciamo
4. svegliano
5. danneggiamo
6. ringraziate
7. giocano
8. sciate

9. incominciamo
10. variate
11. preghiamo
12. pubblicate
13. sbarchiamo
14. toccate
15. dimenticate

**C** **Prima persona singolare.** *Scrivi la prima persona singolare (**io**) di ogni verbo all'infinito e sottolinea la vocale accentata.*

1. parcheggiare
2. soffocare
3. litigare
4. lusingare
5. indovinare
6. accelerare
7. intervistare
8. pattinare

9. dimenticare
10. annoiare
11. avviare
12. zoppicare
13. arrivare
14. arredare
15. considerare

**D** ***Cosa fanno oggi?*** *Scrivi cosa fanno oggi queste persone unendo gli elementi dati e coniugando il verbo al presente.*

ESEMPIO   la mamma / preparare la cena
→ La mamma prepara la cena.

1. i nonni / lavorare in giardino

2. la nonna / piantare dei fiori

3. il nonno / tagliare l'erba

4. Luca / pattinare sul marciapiede

5. tu / giocare ai giochi elettronici

6. papà / parcheggiare la macchina

7. io e Laura / noleggiare un film

8. noi / fantasticare sul nostro avvenire

9. il gatto / rovesciare un vaso di fiori

10. tu / studiare per l'esame di chimica organica

11. mia sorella / comprare del formaggio

12. noi / scaricare articoli in italiano

13. i vicini / pranzare sul balcone

14. voi / ascoltare un nuovo CD

15. tu / mangiare un panino

**E** ***Anche loro.*** *Rispondi alle domande come nell'esempio. Ricorda che* **anche** *(also) precede il soggetto della frase e che* **anche** + **io** *diventa* **anch'io.**

ESEMPIO   Il direttore firma molti documenti. E voi?
→ Sì, anche noi firmiamo molti documenti.

1. La polizia investiga sulla rapina in banca (*bank robbery*). E voi?

2. Loro inviano molti pacchi. Ed io?

3. Noi lasciamo il lavoro. Ed io?

4. Loro giocano al biliardo. E voi?

5. Io impiego mezz'ora per andare al lavoro. E voi?

6. Voi recitate bene. E la ragazza?

7. Lui scia a Cortina d'Ampezzo. Ed io?

8. Io ripasso gli appunti. E loro?

9. Noi carichiamo un programma sul computer. E tu?

10. Gianna copia l'indirizzo. Ed io?

**F**   *Fra amici.* *Riformula le domande usando il pronome **tu**.*

> ESEMPIO   In che banca deposita (Lei) il denaro?
> → In che banca depositi il denaro?

1. Quando inizia (Lei) il dibattito?
2. Lega (Lei) il pacco con lo spago o con il nastro?
3. (Lei) pubblica molti articoli scientifici?
4. Perché non prenota (Lei) i posti a teatro?
5. Perché non risparmia (Lei) un po' di più?
6. Cosa è successo? Vedo che (Lei) zoppica.
7. Quando torna (Lei) a Roma?
8. Quando incomincia (Lei) le vacanze?

## Second-Conjugation Verbs

Second-conjugation (**-ere**) verbs are conjugated like **vendere** *to sell.*

| **vendere** | |
|---|---|
| vend**o** | vend**iamo** |
| vend**i** | vend**ete** |
| vend**e** | vend**ono** |

The stress pattern is the same as for **-are** verbs. The singular and third-person plural forms are stressed on the stem: v**e**ndo, v**e**ndi, v**e**nde, v**e**ndono. The **noi** and **voi** forms are stressed on the endings: vend**ia**mo, vend**e**te.

Note that three of the six forms have the same endings in the first and second conjugations: **parlo** ~ **vendo, parli** ~ **vendi, parliamo** ~ **vendiamo**.

### Useful Second-Conjugation Verbs

**accendere** *to light, turn on*
**ammettere** *to admit*
**apprendere** *to learn, find out*
**ardere** *to burn*
**attendere** *to wait for; to attend to*
**battere** *to hit*
**chiedere** *to ask*
**chiudere** *to close, shut; to quit (a computer application)*
**coincidere** *to coincide*
**combattere** *to fight*
**commettere** *to commit*
**commuovere** *to move (emotionally); to touch*
**comprendere** *to understand; to include*
**compromettere** *to jeopardize*
**concludere** *to conclude, finish*

**condividere** *to share*
**confondere** *to confuse*
**connettere** *to connect*
**consistere** *to consist*
**credere** *to believe*
**deludere** *to disappoint*
**descrivere** *to describe*
**dibattere** *to debate*
**difendere** *to defend*
**dipendere** *to depend*
**discutere** *to discuss; to quarrel*
**distinguere** *to distinguish*
**dividere** *to divide*
**esistere** *to exist*
**espellere** *to expel*
**esplodere** *to explode*

**esprimere**  *to express*
**estendere**  *to extend*
**fondere**  *to melt; to blend, fuse*
**incidere**  *to cut into, carve; to affect*
**includere**  *to include*
**intendere**  *to intend, mean; to understand*
**interrompere**  *to interrupt*
**invadere**  *to invade*
**iscrivere**  *to enroll, register*
**mettere**  *to put*
**mordere**  *to bite*
**muovere**  *to move*
**nascondere**  *to hide*
**offendere**  *to offend, insult*
**omettere**  *to omit*
**opprimere**  *to oppress*
**perdere**  *to lose*
**permettere**  *to permit, allow*
**prendere**  *to take*
**pretendere**  *to claim, demand*
**procedere**  *to proceed*
**promettere**  *to promise*
**proscrivere**  *to ban, proscribe*
**radere**  *to shave*
**rendere**  *to give back*
**reprimere**  *to repress*
**resistere**  *to resist*
**riassumere**  *to summarize*
**ricevere**  *to receive*
**ridere**  *to laugh*

**riflettere**  *to reflect, think over*
**rimettere**  *to put back*
**rimuovere**  *to remove*
**ripetere**  *to repeat*
**riscuotere**  *to collect (money)*
**risolvere**  *to solve*
**rispondere**  *to answer*
**rompere**  *to break*
**scendere**  *to go down(stairs)*
**scommettere**  *to bet*
**sconnettere**  *to disconnect*
**scorrere**  *to glide, flow; to pass (time)*
**scrivere**  *to write*
**scuotere**  *to shake*
**smettere**  *to stop*
**soccorrere**  *to help, come to the aid of*
**sopravvivere**  *to survive*
**sorprendere**  *to surprise*
**sorridere**  *to smile*
**sospendere**  *to call off, stop; to suspend*
**sovrintendere**  *to supervise*
**spegnere**  *to extinguish, put out*
**spendere**  *to spend*
**spremere**  *to squeeze*
**stendere**  *to extend, spread out*
**temere**  *to fear*
**trascrivere**  *to transcribe*
**uccidere**  *to kill*
**vivere**  *to live, be alive*

## Second-Conjugation Verbs Ending in **-cere** and **-gere**

Second-conjugation verbs whose stems end in **-c** or **-g** are regular in writing, but have a sound change in the **tu**, **lui**, **noi**, and **voi** forms. Remember that **c** and **g** represent the sounds /ch/ and /j/, respectively, before **e** and **i**.

Study the conjugations of **convincere** *to convince* and **piangere** *to cry*, paying special attention to the sound-symbol correspondences.

**convincere**

| convinco | /k/ | convinciamo | /ch/ |
|----------|-----|-------------|------|
| convinci | /ch/ | convincete | /ch/ |
| convince | /ch/ | convincono | /k/ |

**piangere**

| piango | /g/ | piangiamo | /j/ |
|--------|-----|-----------|-----|
| piangi | /j/ | piangete | /j/ |
| piange | /j/ | piangono | /g/ |

The pattern is the same when the verb stem ends in -**gg**, as in **leggere** *to read.*

### leggere

| | | | |
|---|---|---|---|
| le**gg**o | /gg/ | le**gg**iamo | /jj/ |
| le**gg**i | /jj/ | le**gg**ete | /jj/ |
| le**gg**e | /jj/ | le**gg**ono | /gg/ |

Verbs like **crescere** *to grow* have a /sh/ sound before **e** and **i**.

### crescere

| | | | |
|---|---|---|---|
| cre**sc**o | /sk/ | cre**sc**iamo | /sh/ |
| cre**sc**i | /sh/ | cre**sc**ete | /sh/ |
| cre**sc**e | /sh/ | cre**sc**ono | /sk/ |

## Second-Conjugation Verbs Ending in -gliere and -gnere

Verbs whose infinitives end in -**gliere**, like **togliere** *to take away, remove,* have a /g/ sound in the **io** and **loro** forms and a /ly/ sound in the remaining forms. Only one **i** is written in the **tu** and **noi** forms.

### togliere

| | | | |
|---|---|---|---|
| to**lg**o | /g/ | to**gli**amo | /ly/ |
| to**gli** | /ly/ | to**gli**ete | /ly/ |
| to**gli**e | /ly/ | to**lg**ono | /g/ |

**Spegnere** *to extinguish, put out, shut off* has a /g/ sound in the **io** and **loro** forms and a /ny/ sound in the remaining forms.

### spegnere

| | | | |
|---|---|---|---|
| spe**ng**o | /g/ | spe**gn**iamo | /ny/ |
| spe**gn**i | /ny/ | spe**gn**ete | /ny/ |
| spe**gn**e | /ny/ | spe**ng**ono | /g/ |

Except for verbs ending in -**gliere** or -**gnere**, all second-conjugation verbs have predictable written forms.

## Useful Second-Conjugation Verbs Ending in -cere, -gere, -gliere, and -gnere

**accogliere** *to welcome, receive*
**aggiungere** *to add*
**avvolgere** *to wrap up*
**cingere** *to surround, encircle*
**cogliere** *to pick, gather*
**coinvolgere** *to involve, implicate*
**convincere** *to convince*
**correggere** *to correct*

**crescere** *to grow*
**dipingere** *to paint*
**dirigere** *to direct, manage*
**distruggere** *to destroy*
**eleggere** *to elect*
**emergere** *to emerge*
**erigere** *to erect, build*
**esigere** *to demand, require*

| | |
|---|---|
| **fingere** *to pretend, feign* | **sconfiggere** *to defeat* |
| **giungere** *to arrive* | **sconvolgere** *to upset, disturb* |
| **leggere** *to read* | **spargere** *to scatter, sprinkle* |
| **piangere** *to cry* | **spegnere** *to extinguish, put out, shut off* |
| **porgere** *to extend (one's hand, etc.)* | **spingere** *to push* |
| **proteggere** *to protect* | **sporgere** *to jut/stick out* |
| **pungere** *to prick, sting* | **storcere** *to twist, distort* |
| **raccogliere** *to pick up, collect* | **stringere** *to grip; to tighten* |
| **raggiungere** *to reach, get to* | **svolgere** *to unwind, unroll; to carry out* |
| **redigere** *to draft, compile* | *(a plan, study, reform, etc.)* |
| **rivolgere** *to turn, direct; to address* | **togliere** *to take away/off, remove* |
| *(someone)* | **torcere** *to twist* |
| **scegliere** *to choose* | **volgere** *to turn toward* |

Some -**ere** verbs are stressed on the infinitive ending, such as **av_e_re, dov_e_re, pot_e_re, sap_e_re, ved_e_re,** and **vol_e_re.** These verbs are irregular and will be presented in the next chapter.

**G** *Forme singolari.* Scrivi il corrispettivo singolare di ogni verbo e sottolinea la vocale accentata della forma singolare.

ESEMPIO    prendiamo → pr_e_ndo

1. torcono
2. dividete
3. scommettiamo
4. vinciamo
5. proteggete

6. scelgono
7. crescono
8. dirigiamo
9. spegniamo
10. svolgono

**H** *Da te a me.* Cambia la seconda persona singolare **tu** nella prima persona singolare **io.** Studia le differenze nella pronuncia.

ESEMPIO    dipingi → dipingo

1. sconvolgi
2. togli
3. proteggi
4. cresci
5. raggiungi

6. accogli
7. fingi
8. cogli
9. spegni
10. aggiungi

**I** **Scegli il verbo giusto.** *Completa le frasi coniugando al presente il verbo all'infinito più appropriato.*

ESEMPIO    Noi _leggiamo_ il giornale. (fingere | leggere | battere)

1. Io _____ le luci. (aggiungere | erigere | spegnere)

2. La nostra città _____ molto presto. (crescere | radere | porgere)

3. In estate le zanzare (*mosquitoes*) _____. (redigere | soccorrere | pungere)

4. Gli studenti _____ i problemi di matematica. (convincere | volgere | risolvere)

5. (Noi) _____ sempre gli articoli in poche parole. (riassumere | porgere | dubitare)

6. Quei bambini _____ perché non vedono la loro mamma.
   (sporgere | piangere | lastricare)

7. I nostri soldati _____ il nemico. (sconfiggere | recare | condividere)

8. Perché non _____ (tu) la porta? (accogliere | chiudere | scherzare)

9. Gli studenti _____ delle note ai loro saggi (*essays*). (aggiungere | giungere | dipingere)

10. Io gli _____ sempre la mano quando lo vedo. (spargere | discutere | stringere)

**J** **Coniuga.** *Completa le frasi coniugando al presente il verbo all'infinito.*

1. Loro _____ sempre studenti stranieri. (accogliere)

2. Questi occhiali ti _____ dal sole. (proteggere)

3. Tali notizie ci _____ sempre. (sconvolgere)

4. Lui non _____ di raccontare stupidaggini. (smettere)

5. Quel messaggio _____ la sua paura. (riflettere)

6. Oggi (io) _____ un articolo. (redigere)

7. Questo governo _____ il popolo con le tasse. (opprimere)

8. Quegli animali _____ nell'acqua. (vivere)

9. Io _____ sempre i regali in questo negozio. (scegliere)

10. Loro non _____ mai le luci. (spegnere)

11. Voi _____ sempre di aiutarci, ma non fate niente. (promettere)

12. Perché (tu) non _____ ai miei messaggi? (rispondere)

13. Perché _____ (tu) di essere contento? (fingere)

14. Con questi argomenti, noi non _____ nessuno. (convincere)

15. Con che _____ voi i pacchi? (avvolgere)

# Third-Conjugation Verbs: Group I

Third conjugation (-**ire**) verbs follow a different present-tense conjugation pattern. Most of them insert -**isc**- (called an *infix*) between the stem and the ending in the singular and third-person plural forms. Study the conjugation of **finire** *to finish*.

| finire | |
|---|---|
| fin**isc**o | fin**i**amo |
| fin**isc**i | fin**i**te |
| fin**isc**e | fin**isc**ono |

The infix -**isc**- is stressed in the four forms where it occurs: **fin<u>i</u>sco, fin<u>i</u>sci, fin<u>i</u>sce, fin<u>i</u>scono.** As in the other conjugations, the stress falls on the ending in the **noi** and **voi** forms: **fin<u>i</u>amo, fin<u>i</u>te.**

## Useful Third-Conjugation Group I Verbs

**abolire**  *to abolish*
**acuire**  *to stimulate; to sharpen*
**aderire**  *to adhere, stick; to join, be a member of*
**agire**  *to act*
**approfondire**  *to deepen*
**arrossire**  *to blush*
**arrugginire**  *to rust*
**attribuire**  *to attribute, assign; to award*
**brandire**  *to brandish*
**capire**  *to understand*
**colpire**  *to hit, strike, knock*
**condire**  *to season, flavor, spice*
**contribuire**  *to contribute*
**costruire**  *to build*
**digerire**  *to digest*
**dimagrire**  *to get thin*
**diminuire**  *to diminish*
**distribuire**  *to distribute, give/hand out*
**disubbidire**  *to disobey*
**esaurire**  *to exhaust, use up*
**esibire**  *to show, exhibit, display*
**fallire**  *to fail; to go bankrupt*
**favorire**  *to favor, support*
**ferire**  *to wound*
**finire**  *to finish*
**fiorire**  *to flourish, bloom*
**fornire**  *to supply, furnish, give*
**garantire**  *to guarantee*
**gestire**  *to manage, run, conduct*
**gradire**  *to like, appreciate*
**guarire**  *to cure, heal*
**impallidire**  *to turn pale*

**impartire**  *to impart, give*
**impazzire**  *to go crazy*
**impedire**  *to prevent, obstruct*
**infastidire**  *to annoy, bother, vex*
**ingelosire**  *to make jealous*
**inghiottire**  *to swallow*
**intimidire**  *to intimidate*
**istruire**  *to instruct*
**marcire**  *to rot*
**nutrire**  *to feed, nourish*
**obbedire**  *to obey*
**preferire**  *to prefer*
**proibire**  *to prohibit, forbid*
**pulire**  *to clean*
**punire**  *to punish*
**raddolcire**  *to sweeten*
**rammollire**  *to soften*
**reagire**  *to react*
**restituire**  *to give back, restore*
**riunire**  *to gather, collect*
**sbalordire**  *to astonish*
**scaturire**  *to gush/spring (from)*
**smagrire**  *to make thinner*
**smentire**  *to deny; to belie*
**spedire**  *to send, mail, ship*
**stabilire**  *to set, fix, establish*
**starnutire**  *to sneeze*
**stupire**  *to amaze, astonish*
**suggerire**  *to suggest*
**tossire**  *to cough*
**tradire**  *to betray*
**trasferire**  *to transfer*

**K** *Dal plurale al singolare.* Redirect each of the following questions to a single friend by changing the **voi** form of the verb to the **tu** form.

ESEMPIO   Capite il portoghese? → Capisci il portoghese?

1. Cosa suggerite per aiutarci?

2. Perché tossite tanto?

3. A che partito politico aderite?

4. Spedite molte e-mail?

5. Trasferite i soldi in un'altra banca?

6. Perché non obbedite alle regole?

7. Perché agite così?

8. Quando mi fornite quelle informazioni?

9. A chi attribuìte la colpa?

10. Perché mi impedite di lavorare?

**L** *Coniuga.* Completa le frasi coniugando al presente il verbo all'infinito.

1. Le sue parole mi _____. (stupire)

2. Giancarlo _____ sempre le sue conoscenze. (esibire)

3. Oggi io e mia sorella _____ la casa. (pulire)

4. Sono preoccupato perché questa mia ferita non _____. (guarire)

5. (Io) ti _____ di parlarmi con quel tono. (proibire)

6. La madre _____ il suo bambino. (nutrire)

7. Le Sue parole ci _____. (ferire)

8. È un libro che _____ la tua immaginazione. (colpire)

9. Voi _____ le sue idee? (capire)

10. Oggi (io) _____ i miei amici a cena. (riunire)

**M** *Scegli e coniuga.* Completa le frasi coniugando al presente il verbo all'infinito più appropriato.

1. Nella crisi economica tutte le ditte _____. (starnutire | fallire | rammollire)

2. È un bambino viziato perché i suoi genitori non lo _____ mai. (punire | raddolcire | garantire)

3. Il proprietario _____ molto bene il negozio. (colpire | acuire | gestire)

4. Le fabbriche _____ tutta la merce con corriere espresso. (disubbidire | spedire | marcire)

5. Noi, invece, _____ rimanere qua. (scaturire | preferire | dimagrire)

6. Io _____ mio figlio in matematica. (istruire | sovrintendere | incidere)

7. Con che _____ (voi) l'insalata? (brandire | dimagrire | condire)

8. Io non _____ bene il cibo indiano. (digerire | impartire | sbalordire)

## Third-Conjugation Verbs: Group II

A number of common -**ire** verbs are conjugated without the -**isc**- infix. These verbs conjugate exactly like -**ere** verbs in the present tense, except that their **voi** form ends in -**ite**, not -**ete**. Study the conjugations of **partire** *to leave, depart* and **seguire** *to follow.*

### partire

| | |
|---|---|
| parto | partiamo |
| parti | partite |
| parte | partono |

### seguire

| | |
|---|---|
| seguo | seguiamo |
| segui | seguite |
| segue | seguono |

**NOTE** In the conjugation of **cucire** *to sew*, an **i** is written before the **o** of the **io** and **loro** forms in order to represent the final consonant sound /ch/ of the stem.

### cucire

| | |
|---|---|
| cucio | cuciamo |
| cuci | cucite |
| cuce | cuciono |

### Useful Third-Conjugation Group II Verbs

| | |
|---|---|
| **avvertire** *to warn, notify* | **offrire** *to offer* |
| **bollire** *to boil; to feel uncomfortably hot* | **partire** *to leave, depart* |
| **conseguire** *to obtain, reach, get* | **riempire** *to fill* |
| **convertire** *to convert* | **scomparire** *to disappear* |
| **cucire** *to sew* | **seguire** *to follow* |
| **divertire** *to amuse* | **sentire** *to feel; to hear* |
| **dormire** *to sleep* | **servire** *to serve* |
| **fuggire** *to flee* | **soffrire** *to suffer* |
| **inseguire** *to run after, chase* | **vestire** *to dress* |
| **investire** *to invest; to hit, run over* | |

NOTE **Scomparire** *to disappear* is irregular in the **io** and **loro** forms.

| scomparire | |
| --- | --- |
| scompaio | scompariamo |
| scompari | scomparite |
| scompare | scompaiono |

Some **-ire** verbs can be conjugated either with the **-isc-** infix or without it; these include the following.

> **applaudire** (**applaudisco** OR **applaudo**) *to applaud*
> **inghiottire** (**inghiottisco** OR **inghiotto**) *to swallow*
> **mentire** (**mentisco** OR **mento**) *to lie*
> **nutrire** (**nutrisco** OR **nutro**) *to feed, nourish*

**N** *Dal plurale al singolare.* Scrivi il corrispettivo singolare di ogni verbo.

ESEMPIO   finiamo → finisco

1. disobbediamo
2. restituiamo
3. offriamo
4. colpiamo
5. nutriamo
6. forniamo
7. partiamo
8. smentiamo
9. mentiamo
10. applaudiamo
11. scompariamo
12. cuciamo
13. conseguiamo
14. tradiamo
15. investiamo
16. arrossiamo
17. preferiamo
18. condiamo

**O** *Coniuga.* Completa le frasi coniugando al presente il verbo all'infinito.

1. Il nero _____. (smagrire)
2. Quel film ci _____ moltissimo. (divertire)
3. Mio zio _____ perché fuma troppo. (tossire)
4. La polizia _____ il criminale. (inseguire)
5. Quei negozi _____ tutta la loro merce. (garantire)
6. Tutti _____ i loro bicchieri. (riempire)

7. Io _____ sempre l'azienda dell'arrivo dei consulenti. (avvertire)

8. La ragazza _____ per l'emozione. (arrossire)

9. A che ora _____ tu? (partire)

10. I fatti _____ questi pettegolezzi. (smentire)

## Uses of the Present Tense

- The Italian present tense expresses both the English present tense (*I work*) and the English present progressive (*I'm working*).

| | |
|---|---|
| In genere **lavoriamo** in ufficio, ma oggi **lavoriamo** a casa. | *Usually **we work** at the office, but today **we are working** at home.* |

- The Italian present tense can express future time, especially if there is an adverb or expression in the sentence that refers to future time. English often uses the present progressive in these cases.

| | |
|---|---|
| —Domani ti **porto** in centro, se vuoi. | *Tomorrow **I'll take** you downtown, if you want.* |
| —Grazie, sei gentile, ma domani **vado** al mare. | *Thanks, that's nice of you, but tomorrow **I'm going** to the beach.* |

- The Italian present tense can express an action that began in the past but continues into the present. English uses *have been (doing something)* for this meaning. The time expression (for example, *for three years* or *for an hour*) is preceded in Italian by **da**. Note how to ask questions about how long an action has been going on.

### To Express Duration

| | |
|---|---|
| —Da quanto tempo lavori? | *How long have you been working?* |
| —Lavoro già da tre ore. | *I've already been working for three hours.* |
| —Da quanto tempo aspettate il treno? | *How long have you been waiting for the train?* |
| —Lo aspettiamo da mezz'ora. | *We've been waiting for it for half an hour.* |
| —Da quanto tempo abita a Firenze Samuele? | *How long has Samuel been living in Florence?* |
| —Ci abita da tre anni. | *He's been living there for three years.* |

### To Express a Starting Point

| | |
|---|---|
| —Da quando lavori in questa ditta? | *Since when have you been working at this firm?* |
| —Ci lavoro dal quindici settembre. | *I've been working here since September 15.* |

**P** ***Così si lavora in questo ufficio.*** *Scrivi la domanda e la risposta usando gli elementi dati in ogni frase. Per la domanda usa "Da quanto tempo..." e sia nella domanda che nella risposta usa il tempo presente. Segui il modello.*

ESEMPIO     voi / assumere consulenti / tre anni
→  —Da quanto tempo assumete consulenti?
—Da tre anni. Noi assumiamo consulenti da tre anni.

**In ufficio**

l'  **archiviazione** (f.)  *filing*
   **assumere**  *to hire*
la  **calcolatrice**  *calculator*
il  **consulente**  *consultant*
le  **forniture per ufficio**  *office supplies*
la  **gestione**  *management*
il  **palmare**  *handheld computer*
la  **ricevuta**  *receipt*
   **riordinare**  *to arrange*
lo  **scaffale**  *shelf*
la  **scrivania**  *desk*
il  **tritacarte**  *shredder*

1. il vostro ufficio / cercare un sistema di archiviazione / sei mesi

2. tu / lavorare a questa scrivania / un anno

3. voi / utilizzare / questo software di gestione / un mese

4. Lei / comprare le forniture per ufficio online / due anni

5. tu / avere bisogno di una calcolatrice per il tuo lavoro / da cinque mesi

6. tutti gli impiegati / avere i palmari / da due anni

7. tu / riordinare i documenti sullo scaffale / dieci minuti

8. voi / mettere le vecchie ricevute nel tritacarte / un'ora

**Q** ***Problemi di lavoro.*** *A Francesca non piace il suo lavoro. Per scoprire i suoi problemi nell'azienda, completa queste frasi e traducile in inglese.*

**Il lavoro**

l'  **aumento di stipendio**  *raise*
l'  **azienda**  *firm, company*
il/la **collega**  *colleague, co-worker*
il  **direttore**  *manager, boss*
la  **ditta**  *firm, company*
   **lasciare**  *to quit*
il  **posto**  *job, position*
la  **risposta**  *answer*
lo  **stipendio**  *salary*

1. Domani _____ il mio lavoro. (lasciare)

2. _____ nella stessa azienda da tre anni. (lavorare)

3. (Io) _____ lo stesso stipendio da due anni e mezzo. (guadagnare)

4. Io _____ un aumento di stipendio da sei mesi. (chiedere)

5. E da sei mesi il direttore _____ la stessa risposta. (ripetere)

6. Tutti i miei colleghi _____ abbandonare la ditta da un anno. (desiderare)

7. Loro _____ posti nuovi da molto tempo. (cercare)

8. La settimana prossima (loro) _____ la loro decisione al direttore. (annunciare)

# The Present Tense of Irregular Verbs

Verbs that don't follow the conjugation patterns of **-are**, **-ere**, or **-ire** verbs are called *irregular verbs*. Verbs may be irregular in one tense or in several tenses. Irregular verbs usually have at least one regular form (most often the **voi** form) in the present tense.

## Essere and avere

The verbs **essere** *to be* and **avere** *to have* are the most common irregular verbs in Italian, not only because of their basic meanings but because they are used as auxiliary verbs to form the compound tenses.

| essere | |
|---|---|
| sono | siamo |
| sei | siete |
| è | sono |

| avere | |
|---|---|
| ho | abbiamo |
| hai | avete |
| ha | hanno |

### NOTES

- The **io** and **loro** forms of **essere** are identical: **sono**. Context clarifies which subject is meant.

- The singular forms of **avere** and its third-person plural form begin with a silent **h**.

**A** **Dove sono tutti quanti?** *La famiglia Serafini non è mai a casa. Inserisci la forma giusta del verbo* **essere** *per dire dove sono.*

ESEMPIO    io / a scuola
→ Io sono a scuola.

1. Roberto / in ufficio

2. Paola / dalla parrucchiera

3. Claudia e il suo ragazzo / al cinema

4. io e nonna Adalgisa / al supermercato

5. il gatto / dal veterinario

6. tu / dal dentista

7. voi / in pizzeria

8. i vicini / in vacanza

**B** *Cosa hanno? La famiglia Serafini ha molte cose. Inserisci la forma giusta del verbo* **avere** *per dire cosa hanno.*

> ESEMPIO  Claudia / una bella macchina
> → Claudia ha una bella macchina.

1. nonna Adalgisa / una casa in campagna

2. Roberto / un cellulare nuovo

3. io / un computer portatile

4. Paola e zia Carla / un negozio di abbigliamento (*clothing*)

5. voi / un giardino molto grande

6. io e mia sorella Claudia / un gatto

7. tu / un appartamento al terzo piano

8. nonno Ovidio / un camion rosso

## Andare and fare

The verbs **andare** *to go* and **fare** *to make, do* are irregular in the present tense.

**andare**

| | |
|---|---|
| vado | andiamo |
| vai | andate |
| va | vanno |

**fare**

| | |
|---|---|
| faccio | facciamo |
| fai | fate |
| fa | fanno |

**NOTES**

- The third-person plural forms of **andare** and **fare** have a double **n**, as does **hanno**.

- Most compounds of irregular verbs are conjugated like the simple verb, for example, **rifare** *to redo*: **rifaccio**, **rifai**, etc.

■ The present tense of **andare** is *not* used with an infinitive to express future time in the way *to be going to do something* is often used in English. **Andare** + **a** + infinitive means *to walk, move, or change location to do something.*

**Vado a vedere** il nuovo film di cui tutti          *I'm off to see the new film that everybody's*
   parlano.                                                  *talking about.*

**C** *Dove vanno a Ferragosto?* *Ogni membro della famiglia Serafini va in un posto diverso per festeggiare Ferragosto. Inserisci la forma giusta del verbo* **andare.**

   ESEMPIO   Paola e Roberto / al mare
               → Paola e Roberto vanno al mare.

1. Claudia / a Milano

2. io e i miei amici / in Spagna

3. nonna Adalgisa / a Fiuggi*

4. zia Carla e zio Francesco / in montagna

5. tu / al lago

6. voi / in Puglia

7. i vicini / a Firenze

8. Lisa / in Inghilterra

## NOTA CULTURALE

**Ferragosto** è una festività italiana molto importante. Si festeggia il 15 agosto con gite al mare, al lago o in montagna e spesso la sera si assiste a spettacoli pirotecnici (*firework displays*). Il nome Ferragosto deriva dal latino *Feriae Augusti* (riposo di Augusto), una festività pagana della Roma antica in onore dell'imperatore Augusto durante la quale si celebravano i raccolti (*harvest*) con feste e scambi di regali. Tali festività, che raggiungevano l'apice il 15 agosto, erano così radicate che la Chiesa decise di cristianizzarle. E fu così che, durante il secolo VI, le *Feriae Augusti* vennero trasformate nella celebrazione dell'Assunzione in cielo della Vergine Maria.

**D** *Fanno tutti qualcosa a casa Serafini.* *Roberto parla della sua famiglia e ci racconta che cosa fanno tutti in questa calda giornata d'estate. Scrivi frasi complete inserendo la forma corretta del verbo* **fare.**

**Vocabolario utile**
**fare il bucato** *to do the laundry*
**fare colazione** *to have breakfast*
**fare un esame** *to take an exam*
**fare fotografie** *to take pictures*
**fare giardinaggio** *to do the gardening*
**fare un giro / una passeggiata / quattro passi** *to go for a stroll/walk*

---

*Fiuggi is a thermal spa in the province of Lazio, north of Rome. See the **Nota culturale** on page 34.

**fare il letto** *to make the bed*
**fare un pisolino/riposino** *to take a nap*
**fare la spesa** *to go grocery-shopping*
**fare un viaggio** *to take a trip*

1. io / colazione

2. mia moglie Paola / il bucato

3. mia suocera Adalgisa / un pisolino

4. mio figlio Luigi / un esame di inglese

5. i miei vicini / giardinaggio

6. mia figlia Claudia / la spesa

7. mio fratello Francesco e mia cognata Carla / un viaggio all'estero

8. dopo la colazione, io / una passeggiata

9. tu / il letto ogni mattina

10. voi / molte fotografie quando andate in vacanza

---

### NOTA LINGUISTICA

In Italia, **fare bella figura** è un'espressione molto usata. Spesso è sinonimo di vestirsi bene, ma può indicare anche un comportamento o un atteggiamento (*attitude*) che vengono apprezzati dalle altre persone. In inglese... *to make a good impression.*

## Dovere, potere, and volere

The irregular verbs **dovere** *to owe; must, should, ought,* **potere** *to be able (to), can,* and **volere** *to want (to)* often occur before an infinitive.

**dovere**

| | |
|---|---|
| devo OR debbo | dobbiamo |
| devi | dovete |
| deve | devono OR debbono |

**potere**

| | |
|---|---|
| posso | possiamo |
| puoi | potete |
| può | possono |

**volere**

| | |
|---|---|
| voglio | vogliamo |
| vuoi | volete |
| vuole | vogliono |

## NOTES

- The first-person singular and third-person plural forms of **dovere** have alternate forms. Both forms are widely used, although the forms in -**v**- are more common than those in -**bb**-.

- The verbs **dovere**, **potere**, and **volere** show a typical pattern of Italian irregular verbs. The first-person singular and third-person plural forms have the same stem; this stem is commonly shared by the **noi** form.

- The **voi** forms of these verbs are regular.

- The infinitives of these verbs are stressed on the ending: **dovere**, **potere**, **volere**.

| | |
|---|---|
| —Vuoi cenare in centro con me? | *Do you want to have dinner with me in town?* |
| —Mi dispiace, ma non posso. Devo tornare a casa. | *I'm sorry, but I can't. I have to go back home.* |

**E**   *Prima il dovere, poi il piacere.*   *Luigi e i suoi amici devono fare molti lavori domestici prima di poter andare al cinema insieme, ma non hanno molta voglia di farli. Rispondi alle domande con **dovere** e **volere** seguendo gli esempi.*

ESEMPI    Luigi fa i compiti?
→ Lui deve fare i compiti, ma non vuole.

Io pulisco la cucina?
→ Tu devi pulire la cucina, ma non vuoi.

**I lavori domestici** (*Household chores*)
**fare/rifare il letto**   *to make the bed*
**innaffiare/annaffiare i fiori**   *to water the flowers*
**portare fuori i rifiuti**   *to take out the garbage*
**portare il cane a passeggio**   *to walk the dog*
**riordinare la propria stanza**   *to straighten up one's room*
**tagliare il pratino**   *to mow the lawn*

1. Massimo riordina la sua stanza?
2. Gianluca e Davide tagliano il pratino?
3. Lisa aiuta la mamma a cucinare?
4. Tu rifai il letto?
5. Io lavo la macchina?
6. Tu e Franco innaffiate i fiori?
7. Giacomo ed io, noi facciamo il bucato?
8. Voi lavate i piatti?
9. Io porto il cane a passeggio?
10. Tu porti fuori i rifiuti?

# Venire and tenere

The verbs **venire** *to come* and **tenere** *to hold* have similar conjugations in the present tense.

### venire

| | |
|---|---|
| vengo | veniamo |
| vieni | venite |
| viene | vengono |

### tenere

| | |
|---|---|
| tengo | teniamo |
| tieni | tenete |
| tiene | tengono |

## NOTES

- These two verbs are conjugated alike in the present tense except in the **voi** form, where the ending has the vowel of the infinitive.

  | | |
  |---|---|
  | venire | venite |
  | tenere | tenete |

- Many irregular verbs in Italian have -**g**- in the **io** and **loro** forms. This -**g**- actually creates a second stem, one that is used to form several persons in the subjunctive and imperative.

- **Svenire** *to faint* is conjugated like **venire**.

- Compounds of **tenere** are conjugated like the simple verb: **appartenere** *to belong,* **contenere** *to contain,* **ottenere** *to obtain, get,* **mantenere** *to maintain,* **ritenere** *to retain, consider,* and **sostenere** *to support (the weight of), elevate, hold up to take (a test).*

  | | |
  |---|---|
  | **ritenere qualcosa necessario** | *to consider something necessary* |
  | **sostenere un esame** | *to take a test* |
  | **tenere (molto) ai figli** | *to love one's children (a lot), be (very) involved with one's children* |

**F**   *Chi viene alla festa? Sabato prossimo Claudia compie diciotto anni. Diventa maggiorenne! Ha deciso di dare una festa e vuole invitare amici, parenti e anche il suo professore di storia dell'arte. Inserisci la forma corretta del verbo* **venire** *per scoprire chi viene alla festa.*

1. Gianluca e Jessica, _____ alla mia festa?

2. Sì, noi _____.

3. Il professor Faina _____.

4. Anch'io _____.

5. Sono certa che tutti gli amici _____.

6. E tu, _____ alla festa?

7. No, mi dispiace. Non _____.

8. Signora Renata, Lei _____?

9. Io, sì. _____ volentieri.

10. Anche i nonni di Claudia _____.

---

### NOTA CULTURALE

La festa di compleanno per i diciotto anni è molto importante in Italia perché si diventa maggiorenni. Il festeggiato o la festeggiata invita i suoi parenti e/o amici ad una festa a casa o in un ristorante o locale pubblico. Il festeggiato / La festeggiata riceve regali e in cambio dà agli invitati una bomboniera (*party favor*) con dentro confetti al cioccolato.

---

**G**   *Quanti verbi irregolari!* *Forma le frasi indicate con il presente dei verbi che seguono il modello del verbo* **venire**.

1. stasera io / non rimanere / a casa // io / venire / con te / !

2. il presidente / ritenere / necessaria una riunione

3. lo zaino di Massimo / contenere / molti libri e quaderni

4. tra due giorni / noi / ottenere / il visto (*visa*) per gli Stati Uniti

5. da un anno / io / mantenere / il peso forma (*ideal weight*)

6. domani / voi / sostenere / l'esame di latino

7. a chi / appartenere / queste chiavi / ?

8. Roberto e Paola / tenere / molto ai loro due figli

# Uscire and morire

The verbs **uscire** *to come/go out* and **morire** *to die* have changes in the vowel of the stem in the singular and third-person plural forms (the forms in which the stem vowel is stressed).

### uscire

| | |
|---|---|
| esco | usciamo |
| esci | uscite |
| esce | escono |

### morire

| | |
|---|---|
| muoio | moriamo |
| muori | morite |
| muore | muoiono |

**NOTE** The stem of **morire** is modified to **muoi-** in the **io** and **loro** forms. For this change of **-r-** to **-i-**, compare the verb **apparire** *to appear, show up.*

### apparire

| appaio | appariamo |
|--------|-----------|
| appari | apparite |
| appare | appaiono |

**H** ***Non so di che morte devo morire.*** *Per ogni situazione, inserisci l'espressione adatta* **morire di...**

1. È agosto e sono 95° Fahrenheit.

2. Sono le 2:00 di notte e oggi pomeriggio non abbiamo fatto il pisolino.

3. Non ho fatto colazione stamattina ed è quasi mezzogiorno.

4. Ogni volta che guardo quel programma comico alla TV...

5. I negozi sono chiusi e Franca e Concetta non hanno niente da fare.

6. Siamo in pieno inverno e non hai il cappotto.

7. Sono fuori di notte e sento passi dietro di me.

8. I turisti passeggiano da un'ora sotto il sole di Napoli senza bere niente.

**I** ***Con chi esci sabato sera?*** *Finalmente è sabato sera e gli studenti dell'Università per stranieri escono con i loro amici italiani. Coniuga il verbo* **uscire** *seguendo l'esempio.*

ESEMPIO    Melanie (Francesco)
→ Melanie esce con Francesco.

1. Natalie e Jennifer (Claudio)

2. Billy (Lisa)

3. Tu (Giovanna e Carla)

4. Stephanie (Franco)

5. Voi (Paola e Roberto)

6. Io (Massimo)

7. Françoise e Amir (Alba e Antonio)

8. Trinity (Martina)

## NOTA CULTURALE

In Italia ci sono due università per studenti non italiani che desiderano impa-rare e perfezionare la conoscenza della lingua e della cultura italiana: L'Università per stranieri di Siena e l'Università per stranieri di Perugia. L'Università per stranieri di Perugia è la più antica istituzione italiana nell'insegnamento dell'italiano come seconda lingua (L2).

# Dare and stare

The verbs **dare** *to give* and **stare** *to stay, live; to be* are conjugated alike.

**dare**

| | |
|---|---|
| do | diamo |
| dai | date |
| dà | danno |

**stare**

| | |
|---|---|
| sto | stiamo |
| stai | state |
| sta | stanno |

## NOTES

- The third-person singular form of **dare** has an accent mark: **dà**. This distinguishes it in writing from the preposition **da** *from; at the house of; by.*

- Both verbs have **-nn-** in the third-person plural form: **danno, stanno**; compare **hanno, vanno,** and **fanno**.

**J**  *I regali. Cosa regalano gli amici a Franca per il suo compleanno? Per saperlo, completa le frasi con la forma corretta del presente di dare.*

1. Il suo fidanzato le _____ un gioiello.

2. Le sue amiche Francesca e Federica le _____ uno scialle di seta (*silk shawl*).

3. Io le _____ un mazzo di fiori (*bouquet of flowers*).

4. Tu le _____ un libro.

5. Paola le _____ il nuovo CD del suo cantante preferito.

6. Noi le _____ i biglietti per il concerto.

7. I suoi genitori le _____ un viaggio a Venezia tutto incluso.

8. Voi le _____ i cioccolatini.

**K**  *Il week-end della famiglia Serafini. A casa Serafini fanno tutti qualcosa il fine settimana e non stanno mai con le mani in mano (sit idly by). Completa le seguenti frasi con il verbo dare + il sostantivo adatto. Utilizza la lista di espressioni qui sotto.*

## Espressioni con dare

**dare un esame**  *to take a test / an exam*
**dare una festa**  *to throw a party*
**dare un film**  *to show a film*
**dare una mano**  *to give a hand (to someone), help (someone)*
**dare noia/fastidio**  *to bother (someone), be a nuisance (to someone)*
**dare i numeri**  *to lose one's marbles, not be all there*
**dare un passaggio**  *to give a ride (to someone)*
**dare retta/ascolto**  *to pay attention (to someone), listen (to someone)*

1. Luigi va al cinema. (Loro) _____ molto bello che vogliono vedere.

2. Claudia _____ per la sua amica Simona che si laurea e ha invitato tutti gli amici.

3. Nonna Adalgisa _____ a Paola a cucinare per la festa perché Paola ha troppo da fare.

4. Roberto e nonno Ovidio _____ in macchina ai vicini che vanno all'aeroporto.

5. A nonno Ovidio non piacciono i gatti e il gatto dei vicini che miagola (*meows*) tutto il giorno gli _____.

6. Valerio, il ragazzo di Claudia, studia tutto il week-end perché lunedì _____ di filosofia.

7. Con tutto quello che deve studiare, Valerio _____ e impazzisce (*is going crazy*) sicuramente.

8. La mamma è arrabbiata perché i bambini non le _____ e fanno sempre quello che vogliono.

**L** *Dove stanno?* *Per sapere dove stanno gli amici e i parenti, completa le seguenti frasi con la forma corretta del verbo* **stare**.

1. Oggi io non _____ bene. _____ a casa.

2. Quando fa bello noi _____ all'aperto.

3. Mio zio è triste perché suo figlio _____ lontano.

4. Oggi voi _____ in ufficio?

5. No, oggi _____ in centro.

6. Tu _____ in campagna questa settimana?

7. Sì, _____ con i miei cugini.

8. Le scarpe che cerchi _____ nell'armadio.

**M** *Stammi bene!* (**Take care!**) *Nonna Adalgisa e le sue amiche sono in vacanza a Fiuggi, una famosa località termale italiana. Inserisci l'espressione con il verbo* **stare** *adatta.*

**Expressioni con stare**

**stare a casa**  *to be/stay at home*
**stare dentro**  *to be/stay inside*
**stare fermo/a**  *to keep/stay still*
**stare fuori**  *to be/stay outside*
**stare in ansia/pena per qualcuno**  *to be worried about someone*
**stare in giro**  *to be out (usually for leisure)*
**stare in piedi**  *to stand*
   **Non sto in piedi.**  *I'm falling off my feet.*
**stare all'ombra**  *to be/stay in the shade*
**stare al sole**  *to be/stay in the sun*

1. Gina ha molto caldo perché c'è tanto sole e ha paura di scottarsi (*get burned*). Dunque _____.

2. Vanda e Dina vogliono abbronzarsi e _____.

3. La Signora Renata non è mai nella stanza d'albergo. (Lei) _____.

4. Nonno Ovidio non è andato in vacanza con nonna Adalgisa. Non gli piace viaggiare e preferisce _____.

5. Nonna Adalgisa è preoccupata perché nonno Ovidio sta solo. (Lei) _____ per lui.

6. Hai visto? La cagnolina della nonna _____. Gli animali non possono entrare nel ristorante.

7. Questi bambini sono molto attivi. Non _____ mai _____.

8. Quando tornano in albergo, nonna Adalgisa e le sue amiche sono stanchissime. Non _____.

---

### NOTA CULTURALE

**Fiuggi** è una cittadina in provincia di Frosinone, nella regione Lazio. Oggi è un importante centro termale tra i più conosciuti in Europa nonché sede della sorgente dell'acqua minerale Fiuggi. Ci sono molte altre località termali in Italia, tra cui quelle famose di Chianciano e di Saturnia, entrambe in Toscana.

## Bere, condurre, and dire

The verbs **bere** *to drink*, **condurre** *to lead*, and **dire** *to say, tell* have stems that are not obvious from the infinitives.

### bere

| | |
|---|---|
| bevo | beviamo |
| bevi | bevete |
| beve | bevono |

### condurre

| | |
|---|---|
| conduco | conduciamo |
| conduci | conducete |
| conduce | conducono |

### dire

| | |
|---|---|
| dico | diciamo |
| dici | dite |
| dice | dicono |

## Rimanere, salire, spegnere, and valere

The verbs **rimanere** *to remain*, **salire** *to go up, climb*, **spegnere** *to extinguish, put out, shut off*, and **valere** *to be worth* have **-g-** in the **io** and **loro** forms.

| rimanere | | salire | |
|---|---|---|---|
| rimango | rimaniamo | salgo | saliamo |
| rimani | rimanete | sali | salite |
| rimane | rimangono | sale | salgono |

| spegnere | | valere | |
|---|---|---|---|
| spengo | spegniamo | valgo | valiamo |
| spegni | spegnete | vali | valete |
| spegne | spengono | vale | valgono |

**N** *Chi parte e chi rimane.* *Completa ciascuna frase con la forma corretta del verbo* **rimanere.**

1. Nonno Ovidio _____ a Vetralla.

2. Tu _____ a casa o vieni con noi?

3. Io _____ a casa perché sono stanco.

4. Jennifer e Melanie _____ in centro.

5. Luigi _____ in biblioteca perché deve studiare.

6. Voi _____ a lavoro.

7. Roberto _____ a cena a casa di Giorgio.

8. Noi _____ in città.

**O** *Chi scende e chi sale.* *Completa ciascuna frase con la forma corretta del verbo* **salire.**

1. Io _____ in ascensore.

2. Claudia _____ a piedi.

3. Tu e Lisa _____ le scale.

4. Noi _____ pian piano.

5. Tu _____ in fretta.

6. Luigi _____ velocemente.

7. Marica, Cristina e Franca _____ chiacchierando.

8. La Signora Serafini non _____. Scende.

**P** *Chi accende e chi spegne.* *Completa ciascuna frase con la forma corretta del verbo* **spegnere.**

1. Vado a dormire. Dunque, _____ la luce.

2. Roberto _____ la sigaretta.

3. Lisa e i suoi figli _____ la TV.

4. Claudia _____ la macchina.

5. Io _____ il computer.

6. Tu _____ lo scooter.

7. Noi _____ il telefonino. Il film sta per iniziare!

8. Voi _____ il forno. La cena è pronta!

**Q**  *Al negozio di antiquariato.* *Completa le frasi con la forma corretta del verbo* **valere**.

1. Il quadro _____ € 500.

2. Le sedie e il tavolo _____ € 1750.

3. La lampada _____ € 86.

4. La collana e gli orecchini _____ € 2700.

5. L'orologio _____ € 350.

6. Il grammofono _____ € 980.

7. I dischi _____ € 120.

8. Le monete romane _____ € 8900.

**R**  *Spirito di contraddizione.* *Franco è arrabbiato oggi e per ogni cosa che gli dice di fare Luigi, suo cugino più grande, lui decide di fare il contrario. Completa le risposte con la forma corretta del verbo tra parentesi.*

1. —Franco, vieni dentro?
   —No, _____ fuori. (rimanere)

2. —Lasci tutte le luci accese (*on*)?
   —No, ora le _____. (spegnere)

3. —Sali in ascensore?
   —No, _____ a piedi. (salire)

4. —L'orologio di mio nonno è molto antico.
   —Non è vero, non _____ niente. (valere)

5. —Vuoi un po' di vino?
   —Grazie, ma non _____ alcolici (*alcoholic beverages*). (bere)

6. —Tu e la tua ragazza rimanete a casa?
   —No, _____ subito. (uscire)

7. —Non guardi il sito Web?
   —No, non _____ sullo schermo (*screen*). (apparire)

8. —Parli molto nelle riunioni?
   —No, non _____ niente. (dire)

**S**  *Caro Diario.* *Monica, la migliore amica di Claudia, è una brava ragazza. Completa la pagina del suo diario con il verbo* **dire**.

*Viterbo, 15 giugno 2013*

*Caro Diario,*

   *Domani è una giornata molto importante. Sono sicura che Alessandro vuole chiedermi di sposarlo. Se me lo chiede, gli (1) _____ di sì. A Claudia lui non piace molto. Lei è sicura che lui non è fedele e che (2) _____ sempre bugie. Non mi piace quando i miei amici (3) _____ male di lui. Ogni volta che chiedo ad*

*Alessandro se lui mi ama davvero, lui mi prega di non (4) _____ sciocchezze, e che dovrei saperlo che mi ama molto.*

*Che (5) _____ tu, caro diario?*

## Sapere

The verb **sapere** *to know, know how to* is irregular.

| sapere | |
|---|---|
| so | sappiamo |
| sai | sapete |
| sa | sanno |

**NOTE** When followed by an infinitive, **sapere** means *to know how to.*

Renata non **sa dipingere**, ma **sa suonare** il violino.    *Renata doesn't know how to paint, but she knows how to play the violin.*

## Expressions with Irregular Verbs

### Expressions with **dire**

| | |
|---|---|
| dire di sì/no | *to say yes/no* |
| dire la verità | *to tell the truth* |
| dire una bugia | *to tell a lie* |
| dire sciocchezze | *to talk nonsense* |
| dire bene/male di qualcuno | *to speak well/ill of someone* |

### Expressions with **sapere**

| | |
|---|---|
| sapere andare a cavallo | *to know how to ride a horse* |
| sapere cucinare | *to know how to cook* |
| sapere giocare a carte | *to know how to play cards* |
| sapere giocare a calcio/pallacanestro/ pallavolo | *to know how to play soccer/basketball/ volleyball* |
| sapere nuotare | *to know how to swim* |
| sapere suonare il piano / il violino / la chitarra | *to know how to play the piano/violin/ guitar* |

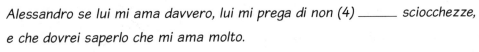 **T** *Da completare. Completa le frasi con la forma corretta di **dire** o **sapere**, secondo l'espressione utilizzata.*

1. Io non _____ mai bugie.

2. Loro non _____ andare a cavallo.

3. Tu non _____ nuotare?

4. Loro _____ male di tutti.

5. I ragazzi italiani _____ giocare a calcio.

6. È difficile parlare con lui. _____ sempre sciocchezze.

7. Se ti invita a cena, devi sapere che non _____ cucinare.

8. Mi piace molto la musica, ma non _____ suonare il piano.

## Expressions with avere

### Physical Sensations

| | |
|---|---|
| avere fame | *to be hungry* |
| avere sete | *to be thirsty* |
| avere sonno | *to be sleepy* |
| avere caldo | *to be warm* |
| avere freddo | *to be cold* |
| avere mal di denti | *to have a toothache* |
| avere mal di piedi | *to have sore feet* |
| avere mal di schiena | *to have a backache* |
| avere mal di stomaco | *to have a stomachache* |
| avere mal di testa | *to have a headache* |
| avere male agli occhi | *to have sore eyes* |

### Other Expressions

| | |
|---|---|
| avere bisogno di qualcosa | *to need something* |
| avere intenzione di fare qualcosa | *to intend to do something* |
| avere voglia di fare qualcosa | *to feel like doing something* |
| avere voglia di qualcosa | *to want something, feel like having something* |
| avere ragione | *to be right* |
| avere torto | *to be wrong* |
| avere _____ anni | *to be _____ years old* |
|     Quanti anni hai? | *How old are you?* |
|     Quanti anni ha tuo figlio? | *How old is your son?* |

## Expressions with essere

| | |
|---|---|
| essere in casa | *to be at home* |
| essere in viaggio | *to be away, be traveling* |
| essere di ritorno | *to be back* |
| essere in ritardo | *to be late* (of a person) |
| essere in centro | *to be downtown* |
| essere in collera | *to be angry* |
| essere in ansia | *to be worried/anxious* |
| essere nei pasticci/guai | *to be in trouble / in a difficult situation* |
| essere in buona/cattiva salute | *to be in good/bad health* |
| essere d'accordo | *to agree* |
| essere di buon umore | *to be in a good mood* |
| essere di cattivo/mal umore | *to be in a bad mood* |
| essere di ottimo/pessimo umore | *to be in a great/lousy mood* |

**U** ***L'erba del vicino è sempre più verde?*** *Come e dove sono i vicini della famiglia Serafini? Completa ogni situazione con l'espressione adatta utilizzando il verbo* **essere.**

1. La Signora Marini canta mentre cucina ed è molto felice. Lei _____.

2. Sua figlia Simona ha l'esame di scuola guida (*driving test*) tra due ore ed è molto preoccupata. Lei _____.

3. I suoi due cani e il suo gatto amano dormire sul divano e non escono mai in giardino. Loro _____.

4. Matteo, il figlio più piccolo dei Marini, non trova i suoi occhiali da vista e ha paura che sua madre si arrabbi. _____.

5. Il Signor Marini e il suo collega sono in aereo perché devono andare ad una conferenza in Canada. Loro _____.

6. Sandro, il figlio più grande, torna a casa e sta per arrivare con il treno alla stazione centrale. Lui _____.

7. Simona e Sandro hanno caratteri molto differenti e se lei dice "bianco" lui dice "nero". Raramente loro _____.

8. Le amiche di Simona stanno facendo shopping a via Condotti, una zona centrale di Roma. Loro _____.

Note also the expressions **c'è** + singular noun *there is* and **ci sono** + plural noun *there are.**

| | |
|---|---|
| —Il ristorante è pieno. **Non ci sono** posti liberi. | *The restaurant is full. There aren't any seats available.* |
| —Sì, **c'è** un tavolo libero accanto alla finestra. | *Yes, there's an empty table next to the window.* |

**V** ***La città di Viterbo.*** *Inserisci* **c'è** *o* **ci sono** *nel brano seguente.*

Viterbo è una tranquilla città di provincia, a nord di Roma, nella regione Lazio. In centro

(1) _____ il Palazzo dei Papi, una delle maggiori attrazioni della città. Vicino al Palazzo dei

Papi (2) _____ molte chiese e fontane. La più famosa è la Chiesa di Santa Rosa, la santa

protettrice di Viterbo. Ogni anno, il 3 settembre, si festeggia la santa con una torre molto alta

che viene trasportata per le vie del centro da 100 uomini chiamati "facchini". In cima alla torre

(3) _____ la statua di Santa Rosa. Un po' fuori Viterbo (4) _____ alcune pozze di acqua

sulfurea (*hot sulfur springs*) chiamate Bullicame. Persino Dante Alighieri le nomina nella *Divina*

*Commedia.* (*Inferno* XII, 115–117; XIV, 79–81)

---

*The forms **v'è** and **vi sono** also exist but are much less common.

## Expressions with fare

### Weather Expressions

| | |
|---|---|
| Che tempo fa? | *How's the weather?* |
| Fa bel tempo. / Fa bello. | *The weather's good.* |
| Fa brutto tempo. | *The weather's bad.* |
| Fa (molto) caldo. | *It's (very) warm.* |
| Fa (molto) freddo. | *It's (very) cold.* |
| Fa un freddo cane. | *It's bitterly cold.* |
| Fa un tempo da cani/lupi. | *The weather's lousy.* |

But note the following expressions.

| | |
|---|---|
| C'è il sole. | *It's sunny.* |
| C'è vento. | *It's windy.* |
| È nuvoloso. | *It's cloudy.* |

### Other Expressions

| | |
|---|---|
| fare una bella figura | *to make a good impression* |
| fare una brutta/cattiva figura | *to make a bad impression* |
| fare un sogno | *to have a dream* |
| fare sport | *to play sports* |
| fare una passeggiata | *to take a walk* |
| fare cinque chilometri a piedi | *to walk five kilometers* |
| fare un giro in bicicletta | *to take a bike ride* |
| fare un giro in macchina | *to take a ride by car* |
| fare le valige | *to pack* |
| fare un viaggio | *to take a trip* |
| fare colazione | *to have breakfast* |

## Expressions with stare

### State of Health or Condition

| | |
|---|---|
| Come sta/stai/state? | *How are you?* |
| Sto bene. | *I'm all right.* |
| Mio padre **non sta bene di salute**. | *My father isn't well.* |

### Position

| | |
|---|---|
| stare a casa | *to stay home* |
| stare un mese al mare | *to be at the seashore for a month* |
| stare a tavola | *to be at the table* |

### Behavior

| | |
|---|---|
| stare attento | *to pay attention* |
| stare zitto | *to keep quiet, be still* |

### Stare per + Infinitive *to be about to do something*

| | |
|---|---|
| Stanno per partire. | *They're about to leave.* |
| Sto per finire. | *I'm about to finish.* |

Be sure to distinguish between **Com'è?** *What's he/she like?* and **Come sta?** *How is he/she?*

**W**  **Essere o avere?** *Inserisci e coniuga il verbo* **essere** *o il verbo* **avere** *secondo la situazione.*

1. Laura è molto giovane. _____ solo 20 anni.

2. Che fame! (io) _____ voglia di pizza.

3. Telefono ai nonni per dirgli che (io) _____ in ritardo. Sicuramente (loro) _____ in ansia!

4. I nonni non _____ in ansia, _____ in collera!

5. La Signora Vespucci _____ di pessimo umore perché suo figlio non _____ intenzione di fare l'esame.

6. Abbiamo camminato tutto il giorno ieri, e oggi _____ mal di piedi.

7. Tu sei molto indipendente. Dici sempre che non _____ bisogno di nessuno.

8. Il Signor Vespucci _____ in buona salute perché beve un bicchiere di vino rosso ogni giorno.

**X**  *Volere è potere.* *Claudia e le sue amiche vogliono fare molte cose quest'estate ma non possono. Inserisci la forma corretta del verbo* **volere**, **potere** *o* **sapere** *secondo il contesto.*

1. Azzurra _____ andare in Spagna, ma non _____ perché deve studiare per gli esami.

2. Simona e Laura _____ comprare un nuovo scooter, ma non _____ perché non hanno abbastanza soldi.

3. Tu _____ uscire, ma non _____ se _____ perché sta per piovere.

4. Io e Pina _____ mangiare la torta, ma non _____ perché siamo a dieta.

5. Tu e Adriana _____ fare shopping, ma non _____ se _____ perché è tardi e i negozi forse sono chiusi.

6. Alba _____ andare in discoteca, ma non _____ se _____ perché è ancora minorenne.

7. Lisa, Florence e Naomi _____ affittare un appartamento insieme in Sardegna, ma non _____ se _____ perché l'affitto è troppo caro.

8. Io _____ andare in palestra, ma non _____ se _____ perché non ho tempo.

**Y**  *È arrivata l'estate!* *La famiglia Serafini è molto contenta perché finalmente sono arrivate le belle giornate estive. Completa le frasi con la forma corretta di* **avere**, **essere**, **fare** *o* **stare**.

1. _____ il 4 giugno e i Serafini _____ per partire per le vacanze.

2. Tutti insieme (loro) _____ un viaggio in Puglia e (loro) _____ due settimane al mare, sul Gargano.

3. Nonna Adalgisa _____ a casa perché _____ bisogno di riposo.

4. Luigi, come al solito, deve ancora _____ le valige. Lui _____ sempre in ritardo!

5. Suo padre Roberto _____ in ansia perché il volo è tra due ore.

6. Sua sorella Claudia _____ molto caldo.

7. _____ le sette e mezzo e la famiglia Serafini _____ pronta!

8. Nonna Adalgisa gli augura di _____ buon viaggio.

# Two Obsolete Verbs

The verbs **udire** *to hear* and **porre** *to put* are falling into disuse in modern Italian. **Udire** has been replaced by **sentire**, and **porre** by **mettere**. You will encounter these verbs in older writing, however, so it is useful to recognize their forms.

### udire

| | |
|---|---|
| odo | udiamo |
| odi | udite |
| ode | odono |

### porre

| | |
|---|---|
| pongo | poniamo |
| poni | ponete |
| pone | pongono |

## NOTES

- **Porre** has -g- in the **io** and **loro** forms, like **venire**, **tenere**, and **rimanere**.

- Although **porre** is not used much in contemporary Italian, its compounds are common and therefore its conjugation remains important. These compounds often correspond to English verbs whose stems end in *-pose*.

**comporre** *to compose*
**disporre** *to arrange*
**imporre** *to impose*
**ricomporre** *to reassemble (something small)*
**riporre** *to put back*
**scomporre** *to ruffle, mess up (hair); to break down, decompose*
**sottoporre** *to subject, subjugate; to present, submit*
**supporre** *to suppose, surmise*

Following is the present-tense conjugation of **supporre**.

### supporre

| | |
|---|---|
| suppongo | supponiamo |
| supponi | supponete |
| suppone | suppongono |

**Z** *Da completare. Completa le frasi con la forma corretta del presente di uno dei verbi derivati da **porre**.*

1. Quell'uomo _____ canzoni molto belle.

2. Se aspetti un po', (io) _____ i miei libri nello zaino e usciamo.

3. Il puzzle è rotto. Perché non lo _____ (tu)?

4. Il vento è così forte che ci _____ i capelli.

5. Il governo _____ una nuova tassa sulle bevande alcoliche.

6. Domani (noi) _____ la nuova legge all'approvazione del senato.

7. I bambini _____ i piatti sul tavolo prima del pranzo.

8. —Sai se vengono?
   —_____ di sì. Vengono sempre quando li invitiamo.

# The Passato Prossimo

The Italian tense called *passato prossimo* resembles, in form, the English present perfect tense.

Ho fatto.                                   *I have done.*

Like the English present perfect, the passato prossimo is a compound tense consisting of an auxiliary verb (English *have*, Italian **avere** or **essere**, depending on the verb) and the past participle (English *done*, Italian **fatto**).

## Formation of the Past Participle

In Italian, regular past participles end in **-to**. They are formed by adding the suffix **-to** to the stem of the verb + the characteristic vowel of each conjugation: **a** for **-are** verbs, **u** for **-ere** verbs, and **i** for **-ire** verbs.

| INFINITIVE | PAST PARTICIPLE | MEANING |
|---|---|---|
| parlare | parl**ato** | *spoken* |
| vendere | vend**uto** | *sold* |
| finire | fin**ito** | *finished* |

**A** **Participi passati.** *Scrivi il participio passato di ogni verbo all'infinito, poi traduci il participio passato in inglese.*

1. amare

2. perdere

3. chiamare

4. lavare

5. spedire

6. credere

7. arrivare

8. combattere

9. garantire

10. battere

11. spremere

12. punire

13. ripetere

14. saltare

**B** *Infiniti. Scrivi l'infinito che corrisponde ad ognuno dei seguenti participi passati.*

1. preferito
2. caduto
3. proceduto
4. tradito
5. sbagliato

6. ricevuto
7. suggerito
8. giocato
9. temuto
10. lasciato

## Irregular Past Participles of -ere Verbs

Both English and Italian have many verbs with irregular past participles. If you have studied Latin, you will recognize the origins of many of the irregular Italian past participles. Irregular past participles are especially common in **-ere** verbs that are stressed on the stem rather than on the ending of the infinitive. The irregular participles are grouped below by participial suffix.

### The Suffix -to

The participial suffix **-to** is added to the stem of the verb without the characteristic vowel **u**; the stem may be modified.

| INFINITIVE | PAST PARTICIPLE | MEANING |
| --- | --- | --- |
| accogliere | accolto | *welcomed, received* |
| aggiungere | aggiunto | *added* |
| avvolgere | avvolto | *wrapped up* |
| chiedere | chiesto | *asked (for)* |
| convincere | convinto | *convinced* |
| correggere | corretto | *corrected* |
| descrivere | descritto | *described* |
| dipingere | dipinto | *painted* |
| distinguere | distinto | *distinguished* |
| distruggere | distrutto | *destroyed* |
| eleggere | eletto | *elected* |
| fingere | finto | *pretended, feigned* |
| friggere | fritto | *fried* |
| giungere | giunto | *arrived* |
| interrompere | interrotto | *interrupted* |
| leggere | letto | *read* |
| nascondere | nascosto | *hidden* |
| piangere | pianto | *cried* |
| porgere | porto | *handed, given* |
| proteggere | protetto | *protected* |
| pungere | punto | *pricked, stung* |
| raccogliere | raccolto | *picked up, collected* |
| raggiungere | raggiunto | *reached, gotten to* |
| riassumere | riassunto | *summarized* |
| risolvere | risolto | *solved* |

| INFINITIVE | PAST PARTICIPLE | MEANING |
|---|---|---|
| **rispondere** | **risposto** | *answered* |
| **rivolgere** | **rivolto** | *turned, directed; addressed (a person)* |
| **rompere** | **rotto** | *broken* |
| **scegliere** | **scelto** | *chosen* |
| **sciogliere** | **sciolto** | *melted* |
| **sconfiggere** | **sconfitto** | *defeated* |
| **sconvolgere** | **sconvolto** | *upset, disturbed* |
| **scrivere** | **scritto** | *written* |
| **spegnere** | **spento** | *extinguished, put out, shut off* |
| **spingere** | **spinto** | *pushed* |
| **storcere** | **storto** | *twisted, distorted* |
| **svolgere** | **svolto** | *unwound, unrolled; carried out (a plan, study, reform, etc.)* |
| **togliere** | **tolto** | *taken away/off, removed* |
| **torcere** | **torto** | *twisted* |
| **vincere** | **vinto** | *beaten, won* |
| **volgere** | **volto** | *turned toward* |

The following verbs form the past participle by adding **-to** directly to a modified form of the stem that has a vowel change.

| | | |
|---|---|---|
| **dirigere** | **diretto** | *directed, managed* |
| **erigere** | **eretto** | *erected, built* |
| **esigere** | **esatto** | *demanded, required* |
| **redigere** | **redatto** | *drafted, compiled* |
| **stringere** | **stretto** | *gripped; tightened* |

Some common irregular verbs have irregular participles in **-to**.

| | | |
|---|---|---|
| **dire** | **detto** | *said, spoken* |
| **essere** | **stato** | *been* |
| **fare** | **fatto** | *done* |
| **rimanere** | **rimasto** | *stayed, remained* |
| **sopravvivere** | **sopravvissuto** | *survived* |
| **vedere** | **visto***  | *seen* |
| **vivere** | **vissuto** | *lived* |

Note the spelling of **crescere**'s past participle: **cresciuto** *grown*.

## The Suffix -so

Many **-ere** verbs have a past participle ending in **-so** rather than **-to**. Several of these verbs whose stems end in vowel + **d** form the past participle by replacing the **d** with **-so**. The **s** of **-so** is pronounced /z/ in these forms.

---

*The participle **veduto** also exists but is less common.

| INFINITIVE | PAST PARTICIPLE | MEANING |
|---|---|---|
| chiudere | chiuso | *closed* |
| concludere | concluso | *concluded* |
| condividere | condiviso | *shared* |
| deludere | deluso | *disappointed* |
| dividere | diviso | *divided* |
| incidere | inciso | *cut, carved* |
| includere | incluso | *included* |
| invadere | invaso | *invaded* |
| radere | raso | *shaven* |
| ridere | riso | *laughed* |
| sorridere | sorriso | *smiled* |
| uccidere | ucciso | *killed* |

**NOTE** The verb **succedere** has the past participle with **-ss-** instead of **-s-**: **successo** *happened; succeeded.*

Verbs in **-endere** also form the past participle by replacing the **d** with **-so**. The **n** is eliminated, and the **s** of **-so** is pronounced /z/ in these forms.

| | | |
|---|---|---|
| accendere | acceso | *lit* |
| apprendere | appreso | *learned, found out* |
| attendere | atteso | *waited* |
| comprendere | compreso | *understood* |
| difendere | difeso | *defended* |
| dipendere | dipeso | *depended* |
| esplodere | esploso | *exploded* |
| estendere | esteso | *extended* |
| intendere | inteso | *meant, intended* |
| offendere | offeso | *offended* |
| prendere | preso | *taken* |
| pretendere | preteso | *demanded, required* |
| rendere | reso | *given back* |
| scendere | sceso | *gone down* |
| soprintendere | soprinteso | *supervised* |
| sorprendere | sorpreso | *surprised* |
| spendere | speso | *spent* |
| stendere | steso | *spread out* |

The verbs **fondere** and **confondere** also have past participles in **-so**, but with a change of the vowel of the stem from **o** to **u**.

| | | |
|---|---|---|
| fondere | fuso | *melted* |
| confondere | confuso | *confused* |

-**Ere** verbs whose stems end in -**r** add -**so** to the stem to form the past participle. The **s** of -**so** is pronounced /s/ in these forms.

| INFINITIVE | PAST PARTICIPLE | MEANING |
|---|---|---|
| **correre** | **corso** | *run* |
| **occorrere** | **occorso** | *needed, required* |
| **scorrere** | **scorso** | *passed (time)* |
| **soccorrere** | **soccorso** | *helped* |

-**Ere** verbs whose stems end in -**rd** drop the **d** before the ending -**so**. The **s** of -**so** is pronounced /s/ in these forms.

| **ardere** | **arso** | *burned* |
|---|---|---|
| **mordere** | **morso** | *bitten* |
| **perdere** | **perso*** | *lost* |

The verb **spargere** has the past participle **sparso** *scattered, sprinkled.*

The verb **espellere** also forms its past participle in -**so**, but with a change in the stem vowel.

| **espellere** | **espulso** | *expelled* |
|---|---|---|

## The Suffix -sso

Many -**ere** verbs whose stem ends in -**tt** form the past participle by replacing -**tt** with -**sso**.

| INFINITIVE | PAST PARTICIPLE | MEANING |
|---|---|---|

### Mettere and Its Compounds

| **mettere** | **messo** | *put* |
|---|---|---|
| **ammettere** | **ammesso** | *admitted* |
| **commettere** | **commesso** | *committed* |
| **compromettere** | **compromesso** | *jeopardized* |
| **omettere** | **omesso** | *omitted* |
| **permettere** | **permesso** | *permitted* |
| **promettere** | **promesso** | *promised* |
| **rimettere** | **rimesso** | *put back, replaced* |
| **scommettere** | **scommesso** | *bet* |
| **smettere** | **smesso** | *stopped* |

### Connettere and Its Compounds

| **connettere** | **connesso** | *connected* |
|---|---|---|
| **riconnettere** | **riconnesso** | *reconnected* |
| **sconnettere** | **sconnesso** | *disconnected* |

*The verb **perdere** has an alternative past participle: **perduto**. **Perso** is more common in contemporary Italian.

| INFINITIVE | PAST PARTICIPLE | MEANING |
|------------|-----------------|---------|

### Muovere and Its Compounds

| | | |
|------------|-----------------|---------|
| muovere | mosso | *moved* |
| commuovere | commosso | *moved, touched (emotionally)* |
| rimuovere | rimosso | *removed* |

### Scuotere and Its Compounds

| | | |
|------------|-----------------|---------|
| scuotere | scosso | *shaken* |
| riscuotere | riscosso | *collected (money)* |

The verb **discutere** also follows this pattern.

| | | |
|------------|-----------------|---------|
| discutere | discusso | *discussed* |

### Compound Verbs with the Stem -prim-

| | | |
|------------|-----------------|---------|
| esprimere | espresso | *expressed* |
| opprimere | oppresso | *oppressed* |
| reprimere | represso | *repressed* |

## The Suffix -ito

Verbs formed from the stem **-sist-** form the past participle by adding **-ito** to the stem.

| INFINITIVE | PAST PARTICIPLE | MEANING |
|------------|-----------------|---------|
| consistere | consistito | *consisted* |
| esistere | esistito | *existed* |
| resistere | resistito | *resisted* |

## Irregular Past Participles of -ire Verbs

A number of **-ire** verbs form their past participles like **-ere** verbs; for example, the verb **venire** *to come* has the past participle **venuto**. Other **-ire** verbs form past participles in **-to**, some with changes in the form of the stem.

| INFINITIVE | PAST PARTICIPLE | MEANING |
|------------|-----------------|---------|
| aprire | aperto | *opened* |
| coprire | coperto | *covered* |
| morire | morto | *died* |
| offrire | offerto | *offered* |
| soffrire | sofferto | *suffered* |

The following **-ire** verbs form their past participles in **-so**.

| | | |
|------------|-----------------|---------|
| apparire | apparso | *appeared, came into view* |
| comparire | comparso | *appeared, showed up* |

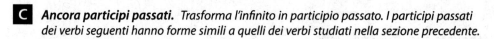

**C** **Ancora participi passati.** *Trasforma l'infinito in participio passato. I participi passati dei verbi seguenti hanno forme simili a quelli dei verbi studiati nella sezione precedente.*

1. sopprimere *to suppress*
2. incorrere *to incur; to fall into*
3. corrompere *to corrupt*
4. desistere *to desist*
5. riprendere *to take/start again*
6. respingere *to reject*
7. assumere *to hire*
8. persistere *to persist*
9. persuadere *to persuade*
10. dissolvere *to dissolve*

## Auxiliaries with the Passato Prossimo

### The Passato Prossimo with **avere**

Most Italian verbs, especially transitive verbs (those that have or require a direct object) form the passato prossimo with the auxiliary verb **avere**.

| **parlare** *to speak* | |
|---|---|
| ho parlato | abbiamo parlato |
| hai parlato | avete parlato |
| ha parlato | hanno parlato |

| **ripetere** *to repeat* | |
|---|---|
| ho ripetuto | abbiamo ripetuto |
| hai ripetuto | avete ripetuto |
| ha ripetuto | hanno ripetuto |

| **spedire** *to send* | |
|---|---|
| ho spedito | abbiamo spedito |
| hai spedito | avete spedito |
| ha spedito | hanno spedito |

| **chiudere** *to close* | |
|---|---|
| ho chiuso | abbiamo chiuso |
| hai chiuso | avete chiuso |
| ha chiuso | hanno chiuso |

—**Hai chiuso** la porta a chiave?
—No, **non ho trovato** le chiavi.
—**Ho visto** le tue chiavi sul tavolino del salotto.
—Ah, **non ho cercato** le chiavi nel salotto.

*Did you lock the door?*
*No, I couldn't find my keys.*
*I saw your keys on the coffee table in the living room.*
*Ah, I didn't look for the keys in the living room.*

**D** *Già fatto.* *Rispondi allo stesso modo a tutte le domande che ti fa il tuo amico / la tua amica. Utilizza il passato prossimo per dirgli/dirle che l'azione è stata già fatta ieri.*

ESEMPIO    Studi per l'esame oggi?
→ No, ho studiato per l'esame ieri.

1. Chiami tua madre oggi?

2. Tu e Carla lavorate oggi?

3. Tu e Luigi mangiate dalla nonna oggi?

4. Il consulente riassume i risultati oggi?

5. Tuo padre guarda la partita di calcio in TV oggi?

6. Tu e io leggiamo il documento oggi?

7. Nonna Adalgisa fa la spesa oggi?

8. I bambini puliscono la cameretta oggi?

9. I politici italiani discutono della nuova legge oggi?

10. Tu, Lisa e Massimo pranzate insieme oggi?

**E** *Una partenza molto movimentata.* *Luigi e la sua ragazza Lisa hanno noleggiato una macchina per andare in vacanza in Toscana. La partenza non va molto bene. Riscrivi la loro storia al passato prossimo per scoprire cosa gli è successo.*

1. Io e Lisa noleggiamo una macchina.

2. Decidiamo di andare in Toscana.

3. Facciamo il pieno (*fill up with gas*) prima di partire.

4. Dimentichiamo le valige a casa.

5. Ritornati a casa, prendiamo le valige.

6. Carichiamo le valige nel portabagagli (*trunk*).

7. Appena partiti, inizia a piovere.

8. Improvvisamente sentiamo un rumore.

9. Abbiamo una gomma a terra (*we have a flat tire*).

10. Spingiamo la macchina al lato dell'autostrada.

11. Compriamo una gomma nuova alla stazione di servizio.

12. Riprendiamo la nostra vacanza.

**F** *Un sogno diventato realtà.* *Claudia racconta come ha trovato lavoro presso una importantissima azienda di moda* (fashion house) *a Milano. Racconta la sua storia in terza persona utilizzando il passato prossimo.*

ESEMPIO    Decido di cercare un lavoro.
→ Claudia ha deciso di cercare un lavoro.

1. Cerco un lavoro a Milano.

2. Rispondo ad un annuncio su internet.

3. Mando il Curriculum Vitae.

4. Aspetto una risposta.

5. Improvvisamente ricevo una telefonata.

6. Faccio un colloquio di lavoro (*a job interview*).

7. Parlo con la dirigente della ditta.

8. Faccio vedere il portfolio.

9. La dirigente dice che i disegni sono fantastici.

10. Ottengo il posto di lavoro.

**G** *Una lettera da un parente lontano.* *Luigi e Claudia ricevono una lettera inaspettata. Per sapere il contenuto della lettera, scrivi le seguenti frasi trasformando i verbi dall'infinito al passato prossimo.*

1. il postino / portare una lettera inaspettata per Luigi e Claudia

2. Claudia / aprire la busta

3. Luigi / leggere la lettera

4. un loro parente lontano / scrivere la lettera

5. il parente / dire che un loro zio emigrato in Australia è morto

6. Claudia e Luigi / ricevere un'eredità (*inheritance*) dallo zio

7. lo zio / lasciare a Claudia e a Luigi molti soldi

8. Luigi e Claudia / dire tutto ai loro genitori

9. i loro genitori / decidere di andare in Australia per il funerale

10. tutti insieme / comprare il biglietto aereo su internet

## The Passato Prossimo with **essere**

Many intransitive verbs in Italian, especially those expressing motion (for example, **andare**, **entrare**, **salire**, **scendere**, and **uscire**) form the passato prossimo with **essere**, not **avere**. When a verb forms the passato prossimo and other compound tenses with **essere**, the past participle agrees in gender and number with the subject.

Following are common verbs that use **essere** to form the passato prossimo and other compound tenses.

**andare**  *to go*
**arrivare**  *to arrive*
**cadere**  *to fall*
**entrare**  *to come/go in*
**giungere**  *to arrive*
**partire**  *to leave*
**salire**  *to go up*
**scappare**  *to escape*
**scendere**  *to go down(stairs)*
**tornare**  *to come back*
**uscire**  *to go out*
**venire**  *to come*

—Già siete qua! Quando **siete venuti**?     *You're here already? When did you come?*
—**Siamo partiti** alle otto stamattina     *We left at eight o'clock this morning*
  e **siamo arrivati** alle due.           *and we got here at two.*

—Dov'è **andata** Paola?     *Where did Paola go?*
—**È uscita** a fare la spesa.     *She went out to do the grocery shopping.*
—E **non è** ancora **tornata**?     *And she hasn't come back yet?*
—No, **è partita** dieci minuti fa.     *No, she left ten minutes ago.*

## NOTA LINGUISTICA

Students of French should bear in mind that Italian verbs conjugated with **essere** in the passato prossimo form a much larger category than French verbs conjugated with **être** in the passé composé.

Most verbs that express a change in state or condition also form the passato prossimo with **essere**.

**cambiare**  *to change*
**crescere**  *to grow*
**diventare**  *to become*
**morire**  *to die*
**nascere**  *to be born*

La nostra città **è cambiata** ed **è cresciuta**     *Our city has changed and grown in recent*
  negli ultimi anni. **È diventata** una città     *years. It has become an important city.*
  importante.

Verbs that express the notions of remaining, needing, happening, beginning, and pleasing form the passato prossimo with **essere**. The verb **essere** itself forms the passato prossimo with **essere** as its auxiliary.

**capitare**  *to happen*
**cominciare\***  *to begin*
**dispiacere**  *to displease*

---

*\***Cominciare** is conjugated with **avere** when the subject is animate and there is a direct object or an infinitive: **Il professore ha cominciato la lezione.**

**essere**  *to be*
**fallire**  *to fail*
**iniziare**  *to begin*
**mancare**  *to be missing; to miss*
**occorrere**  *to happen*
**piacere**  *to please*
**restare**  *to remain*
**rimanere**  *to remain*
**risultare**  *to turn out*
**riuscire**  *to succeed*
**sembrare**  *to seem*
**sopravvivere**  *to survive*
**succedere**  *to happen*

| | |
|---|---|
| —Cos'**è successo**? Il computer non funziona. | *What happened? The computer isn't working.* |
| —**È occorso** un errore di sistema. | *A system error occurred.* |
| —I nostri amici **non sono rimasti** a cenare con noi. | *Our friends didn't stay to have dinner with us.* |
| —Sì, mi **sono sembrati** molto stanchi. | *Yes, they seemed very tired.* |
| —**Non siamo riusciti** a vedere il direttore. | *We did not succeed in seeing the director.* |
| —**È andato** via prima del nostro arrivo. | *He left before we arrived.* |
| —Ma perché tutti i vostri progetti **sono falliti**? | *But why did all your plans fail?* |
| —Non lo sappiamo esattamente, ma forse i nostri sforzi **sono risultati** insufficienti. | *We don't know exactly, but perhaps our efforts turned out to be inadequate.* |

## The Passato Prossimo of Modal Verbs

The modal verbs **dovere**, **potere**, **sapere**, and **volere** and the verbs **cominciare**, **continuare**, and **finire** are conjugated with **avere** in the passato prossimo.

| | |
|---|---|
| **Non abbiamo potuto** aiutarvi. | *We couldn't help you.* |
| **Hanno saputo** la risposta. | *They knew the answer.* |
| **Ho voluto** un po' di torta. | *I wanted some cake.* |
| **Ho cominciato** a studiare il tedesco. | *I have begun to study German.* |
| **Hai finito** di disturbarci? | *Have you finished bothering us?* |

A peculiarity of Italian is that in the passato prossimo, if the infinitive following these verbs forms the passato prossimo with **essere**, then the modal forms the passato prossimo with **essere**. Study the following pairs of sentences.

| | |
|---|---|
| **Ha dovuto** lavorare. | *He had to work.* |
| **È dovuto** uscire. | *He had to go out.* |
| **Ho potuto comprare** i biglietti. | *I was able to buy the tickets.* |
| **Sono potuto** tornare. | *I was able to go back.* |
| **Hanno voluto** rispondere. | *They wanted to answer.* |
| **Sono voluti** partire. | *They wanted to leave.* |

| | |
|---|---|
| **Ha cominciato** a fare freddo. | *It started to get cold.* |
| La neve **è cominciata** a cadere. | *The snow began to fall.* |

**NOTE** The past participle of the modal verb agrees in gender and number with the subject when it is conjugated with **essere**.

## Uses of the Passato Prossimo

In standard Italian, the passato prossimo corresponds to two English past tenses.

**Ho visto** il nuovo film italiano.    { *I've seen* the new Italian film. <br> *I saw* the new Italian film.

The passato prossimo form **ho visto** can be used when the speaker considers a past event as relevant to the present (*I have seen*) or as finished in the past without focusing on its relevance to the present (*I saw*). Therefore, a story consisting of a series of events can be related in the passato prossimo.

| | |
|---|---|
| **Sono uscito** di casa alle sette e mezzo per andare al lavoro, ma **sono arrivato** in ritardo perché **è successo** un incidente vicino alla fermata dell'autobus. **Sono arrivati** i pompieri, la polizia e un'ambulanza. **Ho cercato** di aiutare e calmare le vittime. **È stato** spaventoso. **Sono arrivato** in ufficio alle dieci e un quarto e **non sono riuscito** a concentrarmi sul mio progetto. | *I left home at 7:30 to go to work, but I got there late because an accident happened near the bus stop. The firemen, police, and an ambulance arrived. I tried to help calm the victims down. It was terrible. I arrived at the office at a quarter after ten and couldn't concentrate on my project.* |

**H**   *Perché non venite a pranzo da me?* Rispondi alle domande di nonna Felicetta inserendo l'ausiliare **essere** o **avere**, facendo attenzione al verbo all'infinito.

ESEMPIO    Dov'è Franco? *Ha* dovuto studiare.

1. Dove sono Paola e Roberto? _____ dovuti andare in farmacia.

2. Dov'è Claudia? Non _____ potuta venire perché deve lavorare.

3. Dove sei tu? Non _____ potuto venire perché _____ dovuto andare in biblioteca.

4. Dove sono Lisa e Sara? Non _____ volute venire.

5. Dov'è Giovanna? Non _____ potuta venire perché è in vacanza con il suo ragazzo.

6. Dove sono Franco e la sua ragazza? _____ dovuti tornare a Firenze.

7. Dove sono gli amici di Roberto? Non _____ potuti restare perché devono andare a casa.

8. Dov'è Luciano? _____ dovuto rimanere in ufficio.

9. Dove sono i vicini? Non _____ potuti venire perché devono tagliare il pratino.

10. Dov'è tuo marito? _____ dovuto andare dal dentista.

**I** *Che strano.* *Utilizza il passato prossimo del verbo tra parentesi per fare un commento su questi eventi inaspettati.*

ESEMPIO    Lara non esce mai il sabato sera. (volere)
→ Che strano. È voluta uscire.

1. I nostri amici non tornano mai presto dalle vacanze. (dovere)

2. Raimonda non arriva in orario. (potere)

3. Noi non andiamo mai a messa. (volere)

4. Gli animali non scappano mai dallo zoo. (potere)

5. A Giorgio non capitano mai contrattempi (*mishaps*). (potere)

6. I bambini non entrano mai in aula. (volere)

7. Noi non stiamo mai a casa il fine settimana. (dovere)

8. Loro non rimangono mai in ufficio dopo le cinque. (potere)

## Agreement of the Past Participle with Verbs Conjugated with **avere**

In the passato prossimo of verbs conjugated with **avere**, the past participle agrees in gender and number with a preceding direct object pronoun: **lo, la, li, le**. (See Chapter 15.)

| | |
|---|---|
| —Non hai le chiavi? | *Don't you have the keys?* |
| —No, **le** ho **perse** in città. | *No, I lost them downtown.* |
| —Possiamo parlare dei contratti? | *Can we talk about the contracts?* |
| —Sì, già **li** ho **letti**. | *Yes, I've already read them.* |
| —Voi avete accettato la settima clausola del contratto? | *Did you accept the seventh clause of the contract?* |
| —No, l'abbiamo **annullata**. Non l'abbiamo **accettata**. | *No, we crossed it out. We didn't accept it.* |

NOTE While the pronouns **lo** and **la** become **l'** before a vowel, the pronouns **li** and **le** never elide—they always appear in their full form even before a vowel.

The object pronoun **ne** also causes the past participle to agree when the noun it replaces functioned as a direct object.

| | |
|---|---|
| —Ti sono piaciute le caramelle? | *Did you like the candies?* |
| —Sì, **ne** ho **mangiate** cinque. | *Yes, I ate five of them.* |
| —Questi smartphone sono buoni? | *Are these smartphones good?* |
| —Sì, **ne** hanno **venduti** moltissimi. | *Yes, they've sold an awful lot of them.* |

**J** *Lisa si trasferisce a Roma.* *Completa il brano seguente con il participio passato dei verbi tra parentesi. Fai gli accordi necessari.*

Lisa ha _____ (1. lasciare) l'Inghilterra per l'Italia. Le è stato _____ (2. offrire) un buon

impiego come insegnante d'inglese e lei l'ha _____ (3. accettare). Così ha _____ (4. fare) le valige ed ha _____ (5. prendere) l'aereo per Roma. È _____ (6. arrivare) nella

capitale un mese fa. Ha subito _____ (7. cercare) un appartamento. Gli annunci che

ha _____ (8. leggere) sul giornale promettevano molto, ma gli appartamenti che ha

_____ (9. vedere) erano carissimi e non erano molto belli. Un suo collega le ha

_____ (10. dare) il nome e l'indirizzo di un'agenzia immobiliare. Lisa l'ha _____ (11. trovare),

è _____ (12. entrare) nell'ufficio e ha _____ (13. chiedere) informazioni. Gli appartamenti

che l'impiegato le ha _____ (14. fare) vedere non erano niente male. L'appartamento che Lisa

alla fine ha _____ (15. scegliere) non era molto lontano dalla scuola. Contenta di aver trovato

un bell'appartamento non molto costoso, Lisa ha _____ (16. iniziare) ad insegnare inglese.

Il direttore della scuola di lingue l'ha _____ (17. presentare) a tutti e lei è stata bene

_____ (18. accogliere) dallo staff. Ora è felicissima di vivere a Roma.

---

### NOTA CULTURALE

**Roma** è la città più popolosa e più estesa d'Italia. È stata la prima grande metropoli dell'umanità, cuore di una delle più importanti civiltà antiche, oltre ad essere capitale dell'Impero romano, che estendeva il suo dominio su tutto il Mediterraneo e gran parte dell'Europa.

Roma, cuore del Cristianesimo, è l'unica città al mondo ad ospitare al proprio interno uno stato indipendente, la città del Vaticano: per tale motivo è spesso definita capitale di due Stati.

**K** *Già fatto!?* *Lisa chiede ai suoi due figli William e Thomas se hanno fatto alcune cose. Scrivi le loro risposte utilizzando il passato prossimo e il pronome di oggetto diretto (direct object pronoun), come nell'esempio.*

ESEMPIO    Thomas, hai fatto i compiti?
→ Sì, li ho già fatti.

1. William, hai riordinato la tua cameretta?

2. Thomas, hai fatto colazione?

3. William e Thomas, avete invitato i vostri amici alla festa?

4. Thomas, hai innaffiato le piante?

5. William, hai fatto il bagno?

6. Thomas, hai portato fuori il cane?

7. William e Thomas, avete preparato lo zaino?

8. Thomas, hai letto i libri per la scuola?

9. William, hai spedito la lettera?

10. Thomas e William, avete chiamato la nonna per farle gli auguri?

**L** *Le vacanze di Natale.* *Trasforma l'infinito in participio passato per sapere cosa hanno fatto queste persone per le vacanze natalizie.*

1. Lucia ha _____ per l'esame di letteratura italiana. (studiare)

2. Rossella e Valentina sono _____ per la Sicilia. (partire)

3. Matteo e Ioana hanno _____ il Natale a New York. (festeggiare)

4. Tu sei _____ a casa. (rimanere)

5. Io e Loryn siamo _____ a molte feste. (andare)

6. Tu ed Elena avete _____ alcuni libri. (leggere)

7. Zia Franca ha _____ a carte con le amiche. (giocare)

8. Marica e Cristina sono _____ a sciare. (andare)

9. La Professoressa White ha _____ moltissimo. (cucinare)

10. Adriana e Alessandro hanno _____ molti film in TV. (vedere)

**M** *Il fine settimana scorso.* *Componi le frasi come nell'esempio per sapere cosa ha fatto la gente del quartiere il fine settimana scorso.*

ESEMPIO    Luigi / studiare / per l'esame
           → Luigi ha studiato per l'esame.

1. Carla e Paola / andare / al cinema

2. io / pulire / la mia stanza

3. Claudia / tornare / da Milano

4. Lisa / parlare / al telefono con le sue sorelle

5. Roberto / prendere / una multa per eccesso di velocità (*a speeding ticket*)

6. Gianluca e la sua cagnolina Endora / fare / una passeggiata

7. Nonna Adalgisa / cucinare / tutto il giorno

8. tu / giocare / a calcio

9. i vicini / fare / un pic-nic

10. il gatto e il cane / dormire / molto

**N** *Tradurre in italiano.*

1. *Yesterday I called Laura.*

2. *I asked her, "Do you want to go to the movies?"*

3. *She answered, "Yes."*

4. *I went to her house at seven o'clock.*

5. *She came down and we took the bus.*

6. *We got to (= arrived at) the movie theater at 7:10.*

7. *I bought the tickets right away.*

8. *Laura and I went into the café next to* (accanto a) *the movie theater.*

9. *We ordered coffee and pastries* (delle paste).

10. *I looked at my watch.*

11. *I said, "It's 7:55."*

12. *I asked for the check and I paid.*

13. *We went back to the movie theater.*

14. *We went in and found two seats.*

15. *The film started at 8:00.*

# The Imperfect Tense; The Imperfect Tense vs. the Passato Prossimo

## Formation of the Imperfect Tense

The imperfect tense in Italian is almost completely regular. The same set of endings is added to the stem + the characteristic vowel of the verb (the vowel before the infinitive ending -**re**). All conjugations use these endings.

The endings are as follows.

| | |
|---|---|
| -vo | -vamo |
| -vi | -vate |
| -va | -vano |

Study the following sample conjugations of the imperfect tense.

| **parlare** *to speak* | |
|---|---|
| parl<u>a</u>vo | parlav<u>a</u>mo |
| parl<u>a</u>vi | parlav<u>a</u>te |
| parl<u>a</u>va | parl<u>a</u>vano |

| **vendere** *to sell* | |
|---|---|
| vend<u>e</u>vo | vendev<u>a</u>mo |
| vend<u>e</u>vi | vendev<u>a</u>te |
| vend<u>e</u>va | vend<u>e</u>vano |

| **potere** *to be able to, can* | |
|---|---|
| pot<u>e</u>vo | potev<u>a</u>mo |
| pot<u>e</u>vi | potev<u>a</u>te |
| pot<u>e</u>va | pot<u>e</u>vano |

| **finire** *to finish* | |
|---|---|
| fin<u>i</u>vo | finiv<u>a</u>mo |
| fin<u>i</u>vi | finiv<u>a</u>te |
| fin<u>i</u>va | fin<u>i</u>vano |

**NOTE** The stress falls on the characteristic vowel of the verb (**a**, **e**, **i**) in the singular and third-person plural forms, and on the vowel of the ending in the **noi** and **voi** forms.

Some verbs use an imperfect stem that differs from that of the infinitive.

| **dire** *to say, tell* | |
|---|---|
| dicevo | dicevamo |
| dicevi | dicevate |
| diceva | dicevano |

| **fare** *to make, do* | |
|---|---|
| facevo | facevamo |
| facevi | facevate |
| faceva | facevano |

**bere**  *to drink*

| | |
|---|---|
| bevevo | bevevamo |
| bevevi | bevevate |
| beveva | bevevano |

The verb **essere** is irregular in the imperfect tense.

**essere**  *to be*

| | |
|---|---|
| ero | eravamo |
| eri | eravate |
| era | erano |

 **Prima era diverso.** *Scrivi due frasi, prima al presente e poi all'imperfetto per dire che le cose sono cambiate.*

> ESEMPIO     io / studio tutti i giorni
> → Non studio più tutti i giorni. Prima studiavo tutti i giorni.

**andare d'accordo**  *to get along well*
la **casalinga**  *housewife*
    **essere casalinga**  *to be a housewife, stay at home*
    **dare una festa**  *to give a party*
la **macchina da scrivere**  *typewriter*

1. noi / usare la macchina da scrivere

2. la gente / guadagnare molto

3. Lisa / abitare a Londra

4. Roberto / lavorare in aeroporto

5. tu / mangiare la carne

6. voi / giocare a carte

7. io / avere una moto

8. i vicini / dare feste in giardino

9. Luigi / viaggiare

10. Paola e Carla / essere casalinghe

11. tu e Gianluca / andare d'accordo

12. i nostri amici / vivere in città

**B**   *La mia infanzia.* *Daniele parla di quando era piccolo. Forma delle frasi con l'imperfetto per sapere come era la sua vita da bambino.*

**coltivare**  *to tend (garden)*
    **coltivare l'orto**  *to tend the vegetable garden*
**la ferrovia**  *railroad*
    **lavorare in ferrovia**  *to work on the railroad*
**l' orto**  *vegetable garden*
**il paese**  *village*
    **vivere in un paese di montagna**  *to live in a mountain village*
**il ruscello**  *brook*

1. io, mia sorella, il babbo e la mamma / abitare in un paese di montagna

2. la nostra casa / avere otto stanze

3. noi / avere un orto

4. mia madre / coltivare l'orto

5. mio padre / lavorare in ferrovia

6. io e mia sorella / giocare sempre vicino al ruscello

7. i figli dei vicini / giocare sempre con noi

8. noi / andare a scuola a piedi insieme

9. la domenica io, mia sorella e i miei genitori / andare a casa della nonna

10. noi / essere molto contenti

**C**   *Quando ero piccola.* *Nonna Adalgisa racconta ai nipoti di quando era bambina. Forma delle frasi all'imperfetto per conoscere la sua infanzia.*

**la caccia**  *hunt*
    **andare a caccia**  *to go hunting*
**la campagna**  *country, countryside*
    **vivere in campagna**  *to live in the country*
    **fare la casalinga**  *to be a housewife*
    **insieme a**  *together with*
**la mucca**  *cow, dairy cow*
**i parenti**  *relatives*
    **preparare pranzo e cena**  *to make lunch and dinner*

1. noi / vivere in campagna

2. io / avere quattro fratelli

3. mia madre / fare la casalinga

4. mio padre / lavorare e andare a caccia

5. io / essere la più grande e / preparare pranzo e cena per i miei fratelli

6. (a me) / piacere molto cucinare

7. i miei genitori / avere tre mucche

8. noi / vendere il latte

9. il sabato io e le mie amiche / andare alle feste in paese

10. a Natale io / cenare insieme ai miei parenti

**D** *I ricordi. Un gruppo di amici si riunisce e ognuno evoca i ricordi del passato. Forma frasi all'imperfetto per sapere quali sono i loro ricordi.*

ESEMPIO    io / andare al mare / tutte le estati
           → Io andavo al mare tutte le estati.

**chiacchierare** *to chat, make small talk*
**fare le ore piccole** *to stay up late, stay up until the wee hours of the morning*
**il tramezzino** *sandwich (usually made with triangle-shaped sliced bread)*

1. Lisa / bere il tè / ogni pomeriggio

2. Claudia e Valerio / andare all'Umbria Jazz / ogni inverno

3. Gianluca / mangiare un tramezzino / ogni giorno

4. Paola / leggere un libro / ogni settimana

5. nonna Adalgisa / piantare fiori / ogni primavera

6. zia Carla e zio Francesco / andare in vacanza in Puglia / ogni anno

7. Franco e Giovanna / chiacchierare con gli amici / tutte le sere

8. tu / giocare a tennis / ogni sabato

9. noi / fare le ore piccole / ogni venerdì

10. voi / essere stanchi / ogni mattina

---

### NOTA CULTURALE

**L'Umbria Jazz** è un festival dedicato alla musica jazz che si svolge ogni anno in Umbria. Il festival, nato a Perugia il 23 agosto 1973, ha avuto un enorme successo fino ad essere celebrato in altre città umbre come Orvieto, Terni, Narni, Foligno, Gubbio, Città di Castello e Assisi. Tra i jazzisti che hanno partecipato all'Umbria Jazz ricordiamo Al Jarreau, Keith Jarrett, Sarah Vaughan e Phil Collins. Ad Orvieto, che vanta tra le altre cose lo stupendo duomo con la facciata dorata e il pozzo di San Patrizio, il festival si svolge nel mese di dicembre, quando la cittadina si riempie di turisti che animano le stradine medievali.

## Basic Uses of the Imperfect Tense

The imperfect tense is used for actions in the past that are seen as ongoing processes rather than as completed events. The most common equivalents in English are *was/were doing something* and *was/were used to doing something*.

| | |
|---|---|
| Quando **ero** studente, **lavoravo** in un ristorante per guadagnare dei soldi. | *When I was a student, I used to work in a restaurant to earn some money.* |
| La mia famiglia **abitava** a Napoli prima di trasferirsi a Milano. | *My family used to live in Naples before moving to Milan.* |
| Ieri sera alle dieci e mezzo **guardavamo** un film alla TV. | *Last night at 10:30, we were watching a movie on TV.* |

In English, the modal verb *would* is often used to label actions that were repeated in the past.

| Mio cugino **mangiava** da noi ogni | *My cousin would eat at our house every* |
| domenica. | *Sunday.* |

However, English *would* has another function: to express conditions. In this function, it usually appears in sentences with a second clause beginning with *if*. Conditional *would* is never rendered by the imperfect. (See Chapter 5 for the use of the conditional tense.)

Adverbs and adverbial phrases expressing frequency are often accompanied by the imperfect when the speaker is referring to the past.

## Expressions of Frequency

**mai** *never*
**raramente / di rado** *seldom, rarely*
**ogni tanto** *from time to time*
**di quando in quando / di tanto in tanto** *from time to time*
**qualche volta / alcune volte / talvolta** *sometimes*
**di solito** *usually*
**frequentemente** *frequently*
**spesso** *often*
**molte volte** *many times*
**ogni giorno** *every day*
**sempre** *always*

**E**   *Ora non più.* Rispondi alle seguenti domande utilizzando l'imperfetto e l'avverbio di frequenza tra parentesi.

ESEMPIO     Tu vai al cinema? (spesso)
            → Io andavo spesso al cinema, ora non più.

1. Tu bevi il caffè a colazione? (sempre)

2. Rossella mangia il pesce? (ogni giorno)

3. Tu e tuo padre giocate a golf? (molte volte)

4. Michele e Monica lavorano a Verona? (spesso)

5. Pierpaolo va all'università? (ogni giorno)

6. La figlia di Elena dice bugie? (frequentemente)

7. Tu lavi la macchina? (spesso)

8. Voi dormite fino a tardi? (ogni fine settimana)

9. Zia Patrizia scrive poesie? (sempre)

10. Noi usciamo il sabato sera? (spesso)

**F**   ***Come si cambia!*** *Claudia e i suoi amici avevano una vita più attiva quando erano adolescenti. Trasforma le frasi come nell'esempio utilizzando due avverbi di frequenza per scoprire cosa facevano sempre e cosa fanno raramente adesso.*

ESEMPIO    Claudia / andare in vacanza / sempre / raramente
         → Claudia andava sempre in vacanza. Adesso va raramente in vacanza.

**la cagnolina** *(female) dog, poodle*
**i cartoni animati** *cartoons*
   **fare un pisolino** *to take a nap*

1. Simona e Alessandro / giocare a tennis / spesso / raramente

2. Valerio / vedere i cartoni animati / ogni giorno / qualche volta

3. Lisa e Sara / uscire con gli amici / frequentemente / raramente

4. noi / ballare / ogni sabato / di tanto in tanto

5. Azzurra / correre / tutti i giorni / qualche volta

6. voi / fare un pisolino / mai / sempre

7. io e Massimo / nuotare / molte volte / ogni tanto

8. Laura / dare una festa / ogni fine settimana / ogni anno

9. tu / dormire fino a tardi / di rado / spesso

10. Gianluca e la sua cagnolina Endora / fare una passeggiata / sempre / molto di rado

---

### NOTA CULTURALE

**I giovani italiani** non sono così dissimili dai giovani degli altri paesi. Passano il loro tempo libero con i loro coetanei (gente della stessa età) e spesso si riuniscono in piazza e in altri punti di ritrovo dove possono chiacchierare, bere o mangiare qualcosa insieme. I giovani che non sono ancora maggiorenni e che non possono guidare una macchina si muovono con lo scooter. Se si va nelle grandi città italiane, non è raro vedere decine di scooter, vespe e motorini parcheggiati davanti ai bar e sulle piazze. Il fine settimana è dedicato alle feste e alle serate in discoteca, ma anche al cinema e ad altre attività più tranquille.

## The Imperfect Contrasted with the Passato Prossimo

The imperfect is used to describe people, things, and situations in the past.

Quando **ero** studente universitario, **studiavo** molto e **prendevo** i miei studi seriamente. Ma **sapevo** anche divertirmi e il sabato sera **uscivo** sempre con i miei amici. Loro **erano** tutti molto simpatici e **facevano** studi diversi. **Era** un periodo bellissimo per me e per loro.

*When I was a university student, I would study a lot and took my studies seriously. But I also knew how to have fun, and on Saturday night I would always go out with my friends. They were all very nice and were taking different courses of study. Those were wonderful times for me and for them.*

Every time a speaker of Italian refers to the past, he must select either the imperfect or the passato prossimo. These tenses express different aspects of past time—different ways that the speaker views something that happened in the past. The passato prossimo is used when the speaker considers a past action as an event started and completed at a specific time in the past. The imperfect is used when the speaker considers the action as going on in the past without focusing on its beginning or end. Linguists call these distinctions *aspects*. The passato prossimo and imperfect tenses focus on different aspects of past actions: completion vs. process.

Thus, the passato prossimo is the tense usually used to narrate a series of events.

| | |
|---|---|
| **Sono andato** a casa, **ho pranzato**, poi **ho messo** la giacca e **sono ritornato** in ufficio. | *I went home, had lunch, then I put on my jacket and went back to the office.* |

The imperfect and passato prossimo may appear in the same sentence. When the two tenses contrast this way, the imperfect provides the background for the event related in the passato prossimo. The imperfect may be used to mention the time at which an action occurred, the weather at the time of an action, or another action that was going on at the same time.

| | |
|---|---|
| **Erano** le due quando **ho sentito** il chiasso dei manifestanti. | *It was two o'clock when I heard the noise of the demonstrators.* |
| **Ho preso** l'ombrello perché **pioveva** quando **sono uscito** di casa. | *I took my umbrella because it was raining when I left the house.* |
| Io **leggevo** quando il postino **ha bussato** alla porta. | *I was reading when the mailman knocked at the door.* |

In the sentences above, the verbs in the imperfect (including **leggevo**) are seen not as events but as backgrounds to other actions. The use of the imperfect does not focus on the beginning or end of those actions.

English can, of course, make this aspectual distinction, but does not always mark it overtly in the form of the verb. Compare the following two sentences.

| | |
|---|---|
| Ieri notte **ho dormito** bene. | *Last night I slept well.* |
| Quando ero più giovane, **dormivo** bene. | *When I was younger, I slept well.* |

English can use the same form of the verb in both sentences. Italian cannot—it must make the aspectual distinction.

**G** **Ti ricordi quando stavamo insieme?** *Francesca incontra per caso Davide, il suo ex fidanzato, durante una festa. Lui è ancora innamorato di lei e le racconta di una loro vacanza passata. Trasforma all'imperfetto i verbi tra parentesi.*

ESEMPIO   Mentre tu _preparavi_ la colazione, io _dormivo_ . (preparare, dormire)

1. Ti ricordi quando noi _____ in vacanza al mare? (andare)

2. Tu e Simona _____ il sole mentre io e Alessandro _____ a tennis. (prendere, giocare)

3. Per pranzo io e tu _____ un piatto di pasta mentre i nostri amici _____ un'insalata. (mangiare, prendere)

4. Il pomeriggio tu _____ spese, e invece io _____ un pisolino. (fare, fare)

5. Quando tu _____ dal centro commerciale, insieme noi _____ in piscina. (tornare, nuotare)

6. Più tardi la sera noi due _____ sul lungomare mentre Simona e Alessandro _____ i pesci e i fiori tropicali. (passeggiare, fotografare)

7. A cena io _____ il pesce mentre tu _____ un frullato di verdure. (prendere, bere)

8. Dopo cena io e Alessandro _____ la partita in TV, invece tu e Simona _____ un film al cinema all'aperto. (guardare, vedere)

**H** *Nevicava quando sono uscito di casa.* *In ogni frase inserisci l'imperfetto e il passato prossimo dei verbi dati tra parentesi. Ogni frase avrà un imperfetto e un passato prossimo.*

ESEMPIO    Mentre io _tornavo_ a casa, _ho visto_ una stella cadente. (tornare, vedere)

**apparecchiare**  *to set the table*
**chiacchierare**  *to chat, make small talk*
**decollare**  *to take off*
**fare la doccia**  *to take a shower*
**già**  *already*
**lavare i piatti**  *to do the dishes, wash up*
la **pausa pranzo**  *lunch break*
**pescare**  *to fish*
**squillare**  *to ring* (of a telephone)
la **stella cadente**  *falling star*
il **terremoto**  *earthquake*

1. Arianna _____ la doccia quando _____ il telefono. (fare, squillare)

2. Quando io _____ in ufficio, tu _____ per fare la pausa pranzo. (arrivare, uscire)

3. Davide _____ quando il terremoto _____. (dormire, iniziare)

4. Io e mio zio _____ quando _____ a piovere. (pescare, cominciare)

5. Eri in ritardo e quando tu _____ in aeroporto, l'aereo _____. (arrivare, decollare)

6. Quando Manuela _____ a casa, i suoi figli già _____. (tornare, dormire)

7. Mentre Stefano _____ in treno, _____ uno scrittore famoso. (viaggiare, conoscere)

8. Io _____ per il mio esame di francese quando _____ un rumore in sala. (studiare, sentire)

9. Mentre tu e Matteo _____ a carte, Sara _____ una bottiglia di champagne. (giocare, rompere)

10. Renata ed Eleonora _____ quando _____ bussare alla porta. (chiacchierare, sentire)

**Passato prossimo o imperfetto?** *Scegli la forma verbale adatta per completare l'e-mail che Luigi scrive al suo amico Massimo.*

la **biblioteca** *library*
   **laurearsi** *to graduate (from college/university)*
le **notizie** *news*
   **riuscire** *to succeed, manage*
la **telefonata** *phone call*
   **ultimamente** *lately*

*Caro Massimo,*

   *Che cosa (1. facevi | hai fatto) ultimamente? È da tanto tempo che non ti sento, ma per fortuna ho tue notizie da mia sorella. So che (2. passavi | hai passato) un brutto periodo e che adesso fortunatamente (3. riuscivi | sei riuscito) a superarlo. Questo mi (4. rendeva | ha reso) molto felice. (5. Sentivo | Ho sentito) anche che l'anno scorso ti (6. laureavi | sei laureato). Congratulazioni! E penso a quando a scuola non (7. sei stato | eri) il primo della classe! Ma da ragazzo non (8. hai studiato | studiavi) molto! È vero che ti (9. sposavi | sei sposato)? Tua moglie è quella ragazza bruna che ti (10. guardava | ha guardato) sempre quando (11. siamo stati | eravamo) in biblioteca? Si chiama Catia, vero? Io invece (12. sono rimasto | rimanevo) single e questa (13. era | è stata) sempre la mia filosofia, ricordi? Ma proprio ieri (14. ho incontrato | incontravo) una ragazza bellissima... mi piace molto! (15. Siamo usciti | Uscivamo) una volta insieme e (16. passavamo | abbiamo passato) una bella serata. Aspetto una tua telefonata,*
*Luigi*

## Special Uses of the Imperfect Tense

In literary and journalistic writing, a string of imperfect verbs may be used to narrate a series of events where in speech one would expect the passato prossimo. The effect of the imperfect is to involve the reader emotionally in the narration and heighten the dramatic tension. A series of verbs in the passato prossimo creates a more objective impression.

I nemici **entravano** nella città. Quasi tutta la popolazione **si nascondeva** nelle case, temendo la crudeltà dei soldati. Poco dopo **si udiva** l'altoparlante che **ordinava**: Tutti gli uomini fra i diciotto e trent'anni si radunino in piazza. Mio padre **cominciava** a tremare e le lacrime **apparivano** negli occhi di mia madre. Io **prendevo** il mio cappotto e gli **facevo** un cenno con il capo. Non **volevo** abbracciarli per timore di frantumare la muta disperazione che **nascondeva** la loro pena ed il loro terrore.

*The enemy entered the city. Almost the entire population hid in their houses, fearing the cruelty of the soldiers. Shortly afterward, the loudspeaker was heard giving the order: All men between 18 and 30 years of age must gather in the town square. My father began to shake, and tears appeared in my mother's eyes. I took my coat and nodded to them. I didn't want to embrace them for fear that I would shatter the silent despair that was holding back their pain and their terror.*

**J**  *Un sogno da rifare.*  *Leggi il sogno e poi cambia i verbi indicati dal passato prossimo all'imperfetto per mettere in risalto (emphasize) la paura sentita dalla persona che ha fatto il sogno.*

**in alto**  *high, up*
   **sempre più in alto**  *higher and higher*
**assordante**  *deafening*
il **boato**  *roar*
il **faro**  *lighthouse*
la **fatica**  *fatigue; great effort*
   **a fatica**  *with great difficulty*
   **finire**  *to wind up*
      **finire aggrappato a**  *to wind up clinging to*
il **lenzuolo**  *sheet*
   **le lenzuola**  *sheets*
   **mollare**  *to let go*
la **nuvola**  *cloud*
il **palazzo**  *palace; large building*
la **presa**  *grip*
   **mantenere la presa**  *to keep holding on*
la **quiete**  *silence, quiet*
   **schivare**  *to avoid, get out of the way of, dodge*
   **scivolare**  *to slip*
   **soffiare**  *to blow*
il **sogno**  *dream*
   **fare un sogno**  *to have a dream*
   **spingere**  *to push*
   **splendere**  *to shine, beam*
   **stellato**  *starry*
   **voltarsi**  *to turn around*
il **volto**  *face*

Ieri notte ho fatto un sogno veramente strano. Ho sognato che _____ (1. ho volato)

trasportato da una nuvola. Il cielo era stellato e la luna splendeva come un faro nell'oscurità.

Dall'alto _____ (2. ho visto) la città illuminata dai palazzi, le strade e le automobili nel

traffico, ma non _____ (3. ho sentito) rumore, tutto era immerso nella quiete.

_____ (4. ho sentito) un boato assordante, _____ (5. mi sono voltato) e

_____ (6. ho visto) un aereo che veniva verso di me. _____ (7. Ho cercato) di schivarlo

ma _____ (8. sono finito) aggrappato alla sua coda. Il vento _____ (9. ha soffiato)

fortissimo sul mio volto e a fatica _____ (10. sono riuscito) a mantenere la presa. L'aereo

_____ (11. è volato) sempre più in alto ma io non _____ (12. ho mollato). Proprio

quando non _____ (13. ho resistito) più al rumore assordante e al vento che mi spingeva

indietro, _____ (14. ho lasciato) scivolare le mie braccia dalla parete metallica,

_____ (15. mi sono sentito) catapultare nell'atmosfera e _____ (16. mi sono ritrovato)

fra le lenzuola del mio letto.

# The Future and Conditional Tenses

## Formation of the Future Tense

The future tense is formed by adding a special set of endings to the infinitive minus the final -e. In -are verbs, the a of the infinitive changes to e. The endings of the future tense are the same for all verbs.

**parlare**  *to speak*

| | |
|---|---|
| parlerò | parler**emo** |
| parler**ai** | parler**ete** |
| parler**à** | parler**anno** |

**vendere**  *to sell*

| | |
|---|---|
| vender**ò** | vender**emo** |
| vender**ai** | vender**ete** |
| vender**à** | vender**anno** |

**finire**  *to finish*

| | |
|---|---|
| finir**ò** | finir**emo** |
| finir**ai** | finir**ete** |
| finir**à** | finir**anno** |

## Spelling Changes in Certain -are Verbs

For -are verbs whose stems end in -c or -g, the change of **a** to **e** in the future tense requires the following spelling changes: **c** → **ch** and **g** → **gh**.

**cercare**  *to look for*

| | |
|---|---|
| cer**ch**erò | cer**ch**eremo |
| cer**ch**erai | cer**ch**erete |
| cer**ch**erà | cer**ch**eranno |

**pagare**  *to pay*

| | |
|---|---|
| pa**gh**erò | pa**gh**eremo |
| pa**gh**erai | pa**gh**erete |
| pa**gh**erà | pa**gh**eranno |

Verbs in -**ciare** or -**giare** drop the **i** when the **a** of the infinitive is changed to **e** in the future tense.

**cominciare** *to begin*

| | |
|---|---|
| comincerò | cominceremo |
| comincerai | comincerete |
| comincerà | cominceranno |

**viaggiare** *to travel*

| | |
|---|---|
| viaggerò | viaggeremo |
| viaggerai | viaggerete |
| viaggerà | viaggeranno |

## Modified Forms of the Infinitive in the Future Tense

Several common verbs have modified forms of the infinitive in the future tense.

- The verbs **dare**, **fare**, and **stare** do *not* change the **a** of the infinitive to **e** in the future tense.

| | |
|---|---|
| **dare** | darò, darai, darà, *etc.* |
| **fare** | farò, farai, farà, *etc.* |
| **stare** | starò, starai, starà, *etc.* |

- The verb **andare** drops the **a** of the infinitive in the future tense.

**andare** *to go*

| | |
|---|---|
| andrò | andremo |
| andrai | andrete |
| andrà | andranno |

- -**Ere** verbs stressed on the infinitive ending drop the **e** of the infinitive in the future tense. This contracted infinitive is used in all persons of the future tense.

**avere** *to have*

| | |
|---|---|
| avrò | avremo |
| avrai | avrete |
| avrà | avranno |

**cadere** *to fall*

| | |
|---|---|
| cadrò | cadremo |
| cadrai | cadrete |
| cadrà | cadranno |

**dovere** *to owe; must, should, ought*

| | |
|---|---|
| dovrò | dovremo |
| dovrai | dovrete |
| dovrà | dovranno |

**godere** *to enjoy*

| | |
|---|---|
| godrò | godremo |
| godrai | godrete |
| godrà | godranno |

| **potere**  *to be able to, can* | | **sapere**  *to know* | |
|---|---|---|---|
| potrò | potremo | saprò | sapremo |
| potrai | potrete | saprai | saprete |
| potrà | potranno | saprà | sapranno |

| **vedere**  *to see* | |
|---|---|
| vedrò | vedremo |
| vedrai | vedrete |
| vedrà | vedranno |

The verb **vivere**, although not stressed on the infinitive ending, also follows this pattern.

| **vivere**  *to live* | |
|---|---|
| vivrò | vivremo |
| vivrai | vivrete |
| vivrà | vivranno |

- Several other -**ere** verbs have -**rr**- in the future stem.

| **bere**  *to drink* | | **rimanere**  *to remain* | |
|---|---|---|---|
| berrò | berremo | rimarrò | rimarremo |
| berrai | berrete | rimarrai | rimarrete |
| berrà | berranno | rimarrà | rimarranno |

| **tenere**  *to hold* | | **volere**  *to want (to)* | |
|---|---|---|---|
| terrò | terremo | vorrò | vorremo |
| terrai | terrete | vorrai | vorrete |
| terrà | terranno | vorrà | vorranno |

The verb **venire** also follows this pattern.

| **venire**  *to come* | |
|---|---|
| verrò | verremo |
| verrai | verrete |
| verrà | verranno |

- The verbs **dolere** *to hurt* and **valere** *to be worth* also have a future stem in -**rr**-. These verbs are used almost exclusively in the third person.

| Se fai troppo esercizio, ti **dorranno** i muscoli. | *If you exercise too much, your muscles will hurt.* |
|---|---|
| Non so quanto **varrà** questa moneta antica. | *I don't know how much this ancient coin will be worth.* |

■ The verb **essere** has an irregular future stem: **sar-**.

**essere** *to be*

| | |
|---|---|
| sarò | saremo |
| sarai | sarete |
| sarà | saranno |

**A** ⬛ *Da completare.* *Completa questa tabella con le forme verbali che mancano.*

| INFINITIVE | FUTURE (**io** FORM) | FUTURE (**noi** FORM) | FUTURE (**loro** FORM) |
|---|---|---|---|
| 1. _____ | _____ | dimenticheremo | _____ |
| 2. _____ | verrò | _____ | _____ |
| 3. essere | _____ | _____ | _____ |
| 4. _____ | _____ | _____ | avranno |
| 5. _____ | pregherò | _____ | _____ |
| 6. _____ | _____ | vedremo | _____ |
| 7. vivere | _____ | _____ | _____ |
| 8. _____ | _____ | _____ | giocheranno |
| 9. _____ | vorrò | _____ | _____ |
| 10. _____ | _____ | sapremo | _____ |

**B** ⬛ *Da completare.* *Completa questa tabella con le forme verbali che mancano.*

| INFINITIVE | FUTURE (**tu** FORM) | FUTURE (**lui** FORM) | FUTURE (**voi** FORM) |
|---|---|---|---|
| 1. toccare | _____ | _____ | _____ |
| 2. _____ | potrai | _____ | _____ |
| 3. _____ | _____ | berrà | _____ |
| 4. _____ | dormirai | _____ | _____ |
| 5. cadere | _____ | _____ | _____ |
| 6. _____ | _____ | _____ | comporrete |
| 7. _____ | _____ | _____ | temerete |
| 8. _____ | _____ | navigherà | _____ |
| 9. _____ | tornerai | _____ | _____ |
| 10. _____ | _____ | _____ | salirete |
| 11. lasciare | _____ | _____ | _____ |
| 12. _____ | _____ | incoraggerà | _____ |

# Basic Uses of the Future Tense

The main function of the Italian future tense is to label events that will take place in the future.

—**Uscirai** con noi?                          *Will you go out with us?*
—Mi dispiace, ma **rimarrò** a casa        *I'm sorry, but I will stay home and study*
  e **studierò** tutto il giorno.            *all day long.*

---

### NOTA LINGUISTICA

In standard usage, Italian future tense forms are somewhat more common than French or Spanish future tense forms. Because Italian has no equivalent for *be going to do something* (French **je vais faire quelque chose**, Spanish **voy a hacer algo**), the Italian future tense must be used instead.

---

In everyday speech, the future tense with future meaning is usually replaced by the present tense, especially when another element of the sentence (such as **domani** *tomorrow,* **la settimana prossima** *next week,* or **l'anno prossimo** *next year*) makes the reference to future time clear. Thus, with the addition of the adverb of time **domani**, the dialogue above could be rephrased as follows.

—**Esci** con noi domani?                    *Are you going out with us tomorrow?*
—Mi dispiace, ma domani **rimango**       *I'm sorry, but tomorrow I'm staying home*
  a casa e **studio** tutto il giorno.       *and studying all day long.*

**NOTE** English uses the present progressive tense in these sentences, while Italian uses the simple present tense.

**C**  *I buoni propositi. In ogni frase trasforma il verbo dal presente al futuro per scoprire cosa si propongono di fare Luigi, la sua famiglia e i suoi amici durante il nuovo anno.*

> ESEMPIO  Faccio esercizio fisico ogni giorno.
> → Farò esercizio fisico ogni giorno.

1. Jennifer mangia meno dolci.

2. Io e mia sorella andiamo a trovare la nonna più spesso.

3. Mio padre smette di fumare.

4. I miei cugini studiano di più.

5. Tu e la tua sorellina non litigate (*argue*) più.

6. I miei zii prenotano le vacanze per tempo (*early, way in advance*).

7. Francesco e Silvina escono sempre insieme.

8. Elisa sorride di più.

9. Giovanna critica di meno gli altri.

10. Massimo gioca più spesso con i suoi figli Martina e Michele.

**D**   ***Domani è un altro giorno.*** *Tutto ciò che si doveva fare oggi è stato rimandato a domani. Rispondi alle domande seguendo l'esempio.*

> ESEMPIO   Mamma, non fai il bucato (*do the laundry*) oggi?
> → No, farò il bucato domani.

1. Michele non studia oggi?

2. Ilenia e Raffaele non vengono oggi?

3. Tu non lavi la macchina oggi?

4. Noi non facciamo spese oggi?

5. Gli studenti non fanno sciopero (*go on strike*) oggi?

6. Tu e i tuoi amici non uscite oggi?

7. Babbo, non lavori oggi?

8. Giorgio non va in palestra (*gym*) oggi?

9. Il postino non porta la posta oggi?

10. Gli zii non ritornano oggi?

**E**   ***Io penso positivo.*** *Agnese è ottimista e pensa che tutto si risolverà. Scrivi le risposte che dà alla sua amica Elena.*

> ESEMPIO   Andiamo alla festa o no?
> → Penso che andremo alla festa.

1. Domani fa bel tempo o no?

2. Sabato sera usciamo o no?

3. I tuoi genitori ti comprano una macchina o no?

4. Io vengo in vacanza con voi o no?

5. Il professore di inglese ci promuove o no?

6. Matteo ti telefona o no?

7. Giovanni risponde all'e-mail di Nadia o no?

8. Tu e tua sorella mi aiutate con i compiti o no?

# The Future of Conjecture and Probability

In addition to its basic meaning in everyday Italian, the future tense may express conjecture or an assumption of probability about a present state or event. English usually expresses this notion with phrases such as *I wonder, maybe, it can be, I suppose, it could be that,* and *I'll bet it's.*

| | |
|---|---|
| —Che ore **saranno**? | *I wonder what time it is.* |
| —**Saranno** le sette. Il sole è già basso. | *It must be seven. The sun is already low in the sky.* |

—Non capisco perché Mario non       *I don't understand why Mario doesn't*
   cambia lavoro.                                 *change jobs.*

—Il suo lavoro **sarà** molto ben retribuito.    *His job must pay well.*

—Domani è il compleanno di Alberto.      *Tomorrow is Alberto's birthday. I wonder*
   Quanti anni **avrà**?                               *how old he is.*

—**Avrà** almeno cinquant'anni, mi sembra.    *He must be at least fifty, I think.*

In all of these examples of the future of conjecture and probability, the time reference is to the present, not to the future.

**F**   **Congetture.** *Gli amici hanno sentito che Stefano si è comprato una nuova macchina. Tutti i suoi amici vogliono sapere com'è e fanno delle congetture sulla sua automobile. Utilizza il futuro congetturale per esprimere le loro opinioni e ipotesi sulla macchina di Stefano.*

ESEMPIO    *I wonder if the car is very expensive.*
          → La macchina sarà molto cara.

la **benzina** *gas, gasoline*
   **consumare** *to consume, use*
   **decappottabile** *convertible*
   **fare duecento chilometri all'ora** *to go 200 kilometers an hour*
il **lusso** *luxury*
     **una macchina di lusso** *a luxury car*
la **macchina sportiva** *sports car*
il **posto** *(car) seat*
   **usato** *used*

1. *I bet it's beautiful.*

2. *It must be (a) convertible.*

3. *Do you think it's red?*

4. *It's probably not used.*

5. *Could it be a luxury car?*

6. *I suppose the car has two seats.*

7. *I wonder if it uses a lot of gas.*

8. *I bet it can do 200 kilometers an hour.*

**G**   **Probabilmente.** *Trasforma le frasi seguenti utilizzando il futuro congetturale.*

ESEMPIO    Probabilmente in Australia sono le dieci.
          → Saranno le dieci in Australia.

1. Probabilmente Anna ha un nuovo ragazzo.

2. Probabilmente Lisa rimane a casa stasera.

3. Probabilmente i fratelli di Ambra vengono in ritardo.

4. Probabilmente Antonio e Marina finiscono presto l'università.

5. Probabilmente Andrea non mangia carne.

6. Probabilmente i figli di Larry non conoscono l'italiano.

7. Probabilmente il proprietario dell'azienda guadagna molti soldi.

8. Marco è in perfetta forma fisica. Probabilmente va in palestra (*gym*) tutti i giorni.

9. Probabilmente il gatto di Marica è un persiano. Le piacciono i gatti con pelo lungo.

10. Probabilmente la madre di Ettore ha sui sessanta anni.

## Other Uses of the Future Tense

The future tense may be used in subordinate clauses after **sapere** *to know*, **rendersi conto** *to realize*, **essere sicuro che** *to be sure that*, and similar expressions, just as in English.

| | |
|---|---|
| Non so se **verranno**. | *I don't know whether they will come.* |
| Non sanno se **potranno** partire. | *They don't know whether they'll be able to go away.* |
| So che ci **aiuterà**. | *I know that he will help us.* |
| Sono sicuro che **vinceremo**. | *I'm sure we will win.* |
| È evidente che **dovremo** lavorare sodo. | *It's obvious we will have to work hard.* |

The future is also used in the main clause of sentences expressing probable conditions (conditions not contrary to fact).

| | |
|---|---|
| Se Lei viene in ufficio, **potremo** parlare del progetto. | *If you come to the office, we will be able to talk about the project.* |
| Se nevica, **non usciranno**. | *If it snows, they won't go out.* |

The order of the clauses can be reversed with no change in meaning.

**Potremo** parlare del progetto se Lei viene in ufficio.
**Non usciranno** se nevica.

In Italian, when the verb in the main clause is in the future tense, the future tense is required after conjunctions of time, such as **quando** *when*, **dopo che** *after*, and **appena** *as soon as*. English uses the present tense in these clauses.

| | |
|---|---|
| Pranzeremo **quando arriveranno** gli invitati. | *We'll eat when the guests arrive.* |
| Tutto cambierà **dopo che avrete** la laurea. | *Everything will change after you have your degree.* |
| **Appena** mi **chiamerai**, ti verrò a prendere. | *As soon as you call me, I'll leave to pick you up.* |

**H** *È sicuro, ma ad una condizione.* Trasforma l'infinito del verbo al presente (nella proposizione subordinata) e al futuro (nella proposizione principale), come nell'esempio.

ESEMPIO   Se (tu) **conoscere** l'inglese, (tu) **trovare** sicuramente lavoro.
→ Se conosci l'inglese, troverai sicuramente lavoro.

1. Se (tu) **smettere** di fumare, (tu) **risparmiare** soldi e salute.

2. Se (lui) **studiare** di più, (lui) **superare** l'esame.

3. Se **fare** bel tempo domenica, (io) **andare** al mare.

4. (voi) **Ricevere** un aumento se (voi) **lavorare** sodo.

5. Se (noi) **correre**, (noi) **raggiungere** gli altri.

6. (loro) **Arrivare** prima se (loro) **prendere** l'aereo.

7. Se (tu) **impegnarsi**, (tu) **realizzare** i tuoi sogni.

8. Se (noi) **mettere** da parte un po' di soldi, (noi) **fare** una vacanza in montagna.

9. (tu) **Sentirsi** meglio se (tu) **diventare** vegetariana.

**I**   *Progetti e promesse.*   *In ogni frase, trasforma al futuro entrambi i verbi al presente, come nell'esempio.*

> ESEMPIO    Vengo da te quando ho tempo.
> → Verrò da te quando avrò tempo.

1. Ti telefono appena posso.

2. Dorme quando è stanco.

3. Che cosa fai dopo che finisci il dottorato?

4. Quando torni in Italia, puoi fare un corso di cucina.

5. Appena arrivano, mangiamo.

6. Quando hanno i soldi, comprano un appartamento in città.

7. Laviamo la macchina appena fa bel tempo.

8. Quando sono grande, faccio l'avvocato.

9. Ti aiuto appena finisco il mio progetto.

10. Che corsi segui quando inizi l'università?

## Formation of the Conditional Tense

The Italian conditional tense is the equivalent of English *would do something*. The conditional in Italian is signaled by a special set of endings attached to the infinitive minus the final **e**. For **-are** verbs, the **a** of the infinitive changes to **e**, as it does in the future tense.

| **parlare** *to speak* | | **vendere** *to sell* | |
|---|---|---|---|
| parler**ei** | parler**emmo** | vender**ei** | vender**emmo** |
| parler**esti** | parler**este** | vender**esti** | vender**este** |
| parler**ebbe** | parler**ebbero** | vender**ebbe** | vender**ebbero** |

| **finire** *to finish* | |
|---|---|
| finir**ei** | finir**emmo** |
| finir**esti** | finir**este** |
| finir**ebbe** | finir**ebbero** |

## NOTES

- All conditional forms are stressed on the first **e** of the ending: **finir<u>e</u>bbero**.

- The **noi** forms of the future and conditional are distinguished only by the contrast between single and double **m**.

| | |
|---|---|
| parleremo | *we will speak* |
| parleremmo | *we would speak* |

## Verbs with Irregular Conditional Stems

Verbs with irregular future tense stems have the same stems in the conditional tense.

| INFINITIVE | CONDITIONAL TENSE |
|---|---|

### Verbs Whose Infinitives End in -care, -gare, -ciare, or -giare

| | |
|---|---|
| **cercare** *to look for* | cercherei, cercheresti, cercherebbe, cercheremmo, cerchereste, cercherebbero |
| **pagare** *to pay* | pagherei, pagheresti, pagherebbe, pagheremmo, paghereste, pagherebbero |
| **cominciare** *to begin* | comincerei, cominceresti, comincerebbe, cominceremmo, comincereste, comincerebbero |
| **viaggiare** *to travel* | viaggerei, viaggeresti, viaggerebbe, viaggeremmo, viaggereste, viaggerebbero |

### -Are Verbs That Drop or Keep the a of the Infinitive

| | |
|---|---|
| **andare** *to go* | andrei, andresti, andrebbe, andremmo, andreste, andrebbero |
| **dare** *to give* | darei, daresti, darebbe, daremmo, dareste, darebbero |
| **fare** *to make, do* | farei, faresti, farebbe, faremmo, fareste, farebbero |
| **stare** *to stay, live; to be* | starei, staresti, starebbe, staremmo, stareste, starebbero |

### -Ere Verbs That Drop the e of the Infinitive

| | |
|---|---|
| **avere** *to have* | avrei, avresti, avrebbe, avremmo, avreste, avrebbero |
| **cadere** *to fall* | cadrei, cadresti, cadrebbe, cadremmo, cadreste, cadrebbero |
| **dovere** *to owe; must, should, ought* | dovrei, dovresti, dovrebbe, dovremmo, dovreste, dovrebbero |
| **godere** *to enjoy* | godrei, godresti, godrebbe, godremmo, godreste, godrebbero |
| **potere** *to be able to, can* | potrei, potresti, potrebbe, potremmo, potreste, potrebbero |
| **sapere** *to know* | saprei, sapresti, saprebbe, sapremmo, sapreste, saprebbero |
| **vedere** *to see* | vedrei, vedresti, vedrebbe, vedremmo, vedreste, vedrebbero |
| **vivere** *to live* | vivrei, vivresti, vivrebbe, vivremmo, vivreste, vivrebbero |

### -Ere Verbs That Have -rr- in the Stem

| | |
|---|---|
| **bere** *to drink* | berrei, berresti, berrebbe, berremmo, berreste, berrebbero |
| **rimanere** *to remain* | rimarrei, rimarresti, rimarrebbe, rimarremmo, rimarreste, rimarrebbero |
| **tenere** *to hold* | terrei, terresti, terrebbe, terremmo, terreste, terrebbero |
| **venire** *to come* | verrei, verresti, verrebbe, verremmo, verreste, verrebbero |
| **volere** *to want* | vorrei, vorresti, vorrebbe, vorremmo, vorreste, vorrebbero |

The conditional stem of the verb **essere**, like the future stem, is irregular: **sar-**.

**essere**  *to be*

| | |
|---|---|
| sarei | saremmo |
| saresti | sareste |
| sarebbe | sarebbero |

**J**  **Da completare.**  *Completa questa tabella con le forme verbali che mancano.*

| INFINITIVE | CONDITIONAL (**tu** FORM) | CONDITIONAL (**lui** FORM) | CONDITIONAL (**voi** FORM) |
|---|---|---|---|
| 1. giocare | _____ | _____ | _____ |
| 2. _____ | cadresti | _____ | _____ |
| 3. _____ | _____ | verrebbe | _____ |
| 4. _____ | sentiresti | _____ | _____ |
| 5. sapere | _____ | _____ | _____ |
| 6. _____ | _____ | _____ | supporreste |
| 7. _____ | _____ | _____ | credereste |
| 8. _____ | _____ | impiegherebbe | _____ |
| 9. _____ | guideresti | _____ | _____ |
| 10. _____ | _____ | _____ | scendereste |
| 11. rinunciare | _____ | _____ | _____ |
| 12. _____ | _____ | noleggerebbe | _____ |

**K**  **Da completare.**  *Completa questa tabella con le forme verbali che mancano.*

| INFINITIVE | CONDITIONAL (**io** FORM) | CONDITIONAL (**noi** FORM) | CONDITIONAL (**loro** FORM) |
|---|---|---|---|
| 1. _____ | _____ | _____ | pescherebbero |
| 2. _____ | vorrei | _____ | _____ |
| 3. _____ | _____ | saremmo | _____ |
| 4. avere | _____ | _____ | _____ |
| 5. _____ | obbligherei | _____ | _____ |
| 6. _____ | _____ | godremmo | _____ |
| 7. indicare | _____ | _____ | _____ |
| 8. _____ | _____ | _____ | toccherebbero |
| 9. _____ | berrei | _____ | _____ |
| 10. _____ | _____ | cadremmo | _____ |

## Uses of the Conditional Tense

The conditional tense expresses what would happen if something else occurred or if another condition existed. It is most common in two-clause sentences where the *if*-clause is in the imperfect subjunctive. (See Chapter 25 for a complete explanation.)

English uses the auxiliary verb *would* to express repeated actions in the past; Italian uses the imperfect, not the conditional, in these cases.

| | |
|---|---|
| Dopo il lavoro mi **chiamava** sempre. | *After work, he would always call me.* |
| Mio padre mi **diceva** che occorre lavorare sodo. | *My father would tell me that it's necessary to work hard.* |

Unlike English, French, and Spanish usage, Italian uses the conditional perfect, not the conditional, after past tenses of phrases such as **sapere che** *to know that*, **rendersi conto che** *to realize that*, and **è evidente che** *it is obvious that*. (The conditional perfect will be discussed in Chapter 8.) Compare the following sentences.

| | |
|---|---|
| Sono sicuro che **vinceremo.** | *I'm sure that we will win.* |
| Ero sicuro che **avremmo vinto.** | *I was sure that we would win.* |

The conditional is used to soften statements and requests, especially with the verbs **volere**, **potere**, and **dovere**. English *would, could,* and *should* are often used in the same way.

| | |
|---|---|
| A che ora **vorrebbe** partire? | *At what time would you like to leave?* |
| **Potresti** prestarmi cento euro? | *Could you lend me 100 euros?* |
| Voi non **dovreste** dire queste cose. | *You shouldn't say these things.* |

**L**   *Indoriamo la pillola!* (**We sugarcoat the pill!**) *Cambia le seguenti richieste e consigli utilizzando il condizionale al fine di renderli più gentili.*

ESEMPIO   Devi smettere di fumare.
→ Dovresti smettere di fumare.

1. Voglio un cappuccino e un cornetto (*croissant*).

2. Puoi chiudere la finestra?

3. Dovete finire l'esame entro le dieci (*by ten o'clock*).

4. Tuo nonno può spegnere la pipa?

5. Posso usare la tua penna?

6. (Lei) deve seguire quella macchina.

7. Puoi inviare un sms (*short message*) ai nostri amici?

8. Dobbiamo tornare a casa prima del temporale.

9. Potete mettere in ordine la vostra camera?

10. Non potete fare meno rumore?

**M** *Che faresti al posto mio?* *Trasforma i verbi dall'infinito al condizionale e poi scegli una opzione.*

ESEMPIO   È il giorno dell'esame di maturità (*high school final exam*) e sei in ritardo
per l'esame. Che faresti?
a. restare a casa     → Resterei a casa.
b. prendere un taxi   → Prenderei un taxi.

1. Un estraneo (*stranger*) bussa alla porta. Che fareste voi?
   a. aprire subito la porta
   b. chiedere il suo nome e che cosa desidera

2. Sei in treno e un passeggero grida "Al fuoco". Che faresti tu?
   a. uscire dal treno
   b. chiamare i pompieri

3. Manuela finisce la benzina e ha solo 1 euro in tasca. Che farebbe Manuela?
   a. telefonare al marito
   b. mettere 1 euro di benzina

4. I coniugi Fuligni sono testimoni di un incidente automobilistico. Che farebbero?
   a. chiamare la polizia
   b. soccorrere i feriti

5. Sei astemio (*teetotaler, nondrinker*) e un amico ti regala una bottiglia di liquore. Che faresti?
   a. accettare il regalo
   b. restituire il regalo

6. Vinci 200,000 euro con la lotteria. Che faresti?
   a. fare un viaggio intorno al mondo
   b. comprare la casa dei miei sogni

7. Tu e tuo fratello trovate un cane randagio (*stray dog*). Che fareste voi?
   a. tenere il cane
   b. portare il cane al canile

8. Rossella vede un messaggio d'amore sul cellulare del suo ragazzo. Che farebbe Rossella?
   a. chiedere spiegazioni
   b. ignorare il messaggio

**N** *Magari!* (**I wish!**) *Tu e i tuoi amici avete appena acquistato dieci biglietti della lotteria.
Il montepremi (jackpot, prize) è di un milione di euro. Che cosa fareste con questa enorme
somma di denaro? Componi le seguenti frasi al condizionale.*

ESEMPIO   io / comprare una macchina di lusso
→ Io comprerei una macchina di lusso.

1. Renata / dare una parte dei soldi in beneficenza (*to charity*)

2. Eleonora e Alessandro / acquistare una villa in Toscana

3. tu / mettere i soldi in banca

4. io e Massimo / investire i soldi

5. la mia ragazza / aprire un negozio di alta moda

6. Sara e Billy / pagare i debiti

7. voi / prenotare un viaggio sulla luna

8. il mio cane / comprare l'osso più grande del mondo

---

### NOTA CULTURALE

**Gli italiani e il gioco d'azzardo** (*Italians and gambling*)

La parola "azzardo" deriva dal francese *hasard,* che deriva a sua volta dalla lingua araba, dove con il termine *zahr* si designava l'oggetto ludico a noi comunemente noto come "dado" (*die*). Secondo un recente sondaggio, l'Italia è fra i paesi che giocano d'azzardo di più al mondo. Gli italiani amano giocare a carte, alla lotteria, al "Gratta e Vinci" (*instant lottery, scratch-and-win, scratch card*), al bingo e a vari tipi di scommesse (*bets*).

**O** *De gustibus...* *Usa il tempo condizionale per esprimere i tuoi gusti e quelli delle persone che conosci. Utilizza i verbi seguenti:* **piacere, amare, volere, desiderare** *e* **preferire.**

1. *I'd like to . . .*

2. *Our parents would prefer to . . .*

3. *My sister would want to . . .*

4. *My friend _____ would love to . . .*

5. *My brother would like to . . .*

6. *I would want to . . .*

7. *My teacher would love to . . .*

8. *My girlfriend/boyfriend would prefer to . . .*

9. *Our neighbors would like to . . .*

# The Imperative

The imperative is used to tell someone to do something or not to do something. In English, the imperative is formed by dropping the subject pronoun of a verb in the present tense.

> *You come back.* → *Come back.*
> *You don't come back.* → *Don't come back.*

For the first-person plural command, English uses *Let's* and *Let's not.*

> *Let's go out.*
> *Let's not go out.*

Italian has special forms for the imperative. The use of object pronouns with command forms will be analyzed and practiced in Chapter 15.

## The Informal Imperative

The informal imperative includes the command forms for **tu** and **voi**. Most informal imperative forms are the same as the corresponding present-tense verb forms. Remember that in contemporary Italian, the **voi** form of the verb is used for any group of two or more people, whether the relationship is formal or not.

### Formation of the **tu** Imperative

The **tu** imperative has two forms, an affirmative command form (telling someone to do something) and a negative command form (telling someone not to do something). The affirmative **tu** imperative ending is -**a** for -**are** verbs and -**i** for -**ere** and -**ire** verbs.

#### -Are Verbs

| | |
|---|---|
| **Torna** subito. | *Come right back.* |
| **Noleggia** una macchina. | *Rent a car.* |
| **Ascolta** questa canzone. | *Listen to this song.* |
| **Lascia** i libri sul tavolo. | *Leave the books on the table.* |

## -Ere Verbs

| | |
|---|---|
| **Chiudi** le finestre, per favore. Ho freddo. | *Close the windows, please. I'm cold.* |
| **Connetti** il computer qui. | *Connect the computer here.* |
| **Smetti** di disturbarci. | *Stop bothering us.* |
| **Spegni** le luci. | *Turn out the lights.* |

## -Ire Verbs with the -isc- Infix

| | |
|---|---|
| **Finisci** ora il lavoro. | *Finish the work now.* |
| **Suggerisci** una soluzione. | *Suggest a solution.* |
| **Pulisci** la tua stanza. | *Clean your room.* |

## -Ire Verbs Without the -isc- Infix

| | |
|---|---|
| **Parti** oggi in treno. | *Leave today on the train.* |
| **Dormi** bene. | *Sleep well.* |
| **Senti**, ho bisogno del tuo aiuto. | *Listen, I need your help.* |

The **tu** imperative of **-ere** and **-ire** verbs is identical to the **tu** form of the present tense. Any irregularities in the **tu** form, therefore, appear in the imperative.

| | |
|---|---|
| **Esci** con noi. Mangeremo in centro. | *Come out with us. We'll eat downtown.* |
| **Vieni** con me. **Sali** in macchina. | *Come with me. Get in the car.* |

## Irregular Verbs

Five common irregular verbs have very irregular **tu** command forms; four of these verbs have alternate forms.

| | |
|---|---|
| **andare** | vai OR va' |
| **dare** | dai OR da' |
| **dire** | di' |
| **fare** | fai OR fa' |
| **stare** | stai OR sta' |

## The Negative Imperative

To tell someone you address as **tu** *not* to do something, Italian uses **non** + infinitive.

| | |
|---|---|
| **Non comprare** quelle mele. Non sono buone. | *Don't buy those apples. They're not good.* |
| **Non disturbare** il nonno. | *Don't bother grandfather.* |
| **Non mettere** quei pacchi sul divano. | *Don't put those packages on the sofa.* |
| **Non uscire.** Piove. | *Don't go out. It's raining.* |

**A**    *Disciplina. La Signora Lombardi si prende cura del suo nipotino oggi. Gli dice le cose che deve fare e le cose che non deve fare. Partendo dalla lista crea 10 frasi con l'imperativo per sapere quello che ha detto al bambino.*

| ESEMPIO | **Da fare** | **Da non fare** |
|---|---|---|
| | leggere un libro | giocare nel salotto |
| | → Leggi un libro. | Non giocare nel salotto. |

**I bambini**

> **giocare**  *to play*
> il  **giocattolo**  *toy*
> **guardare la TV**  *to watch TV*
> il  **lavandino**  *(kitchen) sink*
> la  **lavastoviglie**  *dishwasher*
> **mettere in disordine**  *to mess up*
> la  **palla**  *ball*
> la  **parete**  *wall*
> il  **pranzo**  *meal, lunch*
> **raccogliere**  *to pick up*
> **rimbalzare**  *to bounce*
>> **far rimbalzare**  *to bounce* (= *make something bounce*)
> il  **salotto**  *living room*
> la  **tavola**  *table*
>> **a tavola**  *at/to the table*
> la  **verdura**  *vegetable(s)*

| **Da fare** | **Da non fare** |
|---|---|
| 1. venire a tavola | guardare la TV |
| 2. finire tutto il pranzo | lasciare la verdura |
| 3. lasciare il piatto nel lavandino | mettere il piatto nella lavastoviglie |
| 4. giocare piano | far rimbalzare la palla sulla parete |
| 5. raccogliere i giocattoli | mettere la stanza in disordine |

**B**    *Otto regole d'oro. Il trainer Tony dà a Luisa una lista di cose da fare per tenersi in forma e perdere un po' di peso. Trasforma gli infiniti all'imperativo familiare per scoprire i segreti di una dieta efficace.*

1. fare esercizio regolarmente (sì)

2. mangiare dolci (no)

3. bere molta acqua (sì)

4. variare l'alimentazione (sì)

5. dormire meno di otto ore (no)

6. evitare di mangiare troppo tardi la sera (sì)

7. consumare molta frutta e verdura (sì)

8. stressarsi (no)

**C** *La mamma è sempre la mamma.* Paola dice a sua figlia Claudia come ci si deve comportare il primo giorno di scuola. Trasforma le frasi seguenti all'imperativo familiare seguendo l'esempio.

> ESEMPIO   Non si deve piangere.
> → Non piangere.

1. Bisogna ascoltare la maestra.

2. Non si deve parlare quando la maestra spiega.

3. È importante fare amicizia con gli altri bambini.

4. Si deve rimanere in classe durante la ricreazione (*recess*).

5. Bisogna mangiare tutto a pranzo.

6. Si devono scrivere i compiti (*homework assignments*) sul diario.

7. Bisogna alzare la mano per intervenire.

8. Si deve aspettare la mamma all'uscita della scuola.

9. Bisogna studiare almeno due ore nel pomeriggio.

10. Si deve andare a letto presto.

## Formation of the **voi** Imperative

The **voi** imperative is the same as the second-person plural, present-tense form except for the imperative of **avere** and **essere**: **abbiate** and **siate**. The negative **voi** imperative is formed by placing **non** before the verb form. In contemporary Italian, the **voi** imperative is used to give commands to a group of two or more people, whether the relationship is formal or informal.

| | |
|---|---|
| **Guidate** con prudenza. Questa strada è pericolosa. | *Drive carefully. This road is dangerous.* |
| Studenti, **agite** insieme per riformare la scuola. | *Students, act together to reform the school.* |
| Bambini, **non gridate** così. Non riesco a lavorare. | *Kids, don't yell so much. I can't work.* |
| **Non frequentate** quei locali notturni. Hanno una cattiva reputazione. | *Don't patronize those nightclubs. They have a bad reputation.* |
| **Non fingete** di essere contenti. So che non lo siete. | *Don't pretend to be happy. I know that you aren't.* |
| **Non abbiate** paura. Non c'è pericolo. | *Don't be afraid. There's no danger.* |

**D** *Gli esami non finiscono mai!* È l'inizio del semestre e il professor Imperiale parla del programma di italiano per stranieri e delle regole che gli studenti devono seguire. Trasforma i seguenti verbi dall'infinito all'imperativo della seconda persona plurale (**voi**). Ricorda di fare l'accordo degli aggettivi se necessario.

1. essere / puntuale

2. non fare / ritardo (fare ritardo *to be late*)

3. preparare la lezione / in anticipo

4. non copiare / durante gli esami

5. parlare / sempre in italiano

6. spegnere / il telefono cellulare e il computer portatile

7. venire / in ufficio se avete domande o problemi

8. non mangiare / durante la lezione

9. non mancare / a più di cinque lezioni

10. avere pazienza / con gli studenti più lenti

**E**    ***Soggiorno a Venezia.*** *Nonna Felicetta e i suoi amici sono in vacanza a Venezia. La guida turistica del gruppo di anziani di cui fanno parte dà loro alcune indicazioni e istruzioni e dice cosa devono e cosa non devono fare. Trasforma le frasi utilizzando l'imperativo della seconda persona plurale. Segui l'esempio.*

ESEMPIO    _State_ insieme alle altre persone del gruppo. (stare)

1. Non _____ da soli. (rimanere)

2. _____ in albergo per ora di pranzo. (tornare)

3. _____ nel pomeriggio. (riposare)

4. _____ alle vostre famiglie. (telefonare)

5. Non _____ a chiamarmi se non vi sentite bene. (esitare)

6. _____ la guida. (seguire)

7. _____ con le altre persone del gruppo. (socializzare)

8. Non _____ a letto troppo tardi. (andare)

**F**    ***Una ricetta: gli spaghetti alla carbonara.*** *Trasforma i verbi all'infinito nelle seguenti frasi all'imperativo con **voi** per imparare la ricetta dei buonissimi spaghetti alla carbonara.*

**La ricetta**

**la ciotola** *bowl*
   **contenente** *containing, full of*
**il fuoco** *fire; burner*
**la pancetta** *bacon*
**il pecorino** *sheep milk cheese*
**la pentola** *pot*
   **porre** *to put*
   **sbattere** *to beat*
   **scolare** *to drain*
   **servire** *to serve*
   **tagliare a cubetti** *to dice*
   **unire** *to add*
   **versare** *to pour*

1. _____ sul fuoco una pentola contenente acqua. (mettere)

2. Quando l'acqua bolle, _____ il sale e gli spaghetti. (unire)

3. Nel frattempo _____ la pancetta a cubetti. (tagliare)

4. _____ la pancetta in una padella. (porre)

5. _____ soffriggere con olio d'oliva. (fare)

6. _____ le uova in una ciotola. (sbattere)

7. _____ il pecorino, il pepe e la pancetta. (aggiungere)

8. _____ la pasta. (scolare)

9. _____ la pasta nella ciotola con pecorino, pepe e pancetta. (versare)

10. _____ gli spaghetti immediatamente. Buon appetito! (servire)

---

### NOTA CULTURALE

**Gli spaghetti alla carbonara**

Ci sono varie teorie sull'origine degli spaghetti alla carbonara. Alcuni dicono che sono stati i **carbonari\* umbri** a cucinarli per la prima volta durante l'Ottocento. Altri sostengono che il loro inventore è stato **Ippolito Cavalcanti**, un cuoco napoletano. Altri ancora dicono che sono stati i **cuochi romani** a creare questa ricetta.

## The Formal Imperative

The imperative forms for **Lei** and **Loro** are taken from the present subjunctive. (See Chapter 23.) The present subjunctive is characterized by a switch in the characteristic vowels of the conjugations: -**Are** verbs change the ending -**a** of the present tense to -**i**, and -**ere** and -**ire** verbs change the -**e** of their endings to -**a**. The **Loro** ending of -**ere** and -**ire** verbs in the present, -**ono**, changes to -**ano** in the imperative. The negative imperative for **Lei** and **Loro** is formed by placing **non** before the verb form.

| Lei | | Loro | |
|---|---|---|---|
| PRESENT TENSE | IMPERATIVE | PRESENT TENSE | IMPERATIVE |
| aiuta | aiuti | aiutano | aiutino |
| chiude | chiuda | chiudono | chiudano |
| finisce | finisca | finiscono | finiscano |
| parte | parta | partono | partano |

---

\*Members of a secret society working for liberal constitutional reform in Italy in the first part of the 19th century.

-**Are** verbs with spelling changes before **e** and **i** have the same changes in the singular and plural forms of the formal imperative.

| PRESENT TENSE | **Lei** IMPERATIVE | **Loro** IMPERATIVE |
|---|---|---|
| paga | paghi | paghino |
| comincia | cominci | comincino |
| mangia | mangi | mangino |

-**Ere** and -**ire** verbs that have an irregular stem in the first person singular use that stem to form the formal imperative. The endings are the same as for regular verbs: -**a** and -**ano**.

| INFINITIVE | PRESENT TENSE (**io** FORM) | **Lei** IMPERATIVE | **Loro** IMPERATIVE |
|---|---|---|---|
| bere | bevo | beva | bevano |
| comporre | compongo | componga | compongano |
| conoscere | conosco | conosca | conoscano |
| leggere | leggo | legga | leggano |
| scegliere | scelgo | scelga | scelgano |
| spegnere | spengo | spenga | spengano |
| uscire | esco | esca | escano |
| venire | vengo | venga | vengano |

Verbs with irregular subjunctive stems use these stems to form the formal imperative. For some verbs, the irregular subjunctive stem appears in the **io** form of the present tense.

| INFINITIVE | PRESENT TENSE (**io** FORM) | **Lei** IMPERATIVE | **Loro** IMPERATIVE |
|---|---|---|---|
| andare | vado | vada | vadano |
| avere | (ho) | abbia | abbiano |
| dare | (do) | dia | diano |
| dire | dico | dica | dicano |
| essere | (sono) | sia | siano |
| fare | faccio | faccia | facciano |
| sapere | (so) | sappia | sappiano |
| stare | (sto) | stia | stiano |

In contemporary Italian, the **Loro** imperative is usually replaced by the **voi** imperative.

Examples of the **Lei** imperative follow.

| | |
|---|---|
| **Entri**, signore. | *Come in, sir.* |
| **Non sia** ingenuo. | *Don't be naive.* |
| **Faccia** per favore uno sforzo per venire. | *Please make an effort to come.* |
| **Non accenda** le luci. | *Don't turn on the lights.* |
| **Telefoni** al medico se non sta bene. | *Call the doctor if you don't feel well.* |
| **Non risponda** a quei messaggi. | *Don't answer those messages.* |

Examples of the **Loro** imperative follow.

| | |
|---|---|
| **Firmino** qui, per favore. | *Sign here, please.* |
| **Seguano** il Signor Bruni. | *Follow Mr. Bruni.* |

The word **pure** *please* is often added to commands, especially formal commands, in order to convey respect and politeness.

**Si accomodi pure.** *Please sit down.*

**Scelgano pure** la strada che preferiscono. *Please select the road you prefer.*

**G** *Dal dottore. La Signora Marini si sente poco bene e decide di andare dal medico di famiglia. Trasforma gli infiniti all'imperativo con Lei per sapere cosa le dice il medico.*

1. Riposare a lungo.

2. Prendere un'aspirina.

3. Mangiare riso in bianco. (*riso in bianco = riso senza condimenti*)

4. Fare brevi passeggiate.

5. Bere molti liquidi.

6. Stare a casa.

7. Non lavorare.

8. Andare a letto presto.

**H** *In una banca italiana. Sei in vacanza a Torino e vai in banca per cambiare i soldi in euro. Mentre sei in fila (in line), senti alcune domande degli altri clienti. Scrivi le risposte alle domande utilizzando l'imperativo con Lei, secondo l'esempio.*

ESEMPIO Devo fare la fila?
→ Sì, faccia la fila.

**In banca**

**attivare il codice PIN** *to activate the PIN* (personal identification number)
**il bancomat** *ATM*
**compilare un modulo** *to fill out a form*
**fare la fila** *to stand in line*
**firmare** *to sign*
**prelevare** *to withdraw (money)*

1. Devo firmare qui?

2. Posso usare questa penna?

3. Devo compilare il modulo?

4. Posso attivare il codice PIN?

5. Devo usare il bancomat per attivarlo?

6. Posso prelevare 100 euro?

7. Posso prendere la ricevuta?

8. Posso tenere la penna?

**I** *La cortesia non è mai abbastanza.* *Utilizza l'imperativo formale con* **Loro** *per rispondere alle seguenti domande, come nell'esempio. Aggiungi la parola* **pure** *in ogni risposta per creare un ambiente di cortesia e formalità.*

ESEMPIO   Possiamo accomodarci?
              → Si accomodino pure.

1. Possiamo entrare?

2. Possiamo aprire la finestra?

3. Possiamo fare domande?

4. Possiamo venire alla conferenza?

5. Possiamo usare il cellulare?

6. Possiamo prendere appunti (*take notes*)?

7. Possiamo restare fino alla fine della conferenza?

8. Possiamo intervenire nella discussione?

## The **noi** Imperative

The **noi** imperative in Italian is the **noi** form of the present tense. The negative **noi** imperative is formed by placing **non** before the verb form.

| | |
|---|---|
| **Invitiamo** gli amici. | *Let's invite our friends.* |
| **Mandiamo** un'e-mail. | *Let's send an e-mail.* |
| **Non andiamo** soli. | *Let's not go alone.* |
| **Non telefoniamo.** | *Let's not phone.* |

**J** *L'Isola del Giglio, un piccolo paradiso.* *Tu e i tuoi amici siete in vacanza sull'isola e parlate dei vostri programmi. Usa l'imperativo con* **noi** *secondo l'esempio.*

ESEMPIO   pranzare sulla spiaggia
              → Pranziamo sulla spiaggia!

1. camminare fino a Giglio Castello

2. cercare l'albergo

3. fare una passeggiata su Giglio Porto

4. andare a un ristorante a Giglio Campese

5. scrivere cartoline ai nostri amici

6. fotografare il paesaggio

7. bere un aperitivo prima di cena

8. prendere il sole tutto il pomeriggio

---

**NOTA CULTURALE**

**L'Isola del Giglio** è un'isola nel Mar Tirreno vicina alla costa toscana. L'isola non è molto grande, ma ha un paesaggio variegato (*varied*) con spiagge bellissime e colline. Il porto si chiama **Giglio Porto**, costruito in epoca romana. Uno dei luoghi più belli dell'isola è **Giglio Campese**, dove ci sono una baia e una spiaggia molto suggestive. Lì si può vedere anche la Torre di Campese, costruita nel XVIII secolo per avvistare (*to sight*) i pirati. Nella parte più alta dell'isola c'è **Giglio Castello**, costruito nel XII secolo.

L'Isola del Giglio gode di un clima mediterraneo: le estati sono lunghe e gli inverni sono brevi e umidi. La storia dell'isola è molto ricca e risale agli Etruschi e agli Antichi Romani. Il nome "giglio" viene dal greco *aegylon* e dal latino *aegilium* che significa capre (*goats*), infatti si chiamava anche *Isola delle Capre*. Purtroppo il 13 gennaio 2012 l'Isola del Giglio ha fatto da sfondo a (*was the scene of*) un tragico naufragio di una nave da crociera, nel quale sono morte 30 persone.

## Irregular Imperatives

The imperative forms of a few Italian verbs are not derived according to the rules above. The verbs **avere** and **essere** derive most of their command forms from the subjunctive. The informal **tu** imperative drops the final -a. **Sapere** also follows this pattern, but its command forms are not very common and usually mean *be aware that*.

|  | **tu** | **noi** | **voi** | **Lei** | **Loro** |
| INFINITIVE | IMPERATIVE | IMPERATIVE | IMPERATIVE | IMPERATIVE | IMPERATIVE |
| --- | --- | --- | --- | --- | --- |
| avere | abbi | abbiamo | abbiate | abbia | abbiano |
| essere | sii | siamo | siate | sia | siano |
| sapere | sappi | sappiamo | sappiate | sappia | sappiano |

**NOTES**

- The forms **sii**, **sia**, and **siano** are stressed on the first **i**.

- The negative of the **tu** commands consists of **non** + infinitive, as with all verbs.

| IMPERATIVE | NEGATIVE IMPERATIVE |
| --- | --- |
| abbi | non avere |
| sii | non essere |
| sappi | non sapere |

**K**  *Come si dice in italiano?*  *Traduci i seguenti imperativi in italiano.*

1. *Be patient.* (tu)

2. *Know (be aware) that the exam is in two days.* (voi)

3. *Don't be afraid.* (Lei)

4. *Let's have breakfast!* (noi)

5. *Don't be impatient.* (voi)

6. *Know (be aware) that the store closes at 8 o'clock.* (tu)

# Reflexive Verbs

## The Conjugation of Reflexive Verbs

A reflexive verb always appears with a pronoun that refers to the subject of the sentence. In English, reflexive verbs constitute a relatively small category. They occur with pronouns ending in -*self* or -*selves* and stress that the subject performs the action on himself: *I hurt myself, he doesn't trouble himself, they helped themselves to more cake*, etc. In Italian, however, reflexive verbs constitute a very large category, and their English equivalents are rarely reflexive verbs.

In word lists and dictionaries, reflexive verbs appear with the third-person reflexive pronoun -**si** attached to the infinitive (minus the final **e**). For the first and second persons, the pronouns are the same as the direct and indirect object pronouns: **mi** and **ci**, **ti** and **vi**. The third-person reflexive pronoun, for both singular and plural, is **si**.

**lavarsi** *to wash up*

| | |
|---|---|
| mi lavo | ci laviamo |
| ti lavi | vi lavate |
| si lava | si lavano |

**radersi** *to shave*

| | |
|---|---|
| mi rado | ci radiamo |
| ti radi | vi radete |
| si rade | si radono |

**vestirsi** *to get dressed*

| | |
|---|---|
| mi vesto | ci vestiamo |
| ti vesti | vi vestite |
| si veste | si vestono |

**NOTE** The reflexive pronoun precedes the conjugated verb in a sentence.

| | |
|---|---|
| —Non **ti vesti**? | *Aren't you getting dressed?* |
| —Sì, subito. Ma prima **mi lavo** e **mi rado**. | *Yes, right away. But first I'll wash up and shave.* |

Many verbs that express aspects of a person's daily routine are reflexive.

**svegliarsi**  *to wake up*
**alzarsi**  *to get up*
**farsi il bagno**  *to bathe*
**farsi la doccia**  *to shower*
**asciugarsi**  *to dry (oneself) off*
**lavarsi**  *to wash up*
   **lavarsi i capelli / la testa / il viso / le mani**  *to wash one's hair/head/face/hands*
**pettinarsi (mi p<u>e</u>ttino)**  *to comb one's hair*
**radersi**  *to shave*
**vestirsi**  *to get dressed*
**mettersi** + article of clothing  *to put (something) on*
   **mettersi le scarpe / i pantaloni / la camicia / la gonna / la giacca**  *to put on one's*
     *shoes/pants/shirt/skirt/jacket*
**allacciarsi le scarpe**  *to tie one's shoes*
**truccarsi**  *to put on makeup*
**tagliarsi i capelli**  *to get a haircut*
**farsi i capelli**  *to have one's hair done*
**spogliarsi**  *to get undressed*
**togliersi** + article of clothing  *to take (something) off*
   **togliersi gli stivali / le calze / il cappotto / i guanti / il cappello**  *to take off one's*
     *boots/socks/coat/gloves/hat*
**addormentarsi**  *to fall asleep*

Some expressions having to do with one's daily routine are not reflexive.

| | |
|---|---|
| **fare colazione** | *to have breakfast* |
| **andare a letto** | *to go to bed* |

The nonreflexive forms of **farsi il bagno** and **farsi la doccia**—**fare il bagno** and **fare la doccia**—are also used.

 **Gemelli** (Twins). *Ivan e Marco sono gemelli. Ivan descrive la loro routine quotidiana. Segui l'esempio.*

   ESEMPIO   svegliarsi alle 8:00
             → Io mi sveglio alle 8:00, anche Marco si sveglia alle 8:00.

**La mattina**

1. alzarsi subito

2. radersi

3. lavarsi i denti

4. pettinarsi

5. vestirsi

**La sera**

6. lavarsi le mani

7. asciugarsi le mani

8. spogliarsi

9. farsi la doccia

10. addormentarsi subito

**B**   *È la mamma dei gemelli che parla.*   *Adesso è la madre di Ivan e Marco che descrive la loro giornata tipica. Segui l'esempio.*

ESEMPIO   svegliarsi alle 8:00
         → Si svegliano alle 8:00.

**La mattina**

1. alzarsi subito
2. radersi
3. lavarsi i denti
4. pettinarsi
5. vestirsi

**La sera**

6. lavarsi le mani
7. asciugarsi le mani
8. spogliarsi
9. farsi la doccia
10. addormentarsi subito

**C**   *La laurea.*   *Il babbo\* di Lucia racconta ai suoi amici il giorno della laurea della figlia. Forma delle frasi al presente con gli elementi dati.*

**ammalarsi** *to get sick, become ill*
**dirigersi (verso)** *to direct oneself (to), to head (for)*
la **discussione di laurea** *thesis defense*
**intendersi (di)** *to be familiar (with), to be knowledgeable (about)*
**laurearsi** *to graduate (from university)*
    **laurearsi in** + name of subject *to graduate with a degree in*
la **prima fila** *first row*
**sbrigarsi** *to hurry*
**sedersi** *to sit*
**sentirsi** *to feel*
**spostarsi** *to move over, change places*
**trasferirsi** *to move away (to a different city)*

1. mia figlia Lucia / laurearsi / in letteratura inglese / dopodomani
2. io / non intendersi molto / di letteratura
3. se voi volete venire alla discussione di laurea / dirigersi / verso Urbino
4. La nonna di Lucia non può venire. / lei / non sentirsi / bene / e /ammalarsi / facilmente
5. io e mia moglie / sedersi / in prima fila
6. se voi / sbrigarsi / voi / sedersi / vicino a noi
7. altrimenti / noi / spostarsi
8. dopo la laurea / Lucia / trasferirsi / a Londra

---

\***Babbo** for *dad* is especially common in Tuscany and central parts of Italy. Most other parts of Italy use **papà**.

**D** *Il mattino ha l'oro in bocca.* (**The early bird catches the worm.**) *Serena e Marcella descrivono una loro mattinata tipica. In ogni frase utilizza la prima persona plurale (**noi**) per sapere cosa fanno. Segui l'esempio.*

ESEMPIO     svegliarsi presto
            → Ci svegliamo presto.

1. farsi il bagno

2. lavarsi i denti

3. farsi la ceretta (*to wax one's legs*)

4. truccarsi

5. limarsi le unghie (*to file one's nails*)

6. vestirsi

7. mettersi le scarpe

8. pettinarsi

## Transitive Verbs vs. Reflexive Verbs

Most reflexive verbs can also be used nonreflexively, that is, without the reflexive pronoun. When there is no reflexive pronoun, the verb is transitive: It takes a direct object, which is usually mandatory in Italian. When the verb is transitive, the subject and direct object refer to different people or things.

The following list consists of reflexive verbs pertaining to daily routine and their transitive counterparts. In the transitive list, the abbreviations **qlcu** (**qualcuno** *someone*) and **qlco** (**qualcosa** *something*) indicate the kinds of direct objects a transitive verb can take.

| REFLEXIVE VERB | NONREFLEXIVE (TRANSITIVE) VERB |
|---|---|
| **addormentarsi** *to fall asleep* | **addormentare qlcu** *to put someone to sleep* |
| **alzarsi** *to get up, get out of bed* | **alzare qlcu/qlco** *to get someone up; to lift something* |
| **asciugarsi** *to dry off* | **asciugare qlcu/qlco** *to dry someone/something* |
| **lavarsi** *to wash up* | **lavare qlcu/qlco** *to wash someone/something* |
| **pettinarsi** *to comb one's hair* | **pettinare qlcu** *to comb someone's hair* |
| **svegliarsi** *to wake up* | **svegliare qlcu** *to wake someone up* |
| **truccarsi** *to put on makeup* | **truccare qlcu** *to put makeup on someone* |
| **vestirsi** *to get dressed* | **vestire qlcu** *to dress/clothe someone* |

Many verbs of feeling and emotion also occur in reflexive/transitive pairs.

| | |
|---|---|
| **annoiarsi** *to be bored* | **annoiare qlcu** *to bore someone* |
| **calmarsi** *to calm down* | **calmare qlcu** *to calm someone down* |
| **commuoversi** *to be moved/touched* | **commuovere qlcu** *to move/touch someone* |
| **deprimersi** *to get depressed* | **deprimere qlcu** *to depress someone* |
| **divertirsi** *to have a good time* | **divertire qlcu** *to entertain someone* |
| **emozionarsi** *to be moved/touched/ excited* | **emozionare qlcu** *to move/touch/excite someone* |
| **entusiasmarsi** *to be enthusiastic* | **entusiasmare qlcu** *to excite someone* |
| **fermarsi** *to stop* | **fermare qlcu/qlco** *to stop someone/something* |
| **infastidirsi** *to get annoyed/bothered* | **infastidire qlcu** *to annoy/bother someone* |
| **innervosirsi** *to get nervous* | **innervosire qlcu** *to make someone nervous* |
| **interessarsi** *to take an interest* | **interessare qlcu** *to interest someone* |
| **meravigliarsi di qlco** *to be amazed at something* | **meravigliare qlcu** *to astonish someone* |

| REFLEXIVE VERB | NONREFLEXIVE (TRANSITIVE) VERB |
|---|---|
| **muoversi** *to move* | **muovere qlco** *to move something* |
| **offendersi** *to be offended, feel hurt/insulted* | **offendere qlcu** *to offend/insult someone* |
| **preoccuparsi** *to worry* | **preoccupare qlcu** *to worry someone* |
| **rallegrarsi** *to be happy* | **rallegrare qlcu** *to make someone glad, cheer someone up* |
| **rattristarsi** *to get/become sad* | **rattristare qlcu** *to make someone sad* |
| **sconvolgersi** *to be upset/disturbed* | **sconvolgere qlcu** *to upset someone* |
| **scoraggiarsi** *to get discouraged* | **scoraggiare qlcu** *to discourage someone* |
| **seccarsi** *to get annoyed/irritated* | **seccare qlcu** *to annoy/irritate someone* |
| **spaventarsi** *to be scared/frightened* | **spaventare qlcu** *to scare someone* |
| **stancarsi** *to get tired* | **stancare qlcu** *to tire someone, make someone tired* |
| **stizzirsi** *to get angry, lose one's temper* | **stizzire qlcu** *to make someone angry, make someone lose his/her temper* |
| **tirarsi su di morale** *to cheer up* | **tirare qlcu su di morale** *to cheer someone up* |

**E** *Riflessivo o transitivo? Completa le seguenti frasi scegliendo la forma riflessiva o transitiva del verbo indicato. Usa il tempo verbale suggerito per ogni frase.*

ESEMPIO  Ilenia _fa il bagno_ ai bambini e poi _si fa il bagno_.
(fare il bagno [presente])

1. Domani io _____ alle otto e poi io _____ mio fratello alle otto e un quarto. (svegliare [presente])

2. Quando ero al liceo, il mio professore di latino _____ spesso gli studenti, ma io non _____ mai. (annoiare [imperfetto])

3. Martina, la bambina di Massimo e Catia, prima _____ e poi _____ la sua bambola (*doll*). (pettinare [presente])

4. Davide _____ molto i suoi genitori. Loro _____ spesso per lui. (preoccupare [presente])

5. Tu e tua sorella _____ per qualsiasi cosa. Se io vi _____, per favore ditemelo. (offendere [presente])

6. Quando ero piccolo, _____ vedendo i film dell'orrore. I film con i fantasmi (*ghosts*) mi _____ più degli altri. (spaventare [imperfetto])

7. Quando deve studiare per un esame, Rossella _____ molto. Le uniche materie che non la _____ sono geografia e storia dell'arte. (stancare [presente])

8. Ogni volta che nonna Adalgisa parla al telefono con suo nipote, _____. Quando siamo anziani, ogni piccola cosa ci _____. (commuoversi [presente])

9. Le giornate di pioggia mi _____ sempre. Ogni volta che piove, mia madre mi chiede: "Perché _____? Dopo la pioggia si apprezza di più il sereno".* (deprimere [presente])

---

*\*After the rain, you appreciate clear weather more.* Based on the Italian saying **Dopo la pioggia viene il sereno.** *After the rain comes good weather.*

10. Lorenzo non _____ mai alle feste. Vediamo se le nostre barzellette lo _____.
    (divertire [presente])

11. La prossima volta che tu _____ a Roma, telefonami, se no io _____!
    (fermare [presente], offendere [presente])

12. Lo zio di Daniela _____ di entomologia, ma a Daniela gli insetti la _____.
    (interessare [presente], spaventare [presente])

13. Ogni domenica mattina Luca _____ presto, e dopo essersi vestito _____ il volume
    del suo stereo e fa ginnastica. (alzare [presente])

14. Ora ti racconto una cosa che ti _____. Mauro _____ quando vede un topo!
    (sorprendere [futuro], spaventare [presente])

15. Prepariamoci per la festa di Carnevale. Prima _____ io e poi _____ a te.
    (truccare [presente])

**F**  *Ancora no, nonna.* *La nonna telefona da Napoli per parlare con i suoi due nipotini che*
*abitano a Melbourne, in Australia. Lei gli chiede se possono fare certe cose da soli e loro le*
*rispondono che sono ancora troppo piccoli e che li aiuta la mamma. Scrivi la domanda della*
*nonna e la risposta dei nipotini utilizzando la forma riflessiva e transitiva di ogni verbo.*

ESEMPIO  farsi il bagno
    → Già vi fate il bagno da soli?
       No, ci fa il bagno la mamma.

1. svegliarsi

2. lavarsi i denti

3. pettinarsi

4. vestirsi

5. mettersi le scarpe

6. allacciarsi le scarpe

# The Infinitive of Reflexive Verbs

In word lists and dictionaries, reflexive verbs are listed with the pronoun **si** attached to
the infinitive. In verb + infinitive constructions, however, the reflexive pronoun agrees
with the subject.

| **dovere vestirsi**  *to have to get dressed* | |
| --- | --- |
| devo vestir**mi** | dobbiamo vestir**ci** |
| devi vestir**ti** | dovete vestir**vi** |
| deve vestir**si** | devono vestir**si** |

| **non volere alzarsi** *to not want to get up* | |
|---|---|
| non voglio alzar**mi** | non vogliamo alzar**ci** |
| non vuoi alzar**ti** | non volete alzar**vi** |
| non vuole alzar**si** | non vogliono alzar**si** |

When the first verb of a verb + infinitive construction is **dovere**, **potere**, or **volere**, the reflexive pronoun may be placed before that first verb with no difference in meaning between the two forms (**mi devo vestire** = **devo vestirmi** and **non si vuole alzare** = **non vuole alzarsi**).

**G** *Gli italiani sono passionali!* Esprimi i sentimenti e le reazioni delle persone indicate seguendo l'esempio.

ESEMPIO È sabato. Stella / volere / divertirsi
→ È sabato. Stella vuole divertirsi. / È sabato. Stella si vuole divertire.

1. io / non volere / arrabbiarsi

2. voi / dovere / calmarsi

3. lui / non volere / sentirsi triste

4. tu / non dovere / offendersi

5. noi / non volere / deprimersi

6. Lei (formale) / non dovere / preoccuparsi

7. tu / non dovere / spaventarsi

8. loro / non volere / annoiarsi

**H** *Bambini viziati* (**Spoiled children**). *Usa il verbo* **volere** *al negativo seguito dal verbo riflessivo per dire ciò che questi bambini non vogliono fare.*

ESEMPIO Matteo / lavarsi
→ Matteo non vuole lavarsi. / Matteo non si vuole lavare.

1. Francesca e Giulia / alzarsi

2. io / vestirsi

3. Marco / pettinarsi

4. noi / prepararsi

5. tu e Alessia / farsi la doccia

6. loro / lavarsi i denti

7. Manuela / tagliarsi i capelli

8. tu e Cristina / togliersi il cappotto

**I**    *Consigli per vivere meglio.*  *Usa il verbo* **dovere** / **non dovere** *seguito da un infinito per dare dei consigli. Segui l'esempio.*

> ESEMPIO    tu / non dovere / arrabbiarsi
> → Tu non devi arrabbiarti. / Tu non ti devi arrabbiare.

1. voi / dovere / calmarsi

2. io / dovere / rilassarsi

3. noi / non dovere / preoccuparsi

4. loro / non dovere / offendersi

5. lui / non dovere / rattristarsi

6. tu / dovere / divertirsi

7. lei / non dovere / scoraggiarsi

8. noi / dovere / tirarsi su di morale

## The Passato Prossimo of Reflexive Verbs

In Italian, all reflexive verbs form the passato prossimo with **essere** as the auxiliary verb. The past participle agrees in gender and number with the subject.

**divertirsi**  *to have fun*

| | |
|---|---|
| mi sono divertito/a | ci siamo divertiti/e |
| ti sei divertito/a | vi siete divertiti/e |
| si è divertito/a | si sono divertiti/e |

**non offendersi**  *to not be offended*

| | |
|---|---|
| non mi sono offeso/a | non ci siamo offesi/e |
| non ti sei offeso/a | non vi siete offesi/e |
| non si è offeso/a | non si sono offesi/e |

**J**    *Già fatto!?*  *Forma dei mini dialoghi tra Carla e Giovanna come nell'esempio.*

> ESEMPIO    i tuoi cugini / vestirsi
> → —Quando si vestono i tuoi cugini?
> —Si sono già vestiti.

1. tu / mettersi a studiare

2. tuo padre / alzarsi

3. tu e Franco / prepararsi

4. le tue amiche / diplomarsi

5. Pierpaolo / riposarsi

6. la nonna / lavarsi i capelli

7. tuo cugino / laurearsi

8. tu / truccarsi

**K**   ***Ancora no?*** *La Signora Frezza è agitata perché la sua famiglia deve partire per le vacanze estive ma nessuno sembra essere pronto. Utilizza il passato prossimo con* **non ancora** *e i verbi riflessivi indicati per creare le risposte alle sue domande.*

    ESEMPIO    Antonio, ti sei alzato, vero?
                → No, non mi sono ancora alzato.

1. Alba, ti sei vestita, vero?

2. Mauro, ti sei fatto la barba, vero?

3. Maria Giulia, ti sei truccata, vero?

4. Alba e Antonio, vi siete messi le scarpe, vero?

5. Mauro, ti sei fatto la doccia, vero?

6. Antonio, ti sei pettinato, vero?

**L**   ***Una gita a Tivoli.*** *Il liceo di Viterbo ha organizzato una gita studentesca a Tivoli. Racconta la partenza ricomponendo ogni frase e utilizzando il passato prossimo.*

    ESEMPIO    gli studenti / svegliarsi presto
                → Gli studenti si sono svegliati presto.

**allontanarsi da** *to move away from*
**avvicinarsi a** *to approach, move closer to*
**perdersi** *to get lost*
**riunirsi** *to gather, get together, meet*

1. Ambra / alzarsi tardi

2. Ambra / sbrigarsi

3. tutti / vestirsi

4. Gianluca / mettersi il cappello e gli occhiali da sole

5. gli studenti / riunirsi davanti al Palazzo dei Papi

6. nessuno / perdersi

7. Ambra e Gianluca / sedersi vicini sull'autobus

8. l'autobus / allontanarsi da Viterbo

9. gli studenti / addormentarsi durante il viaggio

10. l'autobus / avvicinarsi a Tivoli

## NOTA CULTURALE

### Viterbo e Tivoli

**Viterbo** è una città a nord della regione Lazio, nel centro d'Italia. Viterbo è ricca di storia, monumenti e bellezze naturali. A Viterbo c'è il Palazzo dei Papi, l'edificio più importante della città, che venne costruito nel 1200 e fu la sede del papato dal 1257 al 1281. È per questo motivo che Viterbo è conosciuta anche con il nome di Città dei Papi. Importante è anche il Bullicame, un insieme di pozze di acqua sulfurea (*hot springs*) con una temperatura di 55 gradi celsius. Il grande scrittore italiano Dante Alighieri, che visitò la città di Viterbo, parla del Bullicame nella prima cantica della *Divina Commedia*, l'*Inferno*.

**Tivoli** è una città molto antica nei pressi di Roma. La città, che si chiamava *Tibur*, venne fondata prima di Roma e per un po' di tempo le due furono rivali. Tivoli divenne importantissima grazie all'Imperatore Adriano che fece costruire una bellissima villa che porta il suo nome, Villa Adriana. La città è conosciuta anche per Villa d'Este, costruita nel 1500 e famosissima per le sue fontane e i suoi giochi d'acqua.

**M** *Zero in condotta. La maestra Marta si lamenta dei suoi alunni durante la riunione con i genitori* (parent-teacher conference). *Trasforma le frasi al passato prossimo per sapere cosa è successo.*

**Il cattivo comportamento**

l' **aranciata** *orange soda*
  **bagnarsi** *to get wet*
  **farsi la pipì addosso** *to wet oneself*
  **farsi male** *to get hurt*
il **grembiule** *school uniform*
  **nascondersi** *to hide*
il **pennarello** *felt-tip pen, marker*
  **sporcarsi** *to get dirty*
  **tagliarsi i capelli da solo/sola** *to cut one's own hair*

1. Giuliano / farsi la pipì addosso

2. Riccardo e Pietro / nascondersi

3. Rita / farsi male al piede

4. Daniela e Valeria / sporcarsi con i pennarelli

5. Francesca / tagliarsi i capelli da sola

6. Lorenzo e Massimiliano / addormentarsi in classe

7. Manuela / togliersi il grembiule

8. Massimo / bagnarsi il grembiule con l'aranciata

# The Passato Prossimo with **dovere, potere,** and **volere** and Reflexive Verbs

In verb + infinitive constructions where the first verb is **dovere, potere,** or **volere** and the second verb is a reflexive, the auxiliary verb **essere** is used to form the passato prossimo. In this construction, the reflexive pronoun usually precedes the form of **essere** and the past participle of **dovere, potere,** or **volere** agrees in gender and number with the subject of the sentence.

| | |
|---|---|
| Laura **si è dovuta** calmare. | *Laura had to calm down.* |
| Non **mi sono potuto** pettinare. | *I couldn't comb my hair.* |
| Non **ci siamo voluti** stancare. | *We didn't want to get tired.* |

The verb **cominciare a** + infinitive functions in the same way.

| | |
|---|---|
| I giovani **si sono cominciati a** annoiare. | *The young people started to get bored.* |

**N** *Volere è potere* (**Where there's a will, there's a way**). *Trasforma le seguenti frasi al passato prossimo utilizzando il verbo modale* (**dovere, potere** *o* **volere**) *tra parentesi e la forma riflessiva. Segui l'esempio.*

ESEMPIO   Roberto non si alza. (volere)
        → Roberto non si è voluto alzare.

**appassionarsi (a/di)** *to get excited (about), be fond (of) / keen (on)*
**bagnarsi** *to get wet*
**(non) curarsi di qlco** *(not) to care about something*
**lamentarsi di qlco** *to complain about something*
**mettersi a fare qlco** *to start to do something*
**mettersi in cammino/viaggio** *to set out*
**sentirsi bene/male** *to feel well/ill*
**spazientirsi** *to get impatient, lose one's patience*
**sporcarsi** *to get dirty*

1. Io non mi lamento. (volere)

2. Rossella e Lucia si mettono in viaggio. (dovere)

3. Tu non ti curi della tua salute. (volere)

4. Noi ci prepariamo. (dovere)

5. Giovanna non si trucca. (volere)

6. Nonno Franco non si rade. (potere)

7. Gli studenti si preparano per l'esame. (dovere)

8. Elena non si dimagrisce. (volere)

9. Tu e le tue amiche non vi impegnate con lo studio. (volere)

10. Io non mi preoccupo. (volere)

11. Alessandro si mette a studiare. (dovere)

12. Adriana e Simona non si lavano i capelli. (volere)

13. Noi ci svegliamo presto. (dovere)

14. Voi non vi stressate. (volere)

15. Laura e Claudio si riposano. (volere)

## Reciprocal Reflexive Verbs

Reflexive verbs in the plural can express reciprocity (English *each other*).

| | |
|---|---|
| —Voi **vi parlate** spesso? | *Do you speak to each other often?* |
| —Sì, **ci telefoniamo** ogni giorno. | *Yes, we phone each other every day.* |
| —Marco e Cristina **si vedono** spesso? | *Do Mark and Christine often see each other?* |
| —Sì, **si incontrano** sempre dopo il lavoro. | *Yes, they always meet (each other) after work.* |

**O**   *Tu e tua sorella.* *Rispondi a queste domande in modo affermativo o negativo utilizzando il verbo reciproco fornito in ogni domanda.*

> ESEMPIO    Vi parlate spesso? (sì)
>            → Sì, ci parliamo spesso.

1. Vi scrivete spesso? (sì)

2. Vi incontrate spesso? (no)

3. Vi vedete spesso? (no)

4. Vi aiutate spesso? (sì)

5. Vi telefonate spesso? (sì)

6. Vi mentite spesso? (no, mai)

**P**   *Una storia d'amore.* *Racconta il triste amore di Paolo e Francesca utilizzando il passato prossimo e i verbi reciproci.*

> ESEMPIO    vedersi → Si sono visti.

**I rapporti umani**

**abbracciarsi** *to hug (each other)*
**baciarsi** *to kiss*
**conoscersi** *to meet (for the first time)*
**farsi dei regali** *to give each other gifts*
**fidanzarsi con qlcu** *to get engaged to someone*
**innamorarsi di qlcu** *to fall in love with someone*
**lasciarsi con qlcu** *to break up with someone*
**piacersi** *to like each other*
**sposarsi con qlcu** *to get married to someone*

1. conoscersi

2. parlarsi

3. piacersi

4. baciarsi

5. abbracciarsi

6. innamorarsi

7. farsi dei regali

8. fidanzarsi

9. sposarsi

10. lasciarsi

## The Imperative of Reflexive Verbs

In affirmative command forms for **tu**, **noi**, and **voi**, the reflexive pronoun follows the verb and is attached to it.

| | |
|---|---|
| **Vestiti.** | *Get dressed.* |
| **Divertiamoci.** | *Let's have a good time.* |
| **Calmatevi.** | *Calm down.* |

In negative command forms for **tu**, **noi**, and **voi**, the reflexive pronoun may precede or follow the verb. Remember that the negative command form for **tu** is **non** + infinitive.

| | |
|---|---|
| **Non ti lamentare.**<br>**Non lamentarti.** } | *Don't complain.* |
| **Non ci stressiamo.**<br>**Non stressiamoci.** } | *Let's not get stressed.* |
| **Non vi offendete.**<br>**Non offendetevi.** } | *Don't take offense. / Don't be insulted.* |

**NOTE** The position of the object pronoun before the verb is more typical of everyday spoken language.

In formal commands for **Lei** and **Loro,** the reflexive pronoun always precedes the verb, whether the command is affirmative or negative.

| | |
|---|---|
| **Si accomodi. Non si alzi.** | *Sit down. Don't get up.* |
| **Si accomodino. Non si alzino.** | *Sit down. Don't get up.* |

Remember that **Loro** commands are limited to very formal styles.

### NOTA LINGUISTICA

Students of French and Spanish should pay special attention to the position of reflexive pronouns with command forms. In French and Spanish, all reflexive pronouns follow affirmative commands and precede negative commands. In Italian, reflexive pronouns precede the verb in all formal commands and may precede or follow the verb in informal negative commands.

**Q** **Non si fa!** *Trasforma i verbi dall'infinito all'imperativo negativo utilizzando le due versioni e il pronome suggerito, come nell'esempio. Ricorda che con il formale* **Lei** *esiste solo una versione.*

ESEMPIO    non alzarsi (tu)
→ Non ti alzare. / Non alzarti.

1. non innervosirsi (voi)

2. non arrabbiarsi (Lei)

3. non perdersi d'animo (*to lose heart, get discouraged*) (tu)

4. non stressarsi (voi)

5. non allarmarsi (tu)

6. non preoccuparsi (Lei)

7. non spazientirsi (voi)

8. non scoraggiarsi (tu)

9. non rattristarsi (voi)

10. non offendersi (Lei)

**R** **L'unione fa la forza.** *Utilizza l'imperativo della prima persona plurale come nell'esempio.*

ESEMPIO    alzarsi → Alziamoci!

1. prepararsi

2. sbrigarsi

3. lavarsi le mani

4. non arrabbiarsi

5. aiutarsi

6. riposarsi

7. vestirsi

8. pettinarsi

**S** **Sì e no.** *Componi ogni frase utilizzando un imperativo negativo e uno affermativo con il pronome fornito tra parentesi.*

ESEMPIO    non sporcarsi / mettersi le scarpe (voi)
→ Non vi sporcate. / Non sporcatevi. Mettetevi le scarpe.

1. non spogliarsi / vestirsi (tu)

2. non innervosirsi / calmarsi (tu)

3. non bagnarsi / asciugarsi (voi)

4. non rattristarsi / rallegrarsi (noi)

5. non odiarsi / amarsi (voi)

6. non sparpagliarsi / radunarsi (voi)

7. non alzarsi / sedersi (tu)

8. non scoraggiarsi / farsi forza (*to cheer up, be brave*) (tu)

*Un colloquio di lavoro* (**A job interview**). *Utilizza l'imperativo formale dei seguenti verbi riflessivi per scoprire cosa dice il titolare dell'azienda alla candidata.*

ESEMPIO   sedersi → Si sieda.

1. accomodarsi

2. presentarsi

3. rilassarsi

4. non preoccuparsi

5. descriversi usando dieci aggettivi

6. ricordarsi dei lavori svolti in precedenza (*jobs you have had before;* svolgere un lavoro *to have/do a job*)

7. prepararsi per un secondo colloquio

8. rivolgersi (*to speak to, contact*) alla segretaria

## Reflexive Verbs: Special Cases

A number of Italian verbs appear exclusively or most commonly as reflexives.

**accorgersi di qlcu/qlco** *to notice someone/something*
**arrabbiarsi** *to get angry*
**congratularsi con qlcu** *to congratulate someone*
**fidarsi di qlcu/qlco** *to trust someone/something*
**impadronirsi di** *to take possession of, master (a language)*
**infischiarsi di qlco** *not to give a darn about something*
**lamentarsi di qlcu/qlco** *to complain about someone/something*
**pentirsi di** *to regret*
**suicidarsi** *to die by suicide*
**vergognarsi di qlco** *to be ashamed of something*

See Chapter 15 for reflexive verbs that always appear with an object pronoun or a double object pronoun, such as **andarsene** *to go away* and **svignarsela** *to sneak away*.

**U** *Tradurre in italiano.*

1. *Why is he ashamed of his car?*

2. *You complain about everything! (tu)*

3. *I don't give a darn about his problems.*

4. *We regret our impatience.*

5. *They didn't notice anything.*

6. *I see that you don't trust the lawyer.*

7. *We congratulated him.*

8. *She mastered the Italian language.*

# Other Compound Tenses

## The Pluperfect (Past Perfect) Tense

The pluperfect tense (English *had done something*) consists of the imperfect of the auxiliary verb (either **avere** or **essere**, depending on the verb) plus the past participle. The rules for the agreement of the past participle in all of the compound tenses presented in this chapter (pluperfect, future perfect, and conditional perfect) are the same as the rules for agreement in the passato prossimo.

**finire** *I had finished, etc.*

| | |
|---|---|
| avevo finito | avevamo finito |
| avevi finito | avevate finito |
| aveva finito | avevano finito |

**arrivare** *I had arrived, etc.*

| | |
|---|---|
| ero arrivato/a | eravamo arrivati/e |
| eri arrivato/a | eravate arrivati/e |
| era arrivato/a | erano arrivati/e |

Reflexive verbs are conjugated with **essere** in the pluperfect tense just as they are in the passato prossimo. The past participle agrees with the subject.

**svegliarsi** *I had awakened, etc.*

| | |
|---|---|
| mi ero svegliato/a | ci eravamo svegliati/e |
| ti eri svegliato/a | vi eravate svegliati/e |
| si era svegliato/a | si erano svegliati/e |

| | |
|---|---|
| Gli **avevamo prestato** 50 euro perché non aveva abbastanza soldi per tornare a casa. | *We had lent him 50 euros because he didn't have enough money to return home.* |
| —L'hai vista quando sei arrivato?<br>—No, **era** già **partita**. | *Did you see her when you arrived?*<br>*No, she had already left.* |
| La macchina si è fermata perché **non avevo fatto** il pieno e siamo rimasti senza benzina. | *The car stopped because I hadn't filled the tank and we ran out of gas.* |

Sapevo che l'aereo era in ritardo di un'ora perché **avevo ricevuto** un messaggio di testo.

*I knew that the plane was an hour late, because I had gotten a text message.*

**A** ***Era già successo prima di un anno fa.*** *Componi ogni frase usando il trapassato prossimo (pluperfect). Segui l'esempio.*

ESEMPIO Massimo e Catia / sposarsi
→ Massimo e Catia si erano già sposati.

1. Agnese / avere / un bambino

2. tu / andare / in vacanza in Australia

3. io / laurearsi

4. voi / comprare una macchina

5. Claudia / trovare / un nuovo lavoro

6. l'Italia / vincere / i Mondiali di Calcio

7. noi / trasferirsi / a Ferrara

8. i nostri vicini / divorziare

9. tuo padre / andare in pensione

10. Marco / rompersi / il braccio

**B** ***Daniele, il ritardatario* (latecomer).** *Gli amici di Daniele non possono contare su di lui per organizzare la festa di laurea di Alba perché arriva sempre in ritardo. Quando alla fine arriva, tutto è stato già organizzato. Componi le seguenti frasi per sapere ciò che gli amici avevano già fatto prima dell'arrivo di Daniele. Segui l'esempio.*

ESEMPIO Quando Daniele è arrivato... i suoi amici / trovare un locale
→ ... i suoi amici avevano già trovato un locale.

1. Quando Daniele è arrivato... Simona e Alessandro / comprare da mangiare e da bere

2. Quando Daniele è arrivato... voi / decorare le pareti

3. Quando Daniele è arrivato... Claudia e Marica / pulire il locale

4. Quando Daniele è arrivato... io e Riccardo / noleggiare l'impianto per il karaoke

5. Quando Daniele è arrivato... la mamma di Alba / ordinare le bomboniere

6. Quando Daniele è arrivato... tutti gli amici / fare una colletta per il regalo

7. Quando Daniele è arrivato... la nonna e la zia di Alba / mandare gli inviti

8. Quando Daniele è arrivato... la festa / iniziare

## NOTA CULTURALE

**La Laurea** rappresenta un traguardo (*goal*) molto importante in Italia. Rappresenta la fine degli studi universitari e la speranza di trovare un buon lavoro. Di solito gli studenti italiani che hanno superato tutti gli esami devono scrivere una tesi su un argomento concordato con i loro docenti e poi devono discutere il loro lavoro davanti a un gruppo di professori per ottenere il diploma di Laurea. Dopo la discussione della tesi si fa una festa con molti invitati, regali e bomboniere (*party favors*) contenenti confetti (*sugared almonds*).

**C** *Il tempo è relativo.* *Componi le seguenti frasi usando il passato prossimo nella prima parte della frase e il trapassato prossimo nella seconda, come nell'esempio.*

ESEMPIO    Daniela / alzarsi : noi / fare colazione
→ Quando Daniela si è alzata, noi avevamo già fatto colazione.

1. Manuela / venire : Enrico / finire di cenare

2. i pompieri / arrivare : i coniugi Pierini / spegnere il fuoco in cucina

3. noi / uscire : smettere di piovere

4. tu e i tuoi amici / entrare nel cinema : il film / iniziare

5. io / tornare a casa : i ladri / rubare tutto

6. l'aereo / atterrare : gli assistenti di volo / alzarsi in piedi

7. il postino / passare : noi / uscire di casa

8. i bambini / svegliarsi : Babbo Natale / portare i regali

**D** *Non avevamo ancora visto...* *Heather e la sua famiglia tornano negli Stati Uniti dopo aver trascorso una settimana in Italia. Mentre sono seduti sull'aereo, parlano delle cose che ancora non avevano visto o fatto prima di quest'ultimo viaggio. Scrivi frasi usando il trapassato prossimo, secondo l'esempio.*

ESEMPIO    mia madre e Pete / visitare i Musei Vaticani
→ Mia madre e Pete non avevano ancora visitato i Musei Vaticani.

1. Michael / mangiare gli spaghetti all'amatriciana*

2. Julia e Jonathan / conoscere i loro cugini italiani

3. io / vedere la Bocca della Verità

4. Andrew, mio figlio più piccolo / assaggiare il gelato italiano

5. tu / dare da mangiare ai piccioni di Piazza San Marco

6. noi / passeggiare su Ponte Vecchio a Firenze

---

*L'amatriciana è un condimento per gli spaghetti. Il nome deriva da **Amatrice**, una cittadina in provincia di Rieti, nella regione Lazio. Gli ingredienti principali sono il sugo di pomodoro, il pecorino e il guanciale (*lard*).

7. mia madre / scendere nel pozzo di San Patrizio a Orvieto

8. io e la mia famiglia / entrare nel castello di Otranto

9. i nostri parenti italiani / provare il *cheesecake*

10. Pete e Michael / guidare la Ferrari

---

### NOTA CULTURALE

**I Musei Vaticani** sono a Roma, all'interno della Città del Vaticano e contengono opere d'arte d'inestimabile (*priceless*) valore. Tra le cappelle dei Musei Vaticani, importantissima è la Cappella Sistina, decorata con gli affreschi di Michelangelo. Ricordiamo anche gli appartamenti papali, affrescati da Raffaello.

**La Bocca della Verità** è una scultura in marmo sulla parete (*wall*) della chiesa di Santa Maria in Cosmedin a Roma. La scultura è un volto maschile con la bocca, gli occhi e il naso cavi (*hollow*). La leggenda dice che la Bocca può scoprire la verità. Infatti, durante il Medioevo, i mariti e le mogli che dubitavano della fedeltà del coniuge (*spouse*) gli facevano mettere la mano nella Bocca che, in caso di infedeltà, mangiava la mano.

**Piazza San Marco**, a Venezia, è una delle più importanti e famose piazze italiane. Nella piazza, lunga 175 metri, ci sono la basilica di San Marco e il campanile di San Marco.

**Ponte Vecchio**, a Firenze, attraversa il fiume Arno ed è uno dei ponti più famosi del mondo. Sul ponte ci sono botteghe di artigiani orafi (*goldsmith's shops*) e il busto di Benvenuto Cellini, orafo e scultore fiorentino.

**Il Pozzo di San Patrizio**, a Orvieto, fu progettato da Antonio Cordini nel 1527. Papa Clemente VII, che si era rifugiato nella città di Orvieto, lo fece costruire perché voleva assicurare l'accesso all'acqua in caso di guerra.

## The Future Perfect Tense

The future perfect tense (English *will have done something*) consists of the future of the auxiliary verb (**avere** or **essere**) plus the past participle.

**finire**  *I will have finished, etc.*

| | |
|---|---|
| avrò finito | avremo finito |
| avrai finito | avrete finito |
| avrà finito | avranno finito |

**arrivare**  *I will have arrived, etc.*

| | |
|---|---|
| sarò arrivato/a | saremo arrivati/e |
| sarai arrivato/a | sarete arrivati/e |
| sarà arrivato/a | saranno arrivati/e |

---
**svegliarsi**  *I will have awakened, etc.*

| | |
|---|---|
| mi sarò svegliato/a | ci saremo svegliati/e |
| ti sarai svegliato/a | vi sarete svegliati/e |
| si sarà svegliato/a | si saranno svegliati/e |
---

The future perfect tense expresses a future action that will have been completed before another future action takes place or before a specified or implied time in the future.

Fra poco, quando **sarà ritornato** il              *Shortly, when the director has returned,*
   direttore, riceveremo i nostri incarichi.       *we will receive our assignments.*

When the main verb is in the future tense, the future perfect tense is common after conjunctions such as **quando** *when,* **finché** *until,* **appena** *as soon as,* and **dopo che** *after.* English usually uses the present perfect in these cases.

La nostra squadra non si fermerà **finché**       *Our team won't stop until we have won*
   **avremo vinto** lo scudetto.                      *the (soccer) championship.*
**Dopo che ci saremo allontanati** dal          *After we have been away from the computer*
   computer per qualche minuto, questo           *for a few minutes, this program will begin*
   programma inizierà il controllo di              *checking all actions performed.*
   tutte le azioni svolte.

The future perfect tense can also be used to express a conjecture about the past.

Perché **sarà venuto**, secondo te?             *Why did he come, in your opinion?*
Il morale di quella squadra è bassissimo.       *That team's morale is very low. I'll bet they*
   **Avranno perso** la partita.                       *lost the game.*
A che ora **sarà arrivato** a casa?             *What time do you think he got home?*

---

**E**  **Tra dieci anni.** *La vita di un gruppo di compagni del liceo sarà molto diversa tra dieci anni. Ognuno degli amici cerca di prevedere il futuro e dice che cosa faranno gli altri a distanza di dieci anni dall'esame di maturità.*

ESEMPIO   Annalisa / sposarsi e avere un bambino
          → Annalisa si sarà sposata e avrà avuto un bambino.

1. io / laurearsi in lingue e letterature moderne

2. Gianluca / trovare lavoro in una compagnia di assicurazioni

3. Emanuela / trasferirsi a Parigi

4. tu e Ilia / comprare una casa a Roma

5. il nostro professore di inglese / scrivere un libro

6. noi / vincere la lotteria

7. Luciano / seguire la carriera militare

8. Anna / ritornare a Buenos Aires

**F** **Troppo tardi.** *Utilizza il futuro semplice nella proposizione principale e il futuro anteriore (future perfect) nella proposizione introdotta da* **quando** *per scoprire che cosa sarà già successo. Segui l'esempio.*

ESEMPIO    tu / entrare : io / uscire
→ Tu entrerai quando io sarò uscito.

1. loro / arrivare alla stazione : il treno / partire

2. lei / bussare alla porta : noi / andare a letto

3. noi / andare a mangiare : la pizzeria / chiudere

4. voi / fare un viaggio : l'estate / finire

5. tu / portare il pane : noi / finire di pranzare

6. loro / trovare la cartina (*map*) : voi / perdersi

7. io / svegliarmi : tu / andare via

8. lui / smettere di fumare : la sua salute / peggiorare

**G** **Congetture (Conjectures).** *Esprimi ipotesi su alcuni accadimenti* (events) *trasformando il passato prossimo in futuro anteriore.*

ESEMPIO    Probabilmente la macchina di Franco è costata molto.
→ La macchina di Franco sarà costata molto.

1. Probabilmente Giorgio e Cinzia hanno divorziato.

2. Probabilmente i vicini hanno venduto la loro villa.

3. Probabilmente Andrea è arrivato in Sud Africa.

4. Probabilmente Silvia si è diplomata.

5. Probabilmente Claudia ha trovato un buon lavoro.

6. Probabilmente voi avete fatto la fila per entrare a teatro.

7. Probabilmente i nostri amici hanno ricevuto l'invito.

8. Probabilmente la nostra attrice preferita ha vinto l'Oscar.

**H** **In famiglia.** *Massimo parla di una serata che passerà insieme alla sua famiglia. Forma delle frasi a partire dagli elementi forniti per sapere che cosa dice. Utilizza il futuro semplice nella proposizione principale e il futuro anteriore nella proposizione relativa.*

ESEMPIO    noi / mangiare il risotto agli scampi che mia madre / cucinare
→ Noi mangeremo il risotto agli scampi che mia madre avrà cucinato.

1. noi / bere il vino che mio padre / imbottigliare

2. mia zia / servire un dolce che (lei) / comprare

3. i miei cugini / giocare ai videogiochi che (loro) / prendere in prestito dai loro amici

4. noi / cantare le canzoni che la nonna / insegnare a noi

5. mio zio / leggere gli articoli del giornale che (lui) / acquistare

6. mio padre e io / parlare del nuovo lavoro che (io) / trovare

7. mia sorella / vendere un quadro (*painting*) che lei / dipingere (*paint*)

8. noi tutti / guardare un film che (noi) / noleggiare

## The Conditional Perfect Tense

The conditional perfect tense (English *would have done something*) consists of the conditional of the auxiliary verb (**avere** or **essere**) plus the past participle.

**finire**  *I would have finished, etc.*

| | |
|---|---|
| avrei finito | avremmo finito |
| avresti finito | avreste finito |
| avrebbe finito | avrebbero finito |

**arrivare**  *I would have arrived, etc.*

| | |
|---|---|
| sarei arrivato/a | saremmo arrivati/e |
| saresti arrivato/a | sareste arrivati/e |
| sarebbe arrivato/a | sarebbero arrivati/e |

**svegliarsi**  *I would have awakened, etc.*

| | |
|---|---|
| mi sarei svegliato/a | ci saremmo svegliati/e |
| ti saresti svegliato/a | vi sareste svegliati/e |
| si sarebbe svegliato/a | si sarebbero svegliati/e |

The conditional perfect tense usually labels an event that *did not take place* in the past.

—Mi **avresti aiutato?**                        *Would you have helped me?*
—**Avrei fatto** qualunque cosa per aiutarti.   *I would have done anything to help you.*

—**Vi sareste annoiati** come lui?              *Would you have gotten as bored as he?*
—No, noi **ci saremmo divertiti**.              *No, we would have had a good time.*

The conditional perfect tense is also used in conditional sentences. (See Chapter 26.)

**I**  *Io non avrei mai fatto una cosa simile.*  *Rispondi a ciò che hanno detto i tuoi amici affermando che non avresti mai fatto quello che hanno fatto loro utilizzando il condizionale passato.*

ESEMPIO    Mirco ha marinato la scuola (*played hooky*).
           → Io non avrei mai marinato la scuola.

1. Massimiliano si è offeso per quello scherzo.

2. Anna ha accettato un appuntamento al buio (*blind date*).

3. Giovanni e Nadia si sono messi in viaggio con questo tempaccio.

4. Gabriele ha fatto l'autostop (*hitchhiked*).

5. Cristina ha colto le mele dell'albero dei vicini.

6. Gli zii di Carlo hanno speso tutti i soldi.

7. La cugina della sposa si è vestita di bianco al matrimonio.

8. Mia sorella ha creduto a quella storia.

**J** *Loro, invece, l'avrebbero fatto. Armando aveva paura di fare alcune cose mentre i suoi amici e familiari non avrebbero avuto paura. Esprimi quest'idea utilizzando il condizionale passato.*

ESEMPIO    Avevo paura di viaggiare in aereo. (io)
→ Davvero? Io avrei viaggiato in aereo.

1. Avevo paura di fare l'esame. (i tuoi compagni)

2. Avevo paura di dormire al buio. (tua sorella)

3. Avevo paura di parlare con il capo. (Marina)

4. Avevo paura di lanciarmi con il paracadute (*parachute*). (io e Luca)

5. Avevo paura di discutere con il collega. (Eleonora e Renata)

6. Avevo paura di rispondere. (io)

7. Avevo paura di guidare di notte. (tuo fratello)

8. Avevo paura di scendere dalla scala. (Paolo)

9. Avevo paura di parlare inglese. (Sara)

10. Avevo paura di chiedere un prestito. (noi)

## Sequence of Tenses in Indirect Discourse

After verbs of saying, knowing, thinking, etc., a present tense verb in the main clause often requires a future tense in the dependent clause. English and Italian (especially informal Italian) follow the same sequence of tenses in these cases.

| | |
|---|---|
| So che **verranno**. | *I know that they will come.* |
| Comprendo che il Suo lavoro **sarà** molto difficile. | *I understand that your work will be very difficult.* |
| L'università segnala che gli esami **si svolgeranno** dal 25 maggio al 6 giugno. | *The college announces that exams will be given between May 25 and June 6.* |

If the verb in the main clause is in the past, the future tense changes to the conditional in English in the above sentences, but to the *conditional perfect* in Italian.

| | |
|---|---|
| Sapevo che **sarebbero venuti**. | *I knew they would come.* |
| Ho compreso che il Suo lavoro **sarebbe stato** molto difficile. | *I understood that your work would be very difficult.* |
| L'università ha segnalato che gli esami **si sarebbero svolti** dal 25 maggio al 6 giugno. | *The college announced that exams would be given between May 25 and June 6.* |

## NOTA LINGUISTICA

Notice that Italian is different from French and Spanish in the sequence of tenses. French and Spanish use the simple conditional, not the conditional perfect, to express the idea of "future in the past."

Je savais qu'ils **viendraient**.
Sabía que **vendrían**.

**K** *Dicono che...* *Trasforma le seguenti frasi cambiando il presente in passato prossimo e il futuro in condizionale passato.*

ESEMPIO Luca dice che arriverà domani.
→ Luca ha detto che sarebbe arrivato domani.

1. Annunciano che il volo sarà in ritardo.

2. Lorenzo promette che smetterà di fumare.

3. Il tuo ragazzo giura che si alzerà presto.

4. La maestra Marta dice che mi spiegherà l'uso del congiuntivo.

5. Voi affermate che non esporrete denuncia (*lodge a complaint*).

6. Il cliente dice che pagherà in contanti (*cash*).

7. Lo studente dice che finirà la tesi tra un mese.

8. I coniugi Marini dicono che prenderanno una decisione.

**L** *Tradurre.* *Traduci le seguenti frasi dall'inglese all'italiano usando l'imperfetto nella proposizione principale.*

1. *We understood that he wouldn't leave today.*

2. *I knew she would say it.*

3. *He was sure that you would repair his computer.*

4. *The monitor indicated that the train would be late* (ritardare).

5. *They had the impression that we wouldn't finish.*

# The Passato Remoto and Trapassato Remoto

## Formation of the Passato Remoto

### Regular Verbs

In addition to the passato prossimo, Italian has a tense to express completed actions in the past: the passato remoto. To form the passato remoto, a special set of endings is added to the stem of the verb; the passato remoto is not a compound tense. All forms of the passato remoto are stressed on the thematic vowel, which appears before the person ending. The third-person singular forms are stressed on the last syllable and have written accents.

**lavorare** *to work*

| | |
|---|---|
| lavorai | lavora**mmo** |
| lavora**sti** | lavora**ste** |
| lavor**ò** | lavora**rono** |

**vendere** *to sell*

| | |
|---|---|
| vendei | vende**mmo** |
| vende**sti** | vende**ste** |
| vend**é** | vende**rono** |

**capire** *to understand*

| | |
|---|---|
| capii | capi**mmo** |
| capi**sti** | capi**ste** |
| cap**ì** | capi**rono** |

### NOTES

- The third-person plural form is stressed on the vowel before the ending.

  lavorarono
  venderono
  capirono

- For regular -**ere** verbs, the third-person singular form ends in a closed **e** and is therefore written **é**, not **è**.

-**Ere** verbs that are regular in the passato remoto have an alternate set of endings in three of the six forms. These forms are considered more formal than the regular set of endings given above.

| **vendere** *to sell* | |
| --- | --- |
| vende**tti** | vendemmo |
| vendesti | vendeste |
| vende**tte** | vende**ttero** |

## Irregular Verbs

A majority of -**ere** verbs are stressed on the stem rather than on the thematic vowel in the first- and third-person singular forms and in the third-person plural form. The unstressed endings for these forms are -**i** in the first person singular, -**e** in the third person singular, and -**ero** in the third person plural. The verb stem is always modified in these forms, but is regular in the other three forms. The verb **leggere** is typical of this type of passato remoto conjugation.

| **leggere** *to read* | |
| --- | --- |
| les**si** | leggemmo |
| leggesti | leggeste |
| les**se** | les**sero** |

### NOTES

- The **tu**, **noi**, and **voi** forms have the same endings as other -**ere** verbs.

- The form of the accented stem is not predictable from the infinitive. There are stem patterns, however, in the passato remoto.

  - The passato remoto in -**s**- or -**ss**-, sometimes with a modification of the final consonant of the stem

| INFINITIVE | 1ST PERSON SINGULAR | 3RD PERSON SINGULAR | 3RD PERSON PLURAL |
| --- | --- | --- | --- |
| **assumere** *to assume; to hire* | assunsi | assunse | assunsero |
| **chiudere** *to close; to turn off* | chiusi | chiuse | chiusero |
| **cogliere** *to gather, pick; to grasp* | colsi | colse | colsero |
| **correre** *to run* | corsi | corse | corsero |
| **cuocere** *to cook* | cossi | cosse | cossero |
| **dire** *to say, tell* | dissi | disse | dissero |
| **dirigere** *to manage* | diressi | diresse | diressero |
| **discutere** *to discuss* | discussi | discusse | discussero |
| **esprimere** *to express* | espressi | espresse | espressero |
| **estinguere** *to put out* | estinsi | estinse | estinsero |
| **mettere** *to put, place* | misi | mise | misero |
| **mordere** *to bite* | morsi | morse | morsero |

| INFINITIVE | 1ST PERSON SINGULAR | 3RD PERSON SINGULAR | 3RD PERSON PLURAL |
|---|---|---|---|
| **muovere** *to move* | mossi | mosse | mossero |
| **piangere** *to cry* | piansi | pianse | piansero |
| **porgere** *to give, present* | porsi | porse | porsero |
| **porre** *to put, place* | posi | pose | posero |
| **prendere** *to take* | presi | prese | presero |
| **redigere** *to write, draft* | redassi | redasse | redassero |
| **ridurre** *to reduce, lessen* | ridussi | ridusse | ridussero |
| **rimanere** *to stay, remain* | rimasi | rimase | rimasero |
| **risolvere** *to solve; to decide* | risolsi | risolse | risolsero |
| **rispondere** *to answer* | risposi | rispose | risposero |
| **scegliere** *to select, choose* | scelsi | scelse | scelsero |
| **sconfiggere** *to defeat* | sconfissi | sconfisse | sconfissero |
| **sconvolgere** *to upset, disturb* | sconvolsi | sconvolse | sconvolsero |
| **scrivere** *to write* | scrissi | scrisse | scrissero |
| **scuotere** *to shake; to rouse* | scossi | scosse | scossero |
| **spegnere** *to turn off; to put out* | spensi | spense | spensero |
| **svolgere** *to unroll; to develop* | svolsi | svolse | svolsero |
| **trarre** *to draw, pull out* | trassi | trasse | trassero |
| **valere** *to be valid; to be worth* | valsi | valse | valsero |
| **vincere** *to defeat, conquer* | vinsi | vinse | vinsero |
| **vivere** *to live* | vissi | visse | vissero |
| **volgere** *to turn, bend* | volsi | volse | volsero |

- The passato remoto in a double consonant other than -**ss**-

| | | | |
|---|---|---|---|
| **avere** *to have* | ebbi | ebbe | ebbero |
| **bere** *to drink* | bevvi | bevve | bevvero |
| **cadere** *to fall* | caddi | cadde | caddero |
| **conoscere** *to know; to meet* | conobbi | conobbe | conobbero |
| **nascere** *to be born* | nacqui | nacque | nacquero |
| **piacere** *to be pleasing* | piacqui | piacque | piacquero |
| **rompere** *to break* | ruppi | ruppe | ruppero |
| **sapere** *to know* | seppi | seppe | seppero |
| **tenere** *to hold, keep* | tenni | tenne | tennero |
| **volere** *to want, wish* | volli | volle | vollero |

- The passato remoto of other irregular -**ere** verbs

| | | | |
|---|---|---|---|
| **parere** *to appear* | parvi | parve | parvero |
| **vedere** *to see* | vidi | vide | videro |

In addition to -**ere** verbs, the verbs **dare** and **stare** have accented stem forms in the passato remoto, as well as a double consonant in their stem-stressed forms. These verbs and **fare** have additional irregularities. Study their full conjugations in the passato remoto.

**dare** *to give*

| | |
|---|---|
| detti | demmo |
| desti | deste |
| dette | dettero |

**fare** *to make, do*

| | |
|---|---|
| feci | facemmo |
| facesti | faceste |
| fece | fecero |

**stare** *to stay, live; to be*

| | |
|---|---|
| stetti | stemmo |
| stesti | steste |
| stette | stettero |

**Dare** has an alternative set of stem-stressed forms in the passato remoto, which are more common than the forms above.

**dare** *to give*

| | |
|---|---|
| **diedi** | demmo |
| desti | deste |
| **diede** | **diedero** |

**Venire** has stem-stressed forms similar to those of **tenere**.

**venire** *to come*

| | |
|---|---|
| **venni** | venimmo |
| venisti | veniste |
| **venne** | **vennero** |

**Essere** is irregular in the passato remoto.

**essere** *to be*

| | |
|---|---|
| fui | fummo |
| fosti | foste |
| fu | furono |

**A** *Le forme del passato remoto.* Scrivi la forma del passato remoto che corrisponde a queste forme del presente.

1. rompe

2. svolgono

3. faccio

4. diciamo

5. siamo

6. vede

7. mettono

8. sto

9. mordete

10. assumo

11. viene

12. vogliono

13. nasce

14. bevo

15. sanno

**B** *Al singolare.* Scrivi la forma della prima persona singolare del passato remoto che corrisponde alla forma di **noi**.

1. demmo

2. fummo

3. paremmo

4. valemmo

5. redigemmo

6. corremmo

7. prendemmo

8. vincemmo

9. rispondemmo

10. volemmo

11. spegnemmo

12. vivemmo

13. chiudemmo

14. scrivemmo

15. cademmo

**C** *Due tempi verbali.* Scrivi la forma del passato remoto che corrisponde alla forma del passato prossimo.

1. ho venduto

2. hanno ridotto

3. ho scelto

4. ha bevuto

5. ho rotto

6. ha messo

7. abbiamo finito

8. hanno detto

9. sono rimasti

10. hanno dato

11. sono venuti

12. sono caduti

13. ho pianto

14. è stato

15. ha conosciuto

# Use of the Passato Remoto

Since contemporary Italian is based on the speech of the northern regions of Italy, the passato remoto has limited use in the standard spoken language. Northerners and Italians in the central regions prefer the passato prossimo instead. The passato remoto does appear in writing, however, especially in the third-person singular and plural forms. The farther south you go in Italy, the more people use the passato remoto in speaking, in both formal and informal discourse.

In Southern Italian (that is, standard Italian as spoken in these regions, not in the dialects), the passato remoto is frequently used to refer to completed actions in the recent past.

| | | |
|---|---|---|
| SOUTHERN ITALIAN | Ieri **andammo** a una festa. | *We went to a party yesterday.* |
| CENTRAL AND NORTHERN ITALIAN | Ieri **siamo andati** a una festa. | |

In writing, especially formal writing, the passato remoto is used much more frequently.

**D**  *Un po' di storia, un po' di letteratura.* Trasforma al passato remoto i verbi al presente dei seguenti paragrafi per sapere un po' di più su tre importanti argomenti di cultura italiana: gli Etruschi, Dante Alighieri e Maria Montessori.

### Gli Etruschi: i primi italiani

Gli Etruschi _____ (1. popolano) la zona oggi conosciuta come Toscana nel II millennio a.C.

_____ (2. Sono) di origine incerta: secondo alcuni storici, _____ (3. vengono) dalla Lidia tra

il 1500 e il 1000 a.C. _____ (4. Si organizzano) in città stato (*city states*) come le polis greche,

ma non _____ (5. formano) mai uno stato unitario. La civiltà etrusca, nata come una civiltà

agricola, in seguito _____ (6. sviluppa) una grande attività commerciale marittima e terrestre.

Gli Etruschi _____ (7. sono) i primi a tentare un processo di unificazione del territorio

italiano. Essi _____ (8. cominciano) a espandersi verso nord (pianure padane) e verso sud

(oltre il Tevere). _____ (9. Riescono) anche a conquistare terre d'oltremare grazie alle potenti

flotte. Nel VI secolo a.C. si _____ (10. ha) il periodo di maggiore espansione, mentre agli

inizi del V secolo a.C. _____ (11. inizia) il loro declino. Gli Etruschi _____ (12. sono) molto

legati alle pratiche religiose molte delle quali _____ (13. trasmettono) ai romani.

_____ (14. Praticano) il culto dell'oltretomba e _____ (15. credono) alla vita nell'aldilà

(*afterlife*).

## Dante: il padre della lingua italiana

Dante Alighieri _____ (1. nasce) il 29 maggio 1265 a Firenze da una famiglia della piccola

nobiltà. Nel 1274 _____ (2. vede) per la prima volta una ragazza di nome Beatrice che subito

_____ (3. diventa) la sua musa ispiratrice. La madre di Dante _____ (4. muore) molto presto.

Quando anche suo padre Alighiero di Bellincione, commerciante, _____ (5. muore) a sua

volta, Dante _____ (6. diviene) il capofamiglia. A 20 anni _____ (7. sposa) Gemma Donati

dalla quale ha quattro figli, Jacopo, Pietro, Giovanni e Antonia. Due anni dopo la morte

di Beatrice, nel 1292, Dante _____ (8. comincia) a scrivere la *Vita nuova*. Nel 1306

_____ (9. inizia) a scrivere la *Divina Commedia* alla quale _____ (10. lavora) per tutta la vita.

Nel 1308 _____ (11. compone) un trattato in latino sulla lingua e lo stile: il *De vulgari*

*eloquentia,* nel quale lo scrittore _____ (12. parla) dell'importanza delle lingue volgari

(i dialetti) e _____ (13. consiglia) di usare il volgare fiorentino come lingua letteraria. Dante

_____ (14. viene) colpito da un attacco di malaria e _____ (15. muore) a Ravenna a 56 anni

nella notte tra il 23 e 24 settembre 1321.

## Maria Montessori: la madre dell'istruzione italiana

Maria Montessori _____ (1. nasce) a Chiaravalle (Ancona) il 31 agosto 1870 da una famiglia

borghese. _____ (2. Trascorre) l'infanzia e la giovinezza a Roma dove _____ (3. decide)

di studiare medicina. _____ (4. Si laurea) nel 1896 con una tesi in psichiatria e

_____ (5. diventa) la prima dottoressa d'Italia. Dopo molti anni di osservazione e di ricerca

la Montessori _____ (6. arriva) ad elaborare un nuovo e innovativo metodo di istruzione

per bambini disabili. Invece dei metodi tradizionali di memorizzazione, _____ (7. istruisce)

i bambini attraverso l'uso di oggetti concreti. I risultati _____ (8. sono) talmente sorprendenti

che i bambini disabili _____ (9. ottengono) un punteggio più alto degli altri bambini.

In seguito la Montessori _____ (10. apre) una "Casa dei Bambini" a Roma, uno dei suoi primi

centri. Nel 1909 _____ (11. pubblica) il libro *Il metodo della pedagogia scientifica,* che

_____ (12. ha) fama mondiale. _____ (13. Vive) in diverse parti d'Europa e nel 1952

_____ (14. muore) a Noordwijk, in Olanda, vicino al Mare del Nord. Durante gli anni '90

il suo volto _____ (15. viene) raffigurato sulle banconote italiane da mille lire.

# Formation of the Trapassato Remoto

In addition to the pluperfect tense (the past perfect, il trapassato prossimo), Italian has a second tense to express *had done something*: the trapassato remoto. The pluperfect tense is formed from the imperfect of the auxiliary verb **avere** or **essere** plus the past participle. The trapassato remoto is formed from the passato remoto of the auxiliary verb **avere** or **essere** plus the past participle. Compare the conjugations of these tenses.

| TRAPASSATO REMOTO | | TRAPASSATO PROSSIMO | |
|---|---|---|---|
| **cominciare** *to begin* | | | |
| **ebbi** cominciato | **avemmo** cominciato | avevo cominciato | avevamo cominciato |
| **avesti** cominciato | **aveste** cominciato | avevi cominciato | avevate cominciato |
| **ebbe** cominciato | **ebbero** cominciato | aveva cominciato | avevano cominciato |
| **venire** *to come* | | | |
| **fui** venuto/a | **fummo** venuti/e | ero venuto/a | eravamo venuti/e |
| **fosti** venuto/a | **foste** venuti/e | eri venuto/a | eravate venuti/e |
| **fu** venuto/a | **furono** venuti/e | era venuto/a | erano venuti/e |
| **vestirsi** *to get dressed* | | | |
| mi **fui** vestito/a | ci **fummo** vestiti/e | mi ero vestito/a | ci eravamo vestiti/e |
| ti **fosti** vestito/a | vi **foste** vestiti/e | ti eri vestito/a | vi eravate vestiti/e |
| si **fu** vestito/a | si **furono** vestiti/e | si era vestito/a | si erano vestiti/e |

# Use of the Trapassato Remoto

In contemporary Italian, the trapassato remoto is used only in subordinate clauses when the main clause is in the passato remoto; therefore, it appears mostly in formal writing. It is used in clauses introduced by **(non) appena** *as soon as*, **dopo che** *after*, **finché** *until*, and **quando** *when* to label an event occurring immediately before the event of the main clause.

| | |
|---|---|
| **Appena ebbe sentito** che bussavano alla porta, Luisa **corse** ad aprire. | *As soon as she heard someone knocking at the door, Luisa ran to open it.* |
| **Non appena** Geppetto **ebbe trovato** un nome al suo burattino, **cominciò** a lavorare sodo.* | *The moment Geppetto found a name for his puppet, he began to work seriously.* |
| Perché **incominciò** a piangere Carla **dopo che ebbe letto** il messaggio? | *Why did Carla begin to cry after she read the message?* |
| **Aspettammo finché** tutti **si furono seduti**. | *We waited until everyone had sat down.* |
| **Quando** il generale **ebbe recuperato** le forze, **tornò** a comandare le sue truppe. | *When the general had recuperated, he went back to commanding his troops.* |

---

*Based on the original text of Carlo Collodi's *Le avventure di Pinocchio: Storia di un burattino*.

**E**    *Cambiando si impara.* *Trasforma i verbi nelle seguenti frasi dal passato prossimo al passato remoto e dal trapassato prossimo al trapassato remoto.*

      ESEMPIO   La famiglia di contadini ha curato il soldato ferito finché si era ripreso.
               → La famiglia di contadini curò il soldato ferito finché si fu ripreso.

1. Marco Polo è andato in Cina dopo che il padre e lo zio l'avevano già visitata.

2. Cappuccetto rosso è arrivata a casa della nonna dopo che il lupo l'aveva già mangiata.

3. Galileo Galilei ha scritto il *Sidereus Nuncius* dopo che aveva scoperto i quattro satelliti di Giove.

4. Durante il suo viaggio ultraterreno Dante ha incontrato molte persone che aveva conosciuto a Firenze.

5. Cleopatra si è fatta mordere da una vipera dopo che aveva saputo della morte di Marco Antonio.

6. L'Italia aveva già occupato l'Albania quando è scoppiata la seconda guerra mondiale.

10

# Participles

## The Past Participle

### Used as a Noun

Some past participles can be used as nouns. They can be masculine or feminine.

| INFINITIVE | PAST PARTICIPLE | NOUN |
|---|---|---|
| **contenere** *to contain* | **contenuto** | **il contenuto** *contents* |
| **significare** *to mean* | **significato** | **il significato** *meaning* |
| **rispondere** *to answer* | **risposto** | **la risposta** *answer* |
| **storcere** *to sprain, twist* | **storto** | **la storta** *sprain* |

 **Movimenti.** *Ricava i sostantivi femminili dal participio passato dei verbi seguenti, poi traducili in inglese.*

ESEMPIO  camminare
→ la camminata *walk*

1. calare *to drop, fall*

2. cadere *to fall*

3. entrare *to go in*

4. uscire *to go out*

5. discendere *to go down*

6. salire *to go up*

7. correre *to run*

8. passeggiare *to take a walk*

9. muovere *to move*

10. fermare *to stop*

**B** *Indovina!* *I sostantivi seguenti derivano da participi passati. Trova l'infinito dei verbi da cui derivano e il loro significato.*

> ESEMPIO   il trattato *treatise*
> → trattare  *to deal with*

1. la battuta  *beat, blow*

2. l'allegato  *(e-mail) attachment*

3. la scommessa  *bet*

4. la riuscita  *success*

5. il dettato  *dictation*

6. il riassunto  *summary*

7. lo stampato  *printed matter*

8. il soccorso  *help*

9. la richiesta  *request*

10. la raccolta  *collection*

## Used as an Adjective

In Italian, as in English, the past participle may be used as an adjective. It functions like any other adjective: It can modify a noun directly or function as a predicate adjective after forms of **essere**, **diventare**, **parere**, etc.

| INFINITIVE | PAST PARTICIPLE | ADJECTIVE |
|---|---|---|
| **ammobiliare** | **ammobiliato** | **appartamenti ammobiliati** |
| *to furnish* | | *furnished apartments* |

Gli appartamenti **non erano ammobiliati.**    *The apartments were unfurnished.*

**NOTE** When a past participle is used as an adjective, it agrees in gender and number with the noun it refers to.

Sometimes, the meaning of the past participle used as an adjective seems different from the meaning of the verb, at least to English speakers.

**conoscere** *to know*    **conosciuto** *well-known, famous*

**C** *Descrizioni.* *Traduci le seguenti frasi dall'inglese all'italiano usando i participi passati dei verbi tra parentesi.*

(aprire)    1. *an open door*

2. *The windows are open.*

(chiudere)    3. *The road is closed.*

4. *closed stores*

| | |
|---|---|
| (gelare) | 5. *My hands are frozen.* |
| | 6. *a frozen river* |
| (coltivare) | 7. *a tilled field* |
| | 8. *These fields are not tilled.* |
| (sbagliare) | 9. *a wrong number* |
| | 10. *This answer is wrong.* |
| (rompere) | 11. *My eyeglasses are broken.* |
| | 12. *a broken dish* |

## Used in Place of a Clause

In formal written Italian, a past participle may replace an entire clause. This is called the absolute use of the participle. In this construction, the past participle of a verb conjugated with **avere** in the passato prossimo agrees with its direct object, and the past participle of a verb conjugated with **essere** agrees with its subject. The past participle in this construction may be preceded by a conjunction such as **appena** *as soon as.*

| | |
|---|---|
| **Finita la lezione**, il professore è andato via. | *Having finished the lesson, the teacher left.* |
| **Appena scesi dal treno**, i turisti hanno cercato alloggio. | *As soon as they got off the train, the tourists looked for lodging.* |

**D** **Traduzione.** *Traduci le seguenti frasi in inglese.*

1. Vista la situazione, il consulente dichiarò che non c'era niente da fare.

2. Appena saliti a bordo, i passeggeri sono andati nelle loro cabine.

3. Studiati i documenti, abbiamo capito la faccenda.

4. Tornati in Italia, gli emigrati hanno cercato di rifarsi una vita.

5. Caduto nelle mani della giustizia, il ladro confessò i suoi delitti.

## The Gerund

The gerund of an **-are** verb ends in **-ando**, while the gerund of an **-ere** or **-ire** verb ends in **-endo**. The English gerund (often called the present participle) ends in *-ing*. This form is called **il gerundio** in Italian and is invariable—it never changes for gender or number.

| INFINITIVE | GERUND |
|---|---|
| **parlare** *to speak* | parlando *speaking* |
| **vendere** *to sell* | vendendo *selling* |
| **finire** *to finish* | finendo *finishing* |

A verb whose stem in the imperfect is different from the infinitive's stem uses the imperfect stem to form the present participle.

| INFINITIVE | IMPERFECT (1ST PERSON SINGULAR) | GERUND |
|---|---|---|
| **condurre** *to lead* | conducevo | conducendo *leading* |
| **fare** *to make, do* | facevo | facendo *making, doing* |

The gerund of **essere** is **essendo**.

**E** *Formazione del gerundio.* Scrivi il gerundio di questi verbi.

1. amare
2. bere
3. chiudere
4. comprare
5. dire
6. fornire
7. iniziare
8. mettere
9. noleggiare
10. pagare
11. produrre
12. pulire
13. ridere
14. rovesciare
15. togliere
16. trovare

## The Gerund Used in Progressive Tenses

The Italian progressive consists of a form of the verb **stare** plus the gerund. In its formation, it is equivalent to the English progressive, which consists of *to be* plus the *-ing* form of the verb.

However, the Italian progressive is much more limited in use than its English counterpart. It is used almost exclusively in the present, imperfect, and future (**sto facendo**, **stavo facendo**, and **starò facendo**), and it has fewer functions than the English progressive tense.

The Italian progressive emphasizes that the action is happening at the exact moment referred to in the conversation.

| | |
|---|---|
| Non posso aprire la porta. **Sto facendo** la doccia. | *I can't open the door. I'm taking a shower.* |
| Non ho potuto vederlo perché **stava lavorando**. | *I couldn't see him because he was working (at the moment I arrived and asked to see him).* |
| Voglio entrare. Le zanzare mi **stanno mangiando** vivo. | *I want to go inside. The mosquitoes are eating me alive.* |
| Sulla foto si vede chiaramente che Martina **sta piangendo**. | *On the photo, you can see clearly that Martina is crying.* |

The future progressive tense usually expresses probability or conjecture.

| | |
|---|---|
| Cosa **starà cercando** quella donna? | *What do you think that woman is looking for?* |
| Fai presto! Gli amici ci **staranno aspettando**! | *Hurry up! Our friends are probably waiting for us!* |

Note the following cases, where English uses the progressive but Italian uses the simple present.

- To refer to future time

  La settimana prossima **non lavoro**.          *I'm not working next week.*

- To express past actions that continue into the present

  **Lui dorme** da tre ore.          *He's been sleeping for three hours.*

- To express a state rather than an action

  **Rimangono** a casa.          *They are staying home.*
  **Abitiamo** in un appartamento.          *We are living in an apartment.*

**F**  *Il palazzo e i suoi segreti.* Immagina di essere invisibile e di poter vedere quello che stanno facendo in questo momento gli altri inquilini del palazzo dove abiti. In ogni frase trasforma il presente semplice in presente progressivo, come nell'esempio.

ESEMPIO  Paola, la signora del terzo piano, cuce (*sews*).
→ Paola, la signora del terzo piano, sta cucendo.

**La vita urbana**
l' **appartamento accanto**  *the apartment next door*
il **coinquilino**  *roommate*
il **condominio**  *apartment building*
l' **inquilino**  *tenant*
il **palazzo**  *apartment building*
il **piano**  *floor, story*
   il **piano di sopra**  *floor above*
   il **pianoterra/pianterreno**  *ground floor* (first floor in the United States)
   il **primo piano**  *first floor* (second floor in the United States)
   l'**ultimo piano**  *top floor*
il **portinaio**  *doorman*
  **smistare la posta**  *to sort the mail*

1. Franco, il ragazzo dell'appartamento accanto, studia.
2. Agnese, la ragazza del piano di sopra, fa il bagno a Luca, il suo bambino.
3. I bambini dell'appartamento 1B giocano a nascondino (*hide and seek*).
4. Tu e il tuo coinquilino pulite l'appartamento.
5. Il portinaio smista la posta.
6. Azzurra e Giovanna, le sorelle del primo piano, preparano la cena.
7. Sara, la studentessa del secondo piano, scrive un saggio (*research paper*).
8. Il signore anziano dell'ultimo piano legge il giornale.
9. La famiglia che vive a pianoterra cena.
10. Io spio (*spy on*) tutti.

---

### NOTA CULTURALE

**Casa dolce casa**

Ci sono molti tipi di abitazioni in Italia, dal monolocale (*studio apartment*) al bilocale (*two-room apartment*), dall'appartamento alla casa bifamiliare (*two-family house*), dalla casa unifamiliare (*single-family house*) alla villa. Nelle zone rurali ci sono ville e casali (*farmhouses*), mentre nelle zone urbane è più facile vedere palazzi e condomini. In molte città e paesi italiani c'è un centro storico con abitazioni non molto grandi ma ricche di fascino. Gli italiani si legano spesso ai loro luoghi e tendono ad abitare nella stessa casa per molto tempo e a volte per tutta la vita, anche se negli ultimi decenni il numero degli italiani che cambia casa e/o città è aumentato.

**G** *Le buone maniere.* *Dato che indicare* (to point one's finger) *gli altri non è educato, descrivi ciò che fanno queste persone utilizzando il presente progressivo e la congiunzione* **che.**

ESEMPIO  Chi è Laura?   la ragazza / suonare / l'arpa
→ Laura è la ragazza che sta suonando l'arpa.

1. Chi è Patrizia?   la signora / chiacchierare / con tutti

2. Chi sono i tuoi zii?   la coppia / bere / lo spumante

3. Chi è il Professor Vettori?   l'uomo / leggere / la *Divina Commedia*

4. Chi sono i genitori di Gianluca?   la signora e il signore / ballare

5. Chi è il tuo capo?   il signore / fumare la pipa

6. Chi sono i tuoi vicini?   i signori anziani / portare a spasso il cane (*walk the dog*)

7. Chi è il sindaco (*mayor*)?   il signore / parlare al microfono

8. Chi è il tuo medico?   l'uomo / mettersi / il camice bianco

**H** *L'indagine.* *Il commissario Ingravalli sta indagando su un furto avvenuto ieri notte nel tuo appartamento. Rispondi alle sue domande sugli altri inquilini trasformando l'infinito del verbo nella forma progressiva.*

ESEMPIO  Che faceva Lei ieri a mezzanotte?   io / scrivere un'e-mail
→ Stavo scrivendo un'e-mail.

1. Dove stava il ragazzo della porta accanto?   lui / tornare a casa

2. Che facevano i due fratelli che abitano al piano di sopra?   loro / guardare la TV

3. Che faceva Sua moglie?   mia moglie / leggere un libro

4. Che facevano i Suoi figli?   i miei figli / dormire

5. Che faceva Sua suocera?   mia suocera / giocare a carte con la vicina

6. Dove stava il portinaio?   lui / spazzare il cortile (*courtyard*)

7. Che faceva la signora del piano di sotto?   lei / parlare al telefono

8. Che faceva il Suo cane?   lui / mangiare

| NOTA CULTURALE |

**Le forze dell'ordine (*law enforcement*) in Italia**
In Italia ci sono cinque forze di polizia (*police forces*): la Polizia di Stato (*civilian national police*), l'Arma dei Carabinieri (*national gendarmerie*), la Guardia di Finanza (*customs, border, and financial police*), la Polizia Penitenziaria (*prison guards*) e il Corpo Forestale dello Stato (*national forestry department*). Molto importante è anche il Corpo Nazionale dei Vigili del Fuoco (*national fire department*). La principale differenza tra poliziotti (*policemen*) e carabinieri è che la Polizia di Stato è un corpo civile (*civilian police force*), mentre l'Arma dei Carabinieri è un corpo militare (*military police force*). La parola "carabiniere" deriva da "carabina", un fucile (*rifle*) di precisione.

## Other Uses of the Gerund

The gerund is often used to replace a clause. When it does, its subject is the same as the subject of the main verb.

| | |
|---|---|
| Sono caduto **scendendo** le scale. | *I fell coming down the stairs.* |
| È possibile divertirsi **spendendo** meno. | *You can have a good time and spend less.* |

An Italian sentence such as **Ti ho visto entrando nel bar** therefore can only mean *I saw you when I was going into the café*—not *I saw you when you were going into the café*.

The gerund can serve several functions in a sentence. It can

- Express the means by which something is done

| | |
|---|---|
| **Lavorando sodo**, hanno sconfitto la concorrenza. | *They beat the competition **by working hard**.* |
| **Aumentando la produttività**, si abbattono i costi del prodotto. | ***By increasing productivity**, the costs of the product are lowered.* |
| **Alzandomi presto la mattina**, ho più tempo per studiare. | ***By getting up early**, I have more time to study.* |

- Express the circumstances surrounding the action of the main verb

| | |
|---|---|
| Non puoi studiare **pensando ad altro**. | *You can't study **thinking of other things**.* |
| Aveva imparato il tedesco **lavorando a Berlino**. | *He had learned German **(while) working in Berlin**.* |
| **Pur provando soluzioni diverse**, non riesco a risolvere questo problema. | ***Although I try different solutions**, I can't solve this problem.* |

- Replace an *if*-clause

| | |
|---|---|
| **Parlando bene l'italiano**, potrai lavorare in Italia. | ***If you speak Italian well**, you'll be able to work in Italy.* |

- Express the cause of the action of the main clause

| | |
|---|---|
| **Facendo una ginnastica regolare**, è dimagrita molto. | ***By doing regular exercise**, she got a lot thinner.* |

Note that these categories of meaning overlap. Cause and means are often difficult to distinguish from each other, and both seem to overlap with the circumstances surrounding an action.

**I**    *Sbagliando s'impara.*   *Trasforma le frasi seguenti utilizzando il gerundio, come nell'esempio.*

     ESEMPIO    Se tutti sono d'accordo, potranno iniziare il lavoro.
            → Essendo tutti d'accordo, potranno iniziare il lavoro.

1. Dato che (io) sono in anticipo, prendo i posti sul treno.

2. Mentre (lui) scendeva le scale, Fausto è caduto e si è fatto male.

3. Quando (io) mi lavo i capelli, mi accorgo che ne perdo molti.

4. Mentre (loro) tornavano a casa, Lisa e i suoi figli hanno visto un incidente.

5. Dato che (noi) viviamo in Italia, mangiamo spesso la pasta fatta in casa.

6. Se (voi) mangiate sano e fate esercizio fisico, vi sentirete meglio.

7. Mentre (io) riordinavo la mia stanza, ho trovato l'anello che mi avevi regalato.

8. Dato che (io) lavoro di notte, dormo molto durante il giorno.

9. Dato che (lei) viaggia molto, Vittoria ha occasione di provare una grande varietà di cibi.

10. Mentre (lui) pensava a Giulietta, Romeo era felice.

# The Passive Voice

## Formation of the Passive Voice

The passive voice in Italian is formed similarly to the passive voice in English. It consists of a form of **essere** plus the past participle, which agrees in gender and number with the subject of the sentence.

The passive voice serves to remove the focus from the performer of the action to the action itself and to the person or thing undergoing the action. To understand this, it is helpful to relate passive sentences to their corresponding active sentences.

In the examples below, note that the direct object of the active sentence becomes the subject of the passive sentence. The performer of the action (usually the subject of the active sentence) can be included as the *agent* in a prepositional phrase beginning with **da**.

| ACTIVE VOICE | PASSIVE VOICE |
| --- | --- |
| Max ha riparato la macchina. *Max repaired the car.* | La macchina è stata riparata da Max. *The car was repaired by Max.* |
| I miei genitori venderanno i mobili. *My parents will sell the furniture.* | I mobili saranno venduti dai miei genitori. *The furniture will be sold by my parents.* |
| Il governo ha proibito le manifestazioni. *The government forbade demonstrations.* | Le manifestazioni sono state proibite dal governo. *Demonstrations were forbidden by the government.* |

The performer of the action in passive sentences can also be focused on, especially when the speaker desires to make a contrast.

| La macchina è stata riparata da Max, non da noi. | *The car was repaired by Max, not by us.* |
| --- | --- |

The passive voice can also be formed with the verbs **venire** and **andare** in place of **essere**.

- The simple tenses of **venire** (but not the compound tenses) can be used to form the passive, with much the same meaning as the passive formed with **essere**.

| Come **viene montato** questo giocattolo? | *How is this toy assembled?* |
| --- | --- |
| Durante le tempeste di neve, le strade più pericolose **vengono chiuse** dalla polizia. | *During snowstorms, the most dangerous roads are closed by the police.* |

In quelle elezioni i voti **venivano comprati**.

*In those elections, the votes were bought.*

- The passive formed with **andare** adds the implication of *should be done* or *should not be done*. The present tense is most commonly used in passives with **andare**. An agent phrase beginning with **da** is not used when **andare** is the auxiliary verb in passive constructions.

Un cane **non va** mai **picchiato**.
Questa carne **va cotta** a fuoco lento.
I colpevoli **vanno condannati** per quello che hanno fatto.

*A dog should never be beaten.*
*This meat should be cooked over a low flame.*
*The guilty should be sentenced for what they have done.*

 **Dal meccanico.** *Il Signor Frezza ha regalato una macchina al figlio Antonio per la sua laurea imminente. Purtroppo due settimane fa, mentre andava all'università, Antonio ha fatto un incidente. Lui sta bene, ma la macchina è stata portata dal meccanico. Trasforma le seguenti frasi alla forma passiva usando il verbo tra parentesi.*

ESEMPIO   Le gomme sono bucate. (cambiare)
→ Le gomme sono state cambiate.

**Per riparare una macchina**

**accendere** *to turn on*
**aggiustare** *to fix*
**ammaccare** *to dent*
la **carrozzeria** *car body*
il **cofano** *hood*
i **fari** *headlights*
il **finestrino** *car window*
la **frizione** *clutch*
il **parabrezza** *windshield*
il **parafango** *fender*
la **portiera anteriore/posteriore** *front/rear door*
**raddrizzare** *to straighten*
**rifare** *to repair*
la **ruota** *wheel*
**sostituire** *to substitute, change*
**spaccato** *cracked*
**staccare** *to detach, remove*
**storto** *crooked*
la **targa** *license plate*

1. La carrozzeria era ammaccata. (rifare)

2. Il finestrino era rotto. (cambiare)

3. La frizione non funzionava più. (aggiustare)

4. La portiera anteriore era staccata. (riattaccare)

5. I fari non si accendevano più. (installare)

6. Le ruote erano storte. (raddrizzare)

7. La targa era sporca. (pulire)

8. Il parafango era spaccato. (sostituire)

## NOTA LINGUISTICA

Quando un'automobile si spegne improvvisamente, specialmente a causa di un guasto elettrico, in italiano si usa l'espressione "il motore / la macchina è in panne". L'espressione deriva dal francese marinaresco *être en panne* che significa "essere in difficoltà". Ci sono molte altre parole francesi che si usano ogni giorno in italiano, ad esempio *moquette* (carpet), *souvenir*, *dépliant* (brochure), *papillon* (bow tie) e *peluche* (teddy bear). La lingua italiana "prende in prestito" molte parole straniere dal francese, ma anche dall'inglese e un po' dallo spagnolo. Per quanto riguarda le parole inglesi, ce ne sono moltissime nel mondo dell'informatica, anche se molte volte gli italiani usano una versione italianizzata delle parole inglesi. Basta pensare a: *chattare, bloggare, cliccare, formattare, postare, taggare,* ecc.

**B**   *Punti di vista. Trasforma le seguenti frasi dalla forma passiva alla forma attiva mantenendo lo stesso tempo verbale.*

ESEMPIO   La professoressa di italiano è ammirata da tutti.
     → Tutti ammirano la professoressa di italiano.

1. La festa di Santa Rosa sarà celebrata da tutta la città.*
2. Il concerto poteva essere ascoltato da molti.
3. Da chi è stata scritta la *Divina Commedia*?
4. La migliore attrice è stata premiata dalla giuria.
5. Il contratto dovrebbe essere firmato dal datore di lavoro (*employer*).
6. Il colpevole è stato individuato dalla vittima.
7. Molte parole straniere sono usate dagli italiani.
8. Il matrimonio sarà festeggiato dalle famiglie e da alcuni amici.
9. In passato i denti erano curati dai barbieri.
10. *La Gioconda (Mona Lisa)* fu dipinta da Leonardo Da Vinci.

**C**   *Mamma mia quante scadenze* (**deadlines**)*! Il preside del liceo linguistico ha molti impegni questo semestre. Trasforma le frasi seguenti alla forma passiva al futuro per descrivere tutto quello che lui deve fare. Fai attenzione alla concordanza!*

ESEMPIO   assumere nuovi insegnanti
     → Nuovi insegnanti saranno assunti.

1. selezionare un nuovo lettore (*lecturer*) di inglese
2. licenziare la segretaria

*Santa Rosa is the patron saint of Viterbo, an Italian city in the northern part of the Lazio region, located near the border of Tuscany. Every five years, a 30-meter-high tower is built (**la macchina di Santa Rosa**), and on her day, September 3, one hundred men carry the huge structure through the medieval center of town.

3. ridipingere tutte le aule

4. tagliare il pratino (*mow the lawn*)

5. presentare le nuove liste dei libri

6. acquistare i nuovi computer per il laboratorio linguistico

7. firmare le pagelle (*school report cards*)

8. organizzare le riunioni genitori-insegnanti (*parent-teacher conferences*)

9. informare i genitori di Gabriele Rossi della sospensione

10. dare lo stipendio agli insegnanti

**D** *Al centro per l'impiego* (**At the employment agency**). *Riscrivi le frasi seguenti alla forma passiva con il verbo* **venire** *per scoprire cosa succede al centro per l'impiego. Mantieni lo stesso tempo verbale nella frase da trasformare.*

ESEMPIO    La segretaria apre l'ufficio alle otto.
→ L'ufficio viene aperto dalla segretaria alle otto.

**Cercare un lavoro**

l' **azienda privata** *private firm*
l' **azienda pubblica** *state-owned company*
il **colloquio** *job interview*
il **disoccupato** *unemployed person*
l' **elenco anagrafico** *personal database*
l' **offerta di lavoro** *job offer*
il **patto di servizio** *service contract*
    **prescelto** *selected, chosen*
la **scheda personale** *personal file*
il **sistema informativo** *data storage*

1. Le persone che cercano lavoro firmano il patto di servizio.

2. La segretaria mette i loro dati in un elenco anagrafico.

3. L'ufficio inserisce la scheda personale del disoccupato nel sistema informativo.

4. Le aziende pubbliche e private consultano il sistema.

5. Le aziende selezionano e scelgono i candidati.

6. Le aziende contattano il candidato prescelto.

7. I centri per l'impiego garantiscono un colloquio o un'offerta di lavoro entro (*within*) sei mesi.

8. Le persone interessate contattano il centro per l'impiego più vicino.

# Other Constructions with Passive Meaning

Although Italian uses the passive voice more frequently than French or Spanish, it is more common in formal language than in colloquial speech. Italian has several other ways to shift the focus from the performer of the action to the action itself or to the object.

- A third-person plural verb form can be used to remove the performer of the action from the sentence and thus focus the listener's attention on the action of the verb. English *they* can accomplish the same function as long as it is not stressed.

| | |
|---|---|
| Qui **vendono** tutto a buon prezzo. | *Here everything is sold at a good price.* |
| **Costruiscono** molte case nel centro città. | *They're building many houses downtown.* |

- The **tu** form of the verb can be used in informal speech to remove the performer of the action from the sentence. Unstressed English *you* (often pronounced *yuh* in casual speech) is used in the same way.

| | |
|---|---|
| Se **lavori** a casa su Internet, **sei** il padrone del tuo tempo. | *If you work at home on the Internet, you're the master of your own time.* |
| Per essere sicuro prima di comprare un libro, prima **sfogli** il libro e poi lo **compri**. | *To be sure before you buy a book, first you skim through the book and then you buy it.* |

- Italian **la gente**, like English *people*, can be used as a vague, nonspecific subject that removes the focus from the performer of the action. **La gente** takes a verb in the third person singular.

| | |
|---|---|
| Qui **la gente** lavora sodo. | *Here people work hard.* |
| In questa città **la gente** parla tre lingue. | *In this city, three languages are spoken.* |

- Italian uses **uno** as the subject of a verb to remove the focus from the performer of the action. English *one* can be used in the same way.

| | |
|---|---|
| **Uno** non può pensare bene se non ha mangiato bene. | *You can't think well if you haven't eaten well.* |

- Italian uses a construction consisting of **si** plus a verb in the third person singular or plural to remove the focus from the performer of the action. Although the meaning of these constructions resembles that of the passive voice, the agent phrase cannot be used with them. The verb is either singular or plural, depending on the grammatical subject of the sentence.

| | |
|---|---|
| In questo paese **si rispettano** le tradizioni. | *In this country, traditions are respected.* |
| **Si beve** vino con i pasti. | *Wine is drunk with meals.* |
| Non **si sapeva** la causa del disastro. | *The cause of the disaster was not known.* |
| I libri di questo autore **si leggono** molto. | *This author's books are widely read.* |
| In Italia **si producono** molti formaggi. | *Many cheeses are produced in Italy.* |
| **Si sono consegnate** le medaglie d'onore. | *The medals of honor were awarded.* |
| È il giornale che più **si legge**. | *It's the paper that is read the most.* |

| | |
|---|---|
| Questa marca di automobile **si vende** molto. | *This make of car is a big seller.* |
| Prima **si studiava** sempre il latino. | *People always used to study Latin.* |
| Le cose **si apprezzano** quando **si perdono**. | *Things are valued when they are no longer available.* |
| Quando **si sono mandati** gli inviti? | *When were the invitations sent?* |
| I rifiuti **si mettono** nella pattumiera. | *You put the garbage in the garbage can.* |
| **Si utilizzano** varie operazioni algebriche. | *One uses a variety of algebraic operations.* |

In advertisements, **si** may be attached to the verb.

| | |
|---|---|
| **Vendesi** terreno. | *Tract of land for sale.* |
| **Affittasi** appartamento. | *Apartment for rent.* |

As further evidence of the reinterpretation of the **si** construction, a plural noun often follows a singular verb when **si** is attached.

| | |
|---|---|
| **Cercasi** traduttori. | *Translators sought.* |
| **Comprasi** libri. | *Books bought.* |
| **Regalasi** gattini. | *Free kittens.* |

Although technically incorrect, this construction is not uncommon.

The **si** construction can also be used with intransitive verbs. In this case, the verb is always third person singular.

| | |
|---|---|
| Come **si esce** da questa crisi? | *How does one get out of this crisis?* |
| Come **si entra** nel conservatorio? | *How do you get into the conservatory?* |

Past participles of these verbs, as well as adjectives used with **si è**, are in the masculine plural.

| | |
|---|---|
| Perché **si è partiti** così presto? | *Why did people leave so early?* |
| Dopo il lavoro nel giardino **si è stanchi**. | *After working in the garden, you are tired.* |

**E**    *La forma impersonale. Trasforma le frasi dalla prima persona plurale **noi** alla forma impersonale con **si** come nell'esempio.*

ESEMPIO    Dobbiamo avere pazienza.
           → Si deve avere pazienza.

1. Quando andiamo a Napoli, mangiamo la vera pizza.

2. In questa città viviamo bene.

3. Come facciamo ad arrivare in tempo?

4. Per fare il tiramisù aggiungiamo il mascarpone.

5. Non sappiamo chi sarà il prossimo presidente.

6. Per arrivare a Orvieto prendiamo l'autostrada.

7. In Italia mangiamo l'insalata per contorno.

8. In Spagna ceniamo molto tardi.

**F**  **Tu, loro, uno e la gente.** *Trasforma le seguenti frasi dal si impersonale alla forma impersonale con* **tu, loro, uno** *o* **la gente,** *secondo l'indicazione tra parentesi.*

ESEMPIO    Quando si è stanchi, non si può studiare. (uno)
→ Quando uno è stanco, non può studiare.

1. In questo paese si lavora moltissimo. (la gente)

2. Se non si supera l'esame di guida, si può riprovare dopo un mese. (tu)

3. In Italia si mangia bene. (uno)

4. Si dice che presto nevicherà. (loro)

5. Si è mangiato e bevuto molto al matrimonio. (la gente)

6. Se solo si potesse dire sempre la verità! (uno)

7. Se si mangiano dolci prima di andare a letto, non si dorme bene. (tu)

8. Quando si viaggia, si spendono molti soldi. (uno)

**G**  **Gli annunci sul giornale.** *Scrivi frasi attaccando la particella pronominale* **si** *alla terza persona singolare o plurale secondo il caso.*

ESEMPI    Si affitta monolocale (*studio apartment*).
→ Affittasi monolocale.
Si offrono servizi di traslochi e trasporti.
→ Offronsi servizi di traslochi e trasporti.

1. Si cercano autisti (*chauffeurs*).

2. Si vende villa con piscina.

3. Si cerca personale a tempo pieno. (*Full-time help wanted.*)

4. Si acquistano vecchi mobili.

5. Si cercano traduttori.

6. Si vendono appartamenti.

7. Si cede attività.

8. Si regalano cuccioli (*puppies*).

**H**  **Si costruzione.** *Utilizza gli elementi dati per formare una frase con* **si** + *verbo.*

ESEMPIO    questi prodotti / comprare dappertutto
→ Questi prodotti si comprano dappertutto.

1. questo articolo / vendere nei migliori negozi

2. la nuova università / inaugurare domani

3. gli assegni / non accettare

4. la partita di calcio / guardare la domenica con gli amici

5. questa lingua / imparare facilmente

6. queste cose / pagare a caro prezzo

7. i compiti / fare prima di cena

8. le leggi / rispettare

9. un appartamento ammobiliato / non trovare facilmente

10. la macchina in città / non usare molto

# The Infinitive

## The Functions of the Infinitive

The infinitive in Italian is the citation form of the verb; it is used, for example, in dictionary listings. The infinitive functions as a verbal noun and can therefore serve as the subject or object of a verb.

### Used as a Subject

| | |
|---|---|
| **Aspettare** è difficile. | *It's hard to wait.* |
| Mi piace **giocare** a tennis. | *I like to play tennis.* |
| Senza il gioco di squadra, **vincere** risulta impossibile. | *Without teamwork, winning is impossible.* |
| **Fumare** è nocivo alla salute. | *Smoking is harmful to your health.* |
| **Vivere bene** è la miglior vendetta. | *The best revenge is living well.* |

The infinitive may be used with a definite article or another determiner.

| | |
|---|---|
| Con **l'avvicinarsi** dell'autunno, le famiglie si preparano per il nuovo anno scolastico. | *With the approach of autumn, families are getting ready for the new school year.* |
| in **un batter** d'occhio | *in the twinkling of an eye* |
| **Quel mio sentirmi** sempre fuori posto è scomparso. | *My always feeling out of place has vanished.* |

NOTE The English equivalent of the Italian infinitive in most of the sentences above is the *-ing* form of the verb.

### Used as an Object

The infinitive in Italian often serves as the object, or complement, of a verb. As such, it may follow the verb directly or be connected to it by a preposition.

### Verb + Infinitive

The following verbs are followed directly by an infinitive. In the lists below, **fare qlco** stands for any infinitive phrase.

**amare fare qlco**  *to love to do something*
**desiderare fare qlco**  *to want to do something*
**detestare fare qlco**  *to hate to do something*
**dovere fare qlco**  *to have to do something, ought to do something*
**intendere fare qlco**  *to intend to do something*
**osare fare qlco**  *to dare to do something*
**potere fare qlco**  *to be able to do something, can do something*
**preferire fare qlco**  *to prefer to do something*
**sapere fare qlco**  *to know how to do something*
**volere fare qlco**  *to want to do something*

| | |
|---|---|
| —Quando **intendi partire**? A febbraio? | *When do you intend to leave (on vacation)? In February?* |
| —No. **Detesto viaggiare** in inverno. | *No. I hate traveling in the winter.* |
| —Allora **devi andare** in vacanza in estate. | *You should go on vacation in the summer then.* |
| —**Preferisco partire** in primavera. | *I prefer to go (on vacation) in the spring.* |

**Lasciare** appears in this construction with a direct object.

**lasciare qlcu fare qlco**  *to let someone do something*

Some verbal expressions with an indirect object of the person are followed directly by an infinitive. Any indirect object may be substituted for **mi** in the following list.

**mi basta fare qlco**  *it's enough for me to do something*
**mi conviene fare qlco**  *it's good/appropriate for me to do something*
**non mi dispiace fare qlco**  *I don't mind doing something.*
**mi infastidisce fare qlco**  *I get irritated doing something*
**mi interessa fare qlco**  *I'm interested in doing something*
**mi piace fare qlco**  *I like to do something*
**mi secca fare qlco**  *I hate/dislike doing something*
**mi spetta fare qlco**  *it is my responsibility to do something*

| | |
|---|---|
| **Mi piace sciare** in inverno. | *I like to ski in the winter.* |
| **Ci dispiace disturbarti.** | *We are sorry to bother you.* |
| **Non mi dispiace vivere** in centro. | *I don't mind living downtown.* |

Some of these verbs often occur without an indirect object.

| | |
|---|---|
| **Basta guardarlo** per capire il problema. | *All you have to do is look at him to understand the problem.* |

The following impersonal expressions are followed directly by the infinitive.

**bisogna fare qlco**  *it's necessary to do something*
**occorre fare qlco**  *we/you/they have to do something, something must be done*

Verbs of perception are followed directly by an infinitive complement.

| | |
|---|---|
| **Ho sentito** Gianna **cantare.** | *I heard Gianna singing.* |
| **Vidi** i soldati **tornare** dopo la guerra. | *I saw the soldiers return after the war.* |

**A**    *Le feste italiane. Esercitati riscrivendo le frasi con la costruzione verbo + infinito usando i verbi tra parentesi. Scoprirai così come la famiglia Girardi trascorre l'anno.*

ESEMPIO    La famiglia Girardi resta a casa il giorno di Natale. (preferire)
→ La famiglia Girardi preferisce restare a casa il giorno di Natale.

### Le festività degli italiani

**il primo gennaio**    Capodanno, il primo giorno dell'anno. Molti italiani vanno a concerti, a teatro o al cinema.

**il 6 gennaio**    L'Epifania è una festa cristiana che ricorda il giorno in cui i re magi portarono in dono a Gesù bambino oro, incenso e mirra. In Italia si festeggia la Befana, una vecchia brutta ma buona, che porta caramelle e regali ai bambini buoni e carbone (*coal candy*) ai bambini cattivi.

**il 14 febbraio**    Il giorno di San Valentino. Il giorno degli innamorati prende il nome dal vescovo e martire cristiano Valentino da Terni, in Umbria. In questo giorno gli innamorati si scambiano regali.

**il Carnevale**    Un periodo di festa tra febbraio e marzo in cui gli italiani vanno a feste e balli in maschera. In molte città italiane ci sono sfilate di carri allegorici (*Mardi Gras parades with floats*).

**la Pasqua**    Una festività religiosa che ricorda la risurrezione di Gesù, celebrata a marzo o aprile. I bambini italiani ricevono delle uova di cioccolato in regalo, con dentro una sorpresa.

**il lunedì di Pasqua**    La Pasquetta. In Italia si fanno scampagnate (*outings to the country*) e si passa la giornata mangiando con la famiglia e con gli amici.

**il 25 aprile**    L'anniversario della liberazione d'Italia. Si celebra la fine dell'occupazione nazi-fascista, avvenuta il 25 aprile 1945, al termine della seconda guerra mondiale. In molte città italiane si organizzano manifestazioni e cortei (*processions*) per ricordare l'evento.

**il primo maggio**    La festa del lavoro. A Roma si organizza un concerto a cui partecipano migliaia di persone.

**il 2 giugno**    La festa della Repubblica Italiana. Si celebra la nascita della Repubblica Italiana, e si ricorda quando, il 2 e il 3 giugno 1946, ci fu un referendum istituzionale durante il quale gli italiani scelsero la repubblica invece della monarchia.

**il 15 agosto**    Ferragosto. Nella religione cattolica si festeggia l'Assunzione di Maria in cielo. La parola "Ferragosto" deriva dalle *feriae Augusti,* il riposo di Augusto, una festività decisa dall'imperatore romano per celebrare il periodo del raccolto (*harvest*). In questo giorno tantissimi italiani vanno al mare o fanno scampagnate.

**il primo novembre**    Tutti i Santi (nota anche come Ognissanti). Il 2 novembre è il giorno di tutti i morti e molti italiani vanno al cimitero a portare fiori ai loro cari (*dear ones*).

**il 24 dicembre**    La Vigilia di Natale. Si cena con famiglia e parenti (in molte regioni italiane non si mangia carne, bensì piatti a base di pesce) e a mezzanotte si va alla messa di Natale. Con la Messa di Mezzanotte si chiude l'avvento, cioè l'attesa, e iniziano i festeggiamenti di Natale. Alcune famiglie italiane si scambiano doni la sera della Vigilia, altre aspettano la mattina di Natale per aprire i regali.

**il 25 dicembre**    Il giorno di Natale. Di solito si pranza con la famiglia e nel pomeriggio si vanno a trovare parenti e amici. Anche il 26 dicembre, il giorno di Santo Stefano, è un giorno festivo.

| il 31 dicembre | L'ultimo giorno dell'anno (San Silvestro). Molti italiani vanno al ristorante per il "cenone" (grande cena) e nei locali a festeggiare. Le lenticchie (*lentils*) sono uno dei piatti tipici del cenone e si mangiano come auspicio di ricchezza per l'anno nuovo. Dopo cena, si aspetta la mezzanotte per brindare al nuovo anno e per vedere i fuochi d'artificio. |
|---|---|

1. I Girardi dormono fino a tardi il primo giorno dell'anno. (potere)

2. Per l'Epifania Luigi e Graziella portano Pietro e Alice a piazza Navona a Roma per vedere la Befana. (amare)

3. Alice si veste da principessa a Carnevale. (volere)

4. Nonna Selene cucina l'agnello e le patate al forno per il pranzo di Pasqua. (dovere)

5. A Pasquetta Pietro va al lago con gli amici. (preferire)

6. Il primo maggio gli italiani non lavorano. (dovere)

7. Quest'anno per Ferragosto la famiglia Girardi fa una vacanza all'estero. (desiderare)

8. Nonna Selene mette dei fiori sulla tomba di nonno Renzo il 2 novembre. (intendere)

9. Alice non mangia pesce la vigilia di Natale perché è allergica. (potere)

10. Il 31 dicembre i Girardi guardano i fuochi d'artificio. (desiderare)

## Verb + a + Infinitive

The following verbs are connected by the preposition **a** to a following infinitive.

**abituarsi a fare qlco**  *to get used to / become accustomed to doing something*
**affrettarsi a fare qlco**  *to hurry/rush to do something*
**annoiarsi a fare qlco**  *to get bored doing something*
**cominciare a fare qlco**  *to begin to do something*
**continuare a fare qlco**  *to continue / keep on doing something*
**divertirsi a fare qlco**  *to enjoy doing something*
**esercitarsi a fare qlco**  *to practice doing something*
**esitare a fare qlco**  *to hesitate to do something*
**fermarsi a fare qlco**  *to stop/pause to do something*
**imparare a fare qlco**  *to learn (how) to do something*
**ingegnarsi a fare qlco**  *to rack one's brains to do something*
**iniziare a fare qlco**  *to begin to do something*
**mettersi a fare qlco**  *to start to do something*
**ostinarsi a fare qlco**  *to insist on / persist in doing something*
**passare il tempo a fare qlco**  *to spend one's time doing something*
**prepararsi a fare qlco**  *to get ready to do something*
**provare a fare qlco**  *to try to do something*
**rassegnarsi a fare qlco**  *to be resigned to do something*
**rinunciare a fare qlco**  *to give up the idea of doing something*
**riuscire a fare qlco**  *to succeed in doing something*
**stentare a fare qlco**  *to find it hard to do something*

Verbs of motion are connected to a following infinitive by the preposition **a**.

> **andare a fare qlco**  *to go to do something*
> **entrare a fare qlco**  *to go inside to do something*
> **salire a fare qlco**  *to go upstairs to do something*
> **scendere a fare qlco**  *to go downstairs to do something*
> **tornare a fare qlco**  *to come back to do something*
> **uscire a fare qlco**  *to go out to do something*
> **venire a fare qlco**  *to come to do something*

| | |
|---|---|
| —Non **riesco a leggere** qui. | *I can't manage to read here.* |
| —Dovresti **salire a studiare**. Sopra non c'è tanto chiasso. | *You should go up to study. There's not so much noise upstairs.* |
| —**Ti sei** già **messo a studiare?** | *Have you already begun studying?* |
| —Sì, ma **stento a capire** la lezione. | *Yes, but I'm having trouble understanding the lesson.* |
| —Giovanni **si ostina a chiacchierare** con i turisti tedeschi. | *Giovanni persists in chatting with the German tourists.* |
| —**Si esercita a parlare** tedesco con loro. | *He's practicing speaking German with them.* |
| —**Riuscirà a cacciare** via tutti i turisti da Roma. | *He'll succeed in chasing all the tourists away from Rome.* |
| —Non esagerare. I turisti **si divertono a parlare** con lui. | *Don't exaggerate. The tourists enjoy speaking with him.* |

The verbs below are connected to a following infinitive by the preposition **a**, but also occur with a direct object. In this list, **qlcu** (**qualcuno**) represents the direct object.

> **aiutare qlcu a fare qlco**  *to help someone do something*
> **condannare qlcu a fare qlco**  *to condemn someone to do something*
> **convincere qlcu a fare qlco**  *to convince someone to do something*
> **costringere qlcu a fare qlco**  *to force someone to do something*
> **forzare qlcu a fare qlco**  *to force someone to do something*
> **incoraggiare qlcu a fare qlco**  *to encourage someone to do something*
> **invitare qlcu a fare qlco**  *to invite someone to do something*
> **obbligare qlcu a fare qlco**  *to oblige someone to do something*
> **persuadere qlcu a fare qlco**  *to persuade someone to do something*
> **spingere qlcu a fare qlco**  *to urge/push someone to do something*

| | |
|---|---|
| —**Ho invitato Marco a mangiare** da me. | *I've invited Marco to eat at my house.* |
| —**Ti aiuterà a preparare** il pranzo. Gli piace molto cucinare. | *He'll help you prepare the meal. He really likes to cook.* |
| —I tuoi genitori **ti incoraggiano a studiare?** | *Are your parents encouraging you to study?* |
| —Incoraggiarmi? **Mi obbligano a iscrivermi** all'università. | *Encourage me? They're forcing me to enroll at the university.* |

Note that **insegnare** *to teach* takes an indirect object in this pattern.

> **insegnare a qlcu a fare qlco**  *to teach someone to do something*

**B**  *Il cenone di Capodanno.* *Rossella vuole organizzare una cena per l'ultimo giorno dell'anno e desidera invitare tutti i suoi amici. Completa le frasi seguenti con la preposizione* **a**, *se necessaria. Se la preposizione non serve, scrivi una X.*

1. Rossella ha passato tutta la giornata _____ preparare la cena di stasera.

2. Ha iniziato _____ cucinare stamattina ed è riuscita _____ finire per le 7:00.

3. Lucia è venuta _____ aiutarla.

4. Rossella sa _____ preparare delle lenticchie (*lentils*) squisite.

5. È stata sua madre che le ha insegnato _____ cucinare.

6. Poi le due amiche si sono affrettate _____ apparecchiare la tavola.

7. Quando gli invitati sono arrivati, hanno voluto _____ brindare (*to drink a toast*) al nuovo anno.

8. Poi dopo il brindisi si sono messi _____ mangiare.

9. Dopo cena sono andati _____ vedere i fuochi d'artificio in piazza.

10. A mezzanotte si sono fatti gli auguri e poi hanno continuato _____ festeggiare fino all'alba.

**C**  *Punti di vista.* *Riscrivi ogni frase usando gli elementi tra parentesi per scoprire le occupazioni e preoccupazioni di un gruppo di studenti.*

ESEMPI   (Voi) uscite. (potere) → Potete uscire.

   (Voi) uscite. (noi / obbligare) → Vi obblighiamo a uscire.

1. Leggiamo un libro a settimana. (il professore / incoraggiare)

2. Faccio i compiti al computer. (preferire)

3. Claudio legge racconti in inglese. (esercitarsi)

4. Gianna e Patrizia studiano chimica. (annoiarsi)

5. Gli studenti organizzano un'assemblea per discutere alcuni problemi. (desiderare)

6. Vincenzo ripassa la lezione di latino. (sua sorella / aiutare)

7. Io e Giacomo facciamo una ricerca sul Barocco. (dovere)

8. Tu prendi brutti voti in algebra. (continuare)

9. Non so se finisco gli esercizi di francese per domani. (riuscire)

10. La professoressa assegna troppi compiti. (ostinarsi)

## Verb + di + Infinitive

Several groups of verbs are connected by the preposition **di** to a following infinitive.

- Verbs and phrases that express belief, doubt, or fear

   **avere paura di fare qlco**  *to be afraid to do something*
   **credere di fare qlco**  *to believe one is doing something*
   **dubitare di fare qlco**  *to doubt that one will do something*

**illudersi di fare qlco**  *to delude oneself into doing something*
**meravigliarsi di fare qlco**  *to be amazed that one is doing something*
**pentirsi di fare qlco**  *to regret doing something*
**rimpiangere di fare qlco**  *to regret doing something*
**rischiare di fare qlco**  *to risk doing something*
**sospettare di fare qlco**  *to suspect one is doing something*
**stancarsi di fare qlco**  *to get tired doing something*
**stupirsi di fare qlco**  *to be astonished that one is doing something*

■ Verbs and phrases that express certainty, affirmation, or opinion

**accettare di fare qlco**  *to recognize that one is doing something*
**accorgersi di fare qlco**  *to realize that one is doing something*
**affermare di fare qlco**  *to affirm that one is doing something*
**ammettere di fare qlco**  *to admit that one is doing something*
**capire di fare qlco**  *to understand that one is doing something*
**confessare di fare qlco**  *to confess that one is doing something*
**credere di fare qlco**  *to believe that one is doing something*
**decidere di fare qlco**  *to decide to do something*
**dire di fare qlco**  *to say that one is doing something*
**fingere di fare qlco**  *to pretend to do something*
**giurare di fare qlco**  *to swear that one is doing something*
**rendersi conto di fare qlco**  *to realize that one is doing something*
**ricordare/ricordarsi di aver fatto qlco**  *to remember having done something*

■ Verbs that express stopping or interrupting an action

**cessare di fare qlco**  *to stop doing something*
**dimenticare di fare qlco**  *to forget to do something*
**evitare di fare qlco**  *to avoid doing something*
**finire di fare qlco**  *to stop doing something*
**smettere di fare qlco**  *to stop doing something*
**stancarsi di fare qlco**  *to get tired of doing something*
**tralasciare di fare qlco**  *to forget to do something, omit doing something*
**trascurare di fare qlco**  *to neglect doing something*

■ Verbs that express hope, intent, promise, or various attitudes toward the action

**aspettare di fare qlco**  *to be waiting to do something*
**augurarsi di fare qlco**  *to hope to do something*
**avere bisogno di fare qlco**  *to need to do something*
**avere fretta di fare qlco**  *to hasten/hurry to do something*
**avere il diritto di fare qlco**  *to have the right to do something*
**avere l'intenzione di fare qlco**  *to intend to do something*
**avere vergogna di fare qlco**  *to be ashamed to do something*
**avere voglia di fare qlco**  *to feel like doing something*
**cercare di fare qlco**  *to try to do something*
**chiedere di fare qlco**  *to ask to do something*
**domandare di fare qlco**  *to ask to do something*

**essere felice/contento/lieto di fare qlco** *to be happy to do something*
**essere in grado di fare qlco** *to be able to do something*
**offrire di fare qlco** *to offer to do something*
**pensare di fare qlco** *to intend/plan to do something*
**promettere di fare qlco** *to promise to do something*
**proporsi di fare qlco** *to make plans / resolve to do something*
**sperare di fare qlco** *to hope to do something*
**tentare di fare qlco** *to attempt to do something*

A group of verbs that use **di** to connect to a following infinitive may take a direct object.

**accusare qlcu di fare qlco** *to accuse someone of doing something*
**implorare qlcu di fare qlco** *to implore someone to do something*
**pregare qlcu di fare qlco** *to request that someone do something*
**supplicare qlcu di fare qlco** *to beg someone to do something*

A group of verbs that use **di** to connect to a following infinitive may take an indirect object.

**chiedere a qlcu di fare qlco** *to ask someone to do something*
**consigliare a qlcu di fare qlco** *to advise someone to do something*
**dire a qlcu di fare qlco** *to tell someone to do something*
**domandare a qlcu di fare qlco** *to ask someone to do something*
**impedire a qlcu di fare qlco** *to prevent someone from doing something*
**ordinare a qlcu di fare qlco** *to order someone to do something*
**perdonare a qlcu di aver fatto qlco** *to forgive someone for having done something*
**permettere a qlcu di fare qlco** *to allow someone to do something*
**proibire a qlcu di fare qlco** *to forbid someone to do something*
**promettere a qlcu di fare qlco** *to promise someone to do something*
**proporre a qlcu di fare qlco** *to suggest to someone to do something*
**rimproverare a qlcu di fare qlco** *to reproach someone for doing something*
**sconsigliare a qlcu di fare qlco** *to advise someone not to do something*
**suggerire a qlcu di fare qlco** *to suggest to someone to do something*

## Verb + Other Prepositions + Infinitive

Other prepositions can follow a few of these verbs before an infinitive, but with a change in meaning. Study the following pairs of contrasting examples.

| | |
|---|---|
| **Comincerà a cercare** lavoro. | *He'll begin to look for work.* |
| **Comincerà col cercare** lavoro. | *He'll begin by looking for work.* |
| **Ha finito di scaricare** il programma. | *He has finished downloading the program.* |
| **Ha finito con lo scaricare** il programma. | *He ended/wound up downloading the program.* |

Some expressions use other prepositions before an infinitive.

**stare per fare qlco** *to be about to do something*

**D** *Inizia a esercitarti.* *Componi ogni frase coniugando il primo infinito al presente.*
*Poi connettilo al secondo infinito con la preposizione* **a** *o* **di**.

ESEMPIO     (io) pensare / fare / un regalo / a mio padre
            → Penso di fare un regalo a mio padre.

1. (io) / accorgersi / non avere / i soldi per l'autobus

2. Loryn / pensare / organizzare una festa / per la sua laurea

3. la nonna / andare / fare la spesa al supermercato

4. noi / avere voglia / andare / al cinema

5. voi / riuscire / finire / scrivere / il saggio / ?

6. cominciare / piovere

7. zio Francesco / smettere / fumare / domani

8. Lisa e Sara / fermarsi / prendere / un caffè / dopo la lezione

9. (io) abituarsi / svegliarmi / presto

10. Giorgio / rendersi conto / essere / il più bravo della classe

**E** *Nuovi amici.* *I tuoi nuovi colleghi di università sono al primo anno di corso e non sanno*
*ancora come funzionano molte cose. Aiutali usando l'espressione* **bisogna** *e gli elementi*
*dati tra parentesi, come nell'esempio.*

ESEMPIO     Marco arriva sempre tardi a lezione. (dire / essere puntuale)
            → Bisogna dirgli di essere puntuale.

1. Alessia e Giada non partecipano durante le lezioni. (persuadere / partecipare di più)

2. I nuovi arrivati non sanno cosa fare questo fine settimana. (proporre / andare in città)

3. Marianna non ripassa mai la lezione di letteratura francese. (dire / studiare di più)

4. Renato si addormenta in classe. (pregare / restare sveglio)

5. Silvia e Massimiliano non vanno d'accordo. (impedire / litigare)

6. Grazia vuole assentarsi il giorno dell'esame. (sconsigliare / farlo)

7. Sofia ha preso in prestito troppi libri dalla biblioteca. (chiedere / restituirli)

8. Ettore e Giovanni vogliono lasciare l'università. (convincere / non smettere)

**F** *Tutto in famiglia.* *I membri della famiglia Serafini si vogliono bene e cercano sempre*
*di aiutarsi e di consigliarsi a vicenda. Usa il vocabolario e i verbi tra parentesi per descrivere*
*le relazioni tra di loro al passato prossimo. Segui l'esempio.*

ESEMPIO     zia Paola / consigliare / suo nipote Franco / andare a letto presto
            → Zia Paola ha consigliato a suo nipote Franco di andare a letto presto.

**La famiglia**

il **padre** *father*
la **madre** *mother*
il **figlio** *son*
la **figlia** *daughter*
il **fratello (più grande/piccolo)** *(older/younger) brother*
la **sorella (più grande/piccola)** *(older/younger) sister*
il **nonno** *grandfather*
la **nonna** *grandmother*
il **nipote** *grandson*
la **nipote** *granddaughter*
lo **zio** *uncle*
la **zia** *aunt*
il **nipote** *nephew*
la **nipote** *niece*
il **cugino** *(male) cousin*
la **cugina** *(female) cousin*
il **suocero** *father-in-law*
la **suocera** *mother-in-law*
i **suoceri** *in-laws*
il **genero** *son-in-law*
la **nuora** *daughter-in-law*
il **cognato** *brother-in-law*
la **cognata** *sister-in-law*
il **compagno della madre** *stepfather*
la **compagna del padre** *stepmother*
il **fratellastro** *stepbrother, half-brother*
la **sorellastra** *stepsister, half-sister*

1. il nonno / convincere / suo nipote Arturo / non lasciare il lavoro

2. Chiara / chiedere / suo padre / comprarle una bicicletta

3. zia Marina / insegnare / i suoi nipoti / usare il computer

4. la nonna / perdonare / sua nipote Elisa / avere dimenticato il suo compleanno

5. i genitori / proibire / la loro figlia Giulietta / uscire con Romeo

6. Giulietta / supplicare / i suoi genitori / cambiare idea

7. Marina / invitare / i suoceri / trascorrere un fine settimana al lago

8. Enzo / rimproverare / i figli / tornare a casa tardi

9. noi / promettere / la compagna di nostro padre / rientrare a casa presto

10. Federica / permettere / la sua sorellastra / giocare con le sue bambole

## NOTA LINGUISTICA

The traditional Italian terms for *stepfather* and *stepmother* are **il patrigno** and **la matrigna**, respectively. However, these are usually replaced by **il compagno della madre** and **la compagna del padre** in contemporary Italian, the original terms having acquired a negative connotation due to the unpleasant characters represented by stepparents in fairy tales.

**G** *Elezioni al liceo.* Sabrina, Angelo e Mirco devono organizzare le elezioni al comitato studentesco (student council), *ma non è facile. Completa le frasi seguenti con le preposizioni mancanti per sapere cosa succede. Se non è necessaria la preposizione, scrivi una X.*

1. Gli studenti si propongono _____ organizzare le elezioni al comitato studentesco.

2. (Loro) si mettono _____ cercare dei candidati.

3. (Loro) intendono _____ tenere le elezioni durante il mese di novembre.

4. Silvia Moretti vuole _____ proporsi come candidata.

5. (Lei) non merita _____ essere eletta.

6. (Noi) incoraggiamo altri studenti _____ presentarsi.

7. Ma (loro) esitano _____ candidarsi.

8. A Mirco interessa molto _____ contribuire ai diritti degli studenti.

9. Se lui decide _____ presentarsi.

10. Si dovrà _____ organizzare la sua campagna.

**H** *Sette giorni a Napoli.* Filippo e i suoi amici trascorrono una settimana a Napoli. *Tutti hanno voglia di fare e di vedere molte cose. Forma delle frasi con gli elementi forniti per scoprire che cosa fanno di bello.*

1. Marica e Davide / uscire / fare spese

2. io / restare / riposare

3. Claudia e Simona / desiderare / visitare i castelli

4. Alessandro e Adriana / preferire / andare a mangiare qualcosa

5. tu e tuo fratello / fermarsi / vedere il Duomo

6. noi / andare / fare una gita a Pompei ed Ercolano

7. Maria Clara / entrare / vedere il Museo Archeologico Nazionale

8. Paola e Carla / andare / fare il bagno al mare

9. Giovanna / salire / cambiarsi

10. voi / divertirsi / osservare la creatività dei napoletani

## NOTA CULTURALE

**Napoli** è una città della regione Campania, situata tra il Vesuvio e l'area vulcanica dei Campi Flegrei. È una città ricca di storia, arte e tradizioni e una tra le più grandi metropoli italiane e mediterranee. Tra le sue ricchezze ricordiamo il grande patrimonio artistico costituito da architetture religiose come il Duomo di Santa Maria Assunta e la Basilica di Santa Chiara, ma anche la Basilica di San Francesco di Paola che si trova in piazza del Plebiscito vicino al Palazzo Reale. Importanti sono anche i castelli che difesero la Napoli antica come il Maschio Angioino, il Castel dell'Ovo e il Castel Sant'Elmo. Vicino a Napoli ci sono i resti di Pompei ed Ercolano, due antiche città che furono distrutte dall'eruzione del Vesuvio nel 79 d.C. (dopo Cristo).

**I**    *Basta impegnarsi.* *Mirco ha avuto difficoltà al liceo quest'anno. Suo zio racconta una conversazione che ha avuto con suo nipote. Traducila in italiano facendo attenzione al legame tra verbo e infinito.*

1. *I have just spoken with Mirco.*

2. *He said he is afraid he will fail the school year* (essere bocciato).

3. *He wants to quit high school.*

4. *He said he feels like working and earning money.*

5. *I told Mirco he is going to regret his decision.*

6. *He is able to get good grades.*

7. *If he commits to studying, he can still pass the classes* (essere promosso).

8. *Unfortunately, he has made up his mind to quit school.*

9. *I intend to speak with Mirco next week.*

10. *I will try again to convince him not to quit school.*

**J**    *Cosa fanno gli studenti dell'ultimo anno di liceo?* *Fai pratica con le preposizioni. Completa ogni frase con le preposizioni corrette. Segui l'esempio.*

     ESEMPIO    Gli studenti iniziano _*a*_ prepararsi per gli esami.

1. Laura non si è ricordata _____ fare i compiti.

2. (Io) spero _____ essere promosso.

3. Annalisa pensa _____ studiare economia dopo il liceo.

4. (Noi) siamo riusciti _____ scrivere un saggio (*paper*) di venti pagine.

5. Ambra e Gianluca hanno dimenticato _____ leggere il capitolo di storia.

6. Ilia e Fabiana si divertono _____ disegnare sui banchi (*desks*).

7. Il Professor Amicucci evita _____ rimproverare gli studenti.

8. Lui dice sempre: "Bisogna imparare _____ sbagliare".

9. Dice anche: "Non rinunciate mai _____ esprimere le vostre opinioni".

10. Gli studenti sono troppo giovani. Esitano _____ capire le sue parole.

## Fare + Infinitive

To express the idea that one person causes another person to do something (*has someone do something, gets someone to do something*), Italian uses the verb **fare** followed by an infinitive. This construction is called the *causative*.

| | |
|---|---|
| —**Hai fatto ridecorare** la tua casa, non è vero? | *You had your house redecorated, didn't you?* |
| —**Ho fatto dipingere** il salotto, nient'altro. | *I had the living room painted, that's all.* |

—La mia macchina è guasta. Non riesco     *My car isn't working. I can't get it to start.*
   a **farla partire**.
—Allora bisogna **farla riparare**.     *Then you have to get it repaired.*

The person who is to perform the action or do the work may appear at the end of the sentence if there is no other object.

La maestra fa cantare **i suoi alunni**.     *The teacher has her students sing.*

If the second verb has a direct object, the person who is to perform the action is preceded by **a**.

La maestra fa cantare **una canzone**     *The teacher has her students sing a song.*
   **ai suoi alunni**.

Other examples:

La guida ha fatto visitare **ai turisti gli**     *The guide had the tourists visit the*
   **scavi** della città etrusca.     *excavation of the Etruscan city.*
Il padre farà fare **i compiti ai suoi figli**.     *The father will make his children do their*
   *homework.*

Both nouns may be replaced by object pronouns.

Farò sapere **la risposta al mio collega**.     *I'll let my colleague know the answer.*
**Gliela** farò sapere.     *I'll let him know (it).*

The past participle **fatto** agrees with a preceding direct object pronoun in the causative.

La macchina è pulita perché **l'ho fatta**     *The car is clean because I had it washed.*
   lavare.
—Vi hanno fatto mandare i dati?     *Did they have the data sent to you?*
—Sì, ce **li** hanno **fatti** mandare.     *Yes, they had it sent to us.*

**Da** is often used instead of **a** before the person who is to perform the action in causative constructions.

Ho fatto stirare le mie camicie **dalla**     *I had my shirts ironed by the maid.*
   **cameriera**.

The preposition **da** always replaces **a** in this construction when there could be confusion about whether the person performed or received the action.

Il sarto ha fatto mandare i vestiti **alla**     *The tailor had the clothes sent to the*
   **commessa**.     *salesclerk. / The tailor had the salesclerk*
   *send the clothes.*

Il sarto ha fatto mandare i vestiti **dalla**     *The tailor had the salesclerk send the clothes.*
   **commessa**.     *(literally, The tailor had the clothes sent*
   *by the salesclerk.)*

This construction may have English equivalents in the passive voice.

| | |
|---|---|
| **Facciamo riparare** la macchina dal meccanico. | *We're having the car repaired by the mechanic.* |
| **Farò rifare** il letto dalla cameriera. | *I'll have the bed made by the maid.* |

**Farsi fare qualcosa** means *to have something made for oneself.* Other infinitives can replace **fare**.

| | |
|---|---|
| **Mi sono fatto fare** due abiti. | *I had two suits made (for myself).* |
| Loro **si sono fatti preparare** un pranzo splendido. | *They had a terrific meal prepared (for themselves).* |

The past participle agrees with a preceding direct object.

| | |
|---|---|
| **Ci siamo fatti** capire in Germania. | *We made ourselves understood in Germany.* |

Note also that there is an imperative of the causative. Object pronouns follow the usual rules for position around the form of **fare**.

- Object pronouns follow the **tu** and **voi** forms of the imperative.

| | |
|---|---|
| La corrispondenza è in disordine. **Falla smistare.** | *The mail is a mess. Have it sorted.* |
| Se volete che i vostri figli vadano all'università, **fateli studiare** a casa. | *If you want your children to go to the university, make them study at home.* |

- Object pronouns precede the **Lei** and **Loro** forms of the imperative.

| | |
|---|---|
| Se si sente male, **si faccia vedere** dal medico. | *If you're feeling sick, get yourself seen by the doctor.* |

**K** *Far fare* **Fanfare.** *Forma frasi con il verbo causativo* **fare** *al presente.*

ESEMPIO   la professoressa / studiare *I promessi sposi* / agli studenti
→ La professoressa fa studiare *I promessi sposi* agli studenti.

1. la mamma / mangiare / gli spinaci / al bambino

2. il marito / cucinare la bistecca / alla moglie

3. la moglie / lavare i piatti / al marito

4. il padre / lavare la macchina / al figlio

5. il ragazzo / prendere la palla / al cane

6. la nonna / buttare l'immondizia / al nipote

7. lo zio / controllare la macchina / al meccanico

8. la zia / cogliere i fiori / alla nipotina

9. i vicini / tagliare il pratino / al giardiniere

10. tu / spedire la lettera / alla postina

**L**    *Dal meccanico.* *Roberto ha comprato una nuova macchina. Purtroppo ieri, mentre andava in ufficio, ha fatto un incidente.*

> ESEMPIO    Le gomme sono bucate. (cambiare)
> → Bisogna farle cambiare.

1. La carrozzeria è ammaccata. (rifare)

2. Il finestrino è rotto. (cambiare)

3. La frizione non funziona più. (aggiustare)

4. La portiera anteriore è staccata. (riattaccare)

5. I fari non si accendono più. (installare)

6. Le ruote sono storte. (raddrizzare)

7. La targa si è sporca. (pulire)

**M**    *Tradurre non è tradire.** *Traduci le seguenti frasi in inglese.*

1. La mamma fa apparecchiare la tavola ai bambini.

2. Il Signor Marini fa tagliare l'albero al giardiniere.

3. Faccio riparare le mie scarpe dal calzolaio.

4. Il direttore fa cantare il coro.

5. La commedia fa ridere la gente.

6. Facciamo cambiare dei dollari in euro.

7. I genitori fanno arrabbiare molti giovani.

8. Faccio scrivere la lettera di referenze al mio professore.

9. Le cipolle fanno piangere il cuoco.

10. La maestra fa dipingere i bambini delle elementari.

---

*A reference to the Italian saying **Traduttore traditore.** *A translator is a traitor to the text he is translating.*

# II

# Nouns and Their Modifiers; Pronouns

<br>

# 13

# Nouns and Articles

## Nouns and Definite and Indefinite Articles

In traditional grammar, a noun is a word that names a person, place, thing, idea, or quality. We can also define a noun by the structures in which it occurs. In Italian, a noun is a word that can be used in the blank slots in constructions such as the following.

il/l'/lo/la/un/uno/una/un'_____ è...
i/gli/le _____ sono...

Nouns appear in noun phrases. A noun phrase may consist of the noun by itself, or (much more commonly) of the noun and words closely associated with it, such as determiners or adjectives. The most common determiners are the definite and indefinite articles. The indefinite article (*a/an* in English) serves to introduce a noun into the discourse (connected speech or writing used to interchange thoughts, ideas, feelings, etc., such as conversation or a written message). The definite article (*the* in English) precedes nouns already introduced into the discourse that the speaker assumes is known to the person he or she is interacting with.

—Volevo dirti che ho comprato **una** macchina.

*I wanted to tell you that I bought a car.*

—Davvero? E dov'è **la** macchina? Vorrei vederla.

*Really? And where is the car? I'd like to see it.*

In Italian, a determiner agrees with the gender and number of the noun it is associated with. Italian has two genders* (masculine and feminine) and two numbers (singular and plural). The articles in Italian vary not only to show gender and number but also change form depending on the beginning sounds of the noun that follows. Here are the basic forms of the definite article in Italian.

|  | MASCULINE | FEMININE |
| --- | --- | --- |
| SINGULAR | **il** treno | **la** macchina |
| PLURAL | **i** treni | **le** macchine |

---

*The term *gender* refers to a class of nouns and is primarily a grammatical classification. The names derive from the fact that most nouns referring to males belong to one category, which we call *masculine,* and most nouns referring to females belong to the other category, which we call *feminine.* All inanimate nouns are either masculine or feminine, and that classification is purely grammatical.

If a masculine or feminine noun begins with a vowel, **il** and **la** become **l'**.

| MASCULINE | FEMININE |
|-----------|----------|
| l'oggetto | l'isola |

In the plural, **l'** before a masculine noun beginning with a vowel becomes **gli**. **L'** before a feminine noun beginning with a vowel has the regular plural form **le**.

    **gli** oggetti    **le** isole

If a masculine noun begins with **s** + consonant (including **sce-** and **sci-**) or **z**, then **il** is replaced by **lo** and plural **i** is replaced by **gli**.*

| SINGULAR | PLURAL |
|----------|--------|
| **lo s**ciopero | **gli s**cioperi |
| **lo s**crittore | **gli s**crittori |
| **lo s**tudio | **gli s**tudi |
| **lo z**aino | **gli z**aini |
| **lo z**io | **gli z**ii |

Feminine nouns beginning with these sounds use the regular definite articles, **la** in the singular and **le** in the plural.

| | |
|---|---|
| **la s**catola | **le s**catole |
| **la s**cena | **le s**cene |
| **la s**ciarpa | **le s**ciarpe |
| **la s**cuola | **le s**cuole |
| **la z**ia | **le z**ie |
| **la z**ucca | **le z**ucche |

In Italian, the indefinite article has fewer forms than the definite article. The indefinite article does not have a plural.

| MASCULINE | FEMININE |
|-----------|----------|
| **un** treno | **una** macchina |

Before a vowel, the feminine indefinite article **una** elides to **un'**.

    **un'**entrata
    **un'**oliva

The masculine indefinite article **un** changes to **uno** before nouns beginning with **s** + consonant (including **sce-** and **sci-**) or **z**.

    **uno s**baglio
    **uno s**cherzo
    **uno s**ciopero
    **uno s**tudio
    **uno z**aino

---

*The articles **lo**, **uno**, and **gli** are also used before nouns beginning in **gn**, **ps**, **pn**, **y**, and **x**; examples are **lo psicologo**, **gli gnocchi**.

The feminine indefinite article does not change before these sounds.

**una sc**elta
**una sch**eda
**una sc**immia
**una sp**eranza
**una z**ucca

**A** *A scuola. Inserisci l'articolo determinativo per ogni sostantivo e poi trasforma il sintagma (la frase) al plurale.*

ESEMPIO    scrivania → la scrivania / le scrivanie

1. penna
2. quaderno
3. matita
4. libro
5. gomma
6. lavagna
7. banco
8. sedia
9. orologio
10. calendario

11. vocabolario
12. biblioteca
13. mensa
14. compito
15. maestra
16. gesso
17. cestino
18. aula
19. cartina
20. zaino

**B** *In città. Inserisci l'articolo indeterminativo per ogni sostantivo.*

ESEMPIO    parco → un parco

1. chiesa
2. farmacia
3. asilo
4. casa
5. palazzo
6. albero
7. scuola
8. stadio
9. edicola
10. zoo

11. fontana
12. banca
13. pizzeria
14. enoteca (*wine shop, wine bar*)
15. ufficio postale
16. piscina
17. biblioteca
18. università
19. monumento
20. parcheggio

## The Plural of Nouns

Italian nouns in the singular end in -a, -e, -i, -o, or -u.

### Nouns ending in -a

Most nouns ending in -a change -a to -e to form the plural.

| SINGULAR | PLURAL |
|----------|--------|
| la casa | le case |
| la lettera | le lettere |
| la matita | le matite |

If the consonant before the ending -a is c or g, an h is added before the plural ending -e to indicate that the c and g represent the sounds /k/ and /g/.

| | |
|---|---|
| l'amica | le amiche |
| la riga | le righe |

Nouns ending in -cia or -gia keep the letter i before the plural ending -e if a vowel precedes the c or g.

| | |
|---|---|
| la camicia | le camicie |

However, if a consonant precedes the c or g, then the i is dropped.

| | |
|---|---|
| la provincia | le province |
| la pioggia | le piogge |

If the i is stressed, it is retained in the plural.

| | |
|---|---|
| la farmacia | le farmacie |
| l'allergia | le allergie |

Some nouns have alternate plural forms. You will encounter both **le ciliegie** and **le ciliege**, as well as both **le valigie** and **le valige**. The form **le camice**, instead of **le camicie**, can also be found.

### Nouns ending in -e

Nouns ending in -e, whether masculine or feminine, form their plural by changing -e to -i.

| | |
|---|---|
| il nome | i nomi |
| la classe | le classi |

### Nouns ending in -o

The largest class of masculine nouns are those ending in -o. The -o changes to -i in the plural.

| | |
|---|---|
| il campo | i campi |
| il gatto | i gatti |
| il lavoro | i lavori |
| il risultato | i risultati |

Nouns ending in **-co** or **-go** form their plural in **-i** if they are stressed on the third-last syllable. The pronunciation of the final consonant of the stem changes.

| | |
|---|---|
| l'equ<u>i</u>voco | **gli** equ<u>i</u>vo**ci** |
| **il** m<u>e</u>dico | **i** m<u>e</u>di**ci** |
| **il** s<u>i</u>ndaco | **i** s<u>i</u>nda**ci** |
| l'asp<u>a</u>rago | **gli** asp<u>a</u>ra**gi** |
| **lo** psic<u>o</u>logo | **gli** psic<u>o</u>lo**gi** |

However, there are exceptions.

| | |
|---|---|
| **il** di<u>a</u>logo | **i** di<u>a</u>lo**ghi** |
| l'<u>o</u>bbligo | **gli** <u>o</u>bbli**ghi** |

Nouns ending in **-co** or **-go** form their plural in **-hi** if they are stressed on the next-to-last syllable; in other words, the stem ends in the same sound in the plural as in the singular.

| | |
|---|---|
| **il** cuoco | **i** cuo**chi** |
| **il** sacco | **i** sac**chi** |
| **il** lago | **i** la**ghi** |
| **il** sugo | **i** su**ghi** |

However, there are many exceptions, such as the following.

| | |
|---|---|
| l'amico | **gli** ami**ci** |
| **il** nemico | **i** nemi**ci** |
| **il** greco | **i** gre**ci** |

Nouns ending in **-io** form their plural in **-i** if the stress falls on the next-to-last syllable.

| | |
|---|---|
| **il** gig**lio** | **i** gig**li** |
| **il** bac**io** | **i** bac**i** |
| l'orolog**io** | **gli** orolog**i** |
| l'opera**io** | **gli** opera**i** |
| **il** ragg**io** | **i** ragg**i** |
| **lo** stud**io** | **gli** stud**i** |

However, if the **i** before the final **-o** is stressed, then the plural ends in **-ii**.

| | |
|---|---|
| **lo** zio | **gli** zii |

## Special Cases

Masculine nouns ending in **-a** form their plural in **-i**.

| | |
|---|---|
| **il** poeta | **i** poeti |
| **il** problema | **i** problemi |

Nouns ending in **-a** that change gender to refer to males or females have a masculine plural in **-i** and a feminine plural in **-e**.

| | |
|---|---|
| **il** turista | **i** turisti |
| **la** turista | **le** turiste |
| **il** musicista | **i** musicisti |
| **la** musicista | **le** musiciste |

Nouns ending in unstressed -**ie** or -**i**, as well as nouns ending in a consonant (usually foreign words) or a stressed vowel, have the same form in the plural as in the singular.

| | |
|---|---|
| **la** serie | **le** serie |
| **la** specie | **le** specie |
| **la** crisi | **le** crisi |
| **il** computer | **i** computer |
| **il** garage | **i** garage |
| **il** leader | **i** leader |
| **il** papillon | **i** papillon* |
| **la** città | **le** città |
| **la** virtù | **le** virtù |
| **il** caffè | **i** caffè |

Note, however, the following important exception.

| | |
|---|---|
| **la** moglie | **le** mogli |

Several nouns have irregular plurals.

| | |
|---|---|
| **l'**ala | **le** ali |
| **l'**arma | **le** armi |
| **il** boia | **i** boia |
| **il** bue | **i** buoi |
| **il** dio | **gli** dei |
| **l'**uomo | **gli** uomini |

Feminine nouns ending in -**o** have the same form in the plural as in the singular. These nouns are usually derived from longer nouns.

| | |
|---|---|
| **la** foto | **le** foto (*from* la fotografia) |
| **la** moto | **le** moto (*from* la motocicletta) |

Note, however, the following important exception.

| | |
|---|---|
| **la** mano | **le** mani |

**C** **Il plurale.** *Trasforma al plurale i seguenti sostantivi e ricorda di cambiare anche l'articolo determinativo.*

ESEMPIO    l'orso → gli orsi

1. l'albergo
2. l'autobus
3. la ciliegia
4. il sociologo
5. la bugia

6. la spiaggia
7. l'ufficio
8. il tè
9. l'autore
10. l'idea

---

*From French **le papillon** *butterfly, bow tie.* Italian uses only the latter meaning.

| | | | |
|---|---|---|---|
| 11. lo specchio | | 16. il laccio | |
| 12. l'esame | | 17. l'affresco | |
| 13. la loggia | | 18. l'ago | |
| 14. la stazione | | 19. la pancia | |
| 15. il catalogo | | 20. l'effigie | |

**D** ***Non due, solo uno.*** *Per ogni domanda rispondi che hai, vuoi o cerchi solo una di queste cose.*

ESEMPIO    Vuoi due caffè? → No, voglio solo un caffè.

1. Hai molti zii?

2. Hai tante pellicce?

3. Cerchi due pneumatici?

4. Vuoi vedere due film?

5. Hai molti colleghi?

6. Il tuo cane ha due cucce?

7. Hai molte moto?

8. Hai tanti amici?

9. Vuoi comprare due stereo?

10. Cerchi due zaini?

## Masculine Nouns with Feminine Plurals

A number of masculine nouns in Italian have plurals in **-a**, which are treated as feminine plurals.

**il** braccio *arm*    **le** braccia

These feminine plurals usually designate a pair of something, and are common with body parts.

| | |
|---|---|
| **il** ciglio *eyelash* | **le** ciglia |
| **il** ginocchio *knee* | **le** ginocchia |
| **il** labbro *lip* | **le** labbra |
| **il** sopracciglio *eyebrow* | **le** sopracciglia |

Occasionally, Italian uses a regular feminine plural for one of these masculine nouns.

**l'**orecchio *ear*    **le** orecchie

Some of these anomalous plurals designate collectives rather than pairs.

| | |
|---|---|
| **il** dito *finger* | **le** dita |
| **l'**osso *bone* | **le** ossa |

Thus, **le dita** refers to one's ten fingers. **Le ossa** refers to the skeleton of the body or the group of bones in a particular part of the body.

| | |
|---|---|
| Il pianista ha **le dita lunghe**. | *The pianist has long fingers.* |
| Sento il freddo **nelle ossa**. | *I feel the cold in my bones.* |

Most of these nouns have regular masculine plurals that are used when the noun is counted, individualized, or not seen as part of a collective.

| | |
|---|---|
| Perché non puliscono mai **i cigli** della strada? | *Why don't they ever clean the shoulders of the road?* |
| I bambini indicano tutto con **i diti** indici. | *Children point to everything with their index fingers.* |
| Far bollire **gli ossi** in una pentola. | *Boil the bones in a saucepan.* |
| Giocavamo sempre nella strada e **i nostri ginocchi** erano sempre sbucciati. | *We always used to play in the street, and our knees were always skinned.* |

---

### NOTA LINGUISTICA

These collective plurals ending in **-a** derive from the Latin neuter plural, which ended in **-a**.

    **bracchium** *arm*    **bracchia**

Since the neuter gender was lost in the Romance languages, these plurals in **-a** that were retained in Italian were reinterpreted as feminine nouns, although with a plural meaning. Such plurals are even more common in Romanian (where they end in **-e**), leading to the conclusion that they were once characteristic of colloquial speech in the eastern areas of the Latin-speaking part of the Roman Empire (Italy and the Balkans).

---

**E**    *Attenzione ai plurali irregolari!* Completa ogni frase con il plurale corretto.

ESEMPIO    Stefano è caduto dalla moto e si è rotto __*b*__.
           a. i bracci
           b. le braccia

1. Quella ragazza ha _____ lunghissime.
   a. le ciglia
   b. i cigli

2. Ieri ho passato tutto il pomeriggio in palestra e oggi mi fanno male _____.
   a. i ossi
   b. le ossa

3. La mamma lava e poi stende _____.
   a. i lenzuoli
   b. le lenzuola

4. Ogni stagione compro sempre _____ di scarpe.
   a. due paia
   b. due pai

5. I veri amici si contano _____ di una mano.
   a. sulle dita
   b. sui diti

6. Negli Stati Uniti le distanze si calcolano in _____.
   a. migli
   b. miglia

7. Per fare il tiramisù ci vogliono mascarpone, zucchero, caffè e sei _____.
   a. uova
   b. uovi

8. Luca ama collezionare francobolli. Ne ha molte _____.
   a. centinaie
   b. centinaia

9. Ogni volta che vedo un film di Benigni muoio dalle _____.
   a. risa
   b. rise

10. Molte attrici dei film degli anni '30 si depilavano (*pluck*) _____.
    a. i sopraccigli
    b. le sopracciglia

## The Partitive Article

In modern Italian, there exists a partitive article consisting of a contraction of the preposition **di** and the definite article. Its forms follow the forms of the definite article. The partitive article is used before mass nouns (nouns that don't usually have a plural) and means *a certain amount of*; it is often translated as *some* in English.

**dell'**oro  *gold*
**dello** zucchero  *sugar*
**della** pasta  *pasta*
**dell'**acqua  *water*

The plural of the partitive article can be used before nouns that are almost always used in the plural.

**dei** piselli  *peas*
**degli** asparagi  *asparagus*
**delle** forbici  *scissors*

The plural partitive article can also function as the plural of the indefinite article. In this use, the partitive may be the equivalent of English *some*.

Sono arrivate **delle ragazze** con un ragazzo.    *Some girls arrived with a boy.*

The partitive is not used after a negative.

—Vuoi del formaggio?                  *Do you want (any) cheese?*
—No, non voglio formaggio.*            *No, I don't want (any) cheese.*

---

*In Southern Italy, the partitive is often omitted in speech, but not in writing.

If the preposition **di** is an integral part of an expression like **aver bisogno di** to *need* or **aver voglia di** to *feel like*, then the partitive is not used.

Abbiamo bisogno **di** sale.                *We need salt.*
I bambini hanno voglia **di** gelato.        *The children feel like (having) ice cream.*

If **di** + the definite article is used after one of these expressions, it refers to a specific entity, something that the speaker assumes is known to the person spoken to.

—Ho bisogno della panna.                    *I need the cream.*
—Che panna?                                  *What cream?*
—La panna che hai comprato.                  *The cream you bought.*

---

**F**  **Non c'è più niente!**  *Daniela vuole comprare degli affettati (cold cuts) e dei formaggi, ma quando entra nel negozio di alimentari (grocery store) si accorge che è finito tutto. Forma domande e risposte come negli esempi.*

ESEMPI     prosciutto  →  —Ha del prosciutto?
                            —No, signora. Non c'è più prosciutto.

           salsicce  →  —Ha delle salsicce?
                          —No, signora. Non ci sono più salsicce.

1. mozzarella                          6. salame

2. olive verdi                         7. tonno

3. stracchino (*soft fresh cheese*)    8. mortadella

4. acciughe (*anchovies*)              9. sottaceti (*pickles*)

5. insalata di mare                    10. arancini (*rice croquettes, typical of Sicily*)

---

**G**  **La spesa a metà.**  *Nonna Adalgisa vuole preparare un grande pranzo in occasione del compleanno di suo fratello Federico, così chiede ai suoi nipoti di comprare gli ingredienti necessari, ma loro dimenticano molte cose. Usa il partitivo per comporre le frasi seguenti.*

ESEMPIO     Franco / comprare / olio / latte
            → Franco ha comprato dell'olio, ma non ha comprato latte.

1. io / trovare / pesce fresco / frutti di mare

2. Giovanna / prendere / zucchero / sale

3. Claudia e Marica / comprare / fragole / ciliegie

4. tu e Cristina / trovare / funghi porcini / tartufi

5. io e Manuela / comprare / spaghetti / riso

6. Ilenia e Letizia / prendere / ricotta / parmigiano

7. tu / comprare / gassosa / Coca cola

8. Fabio / prendere / pane / burro

**H** **Cos'è questo?** *Ayumi è una studentessa giapponese in Italia. È ospite della famiglia Girardi e ogni giorno fa molte domande sul cibo italiano. Scrivi le sue domande e le risposte dei coniugi Girardi.*

ESEMPIO    panna / yogurt
→  —È panna?
      —No, è dello yogurt.

1. pollo / tacchino

2. spaghetti / fettuccine

3. mozzarella / burrata (*soft cheese from the Puglia region made from mozzarella and cream*)

4. cipolle fritte / calamari fritti

5. vino / spumante

6. tonno / salmone

7. Coca cola / chinotto (*citrus-flavored soft drink with a bittersweet taste*)

8. crema / panna da cucina

9. zucchine / melanzane

10. gassosa / acqua minerale

**I** **Da completare.** *Seleziona il partitivo corretto.*

1. Vorrei _____ (dei | delle) paste e _____ (dei | delle) cannoli siciliani.

2. Ci vuole _____ (del | di) coraggio a trasferirsi in un paese straniero.

3. Quando ero piccolo, bevevo sempre _____ (delle | del) latte caldo prima di dormire.

4. Facciamo _____ (della | di) polenta per cena?

5. Per fare il pesto alla genovese ci vogliono _____ (dello | del) basilico e _____ (degli | dei) pinoli (*pine nuts*).

6. In questa scuola ci sono _____ (degli | dei) studenti straordinari.

7. Per primo desidera _____ (degli | dei) gnocchi o _____ (degli | dei) ravioli?

8. In Lombardia ci sono _____ (degli | dei) laghi stupendi.

9. Vuoi _____ (del | dello) latte o _____ (del | dello) limone nel tè?

10. Se ti fa male lo stomaco, bevi _____ (della | dell') acqua e zucchero.

## The Gender of Nouns

In Italian, nouns referring to males and almost all nouns ending in **-o** are masculine. Nouns referring to females and most nouns ending in **-a** are feminine. Nouns ending in **-e** may be either masculine or feminine, and learners of Italian have to memorize the gender of each.

| SINGULAR | PLURAL |
|---|---|
| **il libro** *book* | **i libri** |
| **il ragazzo** *boy* | **i ragazzi** |
| **la matita** *pencil* | **le matite** |
| **la ragazza** *girl* | **le ragazze** |
| **la sorella** *sister* | **le sorelle** |
| **il fiume** *river* | **i fiumi** |
| **la luce** *light* | **le luci** |
| **lo scrittore** *writer* | **gli scrittori** |

A few nouns ending in **-o** are feminine. Those that are shortened forms of longer nouns do not change their form in the plural.

| | |
|---|---|
| **l'auto** | **le auto** (*from* l'automobile) |
| **la foto** | **le foto** (*from* la fotografia) |
| **la moto** | **le moto** (*from* la motocicletta) |
| **la radio** | **le radio** (*from* la radio trasmettitrice) |

The feminine noun **la mano** has the plural **le mani**.

A number of nouns of Greek origin ending in **-ma** are masculine and form their plural in **-i**. Most of these are international scientific words.

| | |
|---|---|
| **l'aroma** *aroma, scent* | **gli aromi** |
| **il clima** *climate* | **i climi** |
| **il diploma** *diploma* | **i diplomi** |
| **il poema** *poem* | **i poemi** |
| **il sistema** *system* | **i sistemi** |

There are, of course, many nouns in **-ma** that do not fall into this category and are feminine.

| | |
|---|---|
| **la lacrima** *tear* | **le lacrime** |
| **la norma** *norm* | **le norme** |
| **la trama** *plot* (literary) | **le trame** |

Some international words end in **-a** and are masculine.

| | |
|---|---|
| **il colera** *cholera* | |
| **il pianeta** *planet* | **i pianeti** |

Several nouns of profession are grammatically masculine even when they refer to a woman.

**l'architetto** *architect*
**l'avvocato** *lawyer*
**l'ingegnere** *engineer*
**il medico** *doctor*
**il pilota** *pilot*
**il sindaco** *mayor*

Some nouns referring to people add **-essa** to form the feminine. The final vowel of the noun is dropped before the suffix is added.

| MASCULINE | FEMININE |
|---|---|
| **il conte** *count* | **la contessa** |
| **il dottore** *doctor* | **la dottoressa** |
| **il poeta** *poet* | **la poetessa** |
| **il professore** *professor* | **la professoressa** |
| **lo studente** *student* | **la studentessa** |

The masculine suffix **-tore** becomes **-trice** when the noun refers to a woman.

| | |
|---|---|
| **l'attore** *actor* | **l'attrice** |
| **il coordinatore** *coordinator* | **la coordinatrice** |
| **lo scrittore** *writer* | **la scrittrice** |
| **il traduttore** *translator* | **la traduttrice** |

Other nouns change final **-o** or **-e** to **-a** to form the feminine.

| | |
|---|---|
| **l'infermiere** *nurse* | **l'infermiera** |
| **il postino** *mail carrier* | **la postina** |

Nouns of professions ending in **-ista** can refer to either males or females. In the singular, only the article changes; the plural, however, shows the gender distinction.

| MASCULINE | | FEMININE | |
|---|---|---|---|
| SINGULAR | PLURAL | SINGULAR | PLURAL |
| **l'autista** *driver* | **gli autisti** | **l'autista** | **le autiste** |
| **il barista** *bartender* | **i baristi** | **la barista** | **le bariste** |
| **il dentista** *dentist* | **i dentisti** | **la dentista** | **le dentiste** |
| **il giornalista** *journalist* | **i giornalisti** | **la giornalista** | **le giornaliste** |

Italian uses the masculine plural of nouns to refer to a group of relatives that includes women.

| | |
|---|---|
| Hai **fratelli**? | *Do you have brothers and sisters?* |
| Da bambino mi piaceva andare **dai nonni**. | *As a child, I liked to go to my grandparents' house.* |
| Oggi vengono a pranzo **gli zii**. | *Today, our aunt and uncle are coming for lunch.* |

**J** *Interessi in comune.* *Per ogni domanda rispondi scrivendo la stessa professione al femminile. Fai attenzione alle professioni invariabili.*

ESEMPIO  geometra → —Lui è geometra.
—E sua moglie?
—Anche lei è geometra.

1. orafo (*goldsmith*)

2. consulente

3. maestro

4. pittore

5. parrucchiere

6. scultore

7. tappezziere (*paperhanger; upholsterer*)

8. assistente

9. psicologo

10. ricercatore (*researcher*)

**K**  *Dal femminile al maschile.  Per ogni professione al femminile trova il corrispettivo maschile.*

1. una docente

2. una compositrice

3. una giardiniera

4. una cuoca

5. una cameriera

6. una modella

7. un'arredatrice

8. una psichiatra

## Uses of the Articles

The definite article designates a specific noun, one that has already been introduced into the discourse or is assumed to be known by the person addressed.

—Se vuoi, ti mostro **la torta**.  *If you want, I'll show you the cake.*
—**La torta** che hai preparato?  *The cake you made?*

The Italian definite article also labels nouns used in a general sense. English nouns are used without any article in this function.

**La democrazia** e **la libertà** sono le caratteristiche di una società avanzata.  *Democracy and liberty are the characteristics of an advanced society.*

Contrast the general and specific uses of the definite article in the following example.

Mi piace molto **il pollo**, ma non mi piace **il pollo** che servono in quel ristorante.  *I like **chicken** a lot, but I don't like **the chicken** that they serve in that restaurant.*

The Italian indefinite article is used very much like its English equivalent. However, it is omitted after forms of **essere** and **diventare** before an unmodified noun of profession, nationality, or religion.

Lui è **ingegnere**. Sua moglie è **medico**.  *He's an engineer. His wife is a doctor.*
Suo figlio è diventato **avvocato**.  *His son became a lawyer.*

However, if the noun of profession, nationality, or religion is modified, then the indefinite article is used.

Marco è **un programmatore esperto**.  *Marco is an expert programmer.*
Paolo è diventato **un generale rispettato**.  *Paolo has become a respected general.*

The indefinite article can designate a serving of something.

Per me, **un caffè**.  *I'll have coffee (= a cup of coffee).*

The partitive article may be used before names of foods and beverages to designate an indefinite quantity. English may use *some* or *any* in these cases.

—Vuoi **della cioccolata calda**?  *Do you want to have some hot chocolate?*
—No, grazie. C'è **del caffè**?  *No, thanks. Is there any coffee?*

Compare the uses of the articles with the word **tè** in the following sentences.

| | |
|---|---|
| **Il tè** è una bevanda di origine orientale. | *Tea is a beverage that comes from the Orient.* (noun used in a general sense) |
| Mi piace molto **il tè** che mi hai servito. | *I really like the tea you served me.* (a specific noun) |
| **Un tè freddo**, per favore. | *Iced tea, please.* (spoken to a waiter) |
| Dopo la cena bevo **del tè**. | *After dinner I drink (some) tea.* (an indefinite quantity) |

The article is usually omitted before a noun after the preposition **con** or **senza** unless the noun is modified.

| | |
|---|---|
| —Laura ha lavorato **con attenzione**. | *Laura worked attentively.* |
| —Perciò ha fatto un rapporto **senza errori**. | *That's why she wrote a report without errors.* |
| Hanno agito **con coraggio**. | *They acted courageously.* |
| Hanno agito **con un coraggio incrollabile**. | *They acted with unshakeable courage.* |

**L**  *Manca qualcosa...* Completa le frasi seguenti con l'articolo mancante. Se non è necessario l'articolo, metti una X.

1. Per me, _____ spaghetti alle vongole e _____ salmone ai ferri.

2. Non vuole provare _____ bistecca alla brace? È la specialità della casa.

3. No, grazie. Non mangio mai _____ carne. Preferisco _____ pesce.

4. Cameriere! _____ cappuccino e _____ cornetto, per favore.

5. Mi dispiace, ma non ci sono più _____ cornetti.

6. Allora _____ sfogliatina.

7. Per uno studente di medicina, _____ vocazione è fondamentale.

8. Deve avere anche _____ stomaco forte.

9. Generalmente, _____ studenti di medicina non hanno _____ timore o ribrezzo (*repulsion*) del sangue.

10. Ti piace _____ cinema francese?

11. Sì, in genere _____ film francesi mi piacciono. Tuttavia preferisco il cinema americano.

12. Danno _____ vari film di Spielberg al Cinema Azzurro questa settimana. Ti va (*do you feel like*) di andare a vederli?

13. Verrei volentieri, ma ho tanto _____ lavoro arretrato.

14. _____ computer è essenziale nella società odierna.

15. È per questo motivo che molti _____ giovani studiano _____ informatica.

16. ＿＿＿ informatica è una delle discipline più studiate oggigiorno.

17. Anche molti ＿＿＿ bambini sanno usare ＿＿＿ computer.

18. ＿＿＿ videogiochi sono diventati ＿＿＿ giocattoli preferiti.

**M** *In che modo? Traduci le seguenti frasi in italiano. Per tradurre gli avverbi inglesi scegli dalla lista dei sostantivi preceduti da* **con** *o* **senza.**

**attenzione** *attention*
**discrezione** *discretion*
**disprezzo** *scorn*
**eleganza** *elegance*
**entusiasmo** *enthusiasm*
**passione** *passion*
**paura** *fear*
**prudenza** *caution*
**pudore** *shame*
**tenerezza** *tenderness*

1. *She danced elegantly.*

2. *He listened attentively.*

3. *They answered shamelessly.*

4. *I rode the motorcycle fearlessly.*

5. *She spoke to him tenderly.*

6. *He taught enthusiastically.*

7. *You drove carelessly.*

8. *They acted discreetly.*

9. *She sang passionately.*

10. *He replied scornfully.*

## Prepositions Combined with the Definite Article

Five of the most common Italian prepositions contract with a definite article that follows.

| PREPOSITION | + il | + lo | + l' | + la | + i | + gli | + le |
|---|---|---|---|---|---|---|---|
| a *to, at* | al | allo | all' | alla | ai | agli | alle |
| da *from* | dal | dallo | dall' | dalla | dai | dagli | dalle |
| di (> de) *of* | del | dello | dell' | della | dei | degli | delle |
| in (> ne) *in, to* | nel | nello | nell' | nella | nei | negli | nelle |
| su *on, about* | sul | sullo | sull' | sulla | sui | sugli | sulle |

In the past, the prepositions **con** and **per** also contracted with the article: The forms **col** and **coi** may still be encountered in written Italian.

**N** *Come la matematica.* *Per ogni coppia formata da preposizione e articolo ricava la preposizione articolata corretta.*

ESEMPIO   a + lo → allo

1. su + l'

2. di + gli

3. in + la

4. da + i

5. a + lo

6. su + le

7. in + gli

8. di + il

9. a + la

10. da + l'

**O** *Dalle stelle alle stalle.\** *Completa le frasi seguenti con la preposizione articolata adatta.*

ESEMPIO   Papà è tornato _dal_ lavoro. (da)

1. La lezione di italiano è _____ nove _____ undici. (da, a)

2. Ho bisogno _____ tuo aiuto. (di)

3. L'appartamento di Rossella è vicino _____ università. (a)

4. Alessio è sempre davanti _____ computer. (a)

5. Hai una cartina _____ metropolitana di Roma? (di)

6. Sono le quattro _____ pomeriggio. (di)

7. Marino e Arianna studiano _____ biblioteca centrale. (in)

8. Philadelphia è _____ Stati Uniti. (in)

9. La professoressa scrive _____ lavagna. (a)

10. Hai letto l'articolo _____ giornale? (su)

---

\*This Italian expression, literally *from the stars to the stables,* means *coming down in the world.*

# Adjectives

## Agreement of Adjectives

Adjectives provide information about nouns (for example, a *red* car, a *different* company). In Italian, an adjective either stands next to the noun it modifies in a noun phrase or appears as a predicate adjective after a form of **essere**, **diventare**, **parere**, **sembrare**, etc. In both positions, the adjective changes its form to agree with the gender and number of the noun it refers to.

| | |
|---|---|
| i ragazzi americani | *the American boys* |
| I ragazzi sono americani. | *The boys are American.* |

Most Italian adjectives belong to one of two types.

- Adjectives that end in **-o** in the masculine singular have four forms: masculine singular, feminine singular, masculine plural, and feminine plural.

| | SINGULAR | PLURAL |
|---|---|---|
| MASCULINE | un vino ross**o** *a red wine* | dei vini ross**i** *red wines* |
| FEMININE | una macchina ross**a** *a red car* | delle macchine ross**e** *red cars* |

- Adjectives that end in **-e** in the singular have only two forms: a singular in **-e** and a plural in **-i**. They do not have distinct masculine and feminine forms.

| | | |
|---|---|---|
| MASCULINE | un esame difficil**e** *a difficult test* | degli esami difficil**i** *difficult tests* |
| FEMININE | una scelta difficil**e** *a difficult choice* | delle scelte difficil**i** *difficult choices* |

The plural of adjectives whose stems end in **-c** or **-g** show spelling changes or sound changes.

| | MASCULINE PLURAL | FEMININE PLURAL |
|---|---|---|
| sporco *dirty* | spor**chi** | spor**che** |
| lungo *long* | lun**ghi** | lun**ghe** |
| grigio *gray* | gri**gi** | gri**gie** |

**NOTE** **Molto,** as an adverb meaning *very,* is invariable.

| | |
|---|---|
| un romanzo **molto** bello | *a very beautiful novel* |
| una novella **molto** bella | *a very beautiful short story* |

**A** **Tutti e due.** *Rispondi alle domande affermando che la seconda cosa o persona menzionata ha la stessa caratteristica della prima. Segui l'esempio.*

ESEMPIO     Questo liceo è grande. E questa scuola (*elementary school*)?
                → Anche questa scuola è grande.

1. Questo caffè è molto amaro. E questa birra?
2. Il mio vicino è antipatico. E la tua vicina?
3. Questo quadro è antico. E questa scultura?
4. Questo risotto è buono. E questa focaccia?
5. Il fratello di Rita è biondo. E sua sorella?
6. Il presidente è molto discreto. E la sua segretaria?
7. Il film è sensazionale. E la colonna sonora (*soundtrack*)?
8. Suo zio è argentino. E sua zia?
9. Il suo gatto è siamese. E la sua gatta?
10. Mio cugino è magro. E tua cugina?

**B** **Sostituzioni.** *Riscrivi le frasi seguenti sostituendo il sostantivo e cambiando, se necessario, la forma dell'aggettivo.*

ESEMPIO     un ragazzo studioso (una ragazza)
                → una ragazza studiosa

1. una storia divertente (un racconto)
2. il teatro greco (la lingua)
3. una conclusione logica (un risultato)
4. l'ordine pubblico (l'opinione)
5. una valigia leggera (uno zaino)
6. un formaggio squisito (una carne)
7. un esame facile (una verifica)
8. un bambino nervoso (una madre)
9. una città tranquilla (un paese)
10. un impegno inderogabile (*binding*) (una scadenza)
11. figlio unico (figlia)
12. una chiesa famosa (un monumento)

**C** **Non uno, molti.** *Per ogni domanda rispondi trasformando il sostantivo e l'aggettivo al plurale, come nell'esempio.*

ESEMPIO    Hai visto un film interessante? → Ho visto molti film interessanti.

1. Devi dare un esame orale?
2. C'è un palazzo antico in questa città?
3. Hai imparato una parola nuova?
4. Lui ha scritto un romanzo avvincente (*fascinating, engaging*)?
5. Hai provato un formaggio francese?
6. C'è un uovo fresco nel frigorifero?
7. Loro hanno fatto un viaggio rilassante?
8. Hai un amico simpatico?
9. Conosci un ristorante greco in città?
10. Voi avete un esame finale oggi?

**D** **Acquisti.** *Cerchi vari articoli in diversi negozi. Che cosa ti risponde il commesso o la commessa?*

ESEMPIO    Cerco una giacca elegante.  → Ecco le giacche eleganti.

1. Vorrei un profumo francese.
2. Mi serve un dizionario spagnolo.
3. Vorrei un formaggio cremoso.
4. Cerco una cinta marrone.
5. Mi fa vedere un impermeabile beige*?
6. Vorrei un orologio subacqueo (*underwater, waterproof*).
7. Cerco un romanzo giallo (*detective novel*).
8. Cerco una macchina decappottabile (*convertible car*).
9. Mi fa vedere un computer portatile (*laptop*)?
10. Vorrei un navigatore (*GPS*) economico.

## Other Types of Adjectives

There are two other types of adjectives.

- Adjectives that end in -**a** in the singular show gender only in the plural.

| SINGULAR | PLURAL |
|---|---|
| un uomo bel**ga**  *a Belgian man* | degli uomini bel**gi**  *Belgian men* |
| una donna bel**ga**  *a Belgian woman* | delle donne bel**ghe**  *Belgian women* |

---

*Beige** and other adjectives borrowed from foreign languages are invariable.

| SINGULAR | PLURAL |
|---|---|
| un uomo altruist**a** *an altruistic man* | degli uomini altruist**i** *altruistic men* |
| una donna altruist**a** *an altruistic woman* | delle donne altruist**e** *altruistic women* |
| un giornale razzist**a** *a racist newspaper* | dei giornali razzist**i** *racist newspapers* |
| una legge razzist**a** *a racist law* | delle leggi razzist**e** *racist laws* |

- Adjectives that end in **-tore** in the masculine singular have the feminine in **-trice**.

| | SINGULAR | PLURAL |
|---|---|---|
| MASCULINE | un soldato tradi**tore** | soldati tradi**tori** |
| | *a treacherous soldier* | *treacherous soldiers* |
| FEMININE | un'amica tradi**trice** | amiche tradi**trici** |
| | *a faithless friend* | *faithless friends* |

**E** *La vita intellettuale.* Forma delle frasi che possono essere utili nel corso di una conversazione aggiungendo ai sostantivi la forma aggettivale corretta.

1. attuale

    a. l'economia _____

    b. il governo _____

    c. i conflitti _____

2. internazionale

    a. le organizzazioni _____

    b. i rapporti _____

    c. il diritto _____

3. femminista

    a. la letteratura _____

    b. i circoli _____

    c. le autrici _____

4. greco

    a. lo stile _____

    b. la tragedia _____

    c. le statue _____

5. religioso

    a. una credenza _____

    b. gli ambiti _____

    c. le persecuzioni _____

6. classico

    a. l'arte _____

    b. gli autori _____

    c. il mondo _____

7. europeo

    a. l'unione _____

    b. il continente _____

    c. le lingue _____

8. straniero

    a. le lingue _____

    b. la letteratura _____

    c. gli studenti _____

9. inalienabile

    a. il diritto _____

    b. la proprietà _____

    c. i valori _____

10. barocco

    a. la musica _____

    b. i poeti _____

    c. le chiese _____

## Position of Adjectives

Italian adjectives usually follow the noun they describe.

| | |
|---|---|
| un formaggio **italiano** | *an Italian cheese* |
| una città **moderna** | *a modern city* |

In this position, the adjective conveys new information about the noun. It distinguishes the noun from all others like it.

| | |
|---|---|
| i vini **rossi** | *red wines* (as opposed to those that aren't red) |

However, when a speaker or writer implies that the quality denoted by the adjective is well-known or obvious to all, then the adjective may be placed in front of the noun.

| | |
|---|---|
| i **deliziosi** vini italiani | *delicious Italian wines* (implies that they are all delicious or famous for being delicious) |

Some adjectives have very different translations in English, depending on whether they are placed before or after the noun.

| | |
|---|---|
| una **buona** amica | *a real friend* |
| un'amica **buona** | *a kind friend* |
| un **caro** amico | *a dear friend* |
| un ristorante **caro** | *an expensive restaurant* |
| **diverse** persone | *several people* |
| persone **diverse** | *different people* |
| un **gran** libro | *a great book* |
| un libro **grande** | *a big book* |
| una **leggera** differenza | *a slight difference* |
| una valigia **leggera** | *a light suitcase* |
| una **nuova** macchina | *a new car* (one I just got) |
| una macchina **nuova** | *a brand new car* |
| un **povero** paese | *an unfortunate country* |
| un paese **povero** | *a poor country* |
| un **semplice** operaio | *just a worker* |
| un operaio **semplice** | *a simple, naive worker* |
| un'**unica** classe | *just one class* |
| una classe **unica** | *a unique class* |
| un **vecchio** amico | *an old friend* (= a friend of many years) |
| un amico **vecchio** | *an elderly friend* |
| un **vero** dramma | *quite a drama* |
| un dramma **vero** | *a true play* |
| lo **stesso** volo | *the same flight* |
| il volo **stesso** | *the flight itself* |

**F**  *Prima o poi, cambia tutto.* *Completa le risposte di Irene alle domande dell'amica Jessica scrivendo uno degli aggettivi dalla lista qui sopra. Fai attenzione alla posizione dell'aggettivo per esprimere l'idea comunicata in ogni battuta tra le due amiche. Segui l'esempio.*

ESEMPIO   JESSICA   La tua macchina è costata molto?

IRENE   Sì, è una _____ macchina *cara* .

1. JESSICA   Hai già studiato con il Signor Imperiale?

   IRENE   Sì, è il mio _____ professore _____.

2. JESSICA   E siete ancora in contatto?

   IRENE   Certo! È un mio _____ amico _____.

3. JESSICA   Che cosa ti ha insegnato il Prof. Imperiale?

   IRENE   La *Divina Commedia*. È un _____ libro _____. È lunghissimo!

4. JESSICA   E di che cosa parla la *Divina Commedia*?

   IRENE   Parla di un uomo che viaggia in Inferno, in Purgatorio e in Paradiso.
   Un _____ dramma _____.

5. JESSICA   E il Prof. Imperiale era un bravo professore?

   IRENE   Bravissimo. Ci voleva bene e ci diceva che noi eravamo
   una _____ classe _____.

6. JESSICA   E che cosa studi ora?

   IRENE   Studio economia dei _____ paesi _____, in via di sviluppo.

7. JESSICA   E viaggi mai in quei paesi?

   IRENE   Sì spesso. Ma porto sempre poche cose con me. Ho una _____ valigia _____.

8. JESSICA   E con quale compagnia viaggi?

   IRENE   Stessa compagnia e _____ volo _____.

9. JESSICA   Conosci qualcuno nel paese dove vai?

   IRENE   Sì, conosco _____ persone _____.

10. JESSICA   Allora posso stare tranquilla. Buon viaggio e ci sentiamo per e-mail.

   IRENE   Grazie Jessica, sei proprio una _____ amica _____.

**G**  *Descriviamo!* *Forma il singolare o il plurale degli elementi dati facendo attenzione al genere, al numero e alle forme speciali degli aggettivi. Utilizza* **un**, **uno**, **un'** *o* **una** *per il singolare e* **dei**, **degli** *o* **delle** *per il plurale.*

ESEMPI   professore / giovane  →  un professore giovane

professori / giovane  →  dei professori giovani

1. libri / vecchio

2. casa / vecchio

3. lezione / difficile

4. esercizi / difficile

5. università / nuovo

6. proposte / nuovo

7. chiesa / antico

8. mosaici / antico

9. sessione / unico

10. pezzi / unico

**H**　*Tradurre, non tradire!* Scrivi l'equivalente italiano delle frasi seguenti.

1. *Last week, I ran into* (incontrare) *an old colleague of mine.*

2. *He was wearing the same suit and the same glasses.*

3. *He told me he is not a mere office worker* (impiegato) *anymore.*

4. *He is now the new factory supervisor* (caporeparto).

5. *I am happy for him, because he was always a good friend to me.*

6. *And even if we live in different cities and have different jobs now.*

7. *We can hang out* (passare del tempo insieme) *and play tennis in the same sports center where we used to play.*

8. *True friends are hard to find, and when we find them, we should try to keep* (tenere) *them.*

**I**　*E ora si tratta di te.* Descrivi i seguenti elementi della tua vita aggiungendo due aggettivi a ogni frase per modificare i sostantivi in corsivo.

1. Il mio amico X è un *ragazzo* _____.

2. La mia amica X è una *ragazza* _____.

3. Il mio direttore è un *uomo* / una *donna* _____.

4. Abito in una *casa* / un *appartamento* _____.

5. Abito in un *quartiere* _____.

6. Mi piacciono le *canzoni* _____.

7. Io e i miei amici preferiamo i *film* _____.

8. Preferisco le *conversazioni* _____.

## Irregular Adjectives

Some Italian adjectives that usually precede the noun have irregular forms.

The adjective **buono** has forms resembling those of the indefinite article when it stands directly before a noun. Compare the following phrases.

| **un** libro | il **buon** libro |
| **uno** spuntino | questo **buono** spuntino |
| **una** maestra | la mia **buona** maestra |
| BUT | |
| **un'**amica | una **buona** amica |

The adjective **bello** resembles the definite article in its forms.

| **il** quadro | un **bel** quadro |
| **i** quadri | **bei** quadri |
| **lo** spettacolo | un **bello** spettacolo |
| **gli** spettacoli | **begli** spettacoli |
| **l'**appartamento | un **bell'**appartamento |
| **gli** appartamenti | **begli** appartamenti |
| **la** storia | una **bella** storia |
| **le** storie | **belle** storie |
| **l'**isola | questa **bella** isola* |
| **le** isole | **belle** isole |

The adjective **grande** is shortened to **gran** before any masculine singular noun. However, **grande** is often used before words beginning with **s** + consonant or **z**.

un **grande** spettacolo

The regular plural form **grandi** is used before all plural nouns, although **gran** is also possible.

When referring to saints, the word **Santo** shortens to **San** before masculine names beginning with a consonant. Both **Santo** and **Santa** become **Sant'** before names beginning with a vowel.

**San** Francesco
**Santa** Maria
**Sant'**Angelo
**Sant'**Irene
BUT
**Santo** Stefano

**J**  *A ogni santo la sua candela.* Completa con la forma corretta dell'aggettivo.

ESEMPIO   bello / film  →  un bel film

1. santo / Antonio

2. buono / amico

3. bello / casa

4. grande / famiglia

5. santo / Paolo

6. buono / studente

7. bello / uomo

8. buono / padre

9. grande / premio

10. buono / idea

---

*The form **bell'isola** is less common in contemporary written Italian, but is heard in speech.

# Comparison of Adjectives, Adverbs, Nouns, and Verbs

## Comparison of Adjectives

Italian uses comparative constructions to compare characteristics in people or things.

To make comparisons of superiority (A has more of a characteristic than B), Italian uses **più** + adjective + **di**.

| | |
|---|---|
| Laura è **più studiosa di** Valentina. | *Laura is more diligent than Valentina.* |
| Il corso è **più largo del** nostro viale. | *The avenue is wider than our street.* |

To make comparisons of inferiority (A has less of a characteristic than B), Italian uses **meno** + adjective + **di**. The usual English translation of this structure is *not as . . . as.*

| | |
|---|---|
| Il nostro viale è **meno largo del** corso. | Our street is not as wide as the avenue. (= less wide than) |
| Lorenzo è **meno antipatico di** Federico. | Lorenzo is not as annoying as Federico. |

To make comparisons of equality (A has as much of a characteristic as B), Italian has two possible constructions: (1) **così** + adjective + **come** and (2) **tanto** + adjective + **quanto**.

| | |
|---|---|
| Il film è **così interessante come** il libro. | *The movie is as interesting as the book.* |
| Lui è **tanto disordinato quanto** te. | *He's as disorganized as you are.* |

**Così** and **tanto** are often omitted.

Il film è **interessante come** il libro.
Lui è **disordinato quanto** te.

## Irregular Comparatives and Superlatives

Four Italian adjectives have irregular comparative forms.

buono  → **migliore** *better, best*
cattivo → **peggiore** *worse, worst*
grande → **maggiore** *older*
piccolo → **minore** *younger; minor, lesser*

| | |
|---|---|
| Il tuo computer è **migliore del** mio. | *Your computer is better than mine.* |
| Le ferite all'orgoglio sono **peggiori delle** ferite fisiche. | *Wounds to one's pride are worse than wounds to the body.* |

**NOTE** **Più buono** and **più cattivo** are common when referring to people. For the meanings *older* and *younger,* **più grande** and **più piccolo** are more common than the irregular forms above.

The adjectives **grande** and **piccolo** also have irregular superlative forms.

grande  → **massimo** *biggest, greatest*
piccolo → **minimo** *smallest, least*

**NOTE** These forms are often used in formal contexts instead of **più grande** and **più piccolo**.

| | |
|---|---|
| Devi parlare con lui con **il massimo rispetto**. | *You should speak with him with the greatest respect.* |
| Non hanno dimostrato **il minimo interesse** nel nostro lavoro. | *They haven't shown the slightest interest in our work.* |

Two Italian adverbs have irregular comparative and superlative forms.

bene → **meglio** *better, best*
male → **peggio** *worse, worst*

| | |
|---|---|
| La nostra squadra gioca **meglio della** squadra rivale. | *Our team is playing better than the opposing team.* |

On a colloquial level, **meglio** and **peggio** are used as invariable predicate adjectives. Although normative grammar demands **migliore** and **peggiore** in these cases, **meglio** and **peggio** are extremely common.

| | |
|---|---|
| Prevenire è **meglio che** curare. | *It is better to prevent than to (have to) cure.* |
| Io sono **peggio di** te. | *I'm worse than you are.* |

## Comparison of Adverbs

Adverbs are compared like adjectives. (For a complete treatment of adverbs, see Chapter 18.)

| | |
|---|---|
| Loro lavorano **più sodo di** te. | *They work harder than you do.* |
| Questo studente scrive **più correttamente di** me. | *This student writes more correctly than I do.* |
| Queste macchine si vendono **meno facilmente delle** altre. | *These cars don't sell as easily as the other ones.* |
| Nessuno beve il vino **così regolarmente come** quella famiglia. | *No one drinks wine as regularly as that family.* |

## Comparative vs. Superlative Differences

Italian makes no formal distinction between the comparative and the superlative. However, in superlative constructions the noun is usually accompanied by the definite article.

| | |
|---|---|
| Questo film è **più noioso dell'**altro. | *This film is more boring than the other one.* |
| Sì, è **il film più noioso del** festival del cinema. | *Yes, it's the most boring film in the film festival.* |

Note that after a superlative, Italian uses **di** to express *in*.

| | |
|---|---|
| È **la città più grande del** paese. | *It's the biggest city in the country.* |
| È **l'azienda meno prospera dell'**industria italiana. | *It's the least successful firm in Italian industry.* |

## Che vs. di in Comparatives

After a comparative of superiority or inferiority (**più** or **meno**), **di** is used before nouns and pronouns.

| | |
|---|---|
| Giacomo è **più timido di** suo fratello. | *Giacomo is more shy than his brother.* |
| Tua sorella è **più alta di** te. | *Your sister is taller than you.* |
| In questo ristorante, il pesce è **meno buono della** carne. | *In this restaurant, the fish is not as good as the meat.* |
| Lui è **meno gentile di** te. | *He is less polite than you are.* |

**Che** is used when two nouns or two adjectives are compared.

| | |
|---|---|
| In questa strada ci sono **più ristoranti che** negozi. | *On this street, there are more restaurants than stores.* |
| Quel ragazzo è **più studioso che** intelligente. | *That boy is more diligent than (he is) intelligent.* |

**Che** is also used when two infinitives are compared.

| | |
|---|---|
| È **più facile** cercare casa **che** trovare lavoro. | *It's easier to look for a place to live than to find a job.* |

**Di quanto** is used before a clause. In formal style, the verb in the subordinate clause is subjunctive. (For this use of the subjunctive, see Chapter 24.)

| | |
|---|---|
| Le cose sono **più gravi di quanto si creda**. | *Things are more serious than people think.* |
| Ti amo **più di quanto** le parole **possano** dire. | *I love you more than words can say.* |

In informal style, the verb in the subordinate clause is indicative.

| | |
|---|---|
| Queste case sono **più vecchie di quanto si crede**. | *These houses are older than people think.* |
| La mia nuova macchina è **migliore di quanto speravo**. | *My new car is better than I (had) hoped.* |
| Vale **meno di quanto costa**. | *It's worth less than it costs.* |

Sometimes a past participle takes the place of a clause after a comparative and **di quanto**.

| | |
|---|---|
| La situazione è **meno difficile di quanto immaginato**. | *The situation is not as difficult as (people had) imagined.* |
| Mi hanno pagato **meno di quanto dovuto**. | *They paid me less than they owed.* |

**K**  *Paragonando qualità.* Unisci le due frasi per paragonare due elementi, come nell'esempio.

> ESEMPIO   Enrico è testardo. / Lorenzo è più testardo.
> → Lorenzo è più testardo di Enrico.
>   Enrico è meno testardo di Lorenzo.

1. Mio fratello è intelligente. / Io sono più intelligente.

2. Daniela è socievole. / Miriam è più socievole.

3. Il museo di storia naturale è bello. / Il museo di arte moderna è migliore.

4. L'appartamento di Michele è spazioso. / Il tuo appartamento è più spazioso.

5. Il film inglese è noioso. / Il film francese è più noioso.

6. Tua sorella è grande. / Tuo fratello è più grande.

7. I vestiti di lino sono eleganti. / I vestiti di seta sono più eleganti.

8. L'Italia è piccola. / L'Islanda è più piccola.

**L**  *Paragonando modi.* *Scrivi frasi comparative usando ogni avverbio in tre modi:* **più**, **meno** *e* **non (tanto) / quanto.**

ESEMPIO    lui / nuotare / velocemente / lei
→ Lui nuota più velocemente di lei.
Lei nuota meno velocemente di lui.
Lei non nuota (tanto) velocemente quanto lui.

1. Daniele / parlare / lentamente / Alessio

2. tu / studiare / assiduamente / noi

3. mio padre / risolvere i problemi / facilmente / mia madre

4. loro / agire / onestamente / voi

5. tua figlia / ascoltare / attentamente / mia figlia

6. il pianista / suonare / dolcemente / il violinista

7. l'avvocato / si comportare / educatamente / giudice

8. lei / capire il francese / bene / me

**M**  *Uguaglianza.* *Componi le seguenti frasi per esprimere il comparativo di uguaglianza.* *Segui l'esempio.*

ESEMPIO    Venezia / turistica / Firenze
→ Venezia è (tanto) turistica quanto Firenze.
Venezia è (così) turistica come Firenze.

1. la lezione di chimica / difficile / la lezione di algebra

2. i tortellini / buoni / i ravioli

3. Lucia / intelligente / Rossella

4. la mia macchina / vecchia / la tua macchina

5. dipingere / rilassante / leggere

6. Riccardo / modesto / Paolo

7. la piscina di Billy / grande / la vostra piscina

8. il gatto di Gianluca / affettuoso / la gatta di Valerio

**N**  *Quanti paragoni!* *Completa le seguenti frasi usando di* + *articolo,* **che, di quanto, come**
*e* **quanto.**

ESEMPIO   Lui fa sempre meno _*di quanto*_ promette.

1. Per cucinare, gli americani usano più burro _____ olio.

2. L'esame sarà più facile _____ voi pensiate/pensate.

3. Nella vita, ho avuto più gioie _____ dolori.

4. L'inverno negli Stati Uniti è più rigido _____ inverno in Italia.

5. (Tu) sei più coraggioso _____ (tu) creda/credi.

6. Gli italiani sono meno patriottici _____ americani.

7. Lisa si sente più felice in Italia _____ in Inghilterra.

8. Luglio è tanto caldo _____ agosto.

9. Spesso è più difficile tacere _____ parlare.

10. In Italia ci sono più chiese _____ ospedali.

11. Quella cantante è più carismatica _____ brava.

12. L'Australia è più vasta _____ popolata.

13. Parlare una lingua straniera è così stimolante _____ viaggiare.

14. Niente è più dissetante _____ acqua.

15. Il cinema italiano è più introspettivo _____ cinema americano.

## Intensifying Adjectives and Absolute Superlatives

The adverbs **molto** and **poco** can be used before adjectives to intensify or diminish their
meaning. **Poco** is often the equivalent of the English negative prefixes *un-* and *in-*.

| | |
|---|---|
| Quella ragazza è **molto intelligente**. | *That girl is very intelligent.* |
| Suo marito ha un passato **poco piacevole**. | *Her husband has an unpleasant past.* |

Other adverbs, such as **assai** *rather,* **troppo** *too,* **particolarmente** *particularly, especially,*
and **estremamente** *extremely,* can be used in this function.

| | |
|---|---|
| È un artista **assai conosciuto**. | *He's a rather well-known artist.* |
| Lei è **troppo gentile**. | *You are too kind.* |
| La ditta ha ottenuto un prestito a un tasso **particolarmente vantaggioso**. | *The firm got a loan at a particularly favorable rate.* |

In modern Italian, the prefixes **stra-**, **arci-**, and **super-** are added to some adjectives to
intensify them.

| | |
|---|---|
| la **stragrande** maggioranza degli operai | *the overwhelming majority of the workers* |
| una famiglia **straricca** | *a very rich family* |
| un baule **strapieno** | *a very full trunk* |
| un treno **stracarico** di passeggeri | *a train overloaded with passengers* |
| un personaggio **arcinoto** | *a very famous character* |
| una strada **superaffollata** | *a very crowded street* |

Italian also uses the suffix **-issimo** *very, extremely* as an intensifier for adjectives. The suffix is added to the stem of the adjective minus the final vowel.

alto    → **altissimo**  *very high, very tall*
bravo  → **bravissimo**  *really good, competent*
facile  → **facilissimo**  *very easy*
forte   → **fortissimo**  *very strong; very loud**

Adjectives in **-issimo** are regular four-form adjectives: **altissimo, altissima, altissimi, altissime**.

Adjectives in **-co** and **-go** form the absolute superlative from the stem of the masculine plural.

ricco        → ric**chi**    → ric**chissimo**
simpatico → simpati**ci** → simpati**cissimo**
lungo        → lun**ghi**    → lun**ghissimo**

Two common adjectives, **buono** and **cattivo,** have irregular absolute superlative forms as well as regular ones.

| | ABSOLUTE SUPERLATIVE | |
| --- | --- | --- |
| ADJECTIVE | REGULAR | IRREGULAR |
| buono | buonissimo | ottimo |
| cattivo | cattivissimo | pessimo |

The **-issimo** ending can also be added to some adverbs.

bene  → **benissimo**
male  → **malissimo**

**O** *Come sono gli studenti?* *Seguendo i simboli matematici componi frasi che descrivano gli studenti della professoressa Mancini. Attenzione all'accordo dell'aggettivo!*

ESEMPIO    Angelo / − attento
            → Angelo è lo studente meno attento.

1. Rossana / + intelligente

2. Fabiana e Ilia / + studioso

3. Emanuela e Laura / − ambizioso

4. Gianluca, Ambra e Annalisa / + simpatico

5. Alessandra / − distratto

6. Agnese / − timido

7. Luciano / + serio

8. Filippo e Gianpiero / − attento

---

*In colloquial Italian, **forte** and **fortissimo** are often equivalent to English *cool, great.*

**P**    *Facebook è fichissimo* (really cool)! *Maria Giulia è riuscita a convincere sua sorella Alba a creare un profilo su Facebook. Componi le seguenti frasi utilizzando i prefissi* stra- *e* super- *o il suffisso* -issimo/a/i/e *per esprimere i commenti delle due sorelle sulle foto dei loro amici. Aggiungi la forma di* essere *se manca.*

ESEMPIO    Andrea, il fratello di Elisa / bello / -issimo
              →   Andrea, il fratello di Elisa, è bellissimo.

1. Mamma mia! La barca di Andrea / grande / -issimo.

2. È vero. So anche che è una barca / costosa / super-.

3. Sì, ma se la può permettere. I suoi genitori / ricchi / stra-.

4. Davvero? E che lavoro fanno? / Io sono curiosa / super-.

5. Sono entrambi chirurghi plastici famosi / -issimi.

6. Adesso capisco perché sembrano entrambi giovani / -issimi per la loro età.

7. Hai ragione. E che mi dici del naso di Elisa? Ti ricordi che aveva un naso brutto / -issimo?

8. È vero. Adesso invece ha un naso alla francese delicato / super-.

9. Comunque i soldi non fanno la felicità. Io sono soddisfatta / -issima anche così.

10. Sono d'accordo, sono l'amore e la salute a renderci felici / stra-.

**Q**    *Visitando la città.* *Stefania mostra la città dove abita ai suoi amici. Scrivi ciò che gli dice usando i superlativi e facendo le trasformazioni necessarie.*

ESEMPIO    qui c'è / chiesa / antico / città
              →   Qui c'è la chiesa più antica della città.

1. lì c'è / museo / importante / città

2. qui vicino c'è / università / prestigioso / regione

3. questa è la via / largo / città

4. in questa via ci sono / negozi / elegante / zona

5. tra il negozio di abbigliamento e il bar c'è / ristorante / buono / città

6. al centro della piazza c'è / torre / alto / regione

7. tra un po' vi faccio vedere / stadio / grande / regione

8. in questo museo c'è / anello / prezioso / paese

9. in cima alla collina c'è / parco / esteso / città

10. all'interno del parco c'è / fontana / barocco / paese

**R**    *Il corso di letteratura.* *La Professoressa White e i suoi studenti descrivono le opere che studiano usando i superlativi. Scrivi ciò che dicono, come nell'esempio.*

ESEMPIO    romanzo / interessante / secolo
              →   È il romanzo più interessante del secolo.

1. poema / conosciuto / letteratura europea

2. dramma / rappresentato / anno

3. commedia / applaudita / teatro nazionale

4. raccolta di racconti / venduta / paese

5. poeta / letto / secolo

6. autore / originale / decennio

7. drammaturgo / apprezzato / nostra epoca

8. romanzo / tradotto / letteratura moderna

**S** *Esprimersi in italiano.* *Traduci in italiano le seguenti frasi.*

1. *I read more than my sister does.*

2. *They know less than we do.*

3. *Lorenzo complains as much as his wife does.*

4. *You have more DVDs than Valerio.*

5. *Angela sees fewer films than Sabrina.*

6. *We have more than ten thousand books in our library.*

7. *The soccer game was more exciting* (avvincente) *than they expected.*

8. *Giulio is the best programmer in the company.*

9. *This is the most beautiful beach in the country.*

10. *You* (voi) *live in the most elegant square in the city.*

## Expressions with Comparative Structures

**men che meno** *even less, let alone, least of all*
**meno male** *thank heaven for this, that's a relief*
**più che mai** *more than ever*
**più di tutto** *more than anything*
**stare meglio/peggio** *to be better/worse off*

Oggi sto un po' meglio.       *Today, I'm (feeling) a little better.*
C'è sempre chi sta peggio.       *There's always someone who's worse off (than you).*

**tanto meno** *even less, let alone*

**T** *Tradurre in inglese.*

1. Oggi non voglio vedere nessuno, men che meno lui.

2. Stamattina stavo meglio e sono uscito.

3. Ora più che mai nel paese c'è bisogno di unità.

4. Lui ama il suo lavoro più di tutto.

5. Perché si lamentano tanto? C'è chi sta peggio di loro.

# Adjective + Preposition + Infinitive

## The Preposition di

Many adjectives are connected to a following infinitive by the preposition **di**. This construction often conveys the sense of causation: The infinitive causes the reaction expressed by the adjective.

| | |
|---|---|
| Sono **contento di vederti**. | *I'm happy to see you.* |
| Lui è **disperato di trovare** un lavoro. | *He's desperate to find a job.* |
| La nostra squadra è **sicura di vincere**. | *Our team is sure to win.* |

These adjectives fall into several semantic categories.

### Happiness or Regret

**contento di** *happy to*
**felice di** *happy to*
**lieto di** *happy to*
**rammaricato di** *remorseful of*
**soddisfatto di** *satisfied at*
**stanco di** *tired of*
**stufo di** *fed up with*
**triste di** *sad to*

### Awareness, Guilt, or Ability

**capace di** *able to*
**colpevole di** *guilty of*
**consapevole di** *aware of*
**convinto di** *convinced of*
**curioso di** *curious to*
**fiero di** *proud of*
**orgoglioso di** *proud of*
**riconoscente di** *grateful for*

### Eagerness or Reluctance

**ansioso di** *eager to*
**desideroso di** *desirous of*
**impaziente di** *impatient to*
**mortificato di** *mortified to*
**timoroso di** *fearful of*

## The Preposition a

Certain adjectives are connected to a following infinitive by the preposition **a**. This construction often conveys the sense of purpose or goal.

| | |
|---|---|
| Siamo **disposti a prestarti** i soldi. | *We're willing to lend you the money.* |
| Sono **pronto ad aiutarti**. | *I'm ready to help you.* |
| Sono **restio a parlare** di me. | *I'm reluctant to talk about myself.* |

Adjectives with **a** before an infinitive fall into several semantic categories.

### Habit

**abituato a**  *accustomed to*
**atto a**  *apt to*
**propenso a**  *inclined to*
**veloce a**  *quick to*

### Obligation or Intent

**costretto a**  *forced to*
**deciso a**  *resolved to*
**destinato a**  *destined to*

### Occupation or Task

**impegnato a**  *busy at*
**occupato a**  *busy at*

**U** *Un felice incontro.* Inserisci la preposizione adatta per scoprire il dialogo tra il signor Moneta, banchiere, e il signor Marconi, ingegnere elettronico.

1. Salve, Ingegner Marconi. Sono molto contento _____ vederLa. Come sta?

2. Non ci possiamo lamentare. Anch'io sono lieto _____ rincontrarLa dopo tanti anni. Come stanno i Suoi?

3. Molto bene, grazie. Saranno felici _____ sapere che ci siamo incontrati per caso. E Sua moglie come sta?

4. Sta bene, anche se è un po' stufa _____ vivere in città. Stiamo cercando una casa in campagna.

5. Un mio caro amico ha messo in vendita il suo villino (*country house*). Se vuole, posso metterLa in contatto con lui. Sono alcuni mesi che è impaziente _____ venderlo.

6. La ringrazio molto. Sa, quando siamo prossimi alla pensione diventiamo propensi _____ cercare luoghi tranquilli e silenziosi. Specialmente quando siamo costretti _____ vivere in una città caotica per motivi di lavoro.

7. La capisco. Anch'io sono desideroso _____ vivere nella quiete. Sono abituato _____ godermi la natura e il silenzio.

8. Sono curioso _____ sapere il prezzo del villino. Sa per caso quanto chiede il Suo amico? Con i tempi che corrono, non credo che io e mia moglie ce lo possiamo permettere.

9. Non saprei. Ma se vuole, posso chiederglielo. Può sempre richiedere un prestito alla banca dove lavoro. Sono sicuro che saremo disposti _____ prestarLe il necessario.

10. La ringrazio di cuore. Sono impaziente _____ parlarne con mia moglie. È stato un piacere rivederLa. Mi saluti tanto i Suoi genitori.

# 15

# Object Pronouns

## Direct Object Pronouns

The Italian system of object pronouns differs considerably from that of English. A key difference occurs in the third person, where Italian uses different forms for the direct and indirect objects. Here are the direct object pronouns of Italian.

|  | SINGULAR | PLURAL |
|---|---|---|
| FIRST PERSON | mi | ci |
| SECOND PERSON | ti | vi |
| THIRD PERSON | lo/la/La | li/le/Li/Le |

Direct object pronouns in Italian precede the verb (except for the present participle, the infinitive, and certain imperative forms). Object pronouns in Italian are always unstressed and are pronounced as if they were part of preceding or following verb forms, even if they are written as separate words.

| Cerco il libro, ma non **lo** trovo. | *I'm looking for the book, but I can't find it.* |
| Ieri **mi** hanno chiamato. | *They called me yesterday.* |
| Non so perché non **ci** hanno invitato. | *I don't know why they didn't invite us.* |
| Giovanni abita lontano. Non **lo** vedo mai. | *Giovanni lives far away. I never see him.* |
| Anna parla male il francese. Nessuno **la** capisce. | *Anna speaks French badly. No one understands her.* |
| I problemi sono difficili. Non **li** ho risolti. | *The problems are difficult. I haven't solved them.* |
| Dove sono le chiavi? Non **le** trovo. | *Where are the keys? I can't find them.* |

**NOTES**

- **La** means *you* when formally addressing a man or woman. It is written with an uppercase **L** even in the middle of a sentence.

| Non **La** conosco, signore. | *I don't know you, sir.* |
| Non **La** conosco, signora. | *I don't know you, ma'am.* |

- In the compound tenses, the past participle agrees with **lo, la, li,** and **le**. The pronouns **lo** and **la** become **l'** before a vowel; the pronouns **li** and **le** do not elide.

| Mi ha dato gli articoli, ma non **li** ho **letti**. | *He gave me the articles, but I didn't read them.* |

| Che bella poltrona! Dove l'avete **comprata?** | *What a beautiful armchair! Where did you buy it?* |
| Avevo molte faccende, e **le** ho **sbrigate** tutte. | *I had several errands, and I did them all.* |

When formal **La** appears in compound tenses, the past participle usually agrees with the gender of the person referred to.

| Non L'ho **visto**, signore. | *I haven't seen you, sir.* |
| Non L'ho **vista**, signora. | *I haven't seen you, ma'am.* |

With the pronouns **mi**, **ti**, **ci**, and **vi**, the agreement of the past participle is optional.

| Laura, **ti** ho **aspettato/aspettata**, ma non sei venuta. | *Laura, I waited for you, but you didn't come.* |
| Non **ci** hanno **chiamato/chiamati**. | *They didn't call us.* |
| Ragazze, non **vi** ho **convinto/convinte**. | *Girls, I haven't convinced you.* |

- In verb + infinitive constructions, the object pronoun follows the infinitive and is attached to it in writing. The final **-e** of the infinitive is dropped when an object pronoun is added. The pronoun **La** (formal *you*) is written with an uppercase **L** even when it is attached to an infinitive: **Posso aiutarLa, signore?**

| —Questi corsi cominciano ad **annoiarmi**. | *These courses are beginning to bore me.* |
| —Forse devi **abbandonarli**. | *Maybe you ought to drop them.* |
| —Possiamo **aiutarvi?** | *Can we help you?* |
| —Sì, grazie. Vedete queste valigie? Potete **portarle** all'ultimo piano. | *Yes thanks. Do you see these suitcases? You can take them up to the top floor.* |

When the first verb of a verb + infinitive construction is **potere**, **volere**, **dovere**, **cominciare a**, or **preferire**, the object pronoun may precede the first verb.

| **Vi** possiamo aiutare? | *Can we help you?* |
| Lei **mi** vuole accompagnare? | *Do you want to accompany me?* |
| I piatti sono sporchi. **Li** dobbiamo lavare. | *The dishes are dirty. We ought to wash them.* |
| Il problema è difficile, ma **lo** comincio a capire. | *The problem is difficult, but I'm beginning to understand it.* |

- The object pronoun is not attached to the present participle in progressive-tense constructions.

| I CD registrabili? **Li** sto cercando. | *The recordable CDs? I'm looking for them.* |
| Il documento? **Lo** stiamo studiando. | *The document? We're studying it.* |

Several verbs that take indirect objects in English take direct objects in Italian.

**ascoltare qlcu/qlco**  *to listen to someone/something*
**aspettare qlcu/qlco**  *to wait for someone/something*
**cercare qlcu/qlco**  *to look for someone/something*
**chiedere qlco**  *to ask for something*
**guardare qlcu/qlco**  *to look at someone/something*
**pagare qlco**  *to pay for something*

**A** *Al negozio di abbigliamento.* *Patrizia è in un negozio di alta moda. Descrivi quello che fa usando i verbi tra parentesi e i pronomi oggetto diretto. Segui l'esempio.*

ESEMPIO    Ecco la porta del negozio. (aprire)
→ Patrizia la apre.

1. Ecco i vestiti. (guardare)

2. Ecco un abito della sua taglia. (provare)

3. L'abito non le piace. (non prendere)

4. Le piace questa camicia di seta. (provare)

5. La camicia le sta bene. (comprare)

6. Vuole un paio di pantaloni di organza. (cercare)

7. Trova un paio di pantaloni che si intonano con (*to go well with*) la camicia di seta. (prendere)

8. Passa al reparto cappelli. (guardare)

9. Ci sono due cappelli che le piacciono. (provare)

10. È contenta di aver trovato un completo per il matrimonio di sua figlia Ilenia. (pagare)

**B** *Il trasloco.* *La famiglia Tosi sta traslocando nella nuova casa. La signora Tosi risponde alle domande dei traslocatori sulla sistemazione dei mobili. Utilizza le parole tra parentesi per scrivere le sue risposte sostituendo i sostantivi con i pronomi oggetto diretto.*

ESEMPIO    E la lavastoviglie, signora? (installare / cucina)
→ La potete installare in cucina. / Potete installarla in cucina.

**I mobili**

la **camera**  *the bedroom*
il **divano**  *the couch*
la **lavastoviglie**  *dishwasher*
la **lavatrice**  *washer*
il **letto matrimoniale**  *double bed*
il **letto singolo**  *single bed*
  **montare**  *to put together, set up, put up*
la **sala da pranzo**  *dining room*
il **soggiorno**  *living room*
  **spostare**  *to move (something)*

1. E il divano, signora? (mettere / salotto)

2. E il letto singolo? (montare / camera di mio figlio)

3. E la lavatrice? (portare / di sotto)

4. E la TV? (lasciare / soggiorno)

5. E il tavolo con le sedie? (spostare / sala da pranzo)

6. E i vestiti? (mettere / armadio)

7. E la scrivania? (montare / studio)

8. E il letto matrimoniale? (portare / camera mia e di mio marito)

**C** *Mi dispiace, ma non posso.* *Giada risponde negativamente alle domande della sua amica. Scrivi le sue risposte inserendo il pronome oggetto diretto, come nell'esempio.*

ESEMPIO     Mi aiuti?
→ No, non ti posso aiutare. / No, non posso aiutarti.

1. Mi accompagni in centro?

2. Mi aspetti?

3. Aspetti mia sorella?

4. Chiami i miei genitori?

5. Ci inviti a casa tua?

6. Ascolti la professoressa?

7. Guardi il mio gatto?

8. Cerchi le mie chiavi?

**D** *Tutto a posto e niente in ordine.** *Nella piccola impresa Girardi tutti sono impegnati a sbrigare le ultime incombenze prima di chiudere l'azienda per le vacanze estive. Rispondi alle domande utilizzando i nomi tra parentesi e sostituendo i sostantivi con i pronomi oggetto diretto.*

ESEMPIO     Chi manda il fax? (Elena)
→ Lo manda Elena.

|  | **assumere** *to hire* |
| l' | **azienda** *company* |
| il | **commercialista** *accountant* |
| il/la | **dipendente** *employee* |
|  | **distruggere i documenti** *to shred the documents* |
| la | **ditta** *firm* |
| l' | **inventario** *inventory* |
| il | **sito** *website* |

1. Chi chiama il commercialista? (Giancarlo)

2. Chi scrive le e-mail ai clienti? (Graziella)

3. Chi fa gli ordini per l'autunno? (Pietro e Alice)

4. Chi contatta le ditte? (Roberto)

5. Chi fa l'inventario? (Francesco)

6. Chi realizza il progetto? (voi)

7. Chi assume i nuovi dipendenti? (Il capo)

8. Chi crea il nuovo sito? (Giorgio)

9. Chi paga i nuovi prodotti? (l'azienda)

10. E chi getta i rifiuti? (noi)

---

*This expression is equivalent to English *Everything's ready, nothing works.* The expression is very popular in contemporary Italian, especially as a witty answer to the question **Tutto a posto?** *Everything all right?*

**E** *Fatto tutto!* *Rispondi alle seguenti domande utilizzando il passato prossimo e sostituendo i sostantivi con i pronomi oggetto diretto. Fai attenzione all'accordo!*

ESEMPIO   Non leggi il documento?
→ L'ho già letto.

1. Elena non manda il fax?

2. Giorgio non crea il nuovo sito?

3. Giancarlo non chiama il commercialista?

4. Pietro e Alice non fanno gli ordini per l'autunno?

5. Voi non distruggete i documenti?

6. Roberto non contatta le ditte?

7. Francesco non fa l'inventario?

8. I nuovi dipendenti non firmano il contratto?

9. Loro non controllano i dati?

10. Il capo non assume i nuovi dipendenti?

## Indirect Object Pronouns

An indirect object is the person to whom or for whom an action is performed. In Italian, indirect object nouns are connected to the verb by the preposition **a**.

Scrivo **a Piero**.                          *I'm writing (to) **Piero**.*
Ho bisogno di parlare **al direttore**.      *I need to speak **to the manager**.*
Abbiamo prestato cento euro **a nostro cugino**.   *We lent 100 euros **to our cousin**.*

Indirect object nouns may be replaced by indirect object pronouns. Italian indirect object pronouns refer only to people and animals.

|  | SINGULAR | PLURAL |
|---|---|---|
| FIRST PERSON | mi | ci |
| SECOND PERSON | ti | vi |
| THIRD PERSON | gli/le/Le | loro (gli)/Loro |

**NOTES**

- **Gli** means *to him,* **le** means *to her,* and **Le** means *to you* (formal) and may refer to either a man or a woman.

—Roberto ha bisogno di soldi?                *Does Roberto need money?*
—Credo di sì. Domani **gli** mando cinquanta   *I think so. Tomorrow, I'll send him*
   euro.                                         *50 euros.*

—Giuliana vuole comprare una macchina?       *Does Giuliana want to buy a car?*
—Sì. Forse **le** vendo la mia.               *Yes. Maybe I'll sell her mine.*

Che **Le** offro, signore?                    *What can I offer you, sir?*
Che **Le** preparo, signora?                  *What can I prepare for you, ma'am?*

■ **Loro** is the indirect object pronoun of the third person plural (*to them*). Unlike the other pronouns, **loro** follows the verb. In modern Italian, it is usually replaced by **gli**.

| FORMAL ITALIAN | Quando i miei amici mi scrivono, rispondo **loro** lo stesso giorno. | *When my friends write to me, I answer them the same day.* |
| EVERYDAY ITALIAN | Quando i miei amici mi scrivono, **gli** rispondo lo stesso giorno. | *When my friends write to me, I answer them the same day.* |

Several verbs that take a direct object of the person in English take an indirect object in Italian.

**chiedere a qlcu**  *to ask someone*
**convenire a qlcu**  *to suit someone, be useful/good for someone*
**disobbedire a qlcu**  *to disobey someone*\*
**domandare a qlcu**  *to ask someone*
**insegnare qlco a qlcu**  *to teach someone something*
**obbedire a qlcu**  *to obey someone*
**pagare a qlcu**  *to pay someone*
**piacere a qlcu**  *to please someone*
**rispondere a qlcu**  *to answer someone*
**telefonare a qlcu**  *to phone someone*

| **Gli ho domandato** dove abitava. | *I asked him where he lived.* |
| Domani sera **le telefono**. | *I'll call her tomorrow evening.* |
| Posso far preparare del salmone, se **Le piace**, signore. | *I can have some salmon prepared, if you like, sir.* |
| **Conviene loro** tacere. | *It's best for them to remain silent.* |

Other common phrases take an indirect object of the person.

**fare visita a qlcu**  *to visit someone*
**scrivere a qlcu**  *to write to someone*

## Verbs That Take Two Objects

Many Italian verbs take two objects: a direct object (a thing) and an indirect object (a person).

**cantare qlco a qlcu**  *to sing something for someone*
**comprare qlco a qlcu**  *to buy something for someone*
**consegnare qlco a qlcu**  *to hand/deliver something to someone*
**dare qlco a qlcu**  *to give something to someone*
**dire qlco a qlcu**  *to say/tell something to someone*
**fare vedere qlco a qlcu**  *to show something to someone*
**insegnare qlco a qlcu**  *to teach something to someone*
**inviare qlco a qlcu**  *to send something to someone*

---

\*This verb is sometimes transitive in colloquial usage: **Quel bambino disobbedisce la mamma.** *That child disobeys his mother.*

**lasciare qlco a qlcu**  *to leave something for someone*
**leggere qlco a qlcu**  *to read something to someone*
**mandare qlco a qlcu**  *to send something to someone*
**mostrare qlco a qlcu**  *to show something to someone*
**offrire qlco a qlcu**  *to offer something to someone*
**ordinare qlco a qlcu**  *to order something from someone; to prescribe something for someone*
**portare qlco a qlcu**  *to bring something to someone*
**preparare qlco a qlcu**  *to prepare something for someone*
**prestare qlco a qlcu**  *to lend something to someone*
**promettere qlco a qlcu**  *to promise something to someone*
**regalare qlco a qlcu**  *to give something to someone (as a gift)*
**restituire qlco a qlcu**  *to give something back to someone*
**ricordare qlco a qlcu**  *to remind someone of something*
**ripetere qlco a qlcu**  *to repeat something to/for someone*
**scrivere qlco a qlcu**  *to write something to someone*
**spedire qlco a qlcu**  *to mail/send something to someone*
**spiegare qlco a qlcu**  *to explain something to someone*
**vendere qlco a qlcu**  *to sell something to someone*

| | |
|---|---|
| —Chi ti ha regalato quella macchina? | *Who gave you that car?* |
| —Regalato? Stai scherzando? Mio cugino mi ha prestato la macchina. | *Gave? Are you kidding? My cousin lent me the car.* |

Some verbs following this pattern in Italian have a very different pattern in English.

**chiedere qlco a qlcu**  *to ask someone for something*
**domandare qlco a qlcu**  *to ask someone for something*
**pagare qlco a qlcu**  *to pay someone for something*

| | |
|---|---|
| —Mi hanno detto che Giuseppe è nei guai. | *They told me Giuseppe is in trouble.* |
| —È vero. I suoi genitori gli hanno pagato l'affitto questo mese. | *It's true. His parents paid his rent for him this month.* |

**F** *Quei piccoli gesti.* Usa le parole tra parentesi e un pronome oggetto indiretto per dire cosa fanno queste persone per altre persone.

ESEMPIO    (Io) presto la matita a Luca. (la penna)
→ (Io) gli presto la penna.

1. (Noi) diamo dei consigli ai nostri vicini. (dei soldi)

2. Antonella mi mostra le foto. (i quadri)

3. Ho scritto una lettera ai miei cugini. (un'e-mail)

4. I Giannini prestano la villa ai Fornaciari. (la macchina)

5. (Io) regalo un orologio alla mia ragazza. (una collana)

6. (Voi) mandate una cartolina ai vostri genitori. (un pacco)

7. Il mio cane mi porta il giornale. (le ciabatte *slippers*)

8. Marcello ha dato il suo indirizzo a Silvia. (il suo numero di telefono)

9. Il professore ha spiegato la rivoluzione francese agli studenti. (la rivoluzione industriale)

10. La mamma ha letto un giornale a sua figlia. (una fiaba)

**G** *Il matrimonio.* *Ci sono molte cose da fare in vista delle nozze di Azzurra, la figlia di Nadia. La madre chiede alla figlia cosa c'è da fare. Scrivi le risposte della futura sposa utilizzando l'espressione* **bisogna** *e un pronome oggetto indiretto.*

ESEMPIO   E gli invitati? (spedire l'invito)
→ Bisogna spedirgli l'invito. / Bisogna spedire loro l'invito.

**Le nozze** *The wedding*

l' **acconto** *down payment*
il **consuocero** *son's/daughter's father-in-law*
il **fioraio / la fioraia** *florist*
il **parroco** *priest*
il **sarto / la sarta** *dressmaker, tailor*
la **sposa** *bride*
lo **sposo** *groom*

1. E il parroco? (chiedere se può occuparsi della cerimonia)

2. E il fotografo? (dare l'acconto)

3. E i camerieri del servizio *catering*? (telefonare)

4. E la fioraia? (ordinare i fiori)

5. E le sarte? (pagare l'abito da sposa)

6. E i consuoceri? (restituire i soldi)

7. E lo sposo? (parlare del viaggio di nozze)

8. E tuo padre? (ricordare che non si deve stressare)

**H** *La rimpatriata delle elementari* (**The elementary school reunion**). *Un gruppo di ex-compagni della scuola elementare "Lido del faro" si incontrano dopo 28 anni. Molte cose sono cambiate, ma i ricordi sono gli stessi per tutti loro. Aiutali a formulare i loro pensieri formando frasi al passato prossimo con i complementi oggetto indiretto.*

ESEMPIO   Giuliano non sapeva risolvere il problema di matematica.
tu dire / come risolverlo
→ Tu gli hai detto come risolverlo.

1. Vi ricordate il compleanno della maestra Marta?
noi / cantare "Tanti auguri a te"

2. Vito è dovuto tornare in Canada con i suoi genitori.
noi / fare una festa a sorpresa

3. Francesca amava l'equitazione.
il padre / comprare un cavallo bellissimo

4. Franco non parlava bene l'italiano.
la maestra Marta / insegnare la grammatica italiana

5. Massimo e Simone non andavano d'accordo.
   Daniela / dire di fare pace

6. Il coniglio di Rita non stava bene.
   la mamma di Rita / dare una medicina

7. Valeria aveva dimenticato il libro a casa.
   Manuela / prestare il suo

8. Noi non capivamo le tabelline (*multiplication tables*).
   la maestra Marta / spiegare / le tabelline

9. La nonna di Massimiliano non stava bene.
   noi / mandare dei fiori

10. Maurizio ed Elvira non sapevano della rimpatriata.
    Sì che lo sapevano. Manuela / mandare un messaggio su Facebook

# The Pronouns **ci** and **vi**

Two Italian object pronouns, **ci** and **vi**, replace prepositional phrases of location. These are identical in form to the first- and second-person plural object pronouns; context clarifies whether a direct object, an indirect object, or a location is meant. We refer to these pronouns as *locative pronouns*. In everyday language, **ci** is far more common than **vi** in this function.

Locative pronouns replace prepositional phrases consisting of **a**, **in**, **su**, **sotto**, **davanti a**, **dietro a**, etc. + an inanimate noun.

| | |
|---|---|
| La forza di una ditta sono le persone che **ci** lavorano. (**ci** = nella ditta) | *The strength of a company is the people who work there / in it.* |
| I ristoranti vicino all'università sono sempre pieni perché tutti gli studenti **ci** mangiano. (**ci** = nei ristoranti) | *The restaurants near the university are always full, because all the students eat there.* |
| Loro vanno allo stadio, ma io non **ci** vado. (**ci** = allo stadio) | *They're going to the stadium, but I'm not (going there).* |
| Devi cercare casa fuori città. **Ci** troverai case meno care. (**ci** = fuori città) | *You should look for a place to live outside the city. You will find less expensive houses (there).* |
| In quella scuola offrono corsi di lingua. Molti stranieri **ci** studiano l'italiano. (**ci** = in quella scuola) | *In that school, language courses are offered. Many foreigners study Italian there.* |
| Dietro la casa c'è un gran giardino. I bambini **ci** giocano tutto il giorno. (**ci** = nel giardino) | *Behind the house is a big garden. The children play there all day long.* |

**Ci** can also replace prepositional phrases beginning with prepositions of location even when the reference is notional.

| | |
|---|---|
| —Pensi molto alla tua malattia? | *Do you often think of your illness?* |
| —No, non **ci** penso mai. (**ci** = alla malattia) | *No, I never think of it.* |

| | |
|---|---|
| —Possiamo contare sull'aiuto di Giacomo? | *Can we count on Giacomo's help?* |
| —Io non **ci** conterei. Giacomo è molto occupato. (**ci** = sull'aiuto di Giacomo) | *I wouldn't count on it. Giacomo is very busy.* |

**Ci** follows the same rules of position as the direct and indirect object pronouns.

| | |
|---|---|
| —Ti è piaciuta Venezia? | *Did you like Venice?* |
| —Sì, ho voglia di tornar**ci**. | *Yes, I want to go back (there).* |
| —A Gabriella è piaciuta Milano?* | *Did Gabriella like Milan?* |
| —Moltissimo. **Ci** è rimasta un mese. | *An awful lot. She stayed (there) a month.* |

With the verb **avere**, the pronoun **ci** is used before the elided pronoun **l'**, especially with the forms **ho**, **hai**, and **ha**. Note that **ci** becomes **ce** before another object pronoun.

| | |
|---|---|
| —Cerco il giornale. **Ce l'hai** tu? | *I'm looking for the newspaper. Do you have it?* |
| —No, non **ce l'ho**. Chiedi a Luca. Forse **ce l'ha** lui. | *No, I don't have it. Ask Luca. Maybe he has it.* |

With the pronouns **li** and **le**, as well as with all pronouns in tenses other than the present, the use of **ce** is optional (but characteristic of colloquial speech), so that the omission of **ce** gives the sentence a more formal tone.

| | |
|---|---|
| —Cerco le chiavi. **(Ce) le hai?** | *I'm looking for the keys. Do you have them?* |
| —No, non **(ce) le ho**. Chiedi a Luca. Forse **(ce) le ha** lui. | *No, I don't have them. Ask Luca. Maybe he has them.* |
| Non ho messo cipolla nella salsa perché **non (ce) l'avevo**. | *I didn't put onion in the sauce, because I didn't have any.* |

**I** *Mai e poi mai! Queste persone non fanno mai queste cose. Scrivi le risposte alle domande usando il pronome **ci**, come nell'esempio.*

ESEMPIO    Vai spesso a Roma?
→ No, non ci vado mai.

1. Marco e Anna pranzano in mensa?

2. I vicini vengono alle vostre feste?

3. Viaggiate in aereo?

4. Mangi in macchina?

5. Tu e il tuo ragazzo dormite all'aperto d'estate?

6. Tua madre guida nelle grandi città?

7. I tuoi figli giocano nel parco?

8. Tua nipote va a cavallo?

9. Studi in biblioteca?

10. Tuo padre resta tardi al lavoro?

---

*Cities in Italian are always feminine.

**J** *I veri amici ci sono nel momento del bisogno.* *Il tuo migliore amico ti confida i suoi dubbi e timori. Utilizza il verbo* **dovere***, il pronome* **ci** *e il verbo tra parentesi per dargli dei consigli o per rassicurarlo. Attenzione all'ottava risposta!*

**I verbi e le loro strutture**

**credere a qlco**  *to believe in something*
**pensare a qlco**  *to think of something, think something over*
**pensare di fare qlco**  *to think of doing something*
**provare a fare qlco**  *to try to do something*
**riflettere su qlco**  *to reflect on something*
**rinunciare a fare qlco**  *to give up (the idea of) doing something*
**ritornare a fare qlco**  *to start doing something again*

> ESEMPIO     (Io) non so ancora cosa farò dopo l'università. (pensare)
>                     → (Tu) devi pensarci. / (Tu) ci devi pensare.

1. Non ho abbastanza soldi per comprare un nuovo cellulare. (rinunciare)

2. Non ho fiducia in me stesso e nelle mie potenzialità. (credere)

3. Questa situazione mi ha sconvolto. (riflettere)

4. Non so se potrò smettere di fumare. (provare)

5. Non ho voglia di andare al lavoro oggi. (andare)

6. Ho paura del dentista e non mi va di andare al secondo appuntamento. (tornare)

7. Non so se posso venire alla festa con te. (venire)

8. Vuoi ancora essere mio amico? (io / pensare)

## The Pronoun **ne**

An indefinite or partitive article + noun can be replaced by the pronoun **ne**. **Ne** often means *some* or *any* in these sentences. In addition, **ne** can replace nouns after words of quantity such as **molto**, **tanto**, **poco**, and **alcuni/alcune**, as well as nouns after numbers. **Ne** can replace both animate and inanimate nouns; in other words, it can refer to both people and things.

| | |
|---|---|
| —Vuoi dell'acqua? | *Do you want any water?* |
| —No, grazie, non **ne** voglio. | *No, thank you, I don't (want any).* |
| —Conosci degli insegnanti qui? | *Do you know any teachers here?* |
| —Sì, **ne** conosco molti. | *Yes, I know several.* |
| —Questo formaggio ha molti grassi? | *Does this cheese have a lot of fat?* |
| —No, **ne** ha pochissimi. | *No, it has very little.* |
| —Hai molto lavoro? | *Do you have a lot of work?* |
| —**Ne** ho troppo. | *I have too much.* |
| —Hai molti cugini? | *Do you have a lot of cousins?* |
| —Sì, **ne** ho dodici. | *Yes, I have twelve.* |

The pronoun **ne** also replaces prepositional phrases beginning with **di**.

| | |
|---|---|
| —Vincenzo parla molto di politica. | *Vincenzo talks about politics a lot.* |
| —Io non **ne** discuto mai con lui. (discutere di) | *I never discuss it with him.* |
| —Gli studenti hanno capito il romanzo? | *Did the students understand the novel?* |
| —Sì, **ne** hanno fatto un riassunto. (fare un riassunto di) | *Yes, they wrote a summary of it.* |
| —Filippo Le ha chiesto i documenti? | *Has Filippo asked you for the documents?* |
| —Sì, **ne** ha bisogno. (aver bisogno di) | *Yes, he needs them.* |
| —Il bambino non vuole accarezzare il cane? | *Doesn't the child want to pet the dog?* |
| —No, **ne** ha paura. (aver paura di) | *No, he's afraid (of it).* |

In compound tenses, the past participle agrees in gender and number with the noun that the pronoun **ne** replaces.

| | |
|---|---|
| —Hai visto tutti i nuovi film? | *Have you seen all the new films?* |
| —No, **ne** ho **visti** solamente due. | *No, I only saw two (of them).* |
| —Quanti etti di spaghetti avete preparato? | *How many (hecto)grams of spaghetti did you prepare?* |
| —**Ne** ho **preparati** due. | *I prepared two (hectograms).* |
| —Quante mele hai comprato? | *How many apples did you buy?* |
| —**Ne** ho **comprate** sei. | *I bought six (of them).* |

### NOTA LINGUISTICA

Students of French should note that while the French pronoun **en** never causes the past participle to agree, Italian **ne** functions the same way that **lo**, **la**, **li**, and **le** do and therefore causes agreement of the past participle in compound tenses.

**K** *La tua città.* Rispondi alle seguenti domande utilizzando il pronome **ne**. Le risposte possono essere affermative o negative.

1. La tua città è ricca di monumenti?

2. La tua città si vanta dei suoi musei? (vantarsi di *to boast of*)

3. Hai paura della città di notte?

4. Parli spesso della tua città?

5. Le strade della tua città sono fiancheggiate (*lined with*) da alberi?

6. E sono piene di macchine?

7. Vale la pena di andare in città in bicicletta? (valere la pena di *to be worth* [*doing something*])

8. Discuti dell'inquinamento a scuola o al lavoro?

**L** *Correzioni.* Tua sorella / Tuo fratello si sbaglia sempre con le quantità. Correggila/ Correggilo con le cifre fornite e il pronome **ne**, come nell'esempio. Attenzione all'accordo del participio passato!

ESEMPIO   Michele ha due sorelle, vero? (3)
→ No, ne ha tre.

1. Lisa ha un figlio, vero? (2)

2. Alessandro guadagna duemila euro al mese, vero? (1800)

3. I figli di Lisa devono leggere cento pagine per domani, vero? (50)

4. Abbiamo camminato due chilometri, vero? (4)

5. Devi pagare ottanta dollari di multa (*fine*), vero? (130)

6. La casa di Simona ha due bagni, vero? (3)

7. La nonna di Enrico ha sessantacinque anni, vero? (70)

8. Oggi ne abbiamo dodici, vero? (11)

**M** *Il palazzo di vetro.* Nel palazzo dove abita Claudio gli inquilini sanno tutto di tutti e non è facile mantenere un segreto. Utilizza il pronome **ne** e il passato prossimo per rispondere alle domande di Claudio. Attenzione all'accordo del participio passato!

ESEMPIO   Fabrizio dipinge quadri? (10)
→ Ne ha dipinti dieci.

1. Eleonora e Alessandro hanno bambini? (2)

2. La signora Rubini acquista ancora pietre preziose? (3)

3. Il signor Volpini adotta ancora cani? (4)

4. L'inquilino dell'ultimo piano vede ancora gli UFO? (molti)

5. Le figlie dei Marini fanno ancora dei concerti? (5)

6. Franco vede ancora molti film? (26)

7. Il bambino dei Bruni beve ancora molto latte? (un litro)

8. Il figlio del professor Imperiale dà ancora esami all'università? (10)

## Double Object Pronouns

Although English doesn't allow two object pronouns to occur together, pairs of object pronouns occur frequently in Italian speech and writing. When two pronouns occur together, they follow a fixed order. In combinations of a direct and an indirect object pronoun, the indirect object precedes the direct object. When an indirect object pronoun precedes another pronoun, it changes its form as follows.

mi → me
ti → te
gli → glie
le → glie

```
ci  →  ce
vi  →  ve
gli →  glie
```

Thus, the possible combinations of indirect object + direct object are as follows.

| | | | |
|---|---|---|---|
| me lo | me la | me li | me le |
| te lo | te la | te li | te le |
| glielo | gliela | glieli | gliele |
| ce lo | ce la | ce li | ce le |
| ve lo | ve la | ve li | ve le |
| glielo | gliela | glieli | gliele |

## NOTES

- The indirect object pronoun **glie** is written as a single word with a following direct object pronoun, whether it precedes the verb form or follows it; in the latter case, the **glie** form is attached to the verb in writing.

- When **loro** occurs with a direct object, it follows the verb and the direct object precedes.

| | |
|---|---|
| —I revisori vogliono vedere il bilancio. | *The auditors want to see the balance sheet.* |
| —**Lo** mandiamo **loro** subito. | *We're sending it off to them right away.* |

In everyday Italian, however, **loro** is replaced by **gli** and is written as one word with a following direct object pronoun.

| | |
|---|---|
| —I revisori vogliono vedere il bilancio. | *The auditors want to see the balance sheet.* |
| —**Glielo** mandiamo subito. | *We're sending it off to them right away.* |
| —Non capiamo queste analisi di mercato. | *We don't understand these market analyses.* |
| —Non **ve le** ha spiegate il direttore vendite? | *Didn't the sales manager explain them to you?* |
| —Ho fatto tante fotografie a Napoli. | *I took so many pictures in Naples.* |
| —Perché non **me le** mostri? | *Why don't you show them to me?* |
| —Ad Angelica serve la calcolatrice che ti ha prestato. | *Angelica needs the calculator she lent you.* |
| —Domani **gliela** restituisco. | *I'll give it back to her tomorrow.* |
| —Perché avete inviato loro i fogli elettronici? | *Why did you send them the spreadsheets?* |
| —Perché **ce li** hanno chiesti. | *Because they asked us for them.* |
| —E gli istogrammi? Mi servono. | *And the bar graphs? I need them.* |
| —**Glieli** sto copiando adesso. | *I'm copying them for you right now.* |
| Ho bisogno dei preventivi. Porta**meli**, per favore. | *I need the estimates. Bring them to me, please.* |
| —Hai comprato i regali per i bambini? | *Did you buy the gifts for the children?* |
| —Sì, e oggi voglio dar**glieli**. | *Yes, and I want to give them to them today.* |

Double object pronouns follow the same rules of position as single object pronouns. Note, however, that double object pronouns cannot be separated from each other. For instance, in a verb + infinitive construction consisting of **dovere**, **potere**, or **volere** + infinitive, the pair of double object pronouns either is placed before the first verb or is attached to the infinitive.

Me lo puoi restituire? }
Puoi restituirmelo? }              *Can you give it back to me?*

BUT NOT

Me puoi restituirlo?

**N** ***La gentilezza non è mai abbastanza.*** *Usa il verbo tra parentesi e i pronomi doppi per dire ciò che queste persone si offrono di fare in ogni situazione. Ricorda di mettere il soggetto alla fine della frase.*

> ESEMPIO   Gabriele non sa l'indirizzo dell'ostello. (io / dire)
> → Glielo dico io.

1. Abbiamo finito il sale. (il vicino / dare)
2. Il turista non sa dov'è la Fontana di Trevi. (noi / indicare)
3. La collega di Giada non ha una penna. (Giada / prestare)
4. Non ho capito la lezione. (tu / spiegare)
5. Alla signora sono caduti gli occhiali. (io / raccogliere)
6. Non riesco ad aprire il barattolo. (io / aprire)
7. Chiara vuole un cagnolino per il compleanno. (il suo ragazzo / regalare)
8. Il mio portatile non funziona. (Giorgio / riparare)
9. Claudia ha tanta voglia di melanzane alla parmigiana. (La mamma / cucinare)
10. Non riuscite a chiudere il finestrino (*car window*). (vostro figlio / chiudere)

**O** ***Invece sì!*** *Il nonno è un po' distratto. È convinto che le cose che sono già successe debbano ancora succedere. Diglielo utilizzando il passato prossimo e i pronomi doppi.*

> ESEMPIO   (Tu) non mi hai ancora restituito l'accendino (*cigarette lighter*).
> → Invece sì, te l'ho già restituito.

1. Non hai regalato dei fiori a tua madre per il suo compleanno.
2. Tua sorella non ci ha spedito neanche una cartolina.
3. Non ti ho ancora fatto un regalo per la tua laurea.
4. I tuoi figli non ti hanno detto che tornavano tardi.
5. Tuo padre non ha scritto l'e-mail al suo capo.
6. Non mi hai ancora letto l'oroscopo di oggi.
7. Tua nonna non mi ha ancora comprato le sigarette.
8. Non ti ho mai raccontato la mia infanzia.

**P** **_Mai perdersi in un bicchier d'acqua._**\* _Coniuga al presente i verbi tra parentesi e uniscili ai pronomi doppi per proporre una soluzione ai seguenti problemi._

ESEMPIO    Pete non possiede film in italiano. (noi / potere / spedire)
→ (Noi) glieli possiamo spedire. / (Noi) possiamo spedirglieli.

1. Pete non ha neanche un lettore DVD (_DVD player_). (noi / potere / regalare)

2. Non ho una macchina. (tu / potere / prestare / ?)

3. La signora Marchesini ha una ruota a terra (_to have a flat tire_). (io / potere / cambiare)

4. Valentina non ha un abito elegante per il matrimonio. (Sofia / potere / prestare)

5. Pietro vuole una chitarra. (il suo amico / volere / vendere)

6. Massimo ha voglia di un espresso. (io / potere / offrire)

7. Tommaso non sa scrivere un curriculum vitae. (i suoi amici / potere / scrivere)

8. Non abbiamo tempo di consegnare le tesine al professore (voi / potere / consegnare / ?)

## Double Object Pronouns with Reflexive Verbs

The object of a reflexive verb may be replaced by the appropriate object pronoun. A direct object is replaced by **lo, la, li,** or **le** and follows the reflexive pronoun. The reflexive pronoun **si** becomes **se** before these forms.

| | |
|---|---|
| Lei si mette l'abito rosso. | _She puts on the red dress._ |
| Lei **se lo** mette. | _She puts it on._ |
| Ci togliamo gli stivali. | _We take off our boots._ |
| **Ce li** togliamo. | _We take them off._ |

In the passato prossimo, the past participle agrees with the preceding direct object pronoun.

| | |
|---|---|
| Mi sono lucidato le scarpe. | _I shined my shoes._ |
| Me **le** sono **lucidate.** | _I shined them._ |
| I soldati si sono fasciati le ferite. | _The soldiers bandaged their wounds._ |
| I soldati se **le** sono **fasciate.** | _The soldiers bandaged them._ |

When the object of a reflexive verb is preceded by **di,** the **di** phrase is replaced by **ne.** Following are some common reflexive verbs that take the preposition **di** before the object.

**accorgersi di qlco** _to notice something_
**approfittarsi di qlcu/qlco** _to take advantage of someone/something_
**infischiarsi di qlcu/qlco** _not to give a darn about someone/something_
**occuparsi di qlcu/qlco** _to take care of someone/something_
**pentirsi di qlco** _to regret something_
**servirsi di qlco** _to make use of, avail oneself of_
**vergognarsi di qlcu/qlco** _to be ashamed of someone/something_

\***Perdersi in un bicchier d'acqua** is equivalent to English _to make a mountain out of a molehill._

| | |
|---|---|
| Non **ti** sei accorto **della modifica che è stata fatta nel contratto?** | *Didn't you notice the change that was made in the contract?* |
| Non **te ne** sei accorto? | *Didn't you notice it?* |
| **Ci** siamo pentiti **della scelta che abbiamo fatto**. | *We regretted the choice we had made.* |
| **Ce ne** siamo pentiti. | *We regretted it.* |
| **Mi** sono servito **del nuovo metodo**. | *I used the new method.* |
| **Me ne** sono servito. | *I used it.* |

**NOTE** Since these are reflexive verbs, the past participle agrees with the subject in these sentences, not with **ne**.

Remember that a third-person singular Italian verb can be made impersonal by placing **si** before it. (See Chapter 11.)

| | |
|---|---|
| Qui **si mangia** bene. | *One eats / People/you/they eat well here.* |

This can also be done with reflexive verbs, but the **si** changes to **ci**.

| | |
|---|---|
| Qui **ci si alza** presto. | *People get up early here.* |
| **Ci si pente** dei viaggi non fatti. | *People regret the trips they didn't take.* |

In the passato prossimo, the participle is masculine plural in this construction.

| | |
|---|---|
| **Non ci si è accorti** del pericolo. | *People didn't notice the danger.* |
| **Ci si è occupati** della traduzione. | *The translation was taken care of.* |

**Q** *Sylvia e Marcello.* Il giornalista Marcello racconta al suo amico della prima volta che ha visto l'attrice americana Sylvia. Per ogni cosa che Marcello racconta, il suo amico ripete la frase utilizzando un pronome doppio, come nell'esempio.

ESEMPIO   La prima volta che l'ho vista si è tolta il cappello.
→ Se l'è tolto.

1. Poi lei si è tolta gli occhiali da sole.

2. E lei mi ha chiesto una sigaretta.

3. Io le ho dato una sigaretta.

4. Dopo un po', lei si è accesa la sigaretta.

5. Dopo aver fumato, si è messa il rossetto (*lipstick*).

6. Poi mi ha offerto un caffè.

7. Le ho chiesto un'autografo.

8. Mi ha scritto l'autografo sul pacchetto di sigarette.

9. Poi mi ha restituito il pacchetto.

10. Le ho detto che era bellissima.

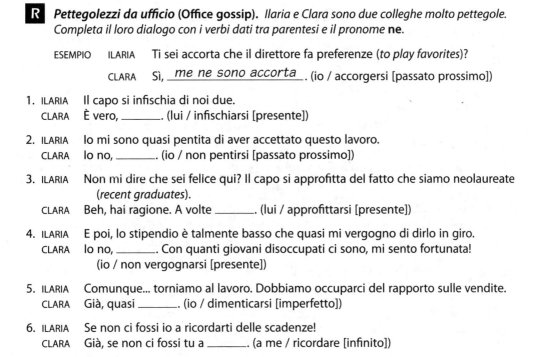

**R** ***Pettegolezzi da ufficio* (Office gossip).** *Ilaria e Clara sono due colleghe molto pettegole. Completa il loro dialogo con i verbi dati tra parentesi e il pronome* **ne.**

ESEMPIO   ILARIA   Ti sei accorta che il direttore fa preferenze (*to play favorites*)?

CLARA   Sì, *me ne sono accorta*. (io / accorgersi [passato prossimo])

1. ILARIA   Il capo si infischia di noi due.
   CLARA   È vero, _____. (lui / infischiarsi [presente])

2. ILARIA   Io mi sono quasi pentita di aver accettato questo lavoro.
   CLARA   Io no, _____. (io / non pentirsi [passato prossimo])

3. ILARIA   Non mi dire che sei felice qui? Il capo si approfitta del fatto che siamo neolaureate (*recent graduates*).
   CLARA   Beh, hai ragione. A volte _____. (lui / approfittarsi [presente])

4. ILARIA   E poi, lo stipendio è talmente basso che quasi mi vergogno di dirlo in giro.
   CLARA   Io no, _____. Con quanti giovani disoccupati ci sono, mi sento fortunata! (io / non vergognarsi [presente])

5. ILARIA   Comunque... torniamo al lavoro. Dobbiamo occuparci del rapporto sulle vendite.
   CLARA   Già, quasi _____. (io / dimenticarsi [imperfetto])

6. ILARIA   Se non ci fossi io a ricordarti delle scadenze!
   CLARA   Già, se non ci fossi tu a _____. (a me / ricordare [infinito])

## Summary of the Placement of Object Pronouns

Object pronouns (single or double) are placed before the conjugated verb.

| | |
|---|---|
| Cerco il disco rigido esterno, ma non **lo** trovo. | *I'm looking for the portable hard drive, but I can't find it.* |
| Vedo che hai comprato il libro di chimica. **Me lo** presti? | *I see you've bought the chemistry book. Will you lend it to me?* |

In verb + infinitive constructions, single or double object pronouns can be attached to the infinitive.

| | |
|---|---|
| Giada ha il mio smartphone. Non so quando intende **restituirmelo**. | *Giada has my smartphone. I don't know when she intends to give it back to me.* |

If the first verb of a verb + infinitive construction is **dovere, potere, preferire, volere,** or **cominciare a,** the object pronoun (single or double) may be either attached to the infinitive or placed before the first verb.

| | |
|---|---|
| Hai preso appunti in riunione? **Me li** vuoi **mostrare**? / Vuoi **mostrarmeli**? | *Did you take notes at the meeting? Will you show them to me?* |

With a command form for **tu, voi,** or **noi,** an object pronoun follows an affirmative command and is attached to it in writing.

| | |
|---|---|
| Voglio quelle forbici. **Portamele.** | *I want those scissors. Bring them to me.* |
| Avete la macchina? **Prestatecela.** | *Do you have your car? Lend it to us.* |
| Il bambino vuole quella bicicletta. **Compriamogliela.** | *The child wants that bicycle. Let's buy it for him.* |

In a negative command for **tu**, **voi**, or **noi**, an object pronoun usually precedes the verb form in everyday language.

| | |
|---|---|
| Ho bisogno del telefonino. **Non me lo togliere.** | *I need my cell phone. Don't take it away from me.* |
| Non so l'ammontare delle vendite. **Non me lo domandate.** | *I don't know the sales figures. Don't ask me for them.* |
| A lui non piace il nostro vino. **Non glielo serviamo.** | *He doesn't like our wine. Let's not serve it to him.* |

An object pronoun can also follow a negative command; in this case, it is attached to the command form.

| | |
|---|---|
| **Non togliermelo.** | *Don't take it away from me.* |
| **Non domandatemelo.** | *Don't ask me for them* (= *the sales figures*). |
| **Non serviamoglielo.** | *Let's not serve it to him.* |

An object pronoun precedes a formal command, whether it is affirmative or negative.

| | |
|---|---|
| **Me lo dia**, per favore. | *Give it to me, please.* |
| **Non me lo dia.** | *Don't give it to me.* |
| **Ce lo mandino**, per favore. | *Send it to us, please.* |
| **Non ce lo mandino.** | *Don't send it to us.* |

When an object pronoun is added to a one-syllable command form, the first consonant of the pronoun is doubled.

| | |
|---|---|
| **Fallo.** | *Do it.* |
| **Dammi** i soldi. | *Give me the money.* |
| **Dicci** la verità. | *Tell us the truth.* |

## Stressed Pronouns

An object pronoun in Italian is unstressed: You can't move the main stress of the sentence to the pronoun to highlight it, as you can in English.

I want to see *him*, not *her*.

When it is necessary to highlight a direct object pronoun, it is replaced by a stressed pronoun.

| | SINGULAR | PLURAL |
|---|---|---|
| FIRST PERSON | me | noi |
| SECOND PERSON | te | voi |
| THIRD PERSON | lui/lei/Lei | loro/Loro |

These stressed pronouns are usually placed after the verb form.

| | |
|---|---|
| Voglio vedere **lui**, non **lei**. | *I want to see* him, *not* her. |
| Loro cercano **me**, non **voi**. | *They're looking for* me, *not* you. |

**S** **Mettiamo i puntini sulle "i".*** *Trasforma i pronomi oggetto diretto in pronomi tonici* (stressed), *come nell'esempio.*

ESEMPIO    Lui mi ama. Lui non ti ama.
→ Lui ama me, non ama te.

1. Loro l'hanno assunto. Loro non l'hanno assunta.

2. Il direttore ti vuole vedere. Il direttore non ci vuole vedere.

3. La mamma mi cerca. La mamma non ti cerca.

4. Io ti ho sposato. Io non ho sposato tua madre.

5. I miei amici mi stimano. I miei amici non ti stimano.

6. Tu mi ascolti. Tu non ascolti Riccardo.

7. Io ti aspettavo. Io non aspettavo tua sorella.

8. L'avvocato mi vuole ascoltare. L'avvocato non ti vuole ascoltare.

To highlight an indirect object pronoun, you replace it with a prepositional phrase consisting of **a** + the corresponding stressed pronoun.

|  | SINGULAR | PLURAL |
|---|---|---|
| FIRST PERSON | a me | a noi |
| SECOND PERSON | a te | a voi |
| THIRD PERSON | a lui / a lei / a Lei | a loro / a Loro |

These stressed indirect object pronoun phrases are placed at the beginning of the sentence or after the verb form.

| Lui non scrive mai **a me**. A te? | *He never writes to me. (How about) to you?* |
| **A te** conviene lavorare all'estero? | *Is it worthwhile for you to work abroad?* |

In colloquial speech, the unstressed pronoun is often repeated before the verb with these stressed indirect object phrases.

| Vedo che **a te ti** piace il gelato. | *I see that you like ice cream.* |

A stressed pronoun can be used after any preposition.

| **Con lui** non si può ragionare. | *You can't reason with him.* |
| Lui adora sua figlia. Vive **per lei**. | *He really loves his daughter. He lives for her.* |
| Se non possiamo riunirci **da me**, possiamo incontrarci **da te**. | *If we can't get together at my house, we can meet at your house.* |

---

*This Italian expression is equivalent to English *dot the i's (and cross the t's)*.

**T** *Gli opposti si attraggono.* *Le coppie e i gruppi seguenti hanno gusti e abitudini assai diversi. Componi ogni frase, come nell'esempio.*

ESEMPI    Valerio / piacere / la carne (Claudia)
          → A lui piace la carne. A lei no.

          Valerio / non interessare / la musica classica (Claudia)
          → A lui non interessa la musica classica. A lei sì.

1. io / affascinare / l'arte (tu)

2. voi / fare impazzire / il cinema (noi)

3. Rosalba / annoiare / il calcio (suo marito)

4. tu / disgustare / il fegato (tua sorella)

5. i politici / non preoccupare / la crisi economica (io)

6. noi / sorprendere / la corruzione (voi)

7. io / fare male / la cioccolata (tu)

8. Carla / non piacere / lo sport (suo fratello)

# 16

# Possessive and Demonstrative Adjectives and Pronouns

## Possession

In English, possession is shown by *'s* or *s'*, depending on whether the possessor is singular or plural.

*the boy's bicycle*
*Paolo's house*
*my parents' friends*

The Italian equivalent is a phrase with the preposition **di** and the nouns in reverse order.

la bicicletta **del** ragazzo
la casa **di** Paolo
gli amici **dei** miei genitori

## Possessive Adjectives

A possessive adjective in Italian consists of the definite article and a possessive adjective form. The possessive adjective agrees in gender and number with the following noun.

| ENGLISH | BEFORE A MASCULINE SINGULAR NOUN | BEFORE A FEMININE SINGULAR NOUN | BEFORE A MASCULINE PLURAL NOUN | BEFORE A FEMININE PLURAL NOUN |
|---|---|---|---|---|
| *my* | il mio | la mia | i miei | le mie |
| *your* | il tuo | la tua | i tuoi | le tue |
| *his/her* | il suo | la sua | i suoi | le sue |
| *your* (formal) | il Suo | la Sua | i Suoi | le Sue |
| *our* | il nostro | la nostra | i nostri | le nostre |
| *your* | il vostro | la vostra | i vostri | le vostre |
| *their* | il loro | la loro | i loro | le loro |
| *your* (formal plural) | il Loro | la Loro | i Loro | le Loro |

### NOTES

- In the third person singular, Italian does not distinguish between *his* and *her*; context clarifies which one is meant.
- The formal possessive adjective forms begin with an uppercase letter to distinguish them from the corresponding third-person possessives.

- The **loro/Loro** form is invariable.

- The article of the possessive adjective may combine with a preceding preposition.

| | |
|---|---|
| Benvenuti **al mio** sito. | *Welcome to my website.* |
| Sono contento di sentire **la tua** voce. | *I'm happy to hear your voice.* |
| Il museo mette in mostra **i suoi** capolavori. | *The museum is putting its masterpieces on display.* |
| Quella donna ha dovuto vendere **i suoi** gioielli. | *That woman has had to sell her jewels.* |
| Siamo orgogliosi **dei nostri** vini. | *We are proud of our wines.* |
| Non mi piace **la loro** nuova canzone. | *I don't like their new song.* |

When a family noun is singular and has no diminutive or augmentative suffix, the article is not used with the possessive adjective. The terms **mamma** and **babbo** are treated as diminutives and therefore take the article with a possessive adjective, although the omission of the article is not uncommon.

| | |
|---|---|
| **Mio** padre è andato in pensione. | *My father has retired.* |
| **Mia** cugina Aurora passerà l'estate da noi. | *My cousin Aurora will spend the summer with us.* |
| Come sta **tua** sorella? | *How is your sister?* |
| Al bambino piace uscire con **suo** nonno. | *The boy likes to go out with his grandfather.* |
| Ci piace il cibo di **nostra** nonna. | *We like our grandmother's food.* |
| Dove abita **tuo** zio? | *Where does your uncle live?* |

The article is used before the possessive adjective if the family noun is plural, is modified by a noun or by another adjective, or has a diminutive suffix.

| | |
|---|---|
| **Le mie cugine** passeranno l'estate da noi. | *My cousins will spend the summer at our house.* |
| Dove abita **il tuo zio avvocato**? | *Where does your uncle who's a lawyer live?* |
| Come sta **la tua sorellina**? | *How is your little sister?* |

The masculine plural possessives **i miei**, **i tuoi**, and **i suoi** may be used as nouns and mean *my parents*, *your parents*, and *his/her parents*, respectively.

| | |
|---|---|
| Domenica faccio visita **ai miei**. | *On Sunday, I'm going to visit my parents.* |
| **I tuoi** stanno bene? | *Are your parents OK?* |
| Sofia preferisce abitare **con i suoi**. | *Sofia prefers to live with her parents.* |

If **suo** is ambiguous, it can be replaced by **di lui** or **di lei**.

| | |
|---|---|
| —Ho visto Lorenzo e Marta **nella sua** macchina. | *I saw Lorenzo and Marta in their car.* |
| —Nella macchina **di lui** o in quella **di lei**? | *In his car or hers?* |

The definite article of possessive adjectives may be replaced by an indefinite article, a demonstrative adjective, or a number.

| | |
|---|---|
| **un mio** amico | *a friend of mine* |
| **questi** progetti **nostri** | *these plans of ours* |
| **due** saggi **suoi** | *two of his essays* |

The adjective **proprio** *one's own* is used to reinforce a possessive adjective, as in English.

L'ho costruito con **le mie proprie mani**.     *I built it with my own hands.*

**Proprio** also serves to remove the ambiguity from third-person possessives. In both English and Italian, sentences such as the following are ambiguous.

Ha verniciato **la sua** casa.          *He painted his house.*

The possessives **la sua** and *his* can mean either his own house or some other man's house. The third-person possessive is replaced by **proprio** to specify that the possessor is the same person as the subject.

Ha verniciato **la propria** casa.          *He painted his (own) house.*

**A** *Ecco.* Usa **ecco** *seguito da un articolo e da un aggettivo possessivo per rispondere alla tua amica.*

> ESEMPIO    (Tu) hai un dizionario?
> → Ecco il mio dizionario.

1. Luciano ha una macchina?

2. (Noi) abbiamo una calcolatrice?

3. Tua sorella ha tanti DVD?

4. (Tu) hai tanti libri?

5. Franco e Angela hanno un cane?

6. I professori hanno una sala riunioni?

7. (Voi) avete una piscina?

8. Davide ha uno zaino?

9. Monica ha un computer?

10. (Tu) hai un portatile?

**B** *È di qualcun altro.* Rispondi negativamente alle domande sui proprietari dei seguenti mezzi di trasporto.

> ESEMPIO    È Sua la jeep?
> → No, non è la mia jeep.

**I mezzi di trasporto**

un   **autobus** *bus*
una  **barca** *boat*
una  **bicicletta** *bicycle*
un   **camion** *truck*
una  **macchina** *car*
una  **moto(cicletta)** *motorcycle*
un   **motorino, uno scooter** *moped, scooter*

1. La moto è di tuo cugino?

2. Le biciclette sono dei tuoi fratelli?

3. La macchina sportiva è di Daniele?

4. Il camion è di tuo padre?

5. La barca è tua?

6. Il motorino è della tua ragazza?

7. La macchina è vostra?

8. L'autobus è della ditta?

**C** *Il club degli studenti di biologia.* *Gli studenti di biologia hanno creato un club e la scuola gli ha dato un ufficio per riunirsi. Alessandra racconta ciò che ogni studente ha donato al club. Utilizza gli aggettivi possessivi, come nell'esempio.*

ESEMPIO    Giorgio / stampante
→ Giorgio ha donato la sua stampante.

**In ufficio**

**la carta da lettera** *stationery*
**la chiavetta USB** *flash drive*
**il dizionario scientifico** *science dictionary*
**la segreteria telefonica** *answering machine*

1. Emanuela / dizionario scientifico

2. Riccardo e Simone / segreteria telefonica

3. la professoressa di biologia / computer

4. io / chiavetta USB

5. tu e Alessio / carta da lettera

6. tu / matite

7. Elena / telefono

8. noi tutti / i libri

**D** *Ritratto di famiglia.* *Leonardo ha una famiglia molto numerosa e vuole parlartene. Componi ogni frase per scoprire come sono i suoi parenti e che cosa fanno nella vita. Ricordati di mettere l'articolo determinativo davanti ai nomi di parentela alterati o accompagnati da un aggettivo.*

ESEMPIO    fratello / ricercatore universitario
→ Mio fratello è ricercatore universitario.

*See family vocabulary on page 153.*

1. sorellina / ha tredici anni

2. madre / fa l'insegnante

3. nonni paterni / abitano in Umbria

4. babbo / è in pensione

5. zio simpatico / fa il medico

6. cugine / sono parrucchiere

7. cognata / è molto bella

8. zia / fa la commessa

9. fratello gemello / è meccanico

10. nonna materna / ama cucinare

## Omission of Possessive Adjectives

Possessive adjectives are used less in Italian than in English. They are omitted when the identity of the possessor is clear from context.

| | |
|---|---|
| Dove hai parcheggiato **la** macchina? | *Where did you park your car?* |
| Sei contenta **nel** nuovo ufficio? | *Are you happy in your new office?* |
| Non trovo **le** chiavi. | *I can't find my keys.* |

In Italian, an indirect object pronoun may refer to a person where English uses a possessive adjective.

| | |
|---|---|
| Quell'uomo **le** ha rovinato la vita. | *That man ruined her life.* |
| **Mi** hanno rubato il portafoglio. | *They stole my wallet.* |
| Cosa **ti** hanno regalato per il compleanno? | *What did they give you for your birthday?* |
| **Gli** hanno riordinato la stanza. | *They straightened up his room.* |
| **Mi** hai strappato la camicia! | *You tore my shirt!* |
| Mett**iti** la cravatta. | *Put on your tie.* |

Possessive adjectives are not used after reflexive verbs with parts of the body.

| | |
|---|---|
| I bambini devono lavarsi **le** mani. | *The children must wash their hands.* |
| Mi sono slogato **la** caviglia. | *I dislocated my ankle.* |

To express conditions and aspects of parts of the body, **avere** + article is more common than a possessive in Italian.

| | |
|---|---|
| Ha **gli** occhi azzurri. | *His eyes are blue.* |
| Come mai hai **il** braccio rotto? | *Why is your arm broken?* |
| Lei ha **il** viso abbronzato. | *Her face is suntanned.* |
| Loro hanno **le** mani rugose. | *Their hands are wrinkled.* |

**E**  *Il possessore è sottinteso. Traduci le seguenti frasi dall'inglese all'italiano facendo attenzione all'assenza degli aggettivi possessivi nella traduzione italiana. Segui l'esempio.*

ESEMPIO  *Valentina dyes her hair.* (Valentina / tingersi / capelli)
→ Valentina si tinge i capelli.

1. *Paolo broke his leg.* (Paolo / rompersi / gamba)

2. *I often eat in my car.* ([io] / mangiare / spesso / macchina)

3. *We lost our cat.* ([noi] / perdere / gatto)

4. *Margherita cut her hair.* (Margherita / tagliarsi / capelli)

5. *Faust sold his soul to the devil.* (Faust / vendere / anima / diavolo)

6. *Brush your teeth before going to bed.* ([tu] lavarsi / denti / prima / andare / letto)

7. *The chef burned his tongue.* (lo chef / scottarsi / lingua)

8. *Close your eyes and open your mouth.* ([tu] chiudere / occhi / aprire / bocca)

9. *They moved into their new home.* ([loro] / trasferirsi / nuova casa)

10. *Have you found your glasses?* ([tu] / trovare / occhiali / ?)

## Possessive Pronouns

Italian possessive pronouns have the same forms as possessive adjectives, but the noun is omitted. Possessive pronouns often occur in the following circumstances.

- One noun with two possessors

| | |
|---|---|
| la tua casa e **la mia** | *your house and mine* |
| le nostre idee e **le vostre** | *our ideas and yours* |
| il loro paese e **il nostro** | *their country and ours* |
| i suoi genitori e **i tuoi** | *his parents and yours* |

- Comparatives

| | |
|---|---|
| Il tuo lavoro è più interessante **del mio**. | *Your work is more interesting than mine.* |
| La loro azienda è più importante **della nostra**. | *Their firm is more important than ours.* |
| La vostra macchina consuma meno **della mia**. | *Your car uses less gas than mine.* |
| La nostra università è tanto celebre quanto **la sua**. | *Our university is as famous as his.* |

Nouns denoting family members that take possessive adjectives without the article restore the article when replaced by a possessive pronoun.

| | |
|---|---|
| tuo padre e **il mio** | *your father and mine* |
| Nostra sorella è più alta **della vostra**. | *Our sister is taller than yours.* |

**F** *Abbiamo lasciato tutto a casa.* Usa un pronome possessivo per dire chi ha lasciato qualcosa a casa. Segui l'esempio.

ESEMPIO     tu / portatile / io
            → Tu hai il portatile, ma io ho lasciato il mio a casa.

1. io / cellulare / Pietro

2. Davide / dizionari / noi

3. Cristina / orologio / Marica

4. tu / portafogli / Alba

5. noi / chiavi / Alfio e Franca

6. voi / valigia / Marco e Simone

7. i miei amici / passaporto / io

8. Luciano / penna / voi

**G**  *Qui e di sotto.* *La metà delle cose è qui, e l'altra è di sotto. Usa i pronomi possessivi per dirlo, seguendo l'esempio.*

ESEMPIO    (Io) cerco i tuoi libri e i libri di Rossella.
→ I miei sono qui, i suoi sono di sotto.

**La vita professionale**

l' **assegno**  *check*
    il **libretto degli assegni**  *checkbook*
la **carta di credito**  *credit card*
la **fotocopia**  *(photo)copy*
la **fotografia**  *photo(graph)*
la **valigetta 24 ore**  *briefcase, attaché case*

1. Cerco le mie fotocopie e le fotocopie degli studenti.

2. Cerco la vostra carta di credito e la carta di credito di Laura.

3. Cerco il mio libretto degli assegni e il libretto degli assegni di Angelo.

4. Cerco le tue fotografie e le fotografie di Ilaria.

5. Cerco le mie chiavi e le chiavi dei miei amici.

6. Cerco i vostri documenti e i documenti di Debora.

7. Cerco il nostro iPad e l'iPad di Jennifer.

8. Cerco la mia valigetta 24 ore e la valigetta 24 ore di Massimo.

**H**  *È il mio.* *Rispondi alle seguenti domande trasformando la preposizione semplice in preposizione articolata e aggiungendo il pronome possessivo corrispondente.*

ESEMPIO    Di quale professore parli? (tu)
→ Del tuo.

1. A quali amici telefoni? (io)

2. In quale azienda lavorano? (loro)

3. Di quali affari vi occupate? (noi)

4. Con quale ragazzo esci? (io)

5. Per quale squadra tifano? (loro)

6. Con quale macchina uscite? (noi)

7. A quale città pensa? (lei)

8. Per quale partito votate? (noi)

**I**  *Il mondo è bello perché è vario.* *Un gruppo di compagni di classe parlano delle differenze che hanno notato fra di loro durante la prima settimana dell'anno scolastico. Traduci ciò che dicono dall'inglese all'italiano.*

1. *Carlo and I wear glasses. His are old, mine are new.*

2. *My English teacher is nice* (simpatico/a), *yours is unpleasant* (antipatico/a).

3. *Jennifer's backpack is red. Mine is green.*

4. *Your (plural) exams are hard. Ours are harder.*

5. *Sara's paper* (il saggio) *is long. Mine is longer.*

6. *My day* (la giornata) *is shorter than theirs.*

7. *Franco's apartment is large. Mine is small.*

8. *Our car is fast. Yours (plural) is faster.*

## Demonstrative Adjectives

Italian has two demonstrative adjectives: **questo** *this* and **quello** *that.*\* A demonstrative adjective agrees in gender and number with the noun it modifies.

|  | SINGULAR | PLURAL |
|---|---|---|
| MASCULINE | **questo** romanzo  *this novel* | **questi** romanzi  *these novels* |
| FEMININE | **questa** novella  *this short story* | **queste** novelle  *these short stories* |

Traditionally, **questo** and **questa** often elide before a vowel (**quest'anno, quest'estate**).

In very informal speech, **questo** and **questa** are often abbreviated to **'sto** and **'sta**.

**'sto sciocco** di mio cugino                    *my cousin the fool*

The shortened form **sta** appears in several adverbs of time.

**stamani**  *this morning*
**stamattina**  *this morning*
**stasera**  *this evening*
**stanotte**  *tonight*
**stavolta**  *this time*

**Quello** changes in form in the same way as the definite article.

MASCULINE SINGULAR

**quel** quaderno  *that notebook*
**quello** specchio  *that mirror*
**quello** zaino  *that backpack*
**quell'**articolo  *that article*

MASCULINE PLURAL

**quei** quaderni  *those notebooks*
**quegli** specchi  *those mirrors*
**quegli** zaini  *those backpacks*
**quegli** articoli  *those articles*

FEMININE SINGULAR

**quella** fabbrica  *that factory*
**quell'**isola  *that island*

FEMININE PLURAL

**quelle** fabbriche  *those factories*
**quelle** isole  *those islands*

---

\*A third demonstrative, **codesto** *that (near the person spoken to),* has fallen into disuse.

**J** *Nel mondo dell'informatica.* Sara vuole comprare un nuovo computer con tutti gli accessori e domanda al commesso il prezzo di ciò che vede. Scrivi le sue domande usando gli aggettivi dimostrativi **questo**, **questa**, **questi** e **queste**, come nell'esempio.

ESEMPIO    monitor
→ Mi può dire il prezzo di questo monitor, per favore?

**Il computer**

l' **adattatore USB** *USB adapter*
gli **auricolari senza fili** *wireless earphones/earbuds*
i **CD registrabili** *recordable CDs*
l' **inchiostro** *ink*
la **stampante** *printer*
il **tappetino mouse** *mouse pad*
la **tastiera** *keyboard*

| | |
|---|---|
| 1. computer | 5. tastiera |
| 2. auricolari senza fili | 6. adattatore USB |
| 3. stampante | 7. tappetino mouse |
| 4. inchiostro | 8. CD registrabili |

**K** *L'abbigliamento.* Lavori come commesso/a in un grande centro commerciale. Usa gli aggettivi dimostrativi **questo** e **quello** seguiti da **qui** o **lì** per chiedere precisazioni ai clienti quando vogliono vedere qualche capo di abbigliamento.

ESEMPIO    Vorrei vedere quel cappello, per favore.
→ Questo qui o quello lì?

**I vestiti**

la **camicia** *shirt*
il **cappotto** *coat*
il **completo** *suit*
il **costume** *swimsuit, bathing suit, (swimming) trunks*
l' **impermeabile** *raincoat*
i **pantaloni** *pants, trousers*
i **sandali** *sandals*
le **scarpe** *shoes*

1. Mi faccia vedere i pantaloni, per favore.

2. Posso vedere l'impermeabile?

3. Le scarpe mi piacciono molto.

4. Vorrei comprare la camicia.

5. Potrei provare il completo grigio?

6. Quanto vengono i sandali?

7. Il cappotto è di lana?

8. Posso vedere il costume?

# Demonstrative Pronouns

Italian demonstrative pronouns are merely the demonstrative adjectives without the noun; they are equivalent to English *this one, these, that one, those.*

| | |
|---|---|
| quel libro e **questo** | *that book and this one* |
| quella famiglia e **questa** | *that family and this one* |
| quei corsi e **questi** | *those courses and these* |
| quelle navi e **queste** | *those boats and these* |

When used as pronouns, the phonetically conditioned* forms **quel**, **quell'**, and **quegli** revert to their full forms **quello**, **quella**, and **quelli**, respectively.

| | | |
|---|---|---|
| quel lavoro | → | **quello** |
| quell'albero | → | **quello** |
| quell'isola | → | **quella** |
| quegli alberi | → | **quelli** |

Thus, all masculine singular nouns are replaced by **quello**, all feminine singular nouns by **quella**, all masculine plural nouns by **quelli**, and all feminine plural nouns by **quelle**.

**L**   *Un cliente difficile. Al banco della gastronomia, il signor Cecchinelli fa un po' il difficile e non apprezza i consigli del commesso. Scrivi ciò che dice usando i pronomi dimostrativi* **quello, quella, quelli** *e* **quelle.**

    ESEMPIO    Vuole un po' di questo formaggio, signore? È buonissimo.
                    → No, quello no.

1. Vuole un po' di questa insalata russa, signore? È buonissima.

2. Vuole un po' di questo prosciutto, signore? È buonissimo.

3. Vuole un po' di questa mortadella, signore? È buonissima.

4. Vuole un po' di queste olive, signore? Sono buonissime.

5. Vuole un po' di questi spiedìni, signore? Sono buonissimi.

6. Vuole un po' di queste acciughe (*anchovies*), signore? Sono buonissime.

7. Vuole un po' di questa mozzarella, signore? È buonissima.

8. Vuole un po' di questo parmigiano, signore? È buonissimo.

Demonstrative pronouns are also used before possessive phrases beginning with **di** and before relative clauses beginning with **che** to specify which item is meant. Notice that the English equivalents have very different structures.

| | |
|---|---|
| —Questo zaino è **quello di Mario**? | *Is this backpack Mario's?* |
| —No, è **quello di Federica**. | *No, it's Federica's.* |

---

*We call these forms *phonetically conditioned* because the sound that follows determines their form.

—Voglio comprare un nuovo computer. Mi piace **quello che hai tu**.
—Non lo comprare. **Quello che ho io** non è molto buono.

*I want to buy a new computer. I like the one that you have.*
*Don't buy it. The one that I have is not very good.*

**M** *Ragazzi smemorati* **(Forgetful boys).** *Gli studenti del primo anno di liceo sono molto distratti e hanno lasciato tutti qualcosa in classe. Segui l'esempio.*

ESEMPIO   iPod / Lara / Michela
→  —Chi ha dimenticato questo iPod? Lara?
—No, è quello di Michela.

1. penna / Adriano / Giorgio

2. occhiali / Giosuè / Fabiano

3. guanti / Clara / Ilaria

4. quaderni / Franco / Maria

5. portatile / Matteo / Alessio

6. ombrello / Lucia / Rossella

7. collana / Agnese / Claudia

8. orologio / Alessandro / Manuel

**N** *Amiche del cuore.* *Francesca adora tutto quello che la sua amica Valeria fa, cucina e possiede. Utilizza i pronomi dimostrativi e i verbi tra parentesi per vedere ciò che dice.*

ESEMPIO   Ti piacciono i jeans? (portare)
→ Non molto. Ma mi piacciono quelli che porti tu.

1. Ti piace il pesce? (cucinare)

2. Ti piace la musica classica? (ascoltare)

3. Ti piacciono le macchine? (guidare)

4. Ti piacciono gli occhiali da sole? (portare)

5. Ti piacciono i cappelli? (comprare)

6. Ti piacciono i romanzi rosa? (leggere)

7. Ti piacciono le bibite? (bere)

8. Ti piacciono le poesie? (scrivere)

# Other Elements of the Sentence

# Numbers; Time; Dates

## Cardinal Numbers

The Italian cardinal numbers from 0 to 39 follow.

| | | | |
|---|---|---|---|
| 0 | zero | 20 | venti |
| 1 | un, uno, una, un' | 21 | ventuno |
| 2 | due | 22 | ventidue |
| 3 | tre | 23 | ventitré |
| 4 | quattro | 24 | ventiquattro |
| 5 | cinque | 25 | venticinque |
| 6 | sei | 26 | ventisei |
| 7 | sette | 27 | ventisette |
| 8 | otto | 28 | ventotto |
| 9 | nove | 29 | ventinove |
| 10 | dieci | 30 | trenta |
| 11 | undici | 31 | trentuno |
| 12 | dodici | 32 | trentadue |
| 13 | tredici | 33 | trentatré |
| 14 | quattordici | 34 | trentaquattro |
| 15 | quindici | 35 | trentacinque |
| 16 | sedici | 36 | trentasei |
| 17 | diciassette | 37 | trentasette |
| 18 | diciotto | 38 | trentotto |
| 19 | diciannove | 39 | trentanove |

The Italian numbers from 40 to 90, by tens, follow.

| | |
|---|---|
| 40 | quaranta |
| 50 | cinquanta |
| 60 | sessanta |
| 70 | settanta |
| 80 | ottanta |
| 90 | novanta |

The intermediate numbers follow the same pattern as 31 to 39.

| | |
|---|---|
| 41 | quarantuno |
| 53 | cinquantatré |
| 68 | sessantotto |

## NOTES

- All the numbers from 0 to 99 are written as one word.

- An accent mark is added to the number **tre** when it comes at the end of a compound number: **ventitré, novantatré**.

- Numbers ending in a vowel drop that vowel before **uno** and **otto**.

venti + uno  → **ventuno**
trenta + otto → **trentotto**
BUT

**centouno**
**centootto**

- The number **uno** is identical to the indefinite article and follows the same pattern of agreement.

| | |
|---|---|
| un disco rigido | *one hard drive* |
| un elaboratore di testi | *one word processor* |
| uno schermo | *one screen* |
| una chiavetta USB | *one flash drive* |
| un'interfaccia | *one interface* |

In compounds such as **ventuno** and **centouno**, however, there is no agreement. The **o** of -**uno** may drop, especially if the following noun begins with a vowel.

| | |
|---|---|
| Ho ventun anni. | *I'm 21 years old.* |
| duecentouno/duecentoun dollari | *201 dollars* |
| La biblioteca riceve quarantun riviste. | *The library gets 41 magazines.* |

The Italian numbers from 100 to 999 follow.

100  cento
101  centouno
102  centodue
103  centotré
104  centoquattro
105  centocinque
106  centosei
107  centosette
108  centootto
109  centonove
110  centodieci
111  centoundici
112  centododici
113  centotredici
120  centoventi
121  centoventuno
122  centoventidue
123  centoventitré
200  duecento

245 duecentoquarantacinque
678 seicentosettantotto
999 novecentonovantanove

**NOTE** The final **-o** of **cento** does not elide before another vowel.

cent**o**uno
duecent**o**undici
trecent**o**otto

However, the final **-o** of **cento** often drops before **ottanta**.

cent**o**ttanta
seicent**o**ttanta

The Italian numbers from 1000 to 999,999 follow.

| | |
|---|---|
| 1000 | mille |
| 1001 | milleuno |
| 1002 | milledue |
| 1003 | milletré |
| 1004 | millequattro |
| 1055 | millecinquantacinque |
| 1100 | millecento |
| 1286 | milleduecentottantasei |
| 1853 | milleottocentocinquantatré |
| 2000 | duemila |
| 2013 | duemilatredici |
| 2345 | duemilatrecentoquarantacinque |
| 3000 | tremila |
| 4000 | quattromila |
| 5000 | cinquemila |
| 10,000 | diecimila |
| 40,000 | quarantamila |
| 50,972 | cinquantamilanovecentosettantadue |
| 100,000 | centomila |
| 392,428 | trecentonovantaduemilaquattrocentoventotto |
| 999,999 | novecentonovantanovemilanovecentonovantanove |

## NOTES

- Italians do not count by hundreds above 900, so English *eleven hundred* can only be rendered as **millecento** in Italian.

- The plural of **mille** is **mila**.

- Sometimes, elements of a number are written out as separate words joined by **e** *and.*

cento e dieci
mille e duecento

- The number **un** is not used before **cento** or **mille**, even though English requires it: *one hundred, one thousand.*

The number **un milione** *one million* is a noun. It is connected to a following noun by the preposition **di** unless another number intervenes.

| | |
|---|---|
| un milione di euro | *a million euros* |
| un milione e duecentomila euro | *one million two hundred thousand euros* |
| sessanta milioni di italiani | *sixty million Italians* |

The conjunction **e** usually follows **milione/milioni** before another number.

The number **un miliardo** *one billion* functions the same way.

| | |
|---|---|
| Ci sono sette miliardi di abitanti sulla terra. | *There are seven billion inhabitants on earth.* |

**NOTES**

- When a number precedes **milioni** and **miliardi**, it is never attached in writing.

  tre milioni
  dieci miliardi

- The number **un bilione** in Italian is a synonym for **un miliardo**.

- Italian uses the comma (**la virgola**) in decimals.

  1,5   uno virgola cinque                          *one point five*

- Italian uses a space or a period to separate thousands, where English uses a comma.

  275 980 500        duecentosettantacinque milioninovecentottantamila e cinquecento

## Ordinal Numbers

The Italian ordinal numbers from *first* to *tenth* have special forms.

| | | | |
|---|---|---|---|
| primo | *first* | sesto | *sixth* |
| secondo | *second* | settimo | *seventh* |
| terzo | *third* | ottavo | *eighth* |
| quarto | *fourth* | nono | *ninth* |
| quinto | *fifth* | decimo | *tenth* |

Ordinal numbers above *tenth* are formed by adding the suffix **-esimo** to the cardinal number minus the final vowel.

| | |
|---|---|
| undicesimo | *eleventh* |
| dodicesimo | *twelfth* |
| tredicesimo | *thirteenth* |
| quattordicesimo | *fourteenth* |
| ventesimo | *twentieth* |
| ventunesimo | *twenty-first* |
| ventiduesimo | *twenty-second* |

However, the numbers **tre** and **sei** retain their final vowels when the ordinal suffix is added.

| | |
|---|---|
| ventitreesimo | *twenty-third* |
| ventiseiesimo | *twenty-sixth* |

| | |
|---|---|
| centesimo | *one hundredth* |
| seicentocinquantesimo | *six hundred fiftieth* |
| millesimo | *thousandth* |
| milionesimo | *millionth* |

## Idioms and Expressions with Numbers

Numbers are used in many Italian expressions.

**al cento per cento** *completely*

| | |
|---|---|
| I medici lo hanno dichiarato guarito al cento per cento. | *The doctors declared him completely cured.* |

**a quattr'occhi** *privately, confidentially*

| | |
|---|---|
| Ho bisogno di parlare con te a quattr'occhi. | *I need to speak with you in private.* |

**arrotondare un numero** *to round off a number*

| | |
|---|---|
| arrotondare 14,85 a 15 | *to round off 14.85 to 15* |
| cercare un lavoretto per arrotondare lo stipendio | *to look for a side job to supplement one's salary* |

| | |
|---|---|
| **Cento di questi giorni!** | *Many happy returns of the day! / And many more!* |

**farsi in due/quattro** *to go all out, bend over backward*

| | |
|---|---|
| Lui si fa in due per aiutare gli amici. | *He goes all out to help his friends.* |

**fare quattro chiacchiere** *to chitchat*

| | |
|---|---|
| Le due nonne facevano quattro chiacchiere. | *The two grandmothers were chitchatting.* |

**dirne quattro a qualcuno** *to give someone a piece of one's mind*

| | |
|---|---|
| Vorrei dirne quattro al capo. | *I'd like to give the boss a piece of my mind.* |

**fare due passi** *to go for a short walk/stroll*

| | |
|---|---|
| Dopo cena abbiamo fatto due passi. | *We went for a short walk after dinner.* |

**novantanove (volte) su cento** *ninety-nine (times) out of a hundred*

| | |
|---|---|
| Novantanove su cento l'affare va in porto. | *Ninety-nine times out of a hundred, the business works out.* |

**un numero dispari** *an odd number*

**un numero pari** *an even number*

**per l'ennesima volta** *for the umpteenth time*

| | |
|---|---|
| Te lo ripeto per l'ennesima volta. Non mi va di andare alla festa. | *I'm telling you for the umpteenth time. I don't feel like going to the party.* |

**prendere dieci\* in latino** *to get an A in Latin*

| | |
|---|---|
| Vedo che hai un dieci sulla pagella. | *I see you have an A on your report card.* |

**una (volta) su mille** *almost never, once in a blue moon*

---

\*In the Italian school system, the highest grade is 10.

**in quattro e quattr'otto**  *very quickly*

| | |
|---|---|
| Lui ha perso dieci chili in quattro e quattr'otto. | *He lost ten kilos in no time at all.* |

For the number 10 and its multiples from 20 to 90, the suffix **-ina** is used to form an indefinite number.

| | |
|---|---|
| **Una decina** di persone sono rimaste uccise durante le sommosse. | *About 10 people were killed in the riots.* |
| **Decine** di migliaia di manifestanti sono scesi in piazza. | *Tens of thousands of demonstrators took to the streets.* |
| È un uomo sulla **cinquantina**. | *He's a man of about fifty (years of age).* |

Note also the following indefinite numbers.

**un paio**  *a pair, a couple of*
   due/tre paia  *two/three pairs of*

**un centinaio**  *about a hundred*
   centinaia di  *hundreds of*

**un migliaio**  *about a thousand*
   migliaia di  *thousands of*

| | |
|---|---|
| Il nostro ufficio ha ricevuto **centinaia** di telefonate. | *Our office has received hundreds of phone calls.* |

**A**  *Due frasi da tradurre.\**  *Per ogni espressione idiomatica in inglese trova il corrispettivo in italiano.*

> ESEMPIO  *He fixed the car in a jiffy.*
>    Ha riparato la macchina...
>    (a.) in quattro e quattr'otto
>    b.  in due

1. *You don't have an A on your report card!*
   Non hai _____ sulla pagella.
   a.  una decina
   b.  un dieci

2. *He almost never calls us.*
   Ci chiama _____.
   a.  una volta su mille
   b.  mille volte al giorno

3. *I'm not completely sure.*
   Non sono sicuro _____.
   a.  al cento per cento
   b.  a centinaia

4. *The neighbors make a lot of noise, and so I gave them a piece of my mind.*
   I vicini fanno molto chiasso e dunque _____.
   a.  ho fatto quattro chiacchiere
   b.  gliene ho dette quatro

---

\*In Italian, the number **due**, like **quattro**, can mean *a few, not many.*

5. *I'm telling you for the umpteenth time.*
   Te lo dico _____.
   a. per l'ennesima volta
   b. una volta su mille

6. *They made dinner in a jiffy.*
   Hanno fatto la cena _____.
   a. in quattro e quattr'otto
   b. in un paio di giorni

7. *We should talk about it in private.*
   Dobbiamo parlarne _____.
   a. con numeri dispari
   b. a quattr'occhi

8. *Many happy returns of the day!*
   _____
   a. Arrotodiamo i numeri!
   b. Cento di questi giorni!

9. *We bent over backward to help him.*
   _____ per aiutarlo.
   a. Ci siamo fatti in due
   b. Siamo due su mille

10. *I took a short walk after the meeting.*
    _____ dopo la riunione.
    a. Ho fatto quattro chiacchiere
    b. Ho fatto due passi

## Expressing Centuries

Italian has two ways of expressing the 13th through the 20th centuries: The regular ordinal number can be used, or the years themselves can be referred to. The latter method is reminiscent of English *the 1300s.*

| YEARS | ORDINAL* | REFERENCE TO YEARS |
|---|---|---|
| 1001–1100 | l'undicesimo secolo | |
| 1101–1200 | il dodicesimo secolo | |
| 1201–1300 | il tredicesimo secolo | il duecento |
| 1301–1400 | il quattordicesimo secolo | il trecento |
| 1401–1500 | il quindicesimo secolo | il quattrocento |
| 1501–1600 | il sedicesimo secolo | il cinquecento |
| 1601–1700 | il diciassettesimo secolo | il seicento |
| 1701–1800 | il diciottesimo secolo | il settecento |
| 1801–1900 | il diciannovesimo secolo | l'ottocento |
| 1901–2000 | il ventesimo secolo | il novecento |
| 2001–2100 | il ventunesimo secolo | |

**NOTE** Italian uses **a.C.** (**avanti Cristo**) for BC and **d.C.** (**dopo Cristo**) for AD.

---

*The centuries are commonly written with Roman numerals in Italian: **il XII secolo, il XIX secolo, il XXI secolo.**

**B** *Date storiche.* *Completa ogni frase con il secolo corretto.*

ESEMPIO    Il Parlamento italiano proclamò il Regno d'Italia il 17 marzo 1861.

Il Parlamento italiano proclamò il Regno d'Italia nel *diciannovesimo* secolo.

1. Dante Alighieri nacque nel 1265.
   Dante Alighieri nacque nel _____ secolo.

2. Cristoforo Colombo scoprì l'America nel 1492.
   Cristoforo Colombo scoprì l'America nel _____ secolo.

3. Galileo Galilei perfezionò il cannocchiale nel 1611.
   Galileo Galilei perfezionò il cannocchiale nel _____ secolo.

4. La Rivoluzione Francese avvenne nel 1789.
   La Rivoluzione Francese avvenne nel _____ secolo.

5. Amelia Earhart pilotò un aereo da un lato all'altro degli Stati Uniti nel 1932.
   Amelia Earhart pilotò un aereo da un lato all'altro degli Stati Uniti nel _____ secolo.

6. Leonardo da Vinci dipinse *la Gioconda* nel 1514.
   Leonardo da Vinci dipinse *la Gioconda* nel _____ secolo.

7. Napoleone costituì il Regno d'Italia nel 1805.
   Napoleone costituì il Regno d'Italia nel _____ secolo.

8. La peste scoppiò a Firenze nel 1348.
   La peste scoppiò a Firenze nel _____ secolo.

## Telling Time

The expression of clock time in Italian revolves around the words **ora/ore**, even though these words rarely appear in sentences referring to time.

| | |
|---|---|
| È l'una. | *It's one o'clock.* |
| Sono le due. | *It's two o'clock.* |
| Sono le due e cinque. | *It's five after two.* |
| Sono le due e dieci. | *It's ten after two.* |
| Sono le due e un quarto. | *It's a quarter after two.* |
| Sono le due e venti. | *It's twenty after two.* |
| Sono le due e venticinque. | *It's twenty-five after two.* |
| Sono le due e mezzo.* | *It's half past two.* |

After the half hour, the modern tendency is to count the minutes as on a digital clock.

| | |
|---|---|
| Sono le due e trentacinque. | *It's two thirty-five. / It's twenty-five to three.* |
| Sono le due e cinquanta. | *It's two fifty. / It's ten to three.* |

---

*The form **e mezza** also exists.

The word **meno** is also used for times from the half hour to the hour, especially if there are not many minutes left until the next hour.

| | |
|---|---|
| Sono le tre meno cinque. | *It's five to three.* |
| Sono le tre. | *It's three o'clock.* |

Note, however, that the traditional form for quarter to the hour is still in use.

| | |
|---|---|
| Sono le tre meno un quarto.* | *It's a quarter to three.* |

Italian uses **mezzogiorno** for 12 noon, and **mezzanotte** for 12 midnight.

| | |
|---|---|
| È mezzogiorno. | *It's 12 PM.* |
| È mezzanotte. | *It's 12 AM.* |

Fractions of the hour can be added to these expressions.

| | |
|---|---|
| È mezzogiorno e un quarto. | *It's 12:15 PM.* |
| È mezzanotte e venti. | *It's twenty after midnight.* |

To ask the time, Italians say **Che ora è?** or **Che ore sono?**

To express *time at which,* Italian uses the preposition **a.**

| | |
|---|---|
| Ci vediamo **alle** quattro. | *We'll see each other at four.* |
| Sono partiti **a** mezzanotte. | *They left at midnight.* |

Other parts of the day in Italian follow.

| | | | |
|---|---|---|---|
| **il giorno** | *day* | **di giorno** | *during the day* |
| **la mattina** | *morning* | **di/la mattina** | *in the morning* |
| **il pomeriggio** | *afternoon* | **di/nel pomeriggio** | *in the afternoon* |
| **la sera** | *evening* | **di/la sera** | *in the evening* |
| **la notte** | *night* | **di/la notte** | *at night* |

| | |
|---|---|
| **Di giorno** siamo sempre in giro. | *During the day, we're always out.* |
| Preferisco alzarmi presto **di/la mattina.** | *I prefer to get up early in the morning.* |
| La posta è aperta **di/nel pomeriggio.** | *The post office is open in the afternoon.* |
| Ci piace molto uscire **di/la sera.** | *We really like to go out in the evening.* |
| Sono costretti a lavorare **di/la notte.** | *They're obliged to work at night.* |

In formal contexts, such as train and plane schedules, movie times, and TV listings, Italian uses the 24-hour clock. The word **ore** may be used to express these times.†

| | |
|---|---|
| Il treno da Milano arriverà **alle quindici e cinque.** | *The train from Milan will arrive at 3:05 PM.* |
| Il film comincia **alle ore venti e cinquantacinque.** | *The film starts at five to nine in the evening.* |

To ask at what time something happens, Italians use **A che ora?**

---

*Sono le due e tre quarti** may also be used.

†**Un quarto, mezzo,** and **tre quarti** are not commonly used with the 24-hour clock.

**C** *La giornata di una studentessa.* *Sara è una studentessa universitaria molto impegnata. Leggi il suo diario e per ogni attività scrivi l'ora in lettere.*

**Impegni di oggi**

9.10   Treno per l'università
10.30  Lezione di letteratura francese
11.40  Riunione studentesca
12.15  Pranzo con Adele
12.50  Caffè al bar
13.25  Appuntamento con il professore
14.20  Lezione di storia del cinema
15.55  Treno per casa
16.45  Compiti per il giorno dopo
20.30  Cena con gli amici

1. Prendo il treno per l'università alle _____.

2. Devo essere a lezione di letteratura francese alle _____.

3. Vado in riunione alle _____.

4. Adele e io pranziamo insieme alle _____.

5. Prendo un espresso al bar alle _____.

6. L'appuntamento con il professore è alle _____.

7. Vado a lezione di storia del cinema alle _____.

8. Prendo il treno per tornare a casa alle _____.

9. Inizio a studiare e a fare i compiti alle _____.

10. Ceno con gli amici alle _____.

**D** *Viaggi in treno.* *Rispondi alle seguenti domande osservando la tabella seguente.*

| STAZIONE DI PARTENZA | STAZIONE DI ARRIVO | ORA DI PARTENZA | ORA DI ARRIVO |
|---|---|---|---|
| Roma | Milano | 08:22 | 15:05 |
| Napoli | Bari | 17:00 | 21:10 |
| Firenze | Venezia | 13:50 | 18:45 |
| Palermo | Catania | 19:38 | 23:40 |
| Sassari | Cagliari | 14:30 | 16:55 |

1. A che ora parte il treno per Milano?

2. A che ora arriva il treno da Palermo?

3. A che ora parte il treno da Sassari?

4. A che ora arriva il treno da Roma a Milano?

5. A che ora parte il treno da Napoli?

6. A che ora arriva a Cagliari il treno da Sassari?

7. A che ora parte il treno da Firenze?

8. A che ora arriviamo a Venezia?

9. A che ora parte il treno da Palermo?

10. A che ora si arriva a Bari?

## Days of the Week and Months of the Year

The days of the week in Italian follow.

| | |
|---|---|
| **lunedì** | *Monday* |
| **martedì** | *Tuesday* |
| **mercoledì** | *Wednesday* |
| **giovedì** | *Thursday* |
| **venerdì** | *Friday* |
| **sabato** | *Saturday* |
| **domenica** | *Sunday* |

The use of the article with days of the week (**il** for all of the days except **la domenica**) indicates habitual action; for example, **il martedì** means *every Tuesday, on Tuesdays.*

| | |
|---|---|
| —Ci vediamo martedì? | *Will we see each other on Tuesday?* |
| —No, **il martedì** lavoro. | *No, I work on Tuesdays.* |

The months of the year in Italian follow.

| | | | |
|---|---|---|---|
| **gennaio** | *January* | **in/a gennaio** | *in January* |
| **febbraio** | *February* | **in/a febbraio** | *in February* |
| **marzo** | *March* | **in/a marzo** | *in March* |
| **aprile** | *April* | **in/ad aprile** | *in April* |
| **maggio** | *May* | **in/a maggio** | *in May* |
| **giugno** | *June* | **in/a giugno** | *in June* |
| **luglio** | *July* | **in/a luglio** | *in July* |
| **agosto** | *August* | **in/ad agosto** | *in August* |
| **settembre** | *September* | **in/a settembre** | *in September* |
| **ottobre** | *October* | **in/ad ottobre** | *in October* |
| **novembre** | *November* | **in/a novembre** | *in November* |
| **dicembre** | *December* | **in/a dicembre** | *in December* |

**NOTE** The days of the week and the months of the year are written with lowercase letters in Italian.

The seasons of the year in Italian follow.

| | | | |
|---|---|---|---|
| **primavera** | *spring* | **in/di primavera** | *in the spring* |
| **estate** | *summer* | **in/d'estate** | *in the summer* |
| **autunno** | *fall, autumn* | **in/d'autunno** | *in the fall/autumn* |
| **inverno** | *winter* | **in/d'inverno** | *in the winter* |

## The Date

Years in Italian are not counted by hundreds (for example, *nineteen hundred*) but in thousands plus hundreds (for example, *one thousand nine hundred*). Years are always preceded by the definite article **il**.

| | |
|---|---|
| 1066 | il millesessantasei |
| 1492 | il millequattrocentonovantadue |
| 1984 | il millenovecentoottantaquattro |

Years (especially those of the 20th century) may be referred to by their last two digits, preceded by **il**.

| | |
|---|---|
| La seconda guerra mondiale finì **nel quarantacinque**. | *World War II ended in '45.* |

Dates in Italian are expressed with cardinal numbers—not ordinals, as in English—except for **primo**, the first day of the month. Dates are preceded by the masculine definite article.

| | |
|---|---|
| il primo febbraio | *February first* |
| l'otto settembre | *September eighth* |
| il dieci luglio | *July tenth* |
| il trentuno ottobre | *October thirty-first* |

When a year follows the date, it is not preceded by the article.

| | |
|---|---|
| Paolo è nato il quattordici maggio millenovecentosettantanove. | *Paolo was born on May 14, 1979.* |

To ask the date, Italians use either **Che giorno è oggi?** or **Quanti ne abbiamo?**

In answering these questions, the date precedes the month in Italian—not the other way around, as in English.

| | |
|---|---|
| il nove ottobre | *October ninth* |

Thus, numeric abbreviations of the date in Italian place the number of the day first.

| | |
|---|---|
| 9-10-2012 | *10-9-2012* |

**E** *La settimana del Professor Vettori.* *Guarda l'agenda del professore e rispondi alle domande, come nell'esempio.*

ESEMPIO   Quando gioca a poker?
→ Gioca a poker il lunedì.

| LUNEDÌ | MARTEDÌ | MERCOLEDÌ | GIOVEDÌ | VENERDÌ | SABATO | DOMENICA |
|---|---|---|---|---|---|---|
| Lezione su Dante | Riunione in dipartimento | Tennis | Lezione su Dante | Lezione privata | Visita ai musei | Messa |
| Palestra | Lezione sulla poesia del Duecento | Pranzo con amici | Palestra | Pranzo con i colleghi | Pranzo al parco | Lezione privata |
| Poker | Biblioteca | Cena al ristorante | Biblioteca | Golf | Cinema | Riposo |

1. Quando dà lezioni private?
2. Quando insegna Dante?
3. Quando si riposa?
4. Quando va in biblioteca?
5. Quando ha la riunione?
6. Quando fa sport?
7. Quando va in chiesa?
8. Quando va in palestra?
9. Quando insegna poesia?
10. Quando va al cinema?

**F** *I mesi e le stagioni.* *Formula domande con gli elementi dati e rispondi affermativamente o negativamente sostituendo il mese con la stagione.*

ESEMPIO   tu / partire / settembre // mai
→ Parti a settembre? No, non parto mai in/d'autunno.

1. i tuoi figli / andare a scuola / luglio // mai
2. tuo marito / insegnare / gennaio // sempre
3. tu e tua sorella / andare in ferie (*to go on vacation*) / marzo // qualche volta
4. i tuoi vicini / dare feste / dicembre // sempre
5. il tuo giardino / fiorire / novembre // mai
6. tu e la tua famiglia / sciare / febbraio // spesso
7. noi / nuotare in piscina / ottobre // mai
8. tu / andare al mare / giugno // sempre

**G**   *Tre giorni tipici dell'Ingegner Cestaro.*   *L'ingegner Marica Cestaro ha una vita molto attiva. Leggi cosa ha fatto ieri, cosa fa oggi e cosa farà domani e rispondi alle domande utilizzando una di queste espressioni di tempo. Oggi è il sette giugno ed è mattina.*

l' **aperitivo** *aperitif*
il **cantiere** *building site*
la **ditta** *firm, company*
la **filiale** *branch* (of a company, etc.)
la **relazione** *report*
il **sindaco** *mayor*
  **ieri** *yesterday*
  **ieri mattina** *yesterday morning*
  **ieri pomeriggio** *yesterday afternoon*
  **ieri sera** *yesterday evening*
  **oggi** *today*
  **stamattina** *this morning*
  **oggi pomeriggio** *this afternoon*
  **stasera** *this evening*
  **stanotte** *tonight*
  **domani** *tomorrow*
  **domani mattina / domattina** *tomorrow morning*
  **domani pomeriggio** *tomorrow afternoon*
  **domani sera** *tomorrow evening*

|  | 6 GIUGNO | 7 GIUGNO | 8 GIUGNO |
| --- | --- | --- | --- |
| 8:00–12:00 | Viaggio a Parigi | Cantiere | Telefonare alla filiale di Londra |
| 12:00–18:00 | Pranzo con colleghi | Incontro con la ditta cinese | Pranzo con il sindaco |
| 18:00–20:00 | Cena con il signor Pacelli | Aperitivo con colleghi | Relazione |
| 20:00–23:00 | Piscina | Preparare relazione per domani | Riposo |

1. Quando va a Parigi?

2. Quando presenta la relazione?

3. Quando cena con il signor Pacelli?

4. Quando ha l'incontro con la ditta cinese?

5. Quando telefona alla filiale di Londra?

6. Quando va in piscina?

7. Quando pranza con il sindaco?

8. Quando prepara la relazione?

9. Quando prende l'aperitivo?

10. Quando va in cantiere?

**H** *La storia italiana.* *Per ogni evento storico importante scrivi la data in lettere.*

ESEMPIO  02/06/1946  La festa della Repubblica Italiana
→ il due giugno millenovecentoquarantasei

1. 29/05/1176  La battaglia di Legnano*

2. 09/04/1454  La pace di Lodi†

3. 03/04/1559  Il trattato di Cateau-Cambrésis‡

4. 23/03/1848  La prima guerra d'indipendenza italiana

5. 05/05/1860  La spedizione dei Mille§

6. 17/03/1861  Il Regno d'Italia

7. 28/07/1914  Inizio della prima guerra mondiale

8. 01/09/1939  Inizio della seconda guerra mondiale

**I** *Una piccola intervista.* *Rispondi alle seguenti domande personali.*

1. Qual è la tua data di nascita?

2. E la data di nascita dei tuoi genitori?

3. E dei tuoi fratelli? Figli?

4. Quando hai iniziato gli studi universitari o il tuo lavoro attuale?

5. Quando ti sei laureato/a o quando hai ricevuto un bonus / una promozione?

6. Quando ti sei fidanzato/a? Sposato/a?

---

*A battle between the Holy Roman Empire led by Frederick I Barbarossa and the Lombard League, an alliance of northern Italian cities.

†A peace accord between Venice and Milan, putting an end to a half century of conflict.

‡A peace treaty putting an end to wars on Italian soil.

§A volunteer force led by Garibaldi that defeated the Kingdom of the Two Sicilies and its annexation by Sardinia. This was an important step in the unification of Italy.

# Adverbs

Adverbs can modify verbs, adjectives, and other adverbs. When adverbs modify verbs, they may tell how the action is done (adverbs of manner), when it is done (adverbs of time), or where it takes place (adverbs of place). When adverbs modify adjectives and other adverbs, they intensify the idea of the words they modify.

## Adverbs of Manner

Most Italian adverbs of manner are formed by adding the suffix -**mente** to the feminine form of adjectives.

| ADJECTIVE | MEANING | FEMININE FORM | ADVERB | MEANING |
|---|---|---|---|---|
| amaro | *bitter* | amara | **amaramente** | *bitterly* |
| chiaro | *clear* | chiara | **chiaramente** | *clearly* |
| lento | *slow* | lenta | **lentamente** | *slowly* |
| meraviglioso | *wonderful* | meravigliosa | **meravigliosamente** | *wonderfully* |
| onesto | *honest* | onesta | **onestamente** | *honestly* |
| rapido | *fast* | rapida | **rapidamente** | *fast* |
| sincero | *sincere* | sincera | **sinceramente** | *sincerely* |

Adjectives ending in -**le** or -**re** preceded by a vowel drop the **e** when -**mente** is added.

| ADJECTIVE | MEANING | ADVERB STEM | ADVERB | MEANING |
|---|---|---|---|---|
| fedele | *loyal, faithful* | fedel- | **fedelmente** | *loyally, faithfully* |
| gentile | *nice, polite* | gentil- | **gentilmente** | *nicely, politely* |
| maggiore | *greater* | maggior- | **maggiormente** | *more, even more* |
| notevole | *notable* | notevol- | **notevolmente** | *notably* |
| piacevole | *pleasant* | piacevol- | **piacevolmente** | *pleasantly* |
| probabile | *probable* | probabil- | **probabilmente** | *probably* |
| puntuale | *punctual* | puntual- | **puntualmente** | *punctually, on time* |
| regolare | *regular* | regolar- | **regolarmente** | *regularly* |
| ulteriore | *further* | ulterior- | **ulteriormente** | *further (on)* |

Other adjectives ending in **-e** form their adverbs without any modification of their base forms.

| ADJECTIVE | MEANING | ADVERB | MEANING |
|---|---|---|---|
| corrente | *common* | **correntemente** | *commonly* |
| dolce | *sweet* | **dolcemente** | *sweetly* |
| intelligente | *intelligent* | **intelligentemente** | *intelligently* |
| mediocre | *mediocre* | **mediocremente** | *badly* |
| palese | *obvious* | **palesemente** | *obviously* |
| veloce | *quick* | **velocemente** | *quickly* |

Some adjectives form their adverbs irregularly.

| | | | |
|---|---|---|---|
| altro | *other* | **altrimenti** | *otherwise* |
| benevolo | *kind* | **benevolmente** | *kindly, indulgently* |
| leggero | *light* | **leggermente** | *slightly* |
| violento | *violent* | **violentemente** | *violently* |

A number of adjectives can be used in their masculine singular forms as adverbs, mostly in set phrases.

**andare dritto** *to go straight ahead*
**costare caro** *to be expensive*
**lavorare sodo** *to work hard*
**pagare caro** *to pay a high price*
**parlare forte** *to speak loudly*

| | |
|---|---|
| **Vada dritto** fino alla piazza e poi giri a sinistra. | *Go straight ahead to the square and then turn left.* |
| **Lavoriamo sodo** perché il cibo **costa caro**. | *We work hard, because food costs a lot.* |
| Non **parlare** così **forte**. Non siamo sordi. | *Don't speak so loudly. We're not deaf.* |

Many adjectives of quantity function this way.

| | |
|---|---|
| Ho mangiato **molto**. | *I ate a lot.* |
| Quella donna lavora **troppo**. | *That woman works too much.* |
| Guadagnano **poco**. | *They earn little.* |
| Mi mancano **tanto**. | *I miss them so much.* |

## Adverbs Not Derived from Adjectives

Many adverbs in Italian, whether of manner, time, or place, are independent words not derived from an adjective.

| | |
|---|---|
| **apposta** *on purpose* | **mai** *never* |
| **bene** *well* | **male** *badly* |
| **così** *thus* | **meglio** *better* |
| **forse** *maybe, perhaps* | **meno** *less* |
| **ieri** *yesterday* | **molto** *a lot* |
| **magari** *what if; and how!* | **oggi** *today* |

| peggio *worse* | sempre *always* |
|---|---|
| poco *not much* | spesso *often* |
| poi *then* | subito *right away* |
| presto *quickly* | tanto *too much* |
| pure *even* | tardi *late* |
| quasi *almost* | volentieri *gladly, willingly* |

## Position of Adverbs

Adverbs of manner are generally placed right after the verb they modify.

| Giacomo parla **sinceramente**. | *Giacomo speaks sincerely.* |
| Sua figlia si comporta **gentilmente**. | *Her daughter behaves politely.* |

In compound tenses, however, the adverb may be placed between the auxiliary verb and the past participle.

| Il cameriere ha **subito** portato il caffè. | *The waiter brought the coffee right away.* |
| Il presidente ha **chiaramente** spiegato la sua posizione. | *The president explained his position clearly.* |

It is also common to place adverbs of manner, especially those ending in **-mente**, after the participle.

| Il cameriere ha portato **subito** il caffè. | *The waiter brought the coffee right away.* |
| Il presidente ha spiegato **chiaramente** la sua posizione. | *The president explained his position clearly.* |

The adverb can also be placed after the direct object.

| Il presidente ha spiegato la sua posizione **chiaramente**. | *The president explained his position clearly.* |

**A**  *Ma che modi! Forma gli avverbi che corrispondono agli aggettivi seguenti, come nell'esempio.*

ESEMPIO    personale → personalmente

1. astuto
2. corretto
3. possibile
4. intero
5. cortese
6. triste
7. fortunato
8. confuso
9. frequente
10. morale
11. pratico
12. generoso
13. discreto
14. evidente
15. ovvio
16. leggero
17. lungo
18. preciso
19. esatto
20. completo

**B** *Il capo mette sempre soggezione.* *Forma avverbi per descrivere come si sentono i dipendenti della ditta nei confronti del loro capo.*

ESEMPIO    Claudio è sincero quando parla con il capo?
→ Sì, lui gli parla sinceramente.

1. Federica è nervosa quando parla con il capo?

2. Laura e Cristina sono gentili quando parlano con il capo?

3. Paolo è onesto quando parla con il capo?

4. Cristian ed Emanuele sono furiosi quando parlano con il capo?

5. Alessia è discreta quando parla con il capo?

6. Sergio è educato quando parla con il capo?

7. Silvia è paziente quando parla con il capo?

8. E tu, sei confuso quando parli con il capo?

9. E voi, siete timidi quando parlate con il capo?

10. E loro, sono allegri quando parlano con il capo?

**C** *Componi le seguenti frasi, correttamente!* *Unisci gli elementi dati per formare delle frasi corrette. Fai attenzione alla posizione degli avverbi.*

ESEMPIO    spiegato / bene / argomento / ha / il professore / l'
→ Il professore ha spiegato bene l'argomento.

1. male / le parole / pronunci / tu

2. debolmente / stelle / stasera / le / brillano

3. ha / lei / mi / bruscamente / risposto

4. leggere / romanzi / integralmente / bisogna / i

5. tuo / spiegato / il / ci / sommariamente / situazione / la / collega / ha

6. fa / Marcello / corte / mi / ostinatamente / la (fare la corte a qualcuno *to curry favor with someone; to court a woman*)

7. presto / alzarmi / domani / devo

8. in / l' / ritardo / è / lievemente / autobus

9. lanciato / palla / ha / la / il / calciatore / energicamente

10. deluso / Suo / fortemente / comportamento / sono / dal

## Adverbs of Time

| | |
|---|---|
| **adesso** *now* | **domani** *tomorrow* |
| **allora** *then, in that case* | **dopo** *afterward* |
| **ancora** *still, yet* | **dopodomani** *the day after tomorrow* |
| **attualmente** *at present* | **finora** *so far, up to now* |
| **dapprima** *at first* | **frequentemente** *frequently* |

| | |
|---|---|
| **già** *already* | **sempre** *always* |
| **ieri** *yesterday* | **spesso** *often* |
| **mai** *never* | **stamattina** *this morning* |
| **oggi** *today* | **stanotte** *tonight* |
| **ogni giorno** *every day* | **stasera** *this evening* |
| **ora** *now* | **subito** *immediately, right away* |
| **poi** *then* | **talora** *sometimes* |
| **presto** *soon, before long; early* | **talvolta** *sometimes* |
| **prima** *first; before, previously* | **tardi** *late* |
| **qualche volta** *sometimes* | **tutti i giorni** *every day* |
| **raramente** *rarely* | **ultimamente** *lately* |
| **recentemente** *recently, lately* | |

Some of these adverbs have formal alternatives.

**innanzi** *previously*
**sovente** *often*
**tosto** *right away*

Many phrases function as adverbs of time. (See Chapter 17 for expressions of time involving days of the week, months of the year, and calendar years.)

| | |
|---|---|
| **a lungo** *for a long time* | **non di rado** *frequently* |
| **alla stessa ora** *at the same time* | **ogni tanto** *from time to time,* |
| **da un momento all'altro** *at any* | *every once in a while* |
| *moment* | **per il momento** *for now, for the time being* |
| **di buon'ora** *early* | **poco fa** *a short time ago, just now* |
| **di rado** *seldom* | **quasi mai** *almost never* |
| **fra/tra poco** *shortly* | **una settimana fa / un mese fa / un anno fa** |
| **fra/tra un momento** *in a minute* | *a week/month/year ago* |
| **fra/tra un'ora** *in an hour* | |
| **fra/tra una settimana / un mese /** | |
| **un anno** *in a week/month/year* | |

**D** *Antonimi. Abbina ogni avverbio di tempo della prima colonna con il suo antonimo della seconda colonna.*

| | |
|---|---|
| 1. _____ tardi | a. a lungo |
| 2. _____ prima | b. dopo |
| 3. _____ frequentemente | c. non di rado |
| 4. _____ mai | d. presto |
| 5. _____ poco fa | e. sempre |
| 6. _____ fra un mese | f. raramente |
| 7. _____ di rado | g. un mese fa |
| 8. _____ per il momento | h. fra/tra poco |

**E** *Che cosa fai e quando?* *Scrivi dieci frasi in cui descrivi le tue attività e quelle delle persone che conosci utilizzando gli elementi forniti nelle tre colonne.*

| | | |
|---|---|---|
| io | arrivare | tutti i giorni |
| noi | partire | ogni tanto |
| i miei genitori | alzarsi | di rado |
| mio fratello / mia sorella | andare a letto | spesso |
| il mio migliore amico | fare sport | alla stessa ora |
| la mia migliore amica | fare shopping/spese | mai |
| il mio ragazzo | andare al cinema | attualmente |
| la mia ragazza | lavorare | qualche volta |
| mio marito | leggere un libro | sempre |
| mia moglie | cucinare | quasi mai |

## Adverbs of Place

**qui, qua**  *here*
**lì, là**  *there*
**da qualche parte**  *somewhere*
**altrove**  *elsewhere, somewhere else*
**da qualche altra parte**  *elsewhere, somewhere else*
**da qualsiasi altra parte**  *anywhere else, everywhere else*
**da nessuna parte**  *nowhere*
**dappertutto**  *everywhere*
**dovunque**  *everywhere\**
**vicino**  *nearby*
**lontano**  *far away*
**qua e là**  *here and there*
**in giro**  *around*
**in fondo**  *in back, in the rear, at the bottom*
**in cima**  *at the top*
**sopra**  *above, overhead*
**sotto**  *below, underneath*
**davanti**  *in front*
**dietro**  *behind, in back*
**di fronte**  *facing, opposite†*
**intorno**  *around*
**dentro**  *inside*
**fuori**  *outside, out*
**su**  *up*
**giù**  *down*

---

\*An alternate form, **ovunque**, also exists but is less common.

†The form **dirimpetto** also exists but is limited to literary writing.

**Qui** and **lì** (and **qua** and **là**) are often combined with other adverbs of place.

> **qui sopra**  *up here*
> **qui sotto**  *under here*
> **qui vicino**  *near here, nearby*
> **lì sopra**  *up there*
> **lì in cima**  *there on top, on top there*
> **lì in fondo**  *in back there, down there at the bottom*

With the adverbs **su** and **giù**, **qua** and **là** are more commonly used, but the first consonant of the adverb is doubled in speech and writing.

> **quassù**  *up here*
> **quaggiù**  *down here*
> **lassù**  *up there*
> **laggiù**  *down there*

**F**  *Antonimi. Abbina ogni avverbio di luogo della prima colonna con il suo antonimo della seconda colonna.*

| | | |
|---|---|---|
| 1. _____ qui | | a. quassù |
| 2. _____ dentro | | b. su |
| 3. _____ lontano | | c. in fondo |
| 4. _____ quaggiù | | d. fuori |
| 5. _____ sotto | | e. davanti |
| 6. _____ dietro | | f. vicino |
| 7. _____ giù | | g. da nessuna parte |
| 8. _____ qui sopra | | h. sopra |
| 9. _____ in cima | | i. qui sotto |
| 10. _____ dappertutto | | j. lì |

**G**  *Un'occasione. Angela e Franco hanno visto una villa in Toscana che vorrebbero acquistare, e hanno deciso di mostrarla alle loro due figlie. Inserisci gli avverbi di luogo nella loro descrizione.*

1. È una villa bellissima. Ci sono molti alberi. (intorno)

2. C'è un giardino. (dietro)

3. Ci sono anche due file di cipressi. (davanti)

4. Ci sono la cucina e la sala da pranzo. (di sotto)

5. Ci sono le camere da letto e due bagni. (di sopra)

6. C'è il paese più vicino. (laggiù)

7. Ma dov'è la proprietaria? Non la vedo. (da nessuna parte)

8. Forse sta parlando con gli altri potenziali acquirenti. (fuori)

9. Eccola. (lì)

**H**   *Il tempo e lo spazio.*   *Traduci in italiano le seguenti conversazioni facendo attenzione agli avverbi di tempo e di luogo.*

1. *Yesterday, I looked for my watch everywhere.*
   *I saw it somewhere. Did you look (for it) upstairs?*

2. *It rains here every week.*
   *I know. I wish (= would want) I lived elsewhere.*

3. *I didn't go anywhere on Wednesday.*
   *Neither did I. I seldom go out during the week.*

4. *Four years ago, I used to teach every day.*
   *Now you teach three times a week, right?*

5. *The guests will arrive at any moment.*
   *I will set the table right away.*

## Adverbial Expressions

Prepositional phrases often function as adverbs of manner, time, and place; several of these appear in the lists above.

Phrases beginning with **fin da**\* express the starting point of an action in time or place.

**fin dal mattino**   *from the morning on*
**fin dal pomeriggio**   *from the afternoon on*
**fin dall'inizio**   *from the beginning*
**fin dal mio arrivo**   *from the moment I arrived*
**fin d'adesso**   *from now on*
**fin d'ora**   *from now on*
**fin dal primo settembre**   *from September 1 on*

Phrases with **fino a**† express the end point (*until, up to*) of an action in time or place.

**fino a questo momento**   *until now*
**fino a oggi**   *until today*
**fino all'angolo (della strada)**   *up to the corner (of the street)*
**fino alla frontiera**   *as far as the border*

### Adverbial Phrases with the Preposition in

#### Phrases of Manner

**in fretta**   *hurriedly*
**in silenzio**   *silently*
**in pace**   *at peace*

---

\*A somewhat formal alternative, **sin da**, also exists.

†A somewhat formal alternative, **sino a**, also exists.

### Phrases of Time

**in futuro**  *in the future*
**in passato**  *in the past*
**in un attimo**  *in a jiffy*
**in tempo**  *in time**
**in anticipo**  *early, in advance*
**in ritardo**  *late*

### Phrases of Place

**in quel luogo**  *in that place*
**in città**  *in the city*
**in campagna**  *in the country*
**in treno**  *on the train, by train*

## Adverbial Phrases with the Preposition a

### Phrases of Manner

**a cavallo**  *on horseback*
**a piedi**  *on foot*
**a meraviglia**  *smoothly; wonderfully*

### Phrases of Time

**all'improvviso**  *suddenly*
**alla fine**  *eventually*
**a rilento**  *slowly*
**a mezzanotte**  *at midnight*
**alle cinque e mezzo**  *at 5:30*
**a maggio**  *in May*
**a Natale**  *at Christmas*

### Phrases of Place

**a destra**  *to the right*
**a sinistra**  *to the left*
**a Roma / Parigi / New York**  *in Rome / Paris / New York*

## Adverbial Phrases with the Preposition di

**di nuovo**  *again*
**di solito**  *usually*
**di gran lunga**  *by far*
**di corsa**  *in a rush, hurriedly*
**di buon'ora**  *early*

---

*Compare **puntualmente** *on time.*

## Adverbial Phrases with the Preposition **da**

**da allora**  *since then*
**da quando?**  *since when?*
**da quel giorno**  *since that day*
**da gennaio a giugno**  *from January to June*

## Adverbial Phrases with the Preposition **con**

Many phrases with **con** serve as adverbs of manner.

**con entusiasmo**  *enthusiastically*
**con discrezione**  *discreetly*
**con ingegno**  *cleverly*

## Adverbial Phrases with the Preposition **senza**

The preposition **senza** forms adverbial phrases that are often the equivalent of English adverbs ending in *-lessly.*

**senza entusiasmo**  *unenthusiastically*
**senza discrezione**  *indiscreetly*
**senza ingegno**  *artlessly, without ability*

**I** **Completa.** *Inserisci l'espressione avverbiale, come nell'esempio.*

ESEMPIO   *Since when have you been working here?*
    __*Da quando*__ lavori qui?

1. *If you want to see Porta Portese (a famous Roman flea market), you must go there early.*
   Se vuoi vedere Porta Portese, devi andarci _____.

2. *Laughter is by far the best medicine.*
   Il riso è _____ la miglior medicina.

3. *Elderly people say that in the past life was easier.*
   Gli anziani dicono che _____ la vita era più semplice.

4. *I'll be at your house/place in a jiffy.*
   Sarò da te _____.

5. *Go straight ahead to the corner of the street, then turn left.*
   Vai dritto _____ della strada, poi gira _____.

6. *Elena goes to work on foot.*
   Elena va a lavoro _____.

7. *Since when do you live in Rome?*
   _____ vivi _____ Roma?

8. *Since August.*
   _____ agosto.

9. *We usually don't eat meat. We prefer seafood.*
   _____ non mangiamo carne. Preferiamo il pesce.

10. *Grandma has been cooking since this morning.*
    La nonna cucina _____.

**J** *Un appuntamento movimentato.* *Il Professor Baldi spiega i contrattempi che ha avuto mentre andava al suo appuntamento di lavoro. Aggiungi le preposizioni mancanti per sapere cosa gli è successo.*

Avevo un appuntamento alle 15:00. Non volevo arrivare (1) _____ ritardo. Così sono

partito (2) _____ 14:00 per arrivare un po' (3) _____ anticipo. Pioveva. Non potevo andare

(4) _____ piedi (5) _____ un tempo simile. Ho deciso di andare (6) _____ autobus.

Ma l'autobus non è arrivato. Così ho preso un taxi. (7) _____ solito i taxi sono veloci, ma

il mio autista non sapeva guidare e andava (8) _____ rilento. Alla fine sono sceso dal taxi

e sono andato (9) _____ sotto a prendere la metropolitana. Purtroppo la linea A era chiusa

(10) _____ lunedì per lavori in corso. Erano ormai le 14:40 e dovevo assolutamente arrivare

(11) _____ tempo all'appuntamento. (12) _____ improvviso mi è venuta un'idea.

(13) _____ fronte alla metropolitana c'era un noleggio di biciclette. Come potete

immaginare, (14) _____ fine sono andato all'appuntamento (15) _____ bicicletta!

# Adverbs in -oni

Italian has a group of adverbs in **-oni** that express positions of the body. Some of these are used with the preposition **a**, others without it. The most common of these adverbs follow.

| | |
|---|---|
| **bocconi** *face down* | |
|     cadere bocconi | *to fall on one's face* |
| **a carponi** *on all fours* | |
|     andare/camminare a carponi | *to crawl on all fours* |
| **(a) cavalcioni** *astride* | |
|     sedersi a cavalcioni su | *to sit astride (something)* |
| **ciondoloni** *dangling* | |
|     con le braccia ciondoloni | *with one's arms dangling* |
| **gattoni** *on all fours* | |
|     andare gattoni | *to crawl* |
| **penzoloni** *dangling, hanging down* | |
|     seduto con le gambe penzoloni | *sitting with one's legs dangling* |
| **(a) strasciconi** *dragging one's feet* | |
|     andare a strasciconi | *to walk dragging one's feet* |
| **(a) tentoni** *groping* | |
|     andare a tentoni nel buio | *to feel one's way in the dark* |
| **zoppiconi** *with a limp* | |
|     camminare zoppiconi | *to limp along* |

**K** *E ora tocca a te tradurre.* *Traduci le seguenti frasi dall'italiano all'inglese.*

1. Il figlio di Cristina ha solo cinque mesi e già cammina carponi.

2. Quando sono rientrato a casa, non c'era la corrente elettrica (*the power was out*), così sono andato in camera a tentoni.

3. Sono così stanco che cammino a strasciconi.

4. Il mio cane si è fatto male alla zampa ed è tornato zoppiconi.

5. Quando ero piccolo, salivo sulla schiena di mio padre a cavalcioni e facevo finta (*to pretend*) che ero un cavaliere.

6. Una volta però sono caduto bocconi.

# Interrogative Sentences

## Question Formation

There are two types of questions: yes/no questions and information questions. Yes/no questions expect either *yes* or *no* as an answer.

> *Is Max in the office?*
> *Yes, he is.*

Information questions begin with a question word and ask for a piece of information.

> *When did he get here?*
> *At three o'clock.*

Both types of questions are formed in English by inverting the order of subject and verb: The subject is placed after the verb, which in most cases is a form of the auxiliary verb *do*.

> *They work here.* → *Do they work here?*

Italian questions are formed somewhat differently. In yes/no questions, the word order in Italian is usually the same as in the corresponding statement, but the sentence is spoken with rising intonation. This is signaled in writing by the addition of a question mark.

| | |
|---|---|
| Angela lavora in città? | *Does Angela work in town?* |
| L'ufficio è aperto domani? | *Is the office open tomorrow?* |
| Le nuove stampanti sono arrivate? | *Have the new printers arrived?* |

Information questions in Italian begin with one of the following question words.

**a che ora?** *at what time?*
**chi?** *who?, whom?*
**che?** *what?*
**cosa?** *what?*
**che cosa?** *what?*
**come?** *how?*
**di chi?** *whose?*
**dove?** *where*
**perché** *why?*
**quale? quali?** *which?*
**quando?** *when?*
**quanto/a?** *how much?*
**quanti/e?** *how many?*

In Italian questions beginning with question words, the subject is placed after the verb. In compound tenses, the subject follows the past participle.

| | |
|---|---|
| **Dove** sono andati gli impiegati? | *Where have the employees gone?* |
| **Quanti** documenti ha portato il postino? | *How many documents did the mailman bring?* |
| **Quando** partono in vacanza i tuoi? | *When are your parents leaving on vacation?* |
| **A che ora** arriverà il treno? | *At what time will the train arrive?* |

After **perché**, the subject may precede the verb.

| | |
|---|---|
| Perché l'università è chiusa? | *Why is the university closed?* |
| Perché è chiusa l'università? | |
| Perché Concetta non viene a trovarci? | *Why doesn't Concetta come to see us?* |
| Perché non viene a trovarci Concetta? | |

When the interrogative word is the subject of the verb, there is no inversion.

| | |
|---|---|
| **Chi** vuole sapere la risposta? | *Who wants to know the answer?* |
| **Quanto tempo** è necessario per iniziare una impresa? | *How much time is necessary to start a business?* |
| **Quali** cifre vi sembrano corrette? | *Which figures seem correct to you?* |

With **di chi** *whose*, the word order is different from that of English.

| | |
|---|---|
| **Di chi** sono queste scarpe? | *Whose shoes are these?* |

**A**   *L'intervista di Massimo. Per ogni risposta scrivi la domanda corretta usando gli avverbi interrogativi. Scoprirai così alcune cose sulla vita di Massimo.*

ESEMPIO   Mi chiamo Massimo.
     → Come ti chiami?

1. Ho trentotto anni.

2. Abito a Vetralla, in provincia di Viterbo.

3. Faccio l'elettricista.

4. Abito con mia moglie, Catia, e i miei figli, Martina e Michele.

5. Di solito mi alzo alle 8:00. Il fine settimana però dormo di più.

6. A pranzo mangio un panino o un tramezzino e a cena una bistecca o del pesce.

7. Nel tempo libero vado in bicicletta oppure faccio pratica con i trucchi magici (*magic tricks*).

8. Conosco più di cento trucchi magici.

9. Di solito vado in vacanza al mare, in Puglia o in Calabria.

10. Vado in vacanza durante il mese di agosto.

**B** *Chi sono?* *Leggi i dati di ogni persona e formula domande con gli avverbi interrogativi.*

ESEMPIO    È australiano.
→ Di dove è? / Di che nazionalità è?

**Marica Cestaro**

1. È italiana.

2. È ingegnere.

3. Vive a Treviso.

4. Lavora per l'agenzia del demanio (*government department that manages state-owned land and property*).

5. Abita da sola.

**Billy Trueman**

6. È nato in Virginia, negli Stati Uniti.

7. Ha quarantatré anni.

8. È direttore di un ufficio postale (*postmaster*).

9. Ha un animale domestico, una cagnolina di nome Snowball.

10. Gli piace cucinare e andare al cinema.

**Liliana Gómez**

11. Vive a Buenos Aires, in Argentina.

12. Lavora all'università di Buenos Aires, come ricercatrice.

13. Studia lingue e letterature romanze.

14. Va all'università in metro o con l'autobus.

15. Ha un fratello.

**Marguerite Duras**

16. Era una scrittrice.

17. Era francese.

18. Si trasferì dal Vietnam in Francia nel 1932.

19. Andò in Francia perché voleva studiare legge anche se alla fine divenne scrittrice.

20. Vinse il prestigioso premio Goncourt con il romanzo *L'Amant*.

**C** *Come? Parla più forte!* La tua amica ti chiama al cellulare per invitarti a fare spese con lei. Purtroppo la ricezione non è molto buona e non senti bene ciò che ti dice. Chiedile ciò che ha detto utilizzando gli avverbi interrogativi, come nell'esempio. Le parole in corsivo sono quelle che non hai capito.

ESEMPIO  Vado *al centro commerciale*.
→ Dove?

1. Penso di andare al centro commerciale *vicino al cinema*.

2. Ci sono *cinquantotto* negozi nel centro commerciale.

3. Ci sono *quindici* bar e ristoranti nel centro commerciale.

4. Voglio comprare *due* paia di scarpe.

5. Devo comprare un regalo *per mia cognata*.

6. Non posso spendere più di *300 euro in tutto*.

7. Forse le compro una borsa *di pelle*.

8. Non so se le piacerà di più *la borsa azzurra o la borsa verde*.

9. Pagherò *con la carta di credito*.

10. Vado al centro commerciale *alle 4:00*.

11. Ci vado *con l'autobus*.

12. Torno a casa *per cena*.

## More on Question Words

Several question words drop their final vowel in certain cases.

- **Cosa** becomes **cos'** before a vowel, and especially before the word **è** *is*. The same is true of **che cosa**.

| | |
|---|---|
| **Cos'è** il codice fiscale? | *What is the tax code?* |
| **Che cos'è** successo? | *What happened?* |

- Question words that end in **-e** elide before **è** *is*.

| | |
|---|---|
| **Com'è?** | *What's it like?* |
| **Dov'è?** | *Where is it?* |

NOTE  The question word **quale** becomes **qual** (not **qual'**) before è.

| | |
|---|---|
| **Qual è?** | *Which one is it?* |

- These question words may also elide before other forms of **essere** that begin with **e**.

| | |
|---|---|
| **Dov'era** quel ristorante? | *Where was that restaurant?* |
| **Com'era** il nostro paese in quella epoca? | *What was our village like in that period?* |

**Che?**, **cosa?**, and **che cosa?** all mean the same thing and are interchangeable.

Prepositions in information questions precede the question words. They cannot be placed at the end of the question, as they sometimes are in English.

| | |
|---|---|
| **A chi** hai inviato il messaggio? | *Who(m) did you send the message to?* |
| **Con chi** hanno parlato? | *Who(m) have they spoken with?* |
| **Di dove** siete voi? | *Where are you from?* |
| **Da quando** lavorano a Roma? | *Since when have they been working in Rome?* |
| **Fino a quando** staranno da noi? | *Until when will they be staying with us?* |
| **Per quanto tempo** devo correre? | *How long should I jog (for)?* |
| **Da quanto tempo** vi conoscete? | *How long have you known each other?* |
| **Su che cosa** potrei fare un sito Web? | *What could I make a website about?* |

The interrogatives **quale/quali** can function as adjectives or pronouns.

- As adjectives before nouns

| | |
|---|---|
| **Quale volo** dobbiamo prendere? | *Which flight should we take?* |
| **Quali biglietti** devo scegliere? | *Which tickets should I choose?* |

- As pronouns

| | |
|---|---|
| **Quale** dobbiamo prendere? | *Which one should we take?* |
| **Quali** devo scegliere? | *Which ones should I choose?* |

Italian distinguishes between **di dove** and **da dove**. **Di dove** is used to ask about origin and is usually followed by a form of **essere**.

| | |
|---|---|
| **Di dove** sono i tuoi amici? | *Where are your friends from?* |
| **Di dove** sei? Di qui? | *Where are you from? From here?* |

**Da dove** is used with verbs of motion.

| | |
|---|---|
| **Da dove** viene quell'aereo? | *Where is that plane coming from?* |
| **Da dove** parte l'autobus per il duomo? | *Where does the bus to the cathedral leave from?* |

**Da dove** may be followed by a form of **essere** when **essere** is the auxiliary of a verb of motion in the passato prossimo or another compound tense.

| | |
|---|---|
| **Da dove** sono venuti questi soldi? | *Where did this money come from?* |
| **Da dove** è caduto il muratore? | *Where did the bricklayer fall from?* |

**Quanto** may be equivalent to English *how* when asking about measurements and dimensions.

| | |
|---|---|
| **Quanto** è **largo** lo schermo? | *How wide is the screen?* |
| **Quanto** è **profondo** quel fiume? | *How deep is that river?* |
| **Quanto** è **lungo** il post ideale? | *How long is the ideal post (blog, etc.)?* |
| **Quanto spesso** devo cambiare le gomme? | *How often should I change the tires?* |

**Quanto a lungo** *how long* is used in the following contexts.

| | |
|---|---|
| **Quanto a lungo** protegge una vaccinazione? | *How long does a vaccination protect (for)?* |
| **Quanto a lungo** puoi trattenere il respiro? | *How long can you hold your breath?* |

**Come?** is used to ask someone to repeat something that you didn't hear or understand.

—Andrò a lavorare in Svizzera.

—**Come?** Non ho sentito bene.

*I'm going to work in Switzerland.*

*What? I didn't hear (what you said).*

**D** *Un testimone. Mentre stai facendo jogging, vedi un incidente automobilistico. Arrivano i carabinieri che vogliono farti alcune domande. Completa le seguenti domande utilizzando gli avverbi interrogativi corretti.*

1. _____ faceva Lei quando ha visto l'incidente?

2. _____ stava Lei quando ha visto l'incidente?

3. _____ è successo? Può descrivercelo nei dettagli?

4. _____ è successo? Può dirmi l'ora esatta?

5. _____ delle due automobili ha causato l'incidente?

6. _____ è passato con il rosso (*ran a red light*)?

7. _____ andava il conduttore del veicolo bianco?

8. _____ veniva il conduttore del veicolo verde?

9. _____ pedoni (*passersby*) si sono avvicinati alla scena dell'incidente?

10. _____ minuti sono trascorsi (*elapsed*) dal momento dell'incidente all'arrivo della polizia?

**E** *Una conversazione telefonica. Stai ascoltando un tuo amico mentre parla al telefono. Dato che non riesci a sentire l'altra persona, immagina le domande che fa dalle risposte che il tuo amico le dà.*

ESEMPIO —_Che_ tempo fa?

—Fa caldo.

1. —_____ parla?

—Sono Fabrizio.

2. —_____ stai?

—Sto bene. E tu?

3. —_____ mi racconti?

—Sono in vacanza in Sicilia e ho pensato di chiamarti.

4. —_____ tempo ti fermi?

—Una settimana.

5. —_____ sei arrivato?

—Sono arrivato ieri pomeriggio.

6. —_____ sei di preciso?

—Sono a Taormina.

7. —_____ mi vieni a trovare qui a Messina?

—Quando vuoi. Anche domani. Sono con un amico.

8. —_____ si chiama?

—Si chiama Ettore.

9. —_____ volete vedere qui in Sicilia?
—Ci piacerebbe vedere l'Etna, Catania, l'Isola Bella...

10. —_____ pensate di arrivare a Messina domani?
—Più o meno alle 3 del pomeriggio.

**F** *Una serata all'opera.* *Traduci le seguenti frasi dall'inglese all'italiano facendo particolare attenzione agli avverbi interrogativi.*

1. *When are we going to buy the tickets for the opera?*

2. *Why don't we buy them tomorrow? Where's the box office (botteghino)?*

3. *On via Montenapoleone. How many tickets do we need (servire a qualcuno)?*

4. *Six. How much do they cost?*

5. *Fifty euros each. Who's paying for them?*

6. *Each one will pay for his/her ticket. What day of the week are we going?*

7. *Saturday. What time does the performance start?*

8. *At eight o'clock. Who are you bringing along?*

9. *Nobody! The ticket is very expensive! How are we getting there?*

10. *By car or by train.*

**G** *Un po' di geografia e di architettura italiana.* *Formula domande sulla geografia e sull'architettura italiana.*

ESEMPIO    Il Monte Bianco* è alto 4.810,45 metri.
→ Quanto è alto il Monte Bianco?

1. Il fiume Po è lungo 652 chilometri.

2. Il lago di Garda† è grande 370 chilometri quadrati.

3. A Venezia ci sono 354 ponti.

4. I mari che bagnano l'Italia (*The four seas that surround Italy*) sono il Mar Ligure, il Mar Tirreno, il Mar Ionio e il Mar Adriatico.

5. Milano dista da Roma 575 chilometri.

6. In Italia ci sono venti regioni.

7. La regione centrale che non è bagnata dal mare è l'Umbria.

8. La Mole Antonelliana‡ si trova a Torino.

---

*Western Europe's highest mountain, on the French-Italian border.

†Northern Italy's largest lake.

‡A tall brick building, 167 meters high, that is the symbol of the city of Turin. Originally conceived as a synagogue and designed by the architect Alessandro Antonelli, the building now houses the National Museum of Cinema.

**H** **Qual è?** *Completa le seguenti domande con un avverbio interrogativo. Scegli tra* **che?,** **quale?** *e* **come?**

1. _____ è la capitale d'Italia?

2. _____ stanno i tuoi?

3. _____ si chiama tuo marito?

4. _____ giorno è oggi?

5. _____ sono gli spaghetti alle vongole?

6. _____ ore sono?

7. _____ film vediamo stasera?

8. _____ tempo fa domani?

**I** **Domande dettagliate su Anna.** *Formula domande dettagliate per le seguenti risposte. Ricorda che la preposizione precede l'avverbio interrogativo.*

ESEMPIO    Anna vota *per i verdi.*
→ Per chi vota Anna?

1. I fiori sono *per Anna.*

2. Conosco Anna *da cinque anni.*

3. Anna lavora *in quel palazzo.*

4. Parlavamo *della crisi economica.*

5. La bicicletta è *di Anna.*

6. Anna va in bicicletta *per due ore* ogni giorno.

7. Anna arriva *fino al lago* in bicicletta.

8. Anna è *di Genova.*

9. Anna ha vissuto a Genova *per dodici anni.*

10. Stiamo insieme *da quattro anni.*

## Exclamations

Most interrogative words can be used to form exclamations.

| | |
|---|---|
| **Che** sciocchezza! | *What nonsense!* |
| **Come** è bella! | *How beautiful she is!* |
| **Quanti** problemi abbiamo! | *How many problems we have!* |
| **Quanto** è magro quel ragazzo! | *How skinny that boy is!* |

**J** **Esclamazioni!** *Scegli l'esclamazione adatta come commento a ogni frase e scrivi la forma corretta dell'avverbio esclamativo.*

1. Claudia ha vinto 50.000 euro al gratta e vinci (*scratch-and-win lottery*).
   a. _____ tragedia!
   b. _____ fortuna!

2. Siamo davanti alle cascate del Niagara.
   a. _____ sono grandi!
   b. _____ sono calde!

3. Ho visto lo stesso film per la decima volta.
   a. _____ meraviglia!
   b. _____ noia!

4. I ladri sono entrati a casa mia mentre dormivo.
   a. _____ paura!
   b. _____ gioia!

5. Ho un esame importante domani e non sono preparato.
   a. _____ piacere!
   b. _____ ansia!

6. C'è stato un incidente mortale.
   a. _____ tragedia!
   b. _____ coraggio!

7. Enrico mi ha dato un passaggio (*gave me a ride*) fino alla stazione.
   a. _____ gentile!
   b. _____ maleducato!

8. Ho uno studente che prende il massimo dei voti in ogni esame.
   a. _____ è sfortunato!
   b. _____ è bravo!

# Negative and Indefinite Words

## Negative Words and Sentences

Italian sentences are made negative by placing **non** before the verb.

| | |
|---|---|
| La nostra squadra **non** gioca bene. | *Our team isn't playing well.* |
| Il sistema finanziario **non** crollerà. | *The financial system won't collapse.* |

The word **non** precedes auxiliary verbs and all object pronouns.

| | |
|---|---|
| Veronica è andata in ufficio, ma **non** è ancora tornata. | *Veronica went to the office, but she hasn't come back yet.* |
| Il paese **non sta sviluppando** l'agricoltura. | *The country is not developing its agriculture.* |
| Perché **non me lo hai** spedito? | *Why didn't you send it to me?* |

Negative words such as **mai** *never*, **nessuno** *no one*, **niente** *nothing*, and **nulla** *nothing* can be added to negative phrases where **non** stands before the verb. To English speakers, this is a double negative, but this construction is correct and mandatory in Italian.

| | |
|---|---|
| Perché **non** mi chiami **mai**? | *Why don't you ever call me?* |
| **Non** ho **mai** visto quel film. | *I never saw that film.* |
| **Non** troverai **nessuno** al cinema a quest'ora del giorno. | *You won't find anyone at the movies at this time of day.* |
| Lui **non** parla con **nessuno**. | *He doesn't talk with anyone.* |
| Vedo che **non** mangi **niente**. | *I see you're not eating anything.* |
| Lei **non** ha **nulla** da dire? | *Don't you have anything to say?* |

### NOTA LINGUISTICA

Italian **mai** always follows a verb negated by **non**. It cannot precede the verb, nor can it replace **non** in the way that Spanish **nunca** often replaces **no**.

SPANISH **Nunca** nos telefoneamos. OR **No** nos telefoneamos **nunca**.
*We never phone each other.*

ITALIAN **Non** ci telefoniamo **mai**.
*We never phone each other.*

When **nessuno** is the subject of a sentence, it may stand before the verb; in this case, **non** is omitted.

> **Nessuno** lavora oggi.                        *No one is working today.*

However, even as the subject, **nessuno** may follow the verb. When it does, **non** is used in its ordinary position.

> **Non** lavora **nessuno** oggi.                  *No one is working today.*

The same two constructions are possible when **niente** is the subject of a sentence.

> **Niente** mi sfugge.     ⎫
> **Non** mi sfugge **niente**.  ⎬    *Nothing escapes me.*
>                   ⎭

Note that negative words can stand by themselves.

| | |
|---|---|
| —Non andavano spesso in montagna? | *Didn't they often go to the mountains?* |
| —**Mai.** | *Never.* |
| —Chi ti ha aiutato? | *Who helped you?* |
| —**Nessuno.** | *No one.* |
| —Che cosa avete visto a Napoli? | *What did you see in Naples?* |
| —**Niente.** | *Nothing.* |

Following is a list of negative words and their affirmative or indefinite counterparts.

| NEGATIVE WORDS AND EXPRESSIONS | AFFIRMATIVE AND INDEFINITE WORDS AND EXPRESSIONS |
|---|---|
| **nessuno/a** *no one* | **qualcuno** *someone, anyone* <br> **tutti** *everyone* |
| **niente, nulla** *nothing* | **qualcosa** *something, anything* |
| **mai** *never* | **qualche volta** *sometimes* <br> **talvolta** *sometimes* <br> **spesso** *often* <br> **sempre** *always* |
| **non... più** *not anymore* | **ancora** *still* |
| **non... ancora** *not yet* | **già** *already* |
| **neanche, nemmeno, neppure** *not even* | **anche** *also* |
| **né... né** *neither . . . nor* | **(o)... o** *either . . . or* <br> **sia... sia, sia... che** *both . . . and* |
| **né l'uno/a né l'altro/a** *neither* | **l'uno/a e l'altro/a** *either* |
| **nessuno/a dei/delle due** *neither of the two* | **entrambi/e** *both* |
| **da nessuna parte, in nessun posto/luogo** *nowhere* | **da qualche parte, in qualche posto/luogo** *somewhere* |

| | |
|---|---|
| —La signora Lombardi è **già** al lavoro? | *Is Mrs. Lombardi working already?* |
| —No, **non** è **ancora** arrivata. | *No, she hasn't arrived yet.* |
| —Il direttore **talvolta** è gentile? | *Is the boss sometimes nice?* |
| —**Mai.** | *Never.* |

—Mi hanno detto che Marco non vuole andarci. | *They told me Marco doesn't want to go.*

—**Neanch'io.** / **Nemmeno io.** / **Neppure io.** | *Neither do I.*

—Sono tutti soddisfatti? | *Is everyone satisfied?*

—Macché! **Nessuno.** | *Don't you believe it! No one (is).*

Mi hanno spiegato le due possibilità. **Né l'una né l'altra** mi convincono. | *They explained the two possibilities to me. Neither one seems good to me.*

## NOTES

■ **Niente, nulla,** and **qualcosa** require **di** before an adjective.

**niente di** interessante — *nothing interesting*
**qualcosa di** delizioso — *something delicious*

In questions without **non** before the verb, **niente** can mean *something* or *anything*.

Hai mai sentito **niente** di così orribile? — *Have you ever heard anything so horrible?*
Le serve **niente,** signore? — *Do you need anything, sir?*

■ **Niente** and **nulla** are synonymous with the meaning *nothing.* Many Italians consider **nulla** somewhat more formal than **niente.**

■ **Alcuno** and **nessuno** shorten to **alcun** and **nessun,** respectively, before a masculine singular noun that does not begin with **s** + consonant or **z.**

Questo formaggio non contiene **nessun** conservante. | *This cheese doesn't contain any preservatives.*

Se vuoi prendere la mia macchina, non c'è **alcun** problema. | *If you want to take my car, feel free to do so.*

■ **Alcuno** and **nessuno** can also function as adjectives.

**Alcuni operai** vogliono iniziare uno sciopero. | *Some workers want to start a strike.*

Abbiamo imparato **alcune frasi** utili in italiano. | *We learned some useful sentences in Italian.*

Questa torta è fatta senza **nessun tipo** di latticini. | *This cake is made without any kind of dairy product.*

■ The singular forms of **alcuno, alcuna,** and **alcun** are commonly used after negative verbs and after **senza** with negative meaning.

**Non** c'è **alcun** pericolo. | *There isn't any danger.*

**Non** dobbiamo tollerare **alcun** tipo di violenza. | *We shouldn't tolerate any type of violence.*

**Non** ho **alcuna** intenzione di abbandonare la ditta. | *I have no intention of leaving the firm.*

**senza alcun** costo aggiuntivo | *without any additional charge*

**senza** saltare **alcun** giorno | *without skipping a day*

- **Nessuno** can mean *anyone* in questions, even when **non** doesn't appear before the verb.

C'è **nessuno**? *Is anyone there?*

When used as negative adjectives, **alcuno** and **nessuno** are always singular.

Lui non mantiene **alcuna promessa**. *He doesn't keep any promises.*
Non ho ricevuto **nessun messaggio**. *I haven't gotten any messages.*
Il baratto non richiede **nessun soldo**. *Barter doesn't require any money.*

- **Alcuno** with a negative meaning may also follow the noun for emphasis; in this position, it doesn't shorten to **alcun**.

**Non** ho dubbio **alcuno**. *I don't have any doubt.*
In quel negozio **non** fanno sconto **alcuno**. *In that store, they don't give any discounts.*

**A** **Giacomo il sognatore.** *Giacomo trascorre il tempo a sognare. Cerca di riportarlo alla realtà utilizzando le espressioni negative appropriate, come nell'esempio.*

ESEMPIO   Io vinco sempre alla lotteria.
→ Ma che dici? Tu non vinci mai alla lotteria.

1. Qualcuno mi darà mille euro.
2. Alcune ragazze mi reputano (*consider*) il più bello della scuola.
3. Prendo sempre il massimo dei voti all'esame di inglese.
4. La mia attrice preferita mi ha regalato qualcosa per il mio compleanno.
5. Mio padre mi regala o una Ferrari o una Maserati.
6. Ho già finito tutti i compiti per domani.
7. Conosco qualcuno a Sydney, in Australia.
8. Conosco qualcuno anche a Toronto, in Canada.
9. Andrò da qualche parte con Rita.
10. Ho ancora ottocento euro in banca.

**B** **Alessandra la pessimista.** *Alessandra è talmente pessimista che rischia di rovinare la festa che i suoi amici stanno organizzando per il primo maggio. Scrivi le sue reazioni alle idee degli amici utilizzando le espressioni negative appropriate.*

ESEMPIO   Tutti verranno alla nostra festa.
→ Nessuno verrà alla nostra festa.

1. Ognuno porterà qualcosa da mangiare.
2. Berremo qualcosa prima di mangiare.
3. Ascolteremo sia i CD che i dischi.

4. Agnese e Rossana hanno già comprato le patatine (*potato chips*).

5. Tutti canteranno le canzoni del karaoke.

6. Ci sono ancora sedie disponibili per far sedere gli invitati.

7. C'è anche un altro tavolo.

8. Tutti si divertiranno.

9. Le nostre feste sono sempre un successo.

10. Dopo la festa, andremo a festeggiare da qualche parte.

**C**   *Io invece no.*   *Un amico ti racconta cosa fa durante una giornata tipica. Digli che tu non fai le stesse cose che fa lui, anzi fai l'esatto contrario. Usa le espressioni negative appropriate.*

    ESEMPIO    Mi alzo sempre tardi la mattina.
                → Io invece non mi alzo mai tardi la mattina.

1. Spesso mangio molto a colazione.

2. Bevo sia caffè che succo d'arancia.

3. La mattina non ho mai niente da fare.

4. Non esco di casa mai prima delle 11:00.

5. Pranzo spesso al bar.

6. Il pomeriggio vado ancora in palestra.

7. Prendo l'aperitivo con qualcuno.

8. A cena vado da qualche parte a mangiare.

**D**   *Come si dice in italiano?*   *Traduci le seguenti battute dall'inglese all'italiano facendo attenzione alle espressioni negative.*

1. *Do you have any more cigarettes?*
   *I'm sorry. I don't have any more cigarettes.*

2. *He never brings anything when we invite him for dinner.*
   *Don't invite him anymore.*

3. *Have you ever spoken with Miriam?*
   *No. She doesn't understand either Italian or French.*

4. *May we offer you something to drink, Mr. Contini? We have a large wine selection.*
   *No, thank you. I never drink wine.*

**E**   *Mai e poi mai!*   *Quali sono le cose proibite a scuola? Al lavoro? A casa tua? Fai una lista di cinque cose che non si fanno mai.*

    ESEMPIO    Non si fuma mai in classe.

# Indefinite Words and Sentences

## How to Say "Some," "Any"

### Alcuni/alcune

**Alcuni/alcune** can serve as an adjective before a plural noun.

| | |
|---|---|
| Ho visto **alcuni prodotti** italiani al supermercato. | *I saw some Italian products at the supermarket.* |
| Abbiamo guardato **alcune puntate** della nuova serie televisiva. | *We watched some episodes of the new TV series.* |

**Alcuni/alcune** can also function as a pronoun.

| | |
|---|---|
| —Luca ti ha mostrato le sue foto? | *Did Luca show you his pictures?* |
| —Sì, ne ho viste **alcune**. | *Yes, I saw some (of them).* |
| I soldati tornano dal campo di battaglia. **Alcuni** sono feriti. | *The soldiers are coming back from the battlefield. Some are wounded.* |

When preceded by **non** or **senza**, **alcuno** has a negative meaning. The singular form, **alcuno/alcuna**, can be used in this construction.

| | |
|---|---|
| Quell'uomo **non** ha **scopo alcuno** nella vita. | *That man has no purpose in life.* |
| Ha lavorato **senza alcun impegno**. | *He didn't work hard at all.* |

Negative **alcuno** is more emphatic when it follows the noun.

| | |
|---|---|
| senza **alcun** dubbio | *without any doubt* |
| senza dubbio **alcuno** | *without any doubt at all* |

### Parecchio

**Parecchio** means *some* in the sense of *quite a bit*. It agrees in gender and number with the singular or plural noun it modifies.

| | |
|---|---|
| Ci vuole **parecchio tempo** per avere una risposta da quell'ufficio. | *It takes a lot of time to get an answer from that office.* |
| Il software è stato aggiornato con **parecchie novità**. | *The software has been updated with several new features.* |

**Parecchio** can be used adverbially with the meaning *a lot*.

| | |
|---|---|
| —Vi piace quella nuova canzone? | *Do you like that new song?* |
| —Sì, **parecchio**. | *Yes, quite a lot.* |

### Qualche

**Qualche** means *some* in the sense of *a few*. It is always followed by a singular noun, even when English uses a plural noun.

| | |
|---|---|
| Ci siamo veduti **qualche giorno** fa. | *We saw each other a few days ago.* |
| Lei può comprare questo modello per **qualche euro** in più. | *You can buy this model for a few euros more.* |
| Avete **qualche domanda**? | *Do you have any questions?* |

## How to Say "Every," "All," "Each"

### Ogni, ognuno

Ogni is an invariable adjective meaning *every*. **Ognuno** means *everyone*.*

| | |
|---|---|
| **Ogni fine settimana** andiamo al mare. | *Every weekend, we go to the beach.* |
| Qui **ognuno** parla italiano. | *Here everyone speaks Italian.* |

### Tutto

**Tutto** is used both as an adjective and as a pronoun in Italian. When used as an adjective, **tutto** precedes a definite article (or other determiner) and agrees with the noun in gender and number.

| | |
|---|---|
| Abbiamo finito **tutto il lavoro**. | *We've finished all the work.* |
| **Tutta la città** parla della crisi economica. | *The whole city is talking about the economic crisis.* |
| **Tutti questi messaggi** sono in russo. | *All these messages are in Russian.* |
| **Tutte le sue idee** sono interessanti. | *All his ideas are interesting.* |
| Il giornale ha una lista di **tutti gli spettacoli** della città. | *The newspaper has a list of all the shows in town.* |

**Tutta** is used before place names that don't have a definite article.

| | |
|---|---|
| **tutta Roma** | *all Rome, everyone in Rome* |
| **tutta Firenze** | *all Florence, everyone in Florence* |
| BUT | |
| **tutta l'Italia** | *all (of) Italy* |
| **tutta l'Inghilterra** | *all (of) England* |

When used as a pronoun, **tutto** means *everything*.

| | |
|---|---|
| **Tutto** è in ordine. | *Everything is in order. / Everything is all right.* |
| Sappiamo **tutto** su questa brutta faccenda. | *We know everything about this awful business.* |

When used as a pronoun, the plural form **tutti** means *everyone, everybody*.

| | |
|---|---|
| **Tutti** vogliono trovare un buon lavoro. | *Everyone wants to find a good job.* |
| L'insegnante ha bocciato **tutti**. | *The teacher failed everyone.* |

### Ciascuno/ciascuna

**Ciascuno/ciascuna** is used as a singular adjective or pronoun.†

| | |
|---|---|
| **Ciascun modulo** deve essere riempito. | *Each form must be filled out.* |
| **Ciascuna banca centrale** cerca di evitare una crisi. | *Each central bank is seeking to avoid a crisis.* |

---

*There is a strong tendency in modern English to make referents of *everyone* plural: *Everyone has **their** style. Everyone has what **they** deserve.* This is not true in Italian: **Ognuno ha *il suo* stile. Ognuno ha quello che *si merita*.**

†The somewhat archaic form **ciascheduno** also exists.

As a pronoun, **ciascuno** is close in meaning to **ognuno**.

All'università, **ciascuno** può scegliere          *At the university, everyone can choose the*
le materie che lo interessano.                      *subjects that most interest him.*

## Other Indefinite Words

**chiunque**  *whoever, anyone*
**comunque**  *however, no matter how, somehow*
**dovunque**  *everywhere*
**ovunque**  *everywhere*
**ogni volta che**  *whenever*
**qualunque**  *whatever, any*
**qualsiasi**  *whatever, any*

Quella ragazza uscirebbe con **chiunque**.          *That girl would go out with anyone.*
**Chiunque** arrivi prima comincerà a               *Whoever gets here first will begin to prepare*
preparare la cena.                                  *dinner.*

**NOTE** When **chiunque** is the subject of the sentence, as in the second sentence above, the verb that follows it is in the subjunctive. (See Chapter 23.)

Grazie **comunque**.                                *Thanks in any case.*
Il paese resterà **comunque** in crisi.             *The country will, however, remain in crisis.*
A causa dello sciopero degli spazzini c'è           *Because of the garbage men's strike, there*
spazzatura **ovunque** in questa città.             *is garbage everywhere in this city.*
**Ogni volta che** leggo il giornale, imparo        *Whenever I read the newspaper, I learn*
un sacco di cose.                                   *an awful lot of things.*
Farei **qualunque** cosa per aiutare i miei         *I'd do anything to help my children.*
figli.
Mi sento a mio agio in **qualsiasi** paese          *I feel comfortable in any European country.*
europeo.

When **qualunque** and **qualsiasi** follow a noun, they mean *any, any old, just any.*

Non accetterò un posto **qualunque**.               *I won't accept any old job.*
Non devi dare il tuo voto a un                      *You shouldn't give your vote to just any*
candidato **qualsiasi**.                            *candidate.*

**F**   *Mi va bene tutto.* Rispondi alle domande usando una delle espressioni indefinite per dire che non hai preferenze.

ESEMPIO    Con chi devo parlare in banca?
           → Con chiunque.

1. Quale bibita vuoi bere?

2. Quale panino vuoi mangiare?

3. A che ora vuoi andare al cinema?

4. Quale film vediamo?

5. Dove vuoi andare in vacanza?

6. A chi chiediamo il conto?

7. Per quale partito voti?

8. Quale giorno della settimana preferisci andare in piscina?

## Idiomatic Uses of Negative and Indefinite Words

### How to Emphasize Negatives

The words **mica** and **affatto** can be added after a verb preceded by **non** to add the idea *not at all*. **Mica** is more typical of spoken Italian, while **affatto** can be used in all styles.

| | |
|---|---|
| Non ne sono **mica** contento. | *I'm not at all happy about it.* |
| Quella ragazza non è **mica** scema. | *That girl is no dope.* |
| Non hai **mica** capito il problema. | *You haven't understood the problem at all.* |
| Non è **mica** colpa tua. | *It's not your fault at all.* |

**Mica** often replaces **non** before the verb.

| | |
|---|---|
| **Mica** ci aiutano. | *They don't help us at all.* |
| **Mica** voglio farti del male. | *I don't want to hurt you in any way.* |

In questions, **mica** often means *by chance*.

| | |
|---|---|
| **Mica** gli hai restituito i soldi? | *Did you by chance return the money to him?* |
| Sai **mica** dove si trova la sua casa? | *Do you know by chance where his house is?* |

The phrase **mica tanto** means *not really, not so much, not very.*

| | |
|---|---|
| —Vi è piaciuto il concerto? | *Did you like the concert?* |
| —**Mica tanto.** | *Not very much.* |

**Mica male** means *not bad.*

| | |
|---|---|
| Questo vino non è **mica male**. | *This wine isn't bad.* |

**Affatto** can appear in many of the same patterns as **mica**.

| | |
|---|---|
| Carlo non è **affatto** preoccupato per il suo futuro. | *Carlo isn't at all worried about his future.* |
| Non siamo **affatto** d'accordo. | *We completely disagree.* |
| È meglio tentare e sbagliare o non tentare **affatto**? | *Is it better to try and get it wrong or not to try at all?* |

**Niente affatto** means *not at all, nothing at all.*

| | |
|---|---|
| Il compito è **niente affatto** semplice. | *The task is not easy at all.* |
| —L'oro è sopravvalutato? | *Is gold overvalued?* |
| —**Niente affatto.** | *Not in the least.* |

## How to Say "Else"

In most cases, Italian **altro** is equivalent to English *else*.

| | |
|---|---|
| **nessun altro**  *no one else* | **qualcun altro**  *someone/anyone else* |
| **nient'altro**  *nothing else* | **qualcos'altro**  *something else* |
| **da nessun'altra parte**  *nowhere else* | **da qualche altra parte**  *somewhere else* |

| | |
|---|---|
| **Nessun altro** lo potrebbe fare. | *No one else could do it.* |
| Avete mai finto di essere **qualcun altro**? | *Have you ever pretended to be someone else?* |
| Non c'è **nient'altro** da dire. | *There's nothing else to say.* |
| Lui non è **nient'altro** che un ladro. | *He's nothing but a thief.* |
| Vorrei cambiare questa cravatta con **qualcos'altro**. | *I'd like to exchange this tie for something else.* |
| Queste piante non esistono **in nessun'altra parte** della terra. | *These plants cannot be found anywhere else on earth.* |
| C'è vita **da qualche altra parte** dell'universo? | *Is there life anywhere else in the universe?* |

## Other Indefinite Expressions

| | |
|---|---|
| **Che cosa altro?**  *What else?* | |
| **Chi altro?**  *Who else?* | |
| **In quale altro momento?**  *When else?* | |
| **Per quale altra ragione?**  *Why else?* | |
| **qualsiasi altra cosa**  *anything else* | |
| **altrimenti**  *otherwise, or else* | |

| | |
|---|---|
| **Che cosa altro** vorresti vedere sul nostro sito? | *What else would you like to see on our website?* |
| Sbrigati, **altrimenti** arriveremo in ritardo. | *Hurry up, or else we'll be late.* |

**Senz'altro** means *of course, certainly.*

| | |
|---|---|
| —Chiamami quando torni a Roma. | *Call me when you get back to Rome.* |
| —**Senz'altro.** | *Of course.* |

## How to Say "Both"

*Both* is expressed as **tutti e due** in Italian when referring to a masculine plural noun and **tutt'e due** when referring to a feminine plural noun. The definite article follows **due**.

| | |
|---|---|
| **tutti e due i** figli | *both sons* |
| **tutte e due le / tutt'e due le** figlie | *both daughters* |

**Entrambi/entrambe** can also mean *both*. It is followed by the definite article.

| | |
|---|---|
| Come si fa per stampare su **entrambi i** lati del foglio? | *How does one print on both sides of the paper?* |
| **Entrambe le** ipotesi sono valide. | *Both hypotheses are valid.* |

An invariable form **ambedue** also exists, but is somewhat more formal in tone.

| | |
|---|---|
| **ambedue le** parti | *both sides* |

**G** *Troppe opzioni.* *Traduci in inglese le seguenti frasi.*

1. Abbiamo molta fame tutti e due. Perché non mangiamo in quel ristorante?

2. Non mi piace quel ristorante. Andiamo da qualche altra parte.

3. Senz'altro. Questo ti piace?

4. Sì, molto. Hanno del pesce molto buono.

5. Che cos'altro servono?

6. Nient'altro che pesce. Se vuoi carne, possiamo andare in quello vicino a casa mia. Altrimenti c'è un altro ristorante qui vicino che serve carne e pesce.

7. Volevo qualcos'altro, ma anche il pesce va bene.

## Idiomatic Expressions

### Expressions with **niente**

**nientedimeno, niente di meno che** *nothing / no one less than*

| | |
|---|---|
| Ho parlato niente di meno che con il regista. | *I talked with the (film) director, no less.* |

**fare qualcosa per niente** *to do something for nothing / for no results*

| | |
|---|---|
| Abbiamo lavorato tanto per niente. | *We worked so hard for nothing.* |

**non per niente/nulla** *for good reason, not for nothing*

| | |
|---|---|
| Non per niente te lo avevo detto. | *I had told it to you for good reason.* |

**da niente** *insignificant, unimportant*

| | |
|---|---|
| Sono delle cose da niente. | *They're insignificant things.* |

**Non fa niente.** *It doesn't matter. / That's OK.*

| | |
|---|---|
| —Ti disturbo? | *Am I bothering you?* |
| —No, non fa niente. | *No, it's all right.* |

**niente affatto** *not at all*

| | |
|---|---|
| —Ti sei dimenticato? | *Did you forget?* |
| —Niente affatto! | *Not at all!* |

**Di niente** means *you're welcome.*

### Expressions with **nessuno**

**non essere nessuno** *to be a nobody*

| | |
|---|---|
| Chi crede di essere? Non è nessuno. | *Who does he think he is? He's a nobody.* |

**in nessun modo** *in any way*

| | |
|---|---|
| Non riesco a farlo funzionare in nessun modo. | *There's no way I can get it to work.* |

### Expressions with **sempre**

**per sempre** *forever*

| | |
|---|---|
| amici per sempre | *friends forever* |

**sempre meglio** *better and better*

| | |
|---|---|
| Le cose vanno sempre meglio. | *Things are getting better and better.* |

## Expressions with mai

**mai più**  *never again*
> Non uscirò mai più con lui.                    *I'll never go out with him again.*

**più che mai**  *more than ever*
> Mi serve più che mai il tuo aiuto.             *I need your help more than ever.*

**quanto mai**  *very, awfully, extremely*
> I risultati sono quanto mai positivi.          *The results are extremely positive.*

**come non mai**  *as never before*
> Lisa è felice come non mai.                     *Lisa has never been happier.*
> Ci siamo divertiti come non mai.               *We had the best time ever.*

## Expressions with qualcosa

**qualcosa del genere**  *something like this/that*
> Ho visto da qualche parte qualcosa             *I saw something like that somewhere.*
>   del genere.

**qualcosa da** + infinitive  *something to (do, etc.)*
> Vorrei qualcosa da bere.                        *I'd like something to drink.*

---

**H**  ***Niente è per sempre.*** *Indica quale delle due frasi è più vicina di significato a ogni espressione.*

1. È inutile.
   a. Non serve a niente.
   b. Non fa niente.
2. Sposarmi? Mai più!
   a. Mai come ora ho voglia di sposarmi.
   b. Non mi voglio sposare più.
3. Non è per niente grave.
   a. È una cosa da niente.
   b. Niente è più grave di ciò.
4. Ti amo più che mai.
   a. Non ti ho amato mai.
   b. Ti amo più di prima.
5. Tranquillo!*
   a. Non fai niente.
   b. Non fa niente.
6. La ferita (*wound*) migliora di giorno in giorno.
   a. Niente affatto.
   b. Sempre meglio.
7. Che sete!
   a. Vuoi qualcosa da fare?
   b. Vuoi qualcosa da bere?
8. Ci ameremo tutta la vita.
   a. Per sempre.
   b. Mai e poi mai.

---

*****Tranquillo!/Tranquilla!** is used to reassure someone, much like English *Don't worry about it.* or *It's OK.*

**I** **Come si dice in inglese?** *Traduci le seguenti frasi in inglese. Fai attenzione soprattutto alle frasi con parole negative e indefinite.*

1. Non per niente lo chiamano dongiovanni.

2. Sono quanto mai soddisfatto del tuo progetto.

3. Quello che è successo non ha niente a che fare con te.

4. Gli amanti vanno e vengono. Gli amici veri sono per sempre.

5. Ho bisogno di soldi più che mai.

6. Ho conosciuto nientedimeno che la mia cantante preferita.

7. —Ho perso l'ombrello.
   —Non fa niente.

8. Ho studiato tanto per niente.

# Prepositions

Prepositions link nouns or infinitives to verbs or to each other.

| | |
|---|---|
| il cellulare **di** Lucia | *Lucia's cell phone* |
| entrare **in** cucina | *to go into the kitchen* |
| scrivere **a** Maria | *to write to Maria* |
| vivere **con** i genitori | *to live with one's parents* |
| finire **di** parlare | *to finish speaking* |
| Sto **per** uscire. | *I'm about to leave.* |

---

### NOTA CULTURALE

**Gli italiani e il cellulare**

Più del 90% degli italiani non sa rinunciare al telefono cellulare. Ce ne sono di tutti i modelli, misure, colori e tasche. E se gli adulti ne hanno uno, o più di uno, circa il 50% dei bambini italiani tra i sette e gli undici anni possiede un cellulare. Nel resto dell'Europa solo il 30% dei bambini ne ha uno. L'Italia supera il resto dei paesi europei anche per quanto riguarda la vendita e l'acquisto di accessori per cellulari.

Five of the most common Italian prepositions contract with a following definite article.

| PREPOSITION | + **il** | + **lo** | + **l'** | + **la** | + **i** | + **gli** | + **le** |
|---|---|---|---|---|---|---|---|
| a *to, at* | al | allo | all' | alla | ai | agli | alle |
| da *from* | dal | dallo | dall' | dalla | dai | dagli | dalle |
| di (> de) *of* | del | dello | dell' | della | dei | degli | delle |
| in (> ne) *in, to* | nel | nello | nell' | nella | nei | negli | nelle |
| su *on, about* | sul | sullo | sull' | sulla | sui | sugli | sulle |

In the past, the prepositions **con** and **per** also contracted with the article: The forms **col** and **coi** may still be found in written Italian, although the uncontracted forms **con il** and **con i** are common in formal written Italian. **Col** is frequently used before infinitives.

## The Preposition **a**

**A** and **di** are the most common prepositions in Italian. The preposition **a** connects many verbs to an infinitive complement. (See Chapter 12.) In addition, the preposition **a**

- Expresses direction and location in space

| | |
|---|---|
| andare al mare | *to go to the seashore* |
| essere al mare | *to be at the seashore* |

- Expresses direction and location with names of cities, but not with names of countries, provinces, large islands, etc. (See the preposition **in** below.)

| | |
|---|---|
| Vado a Milano. | *I'm going to Milan.* |
| Abito a Milano. | *I live in Milan.* |

- Expresses location in time

| | |
|---|---|
| alle sei | *at six o'clock* |
| a maggio | *in May* |
| a sedici anni | *at sixteen* |
| all'età di vent'anni | *at the age of 20* |
| una volta al mese | *once a month* |

- Expresses distance in space and time

| | |
|---|---|
| Lavoro a cento metri da qui. | *I work a hundred meters from here.* |
| Roma è a tre ore da Firenze. | *Rome is three hours (away) from Florence.* |

- Expresses notional or figurative direction and location

| | |
|---|---|
| inviare un messaggio agli amici | *to send a message to one's friends* |
| Ho un crampo alla gamba. | *I have a cramp in my leg.* |

- Labels manner, means, and style

| | |
|---|---|
| acquistare qualcosa a rate | *to buy something in installments* |
| vendere al dettaglio / all'ingrosso | *to sell retail/wholesale* |
| una barca a motore | *a motorboat* |
| andarci a piedi | *to go there on foot* |
| cuocere al vapore | *to steam* |
| costoletta alla milanese | *Milanese-style veal cutlet* |
| una camicia a maniche lunghe | *a long-sleeved shirt* |
| una gonna a righe | *a striped skirt* |

- Labels measurement

| | |
|---|---|
| Questo treno va a 200 chilometri all'ora. | *This train travels at 200 kilometers an hour.* |
| pizza al metro | *pizza by the meter* |
| La ditta paga alla settimana. | *The firm pays weekly.* |
| (a) uno a uno | *one by one* |
| (a) poco a poco | *little by little* |

- Combines with other prepositions

| davanti a | in front of |
|---|---|
| dirimpetto a | facing |
| vicino a | near, next to |

- Is used with nouns derived from verbs and with some infinitives to replace a subordinate clause

| Ci sentiremo al mio arrivo. | We'll call each other when I get there. |
|---|---|
| Al mio ritorno, sbrigherò quelle faccende. | When I get back, I'll take care of those things. |
| A sentirlo piangere, ci siamo preoccupati. | When we heard him cry, we got upset. |

## Expressions with the Preposition a

### Place

| al buio* | in the dark |
|---|---|
| a destra | to the right |
| a sinistra | to the left |

### Time

| all'alba | at dawn |
|---|---|
| al mattino | in the morning |
| al tramonto | at sundown |
| a cominciare da | beginning with, starting from |
| a momenti | sporadically, sometimes; almost, at any moment |
| al momento | at present, now |
| all'ultimo momento | at the last minute |
| a ogni morte di papa | once in a blue moon |
| a più riprese | several times |

### Manner

| a bocca aperta | open-mouthed |
|---|---|
| restare/rimanere a bocca asciutta | to be left empty-handed |
| parlare / dire qlco a mezza bocca | to talk / say something under one's breath |
| a braccia aperte | open-armed |
| a buon diritto, a ragione | rightfully |
| alla buona | simply, informally |
| a malincuore | reluctantly |
| fatto a mano | handmade, hand-crafted |
| a mano a mano | little by little |
| rapina a mano armata | armed robbery |
| imparare a memoria | to learn by heart |
| a metà | halfway |
| ad ogni costo | come hell or high water |

---

*Al buio means *in the dark* literally. All'oscuro means *in the dark* figuratively, that is, *without knowledge.*

| | |
|---|---|
| ad ogni modo | *in any case, at any rate* |
| (stare/calzare) a pennello | *to a "t"* |
| a/alla perfezione | *perfectly, just right* |
| a pois | *polka-dotted* |
| a quadri | *checked* (of material) |
| a rovescio | *inside out* |
| a strisce | *striped* |
| a tempo pieno* | *full time* |
| a tinta unita | *plain, solid(-colored)* |
| a tutta velocità | *at full speed* |
| a vicenda | *in turn; each other* |
| a voce alta | *in a loud voice* |
| a voce bassa | *in a soft voice* |

### Price, Purpose, and Degree

| | |
|---|---|
| all'altezza | *up to the task* |
| a bruciapelo | *point blank* |
| a buon mercato | *cheap, inexpensive* |
| a lungo andare | *in the long run* |
| pagare qlco a peso d'oro | *to pay through the nose for something* |
| a prezzo di costo | *at cost* |
| a volontà | *at will, as much as you want* |

### Sentences, Interjections, and Exclamations

| | |
|---|---|
| a mio avviso | *if you ask me, in my opinion* |
| a capo | *new paragraph* (in dictation) |
| a posto | *tidy* |
|    mettere a posto | *to tidy up* |
|    (È) tutto a posto. | *Everything's fine.* |
| a proposito | *by the way* |
| Alla (tua) salute! | *To your health!* |

---

**A**   ***Sinonimi o antonimi.***   *Scrivi se queste espressioni sono sinonimi o antonimi.*

| | SINONIMI | ANTONIMI |
|---|:---:|:---:|
| 1. a buon diritto ~ a ragione | ☐ | ☐ |
| 2. spesso ~ a ogni morte di papa | ☐ | ☐ |
| 3. all'alba ~ al tramonto | ☐ | ☐ |
| 4. al dettaglio ~ all'ingrosso | ☐ | ☐ |
| 5. capace ~ all'altezza | ☐ | ☐ |
| 6. a prezzo di costo ~ a peso di oro | ☐ | ☐ |
| 7. a momenti ~ sempre | ☐ | ☐ |
| 8. alla luce ~ al buio | ☐ | ☐ |

---

*Lavorare part-time is now common in Italy.

**B** *Traduci in italiano.*

1. *They do things at the last minute.*

2. *You can eat as much bread as you want.*

3. *They received me with open arms.*

4. *She reads aloud to the children.*

5. *This university is rightfully considered the best one in the country.*

6. *How can you study in the dark?*

7. *If you ask me, he won't succeed.*

8. *They help each other in turn.*

**C** *Si fa per dire.* *Completa le seguenti battute con le espressioni mancanti.*

1. a. —Qualsiasi lavoro stanca _____. (*in the long run*)
   b. — _____, dipende dal lavoro. (*in my opinion*)

2. a. —Ho visto Elena recitare e sono rimasto _____. (*open-mouthed*)
   b. —È bravissima. Ha imparato la parte _____. (*perfectly*)

3. a. —Ti faccio una domanda _____. Perché mi telefoni _____? (*point blank, once in a blue moon*)
   b. —Perché _____, si fa solo ciò che si vuole! (*at my age*)

4. a. —Penso che tu piaccia molto a Stefano, il ragazzo di Sassari. Ti accoglie sempre _____. (*open-armed*)
   b. —Hai ragione! Adesso che ci penso, ogni volta che andiamo a cena tutti insieme si siede sempre _____ me. (*next to*)

# The Preposition **di**

The preposition **di**, like the preposition **a**, has many uses in Italian. (For the use of **di** in partitive constructions, see Chapter 13.) The preposition **di**

- Indicates possession

  il contenuto del messaggio              the contents of the message
  la macchina di Giancarlo                Giancarlo's car
  le strade di Firenze                    the streets of Florence

- Indicates origin

  essere di Venezia                       to be from Venice
  i vini d'Italia                         the wines of Italy

- Indicates a topic (= English *about*)

  Parliamo spesso di calcio.              We often talk about soccer.
  Non si è discusso di questo tema.       There was no discussion about this subject.

- Indicates the contents of a container

| | |
|---|---|
| una collezione di bambole | *a doll collection* |
| una tazza di tè | *a cup of tea* |

- Expresses a characteristic (The English equivalent is often a compound consisting of noun + noun in reverse order.)

| | |
|---|---|
| un biglietto della lotteria | *a lottery ticket* |
| lezioni di chitarra | *guitar lessons* |
| la società dei consumi | *the consumer society* |

- Indicates cause or reason

| | |
|---|---|
| morire di fame/sonno | *to be dying of hunger (starving) / sleepiness* |
| stanco di ripetere la stessa cosa | *tired of repeating the same thing* |

- Indicates the material of which something is made (See also the preposition **in** below.)

| | |
|---|---|
| una casa di mattoni | *a brick house* |
| un foglio di carta | *a sheet of paper* |
| un orologio d'oro | *a gold watch* |

- Indicates a main ingredient

| | |
|---|---|
| un'insalata di pollo | *chicken salad* |
| una torta di cioccolato | *a chocolate cake* |

- Labels measurement

| | |
|---|---|
| una corsa di dieci chilometri | *a ten-kilometer race* |
| un pacco di due chili | *a two-kilogram package* |

- Is used in time expressions

| | |
|---|---|
| di giorno | *during the day* |
| di giorno in giorno | *day by day* |
| di pomeriggio | *during the afternoon* |
| di sera | *during the evening* |
| di notte | *at night* |
| di rado | *seldom* |
| non di rado | *often* |
| di quando in quando | *from time to time* |
| di tanto in tanto | *from time to time* |

- Indicates a limitation or restriction on an adjective

| | |
|---|---|
| colpevole di rapina | *guilty of theft* |
| dotato di aria condizionata | *equipped with air conditioning* |
| pieno di latte | *full of milk* |
| privo di senso | *devoid of meaning, senseless* |

- Indicates the author, artist, or composer

| | |
|---|---|
| un romanzo di Silone | *a novel by Silone* |
| La *Vita Nuova* di Dante | *Dante's Vita Nuova* |
| La *Pietà* di Michelangelo | *Michelangelo's Pietà* |
| *Le quattro stagioni* di Vivaldi | *Vivaldi's Four Seasons* |

- Combines with other prepositions

| | |
|---|---|
| a causa di | *because of* |
| dopo di | *after* |
| invece di | *instead of* |
| per mezzo di | *by means of* |
| prima di | *before* |
| senza di (*followed by a pronoun* [me, te, *etc.*]) | *without* |

## Expressions with the Preposition di

| | |
|---|---|
| di (d') accordo con | *in agreement with* |
| Che fai / Che mi dici di bello? | *What's going on?, How have you been?* |
| di bene in meglio | *better and better* (sometimes used sarcastically) |
| essere di bocca buona | *to be easily satisfied* |
| di cattivo umore | *in a bad mood* |
| di male in peggio | *from bad to worse* |
| di nascosto | *secretly* |
| di nuovo | *again* |
| di ricambio | *spare (tire, etc.)* |
| di solito | *usually* |
| di troppo | *in excess, too much* |

**D**  **A, di o *niente*?**  *Completa ogni frase con a o di. Se la preposizione non è necessaria, metti una X. Non dimenticare che in certi casi bisogna usare le preposizioni articolate.*

1. Beatrice e Roberto sono contenti _____ loro lavoro.

2. Ho sete. Mi dai un bicchiere _____ acqua?

3. Non abbiamo fatto niente _____ tutto il giorno.

4. Claudia ha trovato un lavoro _____ tempo pieno.

5. Hai visto la nuova casa _____ Carla e Francesco? È bellissima!

6. Il bar è proprio dietro _____ l'angolo.

7. Non sapevo che Eleonora fosse _____ Volterra.

8. Sono appena le dieci di mattina e già state morendo _____ fame?

9. Billy è americano, _____ Virginia.

10. Nella vita universitaria è essenziale aiutarsi _____ vicenda.

**E**  *Notizie da un'amica del passato.* *Paola ha ritrovato Beatrice, un'amica di tanto tempo fa, su Facebook e decide di scriverle un messaggio per parlarle della sua famiglia e del suo lavoro. Per sapere cosa le ha scritto, completa il seguente testo con preposizioni ed espressioni che iniziano con* **a** *o* **di**.

Cara Beatrice,

Non sai quanto mi fa piacere ritrovarci dopo tanto tempo. Come stai? Noi stiamo

tutti bene. Io, mia sorella e una nostra amica abbiamo un'attività insieme. Vendiamo

tendaggi (*drapery*) e creazioni per arredamento, il tutto cucito _____ (1. *by hand*).

Abbiamo molti tipi di tessuti, _____ (2. *solid-colored*), _____ (3. *striped*), _____ (4. *checked*)

e tanti altri. E tu, _____ (5. *how have you been*)? Ti sei sposata? Hai figli? Io sono sposata

e ho una figlia e un figlio. Claudia studia al Politecnico _____ (6. *of*) Milano e crea

_____ (7. *gold and silver jewelry*). Va a lezione alle nove _____ (8. *in the morning*) e non

rientra mai _____ (9. *before seven in the evening*). Mio figlio Cristiano abita _____ (10. *in*)

Londra, è un _____ (11. *teacher of Italian*) e lavora _____ (12. *full time*) in una scuola di

lingue. Mio marito Roberto ha lavorato all'aeroporto di Fiumicino per molti anni e adesso

che è in pensione mi aiuta _____ (13. *at the*) negozio.

Per adesso ti saluto e ti mando un bacione.

Tua amica,

Paola

**F**  *Capito bene?* *Quale delle due frasi a e b ha più o meno lo stesso significato della prima frase?*

1. La conosco di vista.
   a. La vedo.
   b. So chi è quando la vedo.

2. Perché sei sempre di cattivo umore?
   a. Perché sei sempre scontento?
   b. Perché non sai raccontare le barzellette?

3. Fabio è più basso di cinque centimetri.
   a. Fabio misura cinque centimetri di meno di qualcun'altro.
   b. Fabio misura meno di cinque centimetri.

4. Mi ha fatto una domanda a bruciapelo.
   a. Mi ha fatto una domanda con calma.
   b. Mi ha fatto una domanda all'improvviso.

5. È una lezione di giapponese.
   a. Si impara il giapponese.
   b. Gli studenti sono giapponesi.

6. Da parte di chi?
   a. Chi è che parte?
   b. Chi è che lo manda?

7. Sono morti di sonno.
   a. Sono stanchissimi.
   b. Hanno dormito così tanto che sono morti.

8. Non mi sento all'altezza.
   a. Non sono alto abbastanza.
   b. Non mi sento preparato.

9. Mi lasci sempre all'oscuro di tutto.
   a. Mi lasci sempre al buio.
   b. Non mi dici mai niente.

10. Un romanzo di Elsa Morante.
    a. Elsa Morante è la proprietaria del romanzo.
    b. Elsa Morante ha scritto il romanzo.

# The Preposition **da**

The preposition **da** has the basic meaning *from*, although it occurs in many contexts where other translations are required.

---

### NOTA LINGUISTICA

Students of French and Spanish should note that the Italian distinction between **di** and **da** does not exist in those languages. French **de** and Spanish **de** mean both *of* and *from*, and the remaining uses of **da** are expressed by other prepositions.

---

The preposition **da**

- Expresses a starting point in space with verbs of motion (= English *from*)

| | |
|---|---|
| A che ora torna Vincenzo dal lavoro? | *What time does Vincenzo come back from work?* |
| Il treno esce dalla galleria. | *The train is coming out of the tunnel.* |
| Da dove vengono questi turisti? | *Where do these tourists come from?* |
| Abitano lontano dal nostro quartiere. | *They live far from our neighborhood.* |

- Expresses a starting point in time (= English *from, since*)

| | |
|---|---|
| da adesso | *from now on* |
| da ora in poi | *from now on* |
| Da quel giorno tutto è cambiato. | *From that day on, everything changed.* |
| Studiamo qui dal mese scorso. | *We've been studying here since last month.* |
| da un momento all'altro | *at any moment* |

- Expresses a notional or figurative starting point

| | |
|---|---|
| dall'inizio | *from the beginning* |
| Tutto dipende da te. | *Everything depends on you.* |
| imparare dagli errori | *to learn from one's mistakes* |

- Expresses literal and figurative location

| | |
|---|---|
| dal canto mio | *for my part, as far as I'm concerned* |
| d'altro canto | *on the other hand* |

- Expresses, in certain contexts, movement through a place

| | |
|---|---|
| passare dalla piazza | *to go through the square* |

- Expresses *at the house of, in the office of, at the shop of,* and similar concepts

| | |
|---|---|
| Abbiamo mangiato dai nostri amici. | *We ate at our friends' house.* |
| andare dal dottore | *to go to the doctor* |
| il primo appuntamento dal consulente finanziario | *the first visit to the financial consultant* |
| dal parrucchiere | *at the hairdresser's* |

- Labels the agent in passive constructions

| | |
|---|---|
| Il libro è stato scritto dal nostro insegnante. | *The book was written by our teacher.* |
| un ponte costruito dai romani | *a bridge built by the Romans* |
| la crisi vista dagli uomini d'affari | *the crisis as seen by businessmen* |
| un giornale letto da molti | *a newspaper read by many* |

- Expresses a characteristic, permanent or temporary

| | |
|---|---|
| la ragazza dai capelli biondi | *the girl with blond hair* |
| l'uomo dall'abito azzurro | *the man in the blue suit* |

- Indicates purpose

| | |
|---|---|
| tazza da tè | *teacup* |
| scarpe da tennis | *tennis shoes* |
| vestiti da lavoro | *work clothes* |
| bicicletta da corsa | *racing bike, racer* |

- Indicates a role or attitude

| | |
|---|---|
| vestito da Babbo Natale | *dressed as Santa Claus* |
| Ti ho parlato da amico. | *I spoke to you as a friend.* |
| Ci hanno preparato un pranzo da re. | *They prepared a dinner fit for a king for us.* |

- Indicates the purpose or intent of an infinitive (See the preposition **per** below.)

| | |
|---|---|
| Ho molto da fare. | *I have a lot to do.* |
| qualcosa da mangiare | *something to eat* |
| Non ho più niente da dire. | *I have nothing else to say.* |
| Mi è venuto da ridere/piangere/gridare. | *I felt like laughing/crying/screaming.* |

- Labels means

| | |
|---|---|
| L'ho riconosciuto dalla voce. | *I recognized him by his voice.* |
| Ho capito dal suo sguardo che non stava bene. | *I understood by the way he stared that something was wrong with him.* |

- Is used with the preposition **a** (sometimes **in**) to label starting and end points in space or time

  da Roma a Napoli                              *from Rome to Naples*
  da lunedì a venerdì                           *from Monday to Friday*

- Labels value

  una moneta da due euro                        *a two-euro coin*
  una banconota da cento dollari                *a hundred-dollar bill*

### G  *Traduci in inglese.*

1. Non c'è niente da comprare.

2. un lavoro tramandato da padre in figlio

3. Ho vissuto a Parigi dal 2009 al 2011.

4. Questo autobus passa dal centro.

5. un binocolo da teatro

6. un cavallo da circo

7. un ristorante da evitare

8. una banconota da dieci dollari

### H  *Pattern.*  *Now use each of the phrases and sentences above as the basis for translating the English phrases given.*

1. Non c'è niente da comprare.
   *There's a lot to see.*

2. un lavoro tramandato da padre in figlio
   *a secret handed down from mother to daughter*

3. Ho vissuto a Parigi da 2009 a 2011.
   *I work from Tuesday to Saturday.*

4. Questo autobus passa dal centro.
   *The future passes through here.*

5. un binocolo da teatro
   *a wine glass*

6. un cavallo da circo
   *a hunting dog (hunting = la caccia)*

7. un ristorante da evitare
   *a film worth seeing*

8. una banconota da dieci dollari
   *a six-hundred-gram steak*

**I** **Dadi.** *Completa le seguenti frasi con la preposizione **di** o **da**.*

1. Romeo e Giulietta si vedevano _____ nascosto.

2. _____ quando porti le lenti a contatto?

3. Giovanna è _____ Pier Paolo.

4. Ho comprato una bella cravatta _____ seta.

5. Il poeta Giovanni Pascoli era _____ San Mauro di Romagna.

6. _____ grande voglio fare il veterinario.

7. Adoro i dipinti _____ William Bouguereau.

8. Dove sono i miei occhiali _____ sole?

9. Che hai _____ guardare?

10. I tuoi occhiali sono sulla tua testa. Per caso sei _____ cattivo umore oggi?

# The Preposition **in**

The preposition **in**

- Expresses location in a space

| | |
|---|---|
| Ci sono delle monete nella scatola. | There are some coins in the box. |
| C'è un'università in questa città. | There's a university in this city. |

- Expresses location in time

| | |
|---|---|
| Nel mese scorso è aumentato il numero di turisti stranieri. | The number of foreign tourists increased last month. |
| Mio zio ha venduto dieci macchine in un giorno. | My uncle sold ten cars in one day. |
| Nel passato si viveva più semplicemente. | In the past, people lived more simply. |
| Mi piace partire in estate. | I like to go away in the summer. |
| In che anno ha cominciato a lavorare qui? | (In) what year did he begin to work here? |

With the definite article before an infinitive, **in** indicates the moment at which an action occurs.

| | |
|---|---|
| Nell'entrare l'ho visto. | When I came in, I saw him. |

- Expresses notional or figurative location

| | |
|---|---|
| uno studente bravo in tutto | a student (who's) good at everything |
| È un medico specializzato in medicina dello sport. | He's a doctor who specializes in sports medicine. |
| Loro hanno fatto fortuna in borsa. | They made a fortune in the stock market. |

- Expresses direction and location with names of countries, provinces, large islands, etc., but not with names of cities (See the preposition **a** above.)

| | |
|---|---|
| Molti italiani sono andati in America. | *Many Italians went to America.* |
| Studiano in Italia. | *They're studying in Italy.* |
| Vogliono aprire un albergo in Sicilia. | *They want to open a hotel in Sicily.* |
| La società ha delle filiali in Emilia-Romagna. | *The company has branches in Emilia-Romagna.* |

If the definite article always occurs with a geographical name, the contracted form of **in** + article is used before it.

| | |
|---|---|
| negli Stati Uniti | *in the United States* |

- Expresses motion within a space

| | |
|---|---|
| Passeggiano in piazza. | *They stroll in the square.* |

- Labels manner and means

| | |
|---|---|
| Ci parliamo sempre in dialetto.* | *We always speak to each other in dialect.* |
| mangiare in fretta | *to eat quickly* |
| in un baleno | *in a flash* |
| Mi piace viaggiare in treno. | *I like to travel by train.* |

- Indicates the material of which something is made (See also the preposition **di** above.)

| | |
|---|---|
| una scala in legno | *a wooden staircase* |
| strutture in acciaio | *steel structures* |

- Indicates purpose

| | |
|---|---|
| una festa in onore della giovane coppia | *a party in honor of the young couple* |
| prendere in prestito un libro | *to borrow a book* |

- Labels measurement

| | |
|---|---|
| —In quanti siete? | *How many are you?* (in a restaurant, etc.) |
| —Siamo in quattro. | *There are four of us.* |
| farsi in quattro per qlcu | *to bend over backward for someone* |

- Occurs in set expressions without an article

| | |
|---|---|
| in affitto | *for rent* |
| in alto | *high, up* |
| in altre parole | *in other words* |
| in arrivo | *incoming* |
| in aumento | *on the increase* |
| in bianco e nero | *in black and white* |
| In bocca al lupo! | *Break a leg!* (to a performer, an examinee, etc.) |

---

*\***In dialetto** usually means *in an Italian dialect* (as opposed to standard Italian).

| | |
|---|---|
| in cambio | *in exchange* |
| in campagna | *in the country* |
| in caso contrario | *otherwise* |
| in caso di bisogno/necessità | *if necessary* |
| in che senso? | *in what sense?* |
| in chiesa | *in church* |
| in città | *in the city* |
| in confronto a/con | *compared with* |
| in corso | *underway* |
| in disordine | *chaotic, untidy, messy* |
| in gamba | *capable, smart* |
| in grado di | *able to, in a position to* |
| in luogo di | *instead of* |
| in mezzo alla strada | *in the middle of the street* |
| in montagna | *in the mountains* |
| in nessun caso | *under no circumstances* |
| in nessun luogo/posto | *nowhere* |
| in ogni luogo | *everywhere* |
| in orario | *on time* |
| in ordine | *neat* |
| in pericolo | *in danger* |
| in piazza | *in the town square* |
| in piedi | *standing up* |
| in piena notte | *in the middle of the night* |
| in qualche luogo/posto | *somewhere* |
| in qualsiasi luogo/posto | *anywhere* |
| in quanto a | *as concerns, as for* |
| in realtà | *in reality, in fact* |
| in rovine | *in ruins* |
| in tutto il mondo | *all over the world* |
| in virtù di | *by virtue of* |

**J** *Traduci in inglese.*

1. Ci sono emigrati italiani in tutto il mondo.

2. La polizia è arrivata in un baleno.

3. In caso di bisogno, gli chiederò aiuto.

4. In che senso devo modificare il mio piano di studi?

5. I nostri problemi non sono gravi in confronto a quelli degli altri paesi.

6. I nuovi modelli di automobili sono in arrivo.

7. I lavori sono in corso.

8. In nessun caso sarò responsabile dei danni.

**K** *Ancora preposizioni.* *Completa le frasi con* **a**, **di**, **da** *o* **in**.

1. Le vie _____ Roma sono sempre affollate.

2. Tutto _____ posto e niente _____ ordine.

3. Non sono _____ grado di rispondere a questa domanda.

4. Che mi dici _____ nuovo?

5. Mi sono fatto _____ quattro per aiutarti, ma tu neanche lo apprezzi.

6. Non è vero che non lo apprezzo. È che sono _____ poche parole.

7. Dove tieni la ruota _____ scorta?

8. Dovrebbe essere _____ garage.

9. La cambio _____ un baleno.

10. A Carnevale il figlio di Agnese si è vestito _____ pirata.

11. _____ adesso in poi dobbiamo cercare di risparmiare.

12. La sorella di Enrico guidava _____ tutta velocità.

13. Parla _____ voce bassa! I bambini stanno dormendo.

14. _____ piccolo mi piaceva disegnare.

15. Perché lasci sempre tutto _____ disordine?

# The Preposition **con**

**Con** is most commonly translated as *with*. This preposition

- Expresses literal and figurative accompaniment

| | |
|---|---|
| Sono tornato con i miei figli. | *I've returned with my children.* |
| Abbiamo parlato con il direttore. | *We spoke with the director.* |
| Con chi si è sposato tuo cugino? | *Who(m) did your cousin marry?* |
| Con questa pioggia è spiacevole uscire. | *With this rain, it's unpleasant to go out.* |
| Bisogna investire con gli occhi aperti. | *You must invest with your eyes open.* |

- Labels manner and means

| | |
|---|---|
| Il pollo si mangia con le mani. | *You can eat chicken with your fingers (lit., with your hands).* |
| scrivere con una matita rossa | *to write with a red pencil* |
| tagliare con un coltello | *to cut with a knife* |
| arrivare con l'aereo delle dieci | *to arrive on the 10 o'clock plane* |

- Expresses a characteristic (See also the preposition **da** above.)

| | |
|---|---|
| l'uomo con la barba lunga | *the man with the long beard* |
| una stanza con vista sul parco | *a room with a view of the park* |

- Forms adverbial phrases of manner with nouns

| | |
|---|---|
| con amore | *lovingly* |
| con convinzione | *with conviction* |

| con determinazione | *with determination* |
| con entusiasmo | *enthusiastically* |
| con esitazione | *hesitantly* |
| con gioia | *happily, joyfully* |
| con il senno di poi | *with (the benefit of) hindsight* |
| con rabbia | *angrily* |
| con sicurezza | *self-assuredly* |
| con stupore | *with astonishment, in amazement* |
| Appoggiamo quel candidato con tutto il cuore. | *We support that candidate wholeheartedly.* |

- Forms adverbial phrases with infinitives

| Col mangiare tanti dolci, ingrasserai. | *You'll get fat eating so many sweets.* |
| Gli studenti hanno problemi col capire l'algebra. | *The students have trouble understanding algebra.* |
| Lei sbaglia col credere che lui sia sincero. | *You're making a mistake if you think he is sincere.* |

**Col** + infinitive is especially common after **iniziare**, **cominciare**, and **finire**.

| Ho cominciato col parlare del calo della produttività. | *I began by talking about the drop in productivity.* |
| Hanno finito col chiedere più dettagli. | *They wound up by asking for more details.* |

**Col** is more frequent in spoken language; **con il** is considered formal and is found mostly in written Italian.

- Is used in comparisons

| confrontare questo negozio con l'altro | *to compare this store with the other one* |
| Mi mettono sempre a confronto con mio fratello. | *They are always comparing me with my brother.* |
| Non voglio paragonare la nostra situazione con la tua. | *I don't want to compare our situation with yours.* |

- Connects prepositional phrases to nouns

| un albergo con davanti la piazza | *a hotel with the square in front* |
| È tornato con sotto il braccio i documenti. | *He came back with the documents under his arm.* |

**L** *Traduci in inglese.*

1. Non si scherza con la salute.

2. Mi ha risposto con rancore.

3. L'ho visto con i miei propri occhi.

4. Quel cane si lava con la neve.

5. Con questo caldo è difficile uscire.

6. Lavoriamo con gente in gamba.

7. Sono arrivato con il mio amico.

8. È una ditta con molti impiegati.

9. una casa con dietro un giardino

10. un'automobile con sopra scritto "vendesi"

11. È meglio fare le cose con calma.

12. È utile cominciare con lo spiegare lo scopo.

## The Preposition *su*

**Su** is the equivalent of English *on*. This preposition

- Expresses location on or above a surface

| | |
|---|---|
| I piatti sono sul tavolo. | *The dishes are on the table.* |
| C'è un ponte sul fiume. | *There's a bridge over the river.* |

**Su** becomes **su di** before a stressed pronoun.

| | |
|---|---|
| Contiamo su di te. | *We're relying on you.* |
| Sanno tutto su di noi. | *They know everything about us.* |

- Indicates the subject of speech or writing (= English *about*) (See also the preposition **di** above.)

| | |
|---|---|
| tenere una conferenza sulle cure oncologiche | *to give a lecture on cures for cancer* |
| Vorrei aprire una discussione sulla durata dei brevetti. | *I'd like to begin a discussion about the term of validity of patents.* |
| Si è scritto molto su questo argomento. | *A lot has been written about this topic.* |

- Labels manner

| | |
|---|---|
| un abito fatto su misura | *a suit made to order* |
| lavorare su ordinazione | *to work by the project/job/order* |

- Labels proximity or direction

| | |
|---|---|
| un albergo sul lago | *a hotel on the lake* |
| Le camere da letto danno sul cortile. | *The bedrooms face the courtyard.* |

- Expresses figurative uses of English *on* or *over*

| | |
|---|---|
| La polizia ha sparato sui manifestanti. | *The police fired on the demonstrators.* |
| Quel ministro ha il potere di decisione sulle questioni ambientali. | *That government minister has decision-making power over environmental decisions.* |

- Labels approximate amounts or locations

| | |
|---|---|
| Quella donna sembra avere sui quarant'anni. | *That woman seems to be about 40 years old.* |

| | |
|---|---|
| Il pacco pesa sui due chili. | *The package weighs about two kilos.* |
| Ha una macchina che è costata sui cinquanta mila euro. | *He has a car that cost about 50,000 euros.* |
| sul fare del giorno | *at around daybreak* |

- Expresses English *out of* with numbers

| | |
|---|---|
| uno su mille | *one in / out of a thousand* |

- Occurs in useful expressions

| | |
|---|---|
| dire/parlare sul serio | *to talk seriously, be serious* |
| essere su di giri | *to be hyper / on a high* |
| su larga scala | *large-scale, widespread* |
| su richiesta | *at the request / on request* |

**M** *Traduci in inglese.*

1. Hanno scoperto abusi su larga scala.

2. Sono stati bocciati dieci studenti su cento.

3. Il re ha autorità sul suo popolo.

4. L'università ha iniziato corsi di lingua cinese su richiesta degli studenti.

5. Non sto scherzando—sto parlando sul serio.

6. Che sapete sul debito nazionale?

## The Preposition **sotto**

The basic meaning of the preposition **sotto** is *under*.

| | |
|---|---|
| Il gatto dorme sotto il tavolo. | *The cat sleeps under the table.* |
| Hanno scoperto monete d'oro sotto il pavimento. | *They discovered gold coins under the floor.* |
| Chi abita sotto di voi? | *Who lives below you?* |

**NOTE** **Sotto**, like **su**, takes **di** before a pronoun.

**Sotto** has figurative uses as well.

| | |
|---|---|
| lavorare sotto l'effetto dei farmaci | *to work under the effects of medication* |
| La crisi cominciò sotto il governo precedente. | *The crisis began under the previous government.* |
| Non mi piace uscire sotto la pioggia. | *I don't like going out in the rain.* |
| Domani avremo temperature sotto zero. | *Tomorrow, we'll have temperatures below zero.* |
| Accetto la proposta sotto certe condizioni. | *I accept the proposal under certain conditions.* |

## The Prepositions **fra** and **tra**

The prepositions **fra** and **tra** are generally interchangeable. Their basic meaning is *between, among.*

| | |
|---|---|
| Ho visto il cane tra le due macchine. | *I saw the dog between the two cars.* |
| Ho trovato l'assegno fra i documenti. | *I found the check among the documents.* |

The prepositions **fra** and **tra**

- Indicate an interval of time or space

| | |
|---|---|
| Arriveremo fra le due e le tre. | *We'll get there between two and three.* |
| Spero di finire il libro fra un mese. | *I hope to finish the book in a month's time.* |
| Il suo ufficio è fra trecento metri. | *His office is 300 meters from here.* |

- Are often (but not always) followed by **di** before a pronoun

| | |
|---|---|
| Quello che ti ho detto deve rimanere fra di noi. | *What I have told you must remain (just) between us.* |
| Tutto è finito tra noi. | *Everything is over between us.* |

- Occur in useful expressions

| | |
|---|---|
| Pensavo fra me e me. | *I was thinking to myself.* |
| Che rimanga fra me e te. | *Let's keep it between you and me.* |
| fra/tra poco | *shortly* |

## The Preposition **per**

**Per** is usually translated as English *for.* This preposition

- Expresses motion through space or time, literal and figurative

| | |
|---|---|
| L'autostrada passa per Siena. | *The highway goes through Siena.* |
| Un'idea mi è passata per la mente. | *An idea went through my mind.* |
| Il bambino ha dormito per otto ore. | *The child slept for eight hours.* |

In time expressions, **per** is frequently omitted.

- Expresses location in certain phrases

| | |
|---|---|
| essere sdraiato per terra | *to be lying on the ground* |
| Ho trovato una moneta da 2 euro per strada. | *I found a two-euro coin on the street.* |

- Expresses destination in space and time, literal and figurative (= English *for*)

| | |
|---|---|
| L'aereo parte per Milano. | *The plane is leaving for Milan.* |
| I regali sono per voi. | *The gifts are for you.* |
| lottare per i diritti umani | *to struggle for human rights* |
| La riunione è fissata per domani. | *The meeting is set for tomorrow.* |

- Indicates purpose with an infinitive (= English *in order to*) (See also the preposition **da** above.)

| | |
|---|---|
| Lui l'ha detto per infastidirmi. | *He said that to annoy me.* |
| Gliel'ho fatto ripetere per capire meglio. | *I had him repeat it in order to better understand it.* |
| Cosa possiamo fare per aiutarlo? | *What can we do to help him?* |

- Indicates cause with an infinitive

| | |
|---|---|
| È stato bocciato per non avere studiato. | *He failed (because of) not having studied.* |

- Indicates cause

| | |
|---|---|
| L'ammiro per la Sua raffinatezza. | *I admire you for your refinement.* |
| Non posso lavorare fuori per il freddo. | *I can't work outside because of the cold.* |
| L'hanno messo in prigione per rapina. | *They put him in prison for theft.* |

- Indicates manner and means

| | |
|---|---|
| Risponderanno per posta elettronica. | *They'll answer by e-mail.* |
| Parleremo per telefono. | *We'll speak by phone.* |

- Labels price, measure, and distribution

| | |
|---|---|
| Ho comprato la camicia per venti euro. | *I bought the shirt for 20 euros.* |
| Abbiamo seguito questa strada per due chilometri. | *We followed this road for two kilometers.* |
| Il trenta per cento dei giovani è senza lavoro. | *Thirty percent of young people are unemployed.* |
| Vi intervisterò uno per uno. | *I'll interview you one by one.* |
| moltiplicare dieci per cinque | *to multiply ten by five* |

- Indicates limitation

| | |
|---|---|
| Per me questo film è noioso. | *In my opinion, this film is boring.* |

- Expresses substitution and exchange

| | |
|---|---|
| Scusa. Ti ho scambiata per tua sorella. | *Sorry. I mistook you for your sister.* |
| Ho capito cinque per cinquanta. | *I understood five instead of fifty.* |
| Ho capito fischi per fiaschi. | *I misunderstood completely.* |
| Ci hanno presi per scemi. | *They took us for idiots.* |
| Per chi mi prendi? | *What do you take me for?* (lit., *For whom do you take me?*) |

- Indicates *to be about to (do something)* with **stare** + infinitive

| | |
|---|---|
| Stavo per uscire quando ha squillato il telefono. | *I was about to go out when the phone rang.* |

- Occurs in idiomatic expressions

| | |
|---|---|
| Per amore del cielo! | *For heaven's sake!* |
| Per carità! | *Gosh!* |
| per di più | *in addition* |
| per errore | *by mistake* |

| per esempio | for example |
| per farla breve | to make a long story short |
| Per favore! | Please! |
| per filo e per segno | to the letter, in every detail |
| per giunta | in addition |
| per iscritto | in writing |
| per legge | by law |
| per lo meno | at least |
| per lo più | at most |
| per mezzo di | by means of |
| per modo di dire | so to speak |
| per niente | for no reason at all |
| per quanto mi riguarda | as far as I'm concerned |
| per sbaglio | by mistake |
| per sempre | forever |
| prendere lucciole per lanterne | to make a blunder |
| mostrare / far prendere lucciole per lanterne (**la lucciola** *firefly*) | to try to put one over (on someone) |

**N**   *Preposizioni in libertà.* *Completa le seguenti frasi con* **di, a, da, in, con, su, per, tra** *o* **fra.** *In alcune frasi sono necessarie le preposizioni articolate.*

1. Martina, cosa vuoi fare _____ grande?

2. Non ho molti soldi. Sono rimasto _____ venti euro.

3. Miriam abita _____ Roma, _____ un bellissimo appartamento _____ vista _____ piazza Navona.

4. Ieri sono andato _____ un'asta (*auction*) e ho acquistato un dipinto _____ William Bouguereau.

5. _____ il dire e il fare c'è di mezzo il mare.*

6. Le ho chiesto _____ sposarmi, ma mi ha risposto _____ esitazione.

7. Mi scusi, ma ho preso il suo ombrello _____ sbaglio.

8. In Italia è normale vivere _____ i propri genitori fino a trent'anni.

9. Dici _____ serio?

10. Sì, non è _____ pigrizia. Spesso è per necessità.

11. A Natale mia nonna mi ha regalato un maglione fatto _____ mano da lei.

12. Che bello! Un regalo fatto _____ amore.

13. Vivo _____ Stati Uniti _____ dodici anni.

14. Pensi mai di ritornare _____ Italia?

15. _____ rado, anche se mi manca la mia famiglia.

---

*This Italian proverb is equivalent to English *It's/That's easier said than done.* The literal translation is *There is an ocean between what is said and what is done.*

## Other Prepositions

**attraverso** *through, across*

| | |
|---|---|
| una scorciatoia attraverso il bosco | *a shortcut through the woods* |
| la prevenzione del crimine attraverso l'istruzione | *the prevention of crime through education* |

**contro** *against*

| | |
|---|---|
| appoggiare la scala contro il muro | *to lean the ladder against the wall* |
| contro la legge | *against the law* |
| lottare contro lo sfruttamento degli operai | *to fight against the exploitation of workers* |

**davanti a** *in front of*

| | |
|---|---|
| L'autobus si ferma davanti al cinema. | *The bus stops in front of the movie theater.* |

**dietro** *behind* (**dietro di** before stressed pronouns)

| | |
|---|---|
| dietro l'albero | *behind the tree* |
| dietro di me | *behind me* |

**dirimpetto a, di fronte a** *across from, facing*

| | |
|---|---|
| Ci sono degli scavi dirimpetto alla scuola. | *There is an excavation across from the school.* |

**dopo** *after*

| | |
|---|---|
| Dopo pranzo siamo usciti. | *We went out after dinner.* |

In the following examples, note that **dopo** is used with the perfect infinitive (**avere/essere** + past participle).

| | |
|---|---|
| Ti chiamerò dopo avere finito i compiti. | *I'll call you after finishing the assignment.* |
| Ho conosciuto Carolina pochi mesi dopo essere tornato alla mia città natale. | *I met Carolina a few months after returning to the city where I was born.* |

**entro** *within (time)*

| | |
|---|---|
| entro due mesi | *within two months* |

**fuori, fuori di** *outside of, out of*

| | |
|---|---|
| fuori casa | *away from home* |
| fuori catalogo | *out of stock* |
| fuori del paese | *out of the country* |
| fuori di sé | *beside oneself* |
| fuori luogo | *out of place* |
| fuori moda | *passé, out of fashion* |
| fuori pericolo | *out of danger* |
| fuori uso | *no longer in use, no longer usable* |

**intorno a** *around, about*

| | |
|---|---|
| intorno alla piazza | *around the square* |
| intorno ai cinquemila abitanti | *about 5,000 inhabitants* |

**prima di** *before*

| | |
|---|---|
| Abbiamo molto da fare prima di Natale. | *We have a lot to do before Christmas.* |

**verso** *toward; in the area of*

| | |
|---|---|
| andare verso il fiume | *to go toward the river* |
| abitare verso l'università | *to live in the vicinity of the university* |
| verso le cinque | *around five o'clock* |

The following Italian prepositions are less common.

**a causa di** *because of*
**accanto a** *next to*
**assieme a** *together with*
**durante** *during*
**in quanto a** *as for*
**lontano da** *far from*
**lungo** *along*
**malgrado** *in spite of*
**nel corso di** *during, in the course of*
**nonostante** *in spite of, notwithstanding*
**secondo** *according to*
**vicino a** *near*

**O**   ***Traduzione in conclusione, prima parte.*** *Traduci le seguenti frasi in italiano.*

1. *Can I count on you?*

2. *Is everything OK?*

3. *The children have eaten too many sweets. They are hyper.*

4. *At the age of 16, my uncle already lived on his own.*

5. *Every year on Christmas Eve, my mother prepares a delicious* (squisito) *scampi risotto.*

6. *Why don't we go sailing* (andare in barca a vela) *this weekend?*

7. *The postman will be here at any moment.*

8. *Have you heard about the armed robbery? They stole 35,000 euros.*

9. *What are you up to?*

10. *John is from Staten Island, but lives in Portland, Oregon.*

**P**   ***Traduzione in conclusione, seconda parte.*** *Traduci le seguenti frasi in inglese.*

1. Ogni buon genitore si fa in quattro per i propri figli.

2. In bocca al lupo per il tuo esame di dottorato (*Ph.D. exam*).

3. In caso di incendio evacuare l'edificio.

4. Il treno è in perfetto orario.

5. L'articolo che volevo comprare è fuori catalogo.

6. Purtroppo il tasso di disoccupazione è in aumento.

7. Sei ancora in affitto o hai comprato casa?

8. Per quanto mi riguarda, non è un problema.

9. Niente è per sempre, neanche l'amore.

10. Per amor del Cielo! Come sei cinico!

**O** **Simili o diversi?** *In ogni coppia decidi se le espressioni hanno un significato simile o diverso mettendo una X nella colonna giusta.*

|  | SIMILI | DIVERSI |
|---|---|---|
| 1. sul tavolo ~ sopra il tavolo | ☐ | ☐ |
| 2. accanto al muro ~ lontano dal muro | ☐ | ☐ |
| 3. davanti al bar ~ di fronte al bar | ☐ | ☐ |
| 4. verso le cinque ~ alle cinque in punto | ☐ | ☐ |
| 5. a mio avviso ~ secondo me | ☐ | ☐ |
| 6. fuori casa ~ fuori luogo | ☐ | ☐ |
| 7. a voce bassa ~ sottovoce | ☐ | ☐ |
| 8. in ordine ~ a posto | ☐ | ☐ |
| 9. di moda ~ fuori moda | ☐ | ☐ |
| 10. fuori di sé ~ su di giri | ☐ | ☐ |
| 11. da adesso in poi ~ d'ora in poi | ☐ | ☐ |
| 12. per errore ~ per sbaglio | ☐ | ☐ |
| 13. fra me e me ~ fra me e te | ☐ | ☐ |
| 14. dietro la banca ~ dirimpetto alla banca | ☐ | ☐ |
| 15. con gioia ~ con entusiasmo | ☐ | ☐ |

IV

# The Complex Sentence
# and Other Aspects
# of Usage

# Relative Pronouns and Relative Clauses

A relative pronoun joins two sentences containing an identical element into a single sentence. The relative pronoun replaces the identical element of the second sentence. A relative clause adds information about a noun in the same way that an adjective does. That is why a relative clause is also called an *adjective clause*.

## The Relative Pronoun **che**

The Italian relative pronoun **che** can refer to both people and things and can be either the subject or direct object of the verb of the relative clause. In this way, it resembles the relative pronoun *that* in English. **Che** can replace either singular or plural nouns. It is the most common relative pronoun in Italian.

l'uomo. **L'uomo** lavora qui.
→ l'uomo **che** lavora qui                *the man who works here*

(**Che** refers to **l'uomo** and is the subject of its clause.)

i regali. **I regali** si trovano sotto l'albero di Natale.
→ i regali **che** si trovano sotto l'albero    *the gifts that are under the Christmas tree*
   di Natale

(**Che** refers to **i regali** and is the subject of its clause.)

gli avvocati. Conosco **gli avvocati**.
→ gli avvocati **che** conosco             *the lawyers that I know*

(**Che** refers to **gli avvocati** and is the direct object of the verb of its clause.)

il rapporto. Ho letto **il rapporto**.
→ il rapporto **che** ho letto             *the report that I read*

(**Che** refers to **il rapporto** and is the direct object of the verb of its clause.)

In English, the relative pronoun can be omitted when it is the object of the verb of its clause.

*the lawyers I know*
*the report I read*
*the colleagues I worked with*

In Italian, however, **che** is never omitted.

When **che** is the subject of a verb in the passato prossimo conjugated with **essere**, the participle agrees in gender and number with the noun that **che** replaces.

i libri **che sono usciti** questo anno — *the books that were published this year*
le squadre **che sono arrivate** in testa — *the teams that came out on top*

**A** **Precisazioni.** *Rispondi alle domande del tuo amico con una frase relativa, come negli esempi.*

ESEMPI   Quale libro vuoi? (Il libro è sul tavolo.)
→ Voglio il libro che è sul tavolo.

Quale maglione porta Claudia? (Il suo ragazzo le ha comprato il maglione a Milano.)
→ Porta il maglione che il suo ragazzo le ha comprato a Milano.

1. Quale film vuoi vedere? (Il film francese è uscito ieri.)

2. Quale libro vuoi comprare? (I miei amici mi hanno consigliato il libro.)

3. Quali ristoranti preferisci? (I ristoranti hanno cibo vegetariano.)

4. Da quale dentista vai? (Ha lo studio in quel palazzo.)

5. Quale portatile usi? (I miei genitori mi hanno regalato il portatile.)

6. Da quale parrucchiere vai? (Il parrucchiere ha il negozio in piazza.)

7. Quale e-mail stai leggendo? (Lucia mi ha mandato l'e-mail ieri.)

8. Da quale meccanico vai? (Il meccanico ha l'officina fuori città.)

9. Quali riviste ti piace leggere? (Le riviste parlano di arte.)

10. Quali vitamine prendi? (Le vitamine fanno bene al cuore.)

**B** **Ancora precisazioni.** *Rispondi alle seguenti domande con delle frasi relative, come nell'esempio.*

ESEMPIO   Quale portatile?
a. Giovanna lo usa.
→ Il portatile che Giovanna usa / che usa Giovanna.
b. Ha molta memoria.
→ Il portatile che ha molta memoria.

1. Quale professoressa?
a. Tutti gli studenti l'adorano.
b. Insegna il francese e lo spagnolo.
c. Si è appena sposata.
d. I miei genitori la conoscono.

2. Quale casa?
a. Massimo e Catia l'hanno comprata.
b. Ha un giardino e una piscina.
c. È stata costruita nel 1973.
d. Ha due piani.

3. Quali regali?
   a. Noi li abbiamo ricevuti a Natale.
   b. Ci sono piaciuti molto.
   c. Noi abbiamo fatto vedere ai nostri amici.
   d. Tutti ci invidiano.

4. Quale attore?
   a. Ha gli occhi verdi e i capelli castani.
   b. Ha vinto un premio prestigioso.
   c. È stato nominato molte volte agli oscar.
   d. Ha recitato in film drammatici e commedie.

5. Quale ristorante?
   a. I nostri amici l'hanno aperto due anni fa.
   b. Ha un arredamento etnico.
   c. Si trova al centro di Orvieto.
   d. Molti artisti lo frequentano.

## The Relative Pronoun cui

The relative pronoun **cui** is used after prepositions. In English, prepositions are usually placed at the end of a relative clause (this is called *stranding* in linguistics), but an Italian preposition cannot be separated from its object. The relative pronoun **cui** can replace both singular and plural masculine or feminine nouns, and can refer to people or things.

gli esperti. Le ho parlato **degli esperti.**
→ gli esperti **di cui** Le ho parlato          *the experts (whom/that) I spoke to you about*

l'azienda. Mio cugino lavora **per l'azienda.**
→ l'azienda **per cui** lavora mio cugino          *the firm (that) my cousin works for*

l'aereo. Abbiamo viaggiato **sull'aereo.**
→ l'aereo **su cui** abbiamo viaggiato          *the plane (that) we traveled on*

l'artista. Il quadro è stato dipinto **dall'artista.**
→ l'artista **da cui** il quadro è stato          *the artist (whom/that) the picture was*
   dipinto                                                    *painted by*

l'impiegato. Ho consegnato l'assegno **all'impiegato.**
→ l'impiegato **a cui** ho consegnato          *the employee (whom/that) I handed the*
   l'assegno                                                 *check to*

In literary style, **a cui** may be replaced by **cui** alone.

la persona **cui** ho affidato l'incarico          *the person to whom I entrusted the task*

**C**  *Un esercizio su cui riflettere.*  *Unisci le seguenti frasi con il pronome relativo* **cui** *preceduto dalla preposizione corretta in modo da ottenere un'unica frase.*

ESEMPIO    Il ragazzo si chiama Giulio. Io condivido l'appartamento con lui.
              → Il ragazzo con cui condivido l'appartamento si chiama Giulio.

1. Il progetto mi incuriosisce. Tu mi hai parlato del progetto.

2. L'azienda esporta all'estero. Lisa lavora nell'azienda.

3. Il codice segreto cambia ogni settimana. Io ho aperto la porta con il codice segreto.

4. Il motivo è valido. Noi diamo le dimissioni per un motivo.

5. Il film non mi è piaciuto. Tu mi avevi parlato del film.

6. L'olio è pugliese. Io ho condito l'insalata con l'olio.

7. La nave è italiana. Noi abbiamo fatto la crociera sulla nave.

8. Il mio collega si chiama Paolo. Io mi fido del mio collega.

9. Il mio primo amore si chiama Irene. Io penso sempre al mio primo amore.

10. Il partito ha vinto le elezioni. Voi avete votato per il partito.

**D** **Che o cui?** *Completa le seguenti frasi inserendo il pronome relativo corretto* **che** *o* **cui**.

1. Il piatto _____ preferisco è il risotto agli scampi.

2. Questa è la banca in _____ lavoro.

3. Non mi piace il modo in _____ veste Rossana.

4. Ho telefonato al signore _____ abita al primo piano.

5. Ecco la posta _____ è arrivata oggi.

6. La città in _____ vivo è molto provinciale.

7. Non credo a ciò _____ hai detto.

8. La sedia su _____ ti sei seduto è bella ma non troppo comoda.

9. Lisa, la donna _____ hai conosciuto, è inglese ma abita in Italia.

10. I suoi figli, di _____ è orgogliosa, si chiamano William e Thomas.

11. L'appartamento in _____ abitano è piccolo ma accogliente.

12. C'è anche un terrazzo su _____ Lisa e i figli cenano durante l'estate.

## The Relative Pronouns **il quale, la quale, i quali, le quali**

The relative pronouns **il quale, la quale, i quali, le quali** are characteristic of written Italian and formal spoken language. They agree in gender and number with the antecedent and are common in cases where the reference might be ambiguous.

il marito di Laura, **il quale** avevo conosciuto anni fa...

*Laura's husband, whom I had met years ago . . .*

(The selection of **il quale** makes it clear that **il marito**—not **Laura**—is being referred to.)

le madri di figli disabili **per le quali** non esiste nessun sostegno...

*the mothers of handicapped children for whom there is no support . . .*

(The selection of **le quali** makes it clear that **le madri**—not **i figli**—is being referred to.)

Abbiamo parlato del risparmio energetico e delle spese **per le quali** si può richiedere una detrazione fiscale.

*We talked about energy saving and the expenses for which one can claim a tax deduction.*

(The selection of **le quali** makes it clear that **le spese**—not **il risparmio energetico**—is being referred to.)

**E** *Ti mostro la mia città.* *Un tuo amico straniero ti è venuto/a a trovare. Fagli vedere la tua città dandogli informazioni con frasi relative.*

ESEMPIO C'è il teatro all'aperto durante l'estate.
L'estate è la stagione *durante la quale c'è il teatro all'aperto* .

1. Ci sono varie linee della metro sotto queste strade.
Queste sono le strade _____.

2. Abito vicino all'università.
Quella è l'università _____.

3. C'è un ottimo ristorante davanti a quel cinema.
Quello è il cinema _____.

4. Passo le domeniche con gli amici.
Ti presento gli amici _____.

5. C'è una fontana molto antica in mezzo alla piazza.
Questa è la piazza _____.

6. C'è un mercato all'aperto dietro quei palazzi.
Quelli sono i palazzi _____.

7. Ci sono ville molto eleganti al di là del fiume.
Quello è il fiume _____.

8. C'è una statua stupenda sotto quel ponte.
Quello è il ponte _____.

**F** *Il pronome relativo corretto.* *Completa le frasi seguenti con il pronome relativo corretto.*

1. gli autori _____ mi interesso (nei quali | dei quali)

2. l'armadio _____ metto i miei vestiti (sul quale | nel quale)

3. il quaderno _____ scrivo i miei appunti (sul quale | sulla quale)

4. l'esame _____ devo studiare (nel quale | per il quale)

5. la valigia _____ metto le mie cose (sulla quale | nella quale)

6. la strada _____ siamo passati (dal quale | dalla quale)

7. la ditta _____ lavoro (per la quale | sulla quale)

8. l'appartamento _____ abito (nel quale | sul quale)

9. la ragione _____ studio le lingue straniere (nella quale | per la quale)

10. la sedia _____ riposa il mio gatto (sulla quale | nella quale)

**G**  *Esprimersi in inglese. Traduci le seguenti frasi in inglese.*

1. Come si chiama la ditta per la quale lavora Nadia?

2. Naomi ha comprato una villa dalla quale si vede il lago.

3. Incontriamoci davanti al museo nel quale ci siamo conosciuti.

4. Il concerto è stato un evento tramite (*by means of, as a result of*) il quale l'università ha ricevuto molti fondi.

5. Sai qual'è l'argomentazione sulla quale Galileo ha basato le sue teorie?

6. Sono così stanco che vorrei un morbido letto sul quale distendermi.

7. Quello è il balcone dal quale Giulietta parlava a Romeo.

8. Devi affrontare i problemi dai quali fuggi.

9. Ancora ricordo il giorno in cui mi sono laureato.

10. Ognuno dovrebbe avere un ideale per il quale combattere.

## Relative Pronouns Expressing "Whose," "Where," and "When"

The relative pronoun *whose* is expressed in Italian by **il cui, la cui, i cui, le cui**. The pronoun agrees in gender and number with the following noun.

| | |
|---|---|
| lo studente **il cui zaino** abbiamo trovato | *the student whose backpack we found* |
| la fabbrica **i cui operai** sono entrati in sciopero | *the factory whose workers went on strike* |
| Possiamo inviare allegati **la cui dimensione** è maggiore di 25 MB? | *Can we send attachments (whose size is) larger than 25 MB?* |
| gli artisti **le cui opere** saranno esposte | *the artists whose works will be displayed* |

After expressions of time, *when* as a relative pronoun is expressed in Italian by **in cui**, **nel quale**, etc., or in colloquial speech by **che**.

l'anno **in cui** sono nato
l'anno **nel quale** sono nato         *the year I was born*
l'anno **che** sono nato

After expressions of place, *where* as a relative pronoun is expressed in Italian by **dove**, **in cui**, **nel quale**, etc.

la città **dove** abitiamo
la città **in cui** abitiamo            *the city we live in*
la città **nella quale** abitiamo

**H**  **Cui.** *Completa le seguenti frasi usando la forma corretta del pronome relativo cui, come nell'esempio.*

ESEMPIO    Quella è la scrittrice __*i cui*__ romanzi hanno venduto migliaia di copie.

1. Ti presento i signori _____ figli frequentano la stessa università dei nostri figli.

2. Sai dov'è la persona _____ macchina è parcheggiata davanti al mio garage?

3. Dobbiamo parlare con i vicini _____ cane abbaia tutta la notte.

4. Tutti parlano del professore di musica _____ lezioni sono molto interessanti.

5. I paesi dell'Europa orientale sono paesi _____ storia non si studia abbastanza.

6. Questa è l'azienda _____ impiegati ricevono molte agevolazioni (*tax breaks*).

7. La Sardegna è un'isola _____ abitanti vivono a lungo.

8. Hai letto l'articolo sull'artista _____ dipinto è stato rubato?

9. Quella è la donna _____ figlia ha vinto la lotteria.

10. Ecco la cantante _____ canzoni sono rimaste in classifica (*hit parade, charts*) per quasi un anno.

**I**    *Frasi* **la cui** *traduzione non è molto difficile.*   *Traduci le seguenti frasi dall'inglese all'italiano utilizzando* **il cui, la cui, i cui, le cui.**

1. *Do you know the name of the actor whose wife died in a skiing accident?*

2. *This is the young man whose father was my math professor.*

3. *Those are the trees whose leaves turn red in the fall.*

4. *The lawyer, whose name escapes me* (mi sfugge), *is Canadian.*

5. *Italy boasts* (vanta) *many artists whose masterpieces are known worldwide.*

6. *I have read the novel whose author won a prestigious award.*

7. *That is the house whose owner is a famous architect.*

8. *Orvieto is the town* (il paese) *whose cathedral has a gilded façade* (la facciata dorata).

**J**    *Una sola frase, per favore.*   *Unisci le due frasi con un pronome relativo in modo da ottenere un'unica frase.*

    ESEMPIO    Ho ritrovato l'anello. Avevo perso l'anello.
                →   Ho ritrovato l'anello che avevo perso.

1. È venuta una signora. La signora ha chiesto di te.

2. Il corvo è un uccello. La sua vista è acutissima.

3. Ti faccio leggere la tesi. Ho fatto due anni di ricerche per la tesi.

4. Ecco la casa. Sono nato nella casa.

5. Ron è l'amico. Ho trascorso le vacanze a Salerno con Ron.

6. Questa è la conclusione. Sono giunto alla conclusione.

7. Quella è la torre dei pellegrini. Si vede tutta la città dalla torre.

8. Ho telefonato a un cugino. Il cugino abita in Finlandia.

9. Ecco il portatile. Ho scritto la mia tesi con il portatile.

10. Non c'è nulla. Non mi pento di nulla.

## Relative Pronouns Without Antecedents

When the main clause has no specific antecedent, Italian uses **quello che** or **ciò che*** as the relative pronoun. The English equivalent of these relative pronouns is usually *what*.

| | |
|---|---|
| Non ho capito **quello che** hai detto. | *I didn't understand what you said.* |
| Potete fare di voi **ciò che** volete. | *You can make of yourselves what you want.* |

In literary style, **quel che** is also found.

| | |
|---|---|
| Non so se troveremo **quel che** cerchiamo. | *I don't know if we'll find what we're looking for.* |

These forms are used after **tutto** to render *all that / everything (that)*.

| | |
|---|---|
| Ho trovato **tutto quello che** cercavo. | *I found everything I was looking for.* |
| Sono d'accordo con **tutto quello che** dici. | *I agree with all that you say.* |
| Ci hanno rubato **tutto ciò che** avevamo. | *They stole everything we had.* |

**(Che) cosa** is often used when the verb of the relative clause uses a preposition to connect to its object.

| | |
|---|---|
| Non capiamo **di che cosa** hanno paura. | *We don't understand what they're afraid of.* |
| Capisco **di che cosa** hai bisogno. | *I see what you need.* |
| Non so **per che cosa** devo combattere. | *I don't know what I should be fighting for.* |
| Non sa **in che cosa** deve credere. | *He doesn't know what he should believe in.* |

The pronoun **chi** can be used to mean *the one who* in the sense of *whoever*. This usage is common in proverbs.

| | |
|---|---|
| **Chi** offende l'amico non la risparmia al fratello. | *He who hurts his friend, doesn't spare his brother.* |
| **Chi** troppo intraprende, poco finisce. | *He who undertakes too much, finishes little.* |

For demonstrative pronouns as antecedents, see Chapter 16.

**K**  *Da completare.* Completa le frasi seguenti con i pronomi relativi che mancano.

1. Non ho sentito _____ hai detto.

2. Ho già speso tutti i soldi _____ mi ha dato mia madre.

3. La sedia su _____ sei seduto sta per rompersi.

4. A Roma ho visitato il Colosseo, nel _____ combattevano i gladiatori.

5. Marina è la ragazza con _____ esce mio fratello.

6. Ho un amico a _____ piace andare a pesca.

7. La pizza _____ fanno qui è la migliore della provincia.

8. _____ troppo vuole, nulla stringe.

9. I miei genitori mi hanno sempre dato tutto _____ desideravo.

10. Le persone con _____ mi hai visto sono amici di famiglia.

---

*****Ciò che** is more typical of written and formal spoken Italian.

**L** *La settimana di Caterina.* *Scopri com'è la nuova vita di Caterina unendo le due frasi con un pronome relativo.*

ESEMPIO    Caterina è la ragazza. Tu hai conosciuto Caterina a casa mia.
→ Caterina è la ragazza che hai conosciuto a casa mia.

## La settimana lavorativa di Caterina

1. Caterina ha un nuovo lavoro. Lei è molto fiera del nuovo lavoro.

2. Finalmente ha trovato un impiego. L'impiego la rende felice.

3. È circondata da colleghi molto simpatici. Lei si fida dei colleghi.

4. Prima aveva un capo antipatico. Lei lavorava molte ore per il capo.

5. Il nuovo datore di lavoro è molto gentile. Lei ha un ottimo rapporto con lui.

## Il weekend di Caterina

6. Il sabato e la domenica sono giorni. Caterina si riposa sabato e domenica.

7. A volte frequenta le colleghe fuori dall'ufficio. Lei va al mare con le colleghe.

8. Di giorno noleggiano una barca. Loro prendono il sole sulla barca.

9. Il sabato sera vanno in discoteca. Non escono dalla discoteca prima delle tre di mattina.

10. La domenica Caterina parla al telefono con i suoi genitori. Lei racconta ai suoi genitori il suo weekend.

# The Present Subjunctive

## Coordinating and Subordinating Conjunctions

The term *clause* refers to a sentence incorporated into a larger sentence. A clause may be independent or dependent (subordinate).

Coordinating conjunctions, such as *and, but,* and *or,* join independent clauses to form a compound sentence.

> *We are on vacation next week, **and** our cousins will come to visit us.*
> *John works in an office, **but** his wife works at home.*

Subordinating conjunctions make one clause dependent on another; the result is called a *complex sentence.* The dependent clause may have a grammatical role in the complex sentence, such as subject, adjective modifier, or adverbial modifier, or it may relate the two clauses in time, in space, or in a cause-and-effect relationship. Common subordinating conjunctions in English are *after, because, before, if, since, that, when, where, whether, which, while,* and *who.* In the following English sentences, the subordinate clauses are in bold type.

> *He couldn't attend, **because he had an accident.***
> *They phoned **before they arrived.***
> *He said **that it's late.***
> *Let me know **when you have finished the report.***
> *We asked the receptionist **whether there were any rooms available.***
> *I don't like to disturb you **while you're working.***
> *I know the woman **who works here.***

## The Subjunctive

The Italian subjunctive—**il congiuntivo**—is used almost exclusively in dependent clauses. The subjunctive is not a tense, but a mood, and there are several tenses of the subjunctive.

The mood of a verb indicates how the speaker views the action expressed by the verb. The indicative mood expresses facts and describes events that the speaker sees as part of reality. The imperative mood expresses commands. The subjunctive mood expresses actions that are in the realm of wishes, desires, needs, opinions, doubts, suppositions, and other subjective conditions.

| INDICATIVE MOOD | Lei **fa** il Suo lavoro. | *You do your work.* |
| IMPERATIVE MOOD | **Faccia** il Suo lavoro! | *Do your work!* |
| SUBJUNCTIVE MOOD | Il direttore vuole che Lei **faccia** il Suo lavoro. | *The director wants you to do your work.* |

The English subjunctive mood (*I recommend that he **be** here at nine*) occurs in very few sentence patterns. In standard Italian, however, the subjunctive is very common.

## Formation of the Present Subjunctive

The present subjunctive involves a switch of conjugation vowels for the singular and third-person plural forms: -**Are** verbs use **i**, while -**ere** and -**ire** verbs use **a**. The **noi** form is the same in the present indicative and present subjunctive in all conjugations, while the **voi** form has the ending -**iate** in all conjugations.

| **trovare** *to find* | **mettere** *to put, place* | **finire** *to finish* |
|---|---|---|
| che (io) trov**i** | che (io) mett**a** | che (io) finis**ca** |
| che (tu) trov**i** | che (tu) mett**a** | che (tu) finis**ca** |
| che (lui/lei) trov**i** | che (lui/lei) mett**a** | che (lui/lei) finis**ca** |
| che (noi) trov**iamo** | che (noi) mett**iamo** | che (noi) fin**iamo** |
| che (voi) trov**iate** | che (voi) mett**iate** | che (voi) fin**iate** |
| che (loro) trov**ino** | che (loro) mett**ano** | che (loro) finis**cano** |

## The Present Subjunctive of -ire Verbs Without the Infix -isc-

Verbs in -**ire** that do not have the infix -**isc**- in the present indicative do not have the infix in the present subjunctive either.

**partire** *to leave*
che (io) part**a**
che (tu) part**a**
che (lui/lei) part**a**
che (noi) part**iamo**
che (voi) part**iate**
che (loro) part**ano**

## The Present Subjunctive of Irregular Verbs

Verbs with an irregular stem in the first-person singular and third-person plural forms in the present indicative use that stem to form the subjunctive in the singular and third-person plural forms. The **noi** and **voi** forms are regular. Compare the present indicative and present subjunctive forms of **dire**, **venire**, and **togliere**.

| PRESENT INDICATIVE | PRESENT SUBJUNCTIVE |
|---|---|
| **dire**  *to say, tell* | |
| **dic**o | che (io) **dic**a |
| dici | che (tu) **dic**a |
| dice | che (lui/lei) **dic**a |
| diciamo | che (noi) diciamo |
| dite | che (voi) diciate |
| **dic**ono | che (loro) **dic**ano |
| **venire**  *to come* | |
| **veng**o | che (io) **veng**a |
| vieni | che (tu) **veng**a |
| viene | che (lui/lei) **veng**a |
| veniamo | che (noi) veniamo |
| venite | che (voi) veniate |
| **veng**ono | che (loro) **veng**ano |
| **togliere**  *to take away, remove* | |
| **tolg**o | che (io) **tolg**a |
| togli | che (tu) **tolg**a |
| toglie | che (lui/lei) **tolg**a |
| togliamo | che (noi) togliamo |
| togliete | che (voi) togliate |
| **tolg**ono | che (loro) **tolg**ano |

Other verbs with two stems in the present indicative follow the pattern of these verbs in the present subjunctive.

| | |
|---|---|
| **condurre**  *to lead, take* | |
| **conduc**o | che (io) **conduc**a |
| conduci | che (tu) **conduc**a |
| conduce | che (lui/lei) **conduc**a |
| conduciamo | che (noi) conduciamo |
| conducete | che (voi) conduciate |
| **conduc**ono | che (loro) **conduc**ano |
| **leggere**  *to read* | |
| **legg**o | che (io) **legg**a |
| leggi | che (tu) **legg**a |
| legge | che (lui/lei) **legg**a |
| leggiamo | che (noi) leggiamo |
| leggete | che (voi) leggiate |
| **legg**ono | che (loro) **legg**ano |

| PRESENT INDICATIVE | PRESENT SUBJUNCTIVE |
|---|---|

**piangere** *to cry*

| | |
|---|---|
| **piang**o | che (io) **piang**a |
| piangi | che (tu) **piang**a |
| piange | che (lui/lei) **piang**a |
| piangiamo | che (noi) piangiamo |
| piangete | che (voi) piangiate |
| **piang**ono | che (loro) **piang**ano |

**rimanere** *to stay, remain*

| | |
|---|---|
| **rimang**o | che (io) **rimang**a |
| rimani | che (tu) **rimang**a |
| rimane | che (lui/lei) **rimang**a |
| rimaniamo | che (noi) rimaniamo |
| rimanete | che (voi) rimaniate |
| **rimang**ono | che (loro) **rimang**ano |

**salire** *to go up, climb*

| | |
|---|---|
| **salg**o | che (io) **salg**a |
| sali | che (tu) **salg**a |
| sale | che (lui/lei) **salg**a |
| saliamo | che (noi) saliamo |
| salite | che (voi) saliate |
| **salg**ono | che (loro) **salg**ano |

**spegnere** *to extinguish, put out, shut off*

| | |
|---|---|
| **speng**o | che (io) **speng**a |
| spegni | che (tu) **speng**a |
| spegne | che (lui/lei) **speng**a |
| spegniamo | che (noi) spegniamo |
| spegnete | che (voi) spegniate |
| **speng**ono | che (loro) **speng**ano |

**vincere** *to conquer, defeat*

| | |
|---|---|
| **vinc**o | che (io) **vinc**a |
| vinci | che (tu) **vinc**a |
| vince | che (lui/lei) **vinc**a |
| vinciamo | che (noi) vinciamo |
| vincete | che (voi) vinciate |
| **vinc**ono | che (loro) **vinc**ano |

Verbs whose infinitives end in **-care** or **-gare** have a spelling change (**c** > **ch** or **g** > **gh**) in the **tu** and **noi** forms in the present indicative. This spelling change occurs in all forms of the present subjunctive of these verbs, since all the endings begin with **-i**.

PRESENT INDICATIVE          PRESENT SUBJUNCTIVE

**giocare**  *to play*

| | |
|---|---|
| gioco | che (io) gio**chi** |
| gio**chi** | che (tu) gio**chi** |
| gioca | che (lui/lei) gio**chi** |
| gio**chi**amo | che (noi) gio**chi**amo |
| giocate | che (voi) gio**chi**ate |
| giocano | che (loro) gio**chi**no |

**pagare**  *to pay*

| | |
|---|---|
| pago | che (io) pa**ghi** |
| pa**ghi** | che (tu) pa**ghi** |
| paga | che (lui/lei) pa**ghi** |
| pa**ghi**amo | che (noi) pa**ghi**amo |
| pagate | che (voi) pa**ghi**ate |
| pagano | che (loro) pa**ghi**no |

Verbs whose stems end in **-i** have only one **i** in the present subjunctive forms, just as they do in the **tu** and **noi** forms of the present indicative.

**studiare**  *to study*

| | |
|---|---|
| studio | che (io) stud**i** |
| stud**i** | che (tu) stud**i** |
| studia | che (lui/lei) stud**i** |
| studiamo | che (noi) studiamo |
| studiate | che (voi) studiate |
| studiano | che (loro) studino |

**lasciare**  *to let; to leave (behind)*

| | |
|---|---|
| lascio | che (io) lasci |
| lasci | che (tu) lasci |
| lascia | che (lui/lei) lasci |
| lasciamo | che (noi) lasciamo |
| lasciate | che (voi) lasciate |
| lasciano | che (loro) lascino |

Many common verbs are irregular in the present subjunctive.

| PRESENT INDICATIVE | PRESENT SUBJUNCTIVE |
|---|---|
| **andare**  *to go* | |
| **vad**o | che (io) **vad**a |
| vai | che (tu) **vad**a |
| va | che (lui/lei) **vad**a |
| andiamo | che (noi) andiamo |
| andate | che (voi) andiate |
| vanno | che (loro) **vad**ano |
| **dare**  *to give* | |
| do | che (io) **di**a |
| dai | che (tu) **di**a |
| dà | che (lui/lei) **di**a |
| **di**amo | che (noi) diamo |
| date | che (voi) diate |
| danno | che (loro) **di**ano |
| **dovere**  *to owe; must, should, ought* | |
| devo | che (io) **debb**a* |
| devi | che (tu) **debb**a* |
| deve | che (lui/lei) **debb**a* |
| dobbiamo | che (noi) dobbiamo |
| dovete | che (voi) dobbiate |
| devono | che (loro) **debb**ano* |
| **essere**  *to be* | |
| sono | che (io) **sia** |
| sei | che (tu) **sia** |
| è | che (lui/lei) **sia** |
| **sia**mo | che (noi) siamo |
| siete | che (voi) siate |
| sono | che (loro) **siano** |
| **fare**  *to make, do* | |
| **facci**o | che (io) **faccia** |
| fai | che (tu) **faccia** |
| fa | che (lui/lei) **facci**a |
| **facci**amo | che (noi) facciamo |
| fate | che (voi) facciate |
| fanno | che (loro) **facci**ano |

---

*The forms **deva** and **devano** also exist.

| PRESENT INDICATIVE | PRESENT SUBJUNCTIVE |
|---|---|
| **morire**  *to die* | |
| **muoi**o | che (io) **muoi**a |
| muori | che (tu) **muoi**a |
| muore | che (lui/lei) **muoi**a |
| moriamo | che (noi) moriamo |
| morite | che (voi) moriate |
| **muoi**ono | che (loro) **muoi**ano |
| **potere**  *to be able to, can* | |
| **poss**o | che (io) **poss**a |
| puoi | che (tu) **poss**a |
| può | che (lui/lei) **poss**a |
| possiamo | che (noi) possiamo |
| potete | che (voi) possiate |
| **poss**ono | che (loro) **poss**ano |
| **sapere**  *to know, know how to* | |
| so | che (io) **sappi**a |
| sai | che (tu) **sappi**a |
| sa | che (lui/lei) **sappi**a |
| **sappi**amo | che (noi) sappiamo |
| sapete | che (voi) sappiate |
| sanno | che (loro) **sappi**ano |
| **sedere**  *to sit* | |
| **sied**o | che (io) **sied**a* |
| siedi | che (tu) **sied**a* |
| siede | che (lui/lei) **sied**a* |
| sediamo | che (noi) sediamo |
| sedete | che (voi) sediate |
| **sied**ono | che (loro) **sied**ano* |
| **stare**  *to stay, live; to be* | |
| sto | che (io) **sti**a |
| stai | che (tu) **sti**a |
| sta | che (lui/lei) **sti**a |
| **sti**amo | che (noi) stiamo |
| state | che (voi) stiate |
| stanno | che (loro) **sti**ano |

---

*Older forms, **segga** and **seggano**, are found in written Italian.

PRESENT INDICATIVE    PRESENT SUBJUNCTIVE

**uscire** *to come/go out*

| | |
|---|---|
| **esc**o | che (io) **esc**a |
| esci | che (tu) **esc**a |
| esce | che (lui/lei) **esc**a |
| usciamo | che (noi) usciamo |
| uscite | che (voi) usciate |
| **esc**ono | che (loro) **esc**ano |

**volere** *to want (to)*

| | |
|---|---|
| **vogli**o | che (io) **vogli**a |
| vuoi | che (tu) **vogli**a |
| vuole | che (lui/lei) **vogli**a |
| vogliamo | che (noi) vogliamo |
| volete | che (voi) vogliate |
| **vogli**ono | che (loro) **vogli**ano |

## Uses of the Present Subjunctive in Noun Clauses

### Imposition of Will, Necessity, and Getting Someone to Do Something

A noun clause functions as a noun, that is, it can serve as either the subject or the object of a verb. Dependent noun clauses in Italian are introduced by **che**. Compare the following sentences.

| | |
|---|---|
| Sappiamo **la verità**. | *We know the truth.* |
| Sappiamo **che loro sono partiti**. | *We know that they have left.* |

The clause **che loro sono partiti** functions as the direct object of **sappiamo**, just like the noun **la verità**. Therefore, clauses like **che loro sono partiti** are called *noun clauses*.

In Italian, the subjunctive is used in noun clauses after verbs that express wanting, preferring, needing, or getting someone to do something.

| | |
|---|---|
| —**Vuoi che** (io) **scriva** il rapporto? | *Do you want me to write the report?* |
| —No, grazie. **Preferisco che** lo **facciano** gli altri. | *No, thank you. I prefer that the others do it.* |
| —**Esigo che** loro **siano** presenti. | *I demand that they be present.* |
| —Allora **è necessario che** li **inviti**. | *Then it's necessary for you to invite them.* |
| —Come possiamo **evitare che** il profilo **finisca** su Google? | *How can we avoid our profile winding up on Google?* |
| —**Occorre che modifichi** le impostazioni. | *It's necessary for you to change the setup.* |

The following Italian verbs are followed by the subjunctive.

**augurarsi che** *to hope/wish that* (something positive or beneficial)
**chiedere che** *to ask/request that*
**desiderare che** *to want that, want (someone to do something)*

**esigere che**  *to demand that*
**evitare che**  *to avoid that*
**impedire che**  *to prevent that, prevent (someone from doing something)*
**ordinare che**  *to order/command that*
**permettere che**  *to allow that*
**preferire che**  *to prefer that*
**volere che**  *to want that, want (someone to do something)*

Note that **sperare che** is followed by the indicative in informal usage, but by the subjunctive in formal style.

| | |
|---|---|
| **Speriamo che venite/veniate.** | *We hope you'll come.* |

Some of these verbs often take an indirect object of the person. When they are used with an indirect object, the subjunctive clause beginning with **che** is commonly replaced by **di** + infinitive.

| | |
|---|---|
| Ho ordinato che **si preparino** i bilanci. | *I ordered that the balance sheets be prepared.* |
| **Vi** ho ordinato **di preparare** i bilanci. | *I ordered you to prepare the balance sheets.* |
| —Cosa impedisce che quel programma **venga** scaricato? | *What prevents that program from being downloaded?* |
| —Niente **ci** impedisce **di scaricare** quel programma. | *Nothing prevents us from downloading that program.* |

The following impersonal expressions, which appear only in the third person singular, have meanings similar to the verbs above and are followed by the subjunctive.

**bisogna che**  *it's necessary that*
**è necessario che**  *it's necessary that*
**è inevitabile che**  *it's inevitable that*
**occorre che**  *it's necessary that*
**basta che**  *it's enough that*
**non vale la pena che**  *it's not worth the trouble that*
**è probabile che**  *it's probable that*
**può darsi che**  *it's possible that*
**è possibile che**  *it's possible that*
**importa che**  *it's important that*
**è importante/indispensabile che**  *it's important/indispensable that*
**è fondamentale/essenziale che**  *it's essential that*
**è utile che**  *it's useful that*
**è inutile che**  *it's useless that*

| | |
|---|---|
| —**Può darsi che esistano** altri motivi. | *It's possible that there are other motives.* |
| —Allora **è indispensabile che si scoprano.** | *Then it's necessary for them to be found out.* |
| —**È importante che** io **sappia** i risultati. | *It's important for me to know the results.* |
| —**Basta che** Lei mi **mandi** un'e-mail e glieli notificherò. | *All you have to do is send me an e-mail and I'll let you know what they are.* |

| | |
|---|---|
| —**È utile che** tutti **siano** al corrente. | *It's useful for everyone to be up to speed.* |
| —Sì, **è necessario che sappiano** cos'è successo. | *Yes, it's necessary that they know what happened.* |

The subjunctive is used after **mi raccomando che** *please, don't forget, be sure that.*

| | |
|---|---|
| Se mi consiglia un nuovo programma, **mi raccomando che sia** semplice. | *If you suggest a new program to me, don't forget (that I want) a simple one.* |
| Se uscite con questo caldo, **mi raccomando che abbiate** acqua fresca disponibile per non disidratarvi. | *If you go out in this heat, don't forget to have cool water available so that you don't get dehydrated.* |

For the subjunctive to be used, the subjects of the main and subordinate clauses must be different. If the subject of the two clauses is the same, an infinitive construction replaces the subordinate clause.

| | |
|---|---|
| Tutti vogliono **che tu venga.** | *Everyone wants you to come.* |
| Tutti vogliono **venire.** | *Everyone wants to come.* |
| Preferisco **che voi rimaniate.** | *I prefer that you stay.* |
| Preferisco **rimanere.** | *I prefer to stay.* |

If the verb following an impersonal expression has no subject, an infinitive construction replaces the subordinate clause.

| | |
|---|---|
| È importante **che Luigi trovi lavoro.** | *It's important for Luigi to find work.* |
| È importante **trovare lavoro.** | *It's important to find work.* |
| Bisogna **che Laura faccia** un ultimo sforzo. | *It's necessary for Laura to make one final effort.* |
| Bisogna **fare** un ultimo sforzo. | *It's necessary to make one final effort.* |

**A** *Fabrizia e la pigrizia* (laziness). *Fabrizia è una ragazza pigrissima. La sua famiglia, i suoi professori e i suoi amici le chiedono di fare alcune cose, ma lei non ha voglia di farle e vuole che le faccia qualcun altro al suo posto. Segui l'esempio.*

ESEMPIO   Sua sorella Ilenia le chiede di pulire la camera. (la mamma)
   → Voglio che la pulisca la mamma.

1. Suo padre le chiede di aiutare la mamma. (Ilenia)

2. Sua madre le chiede di fare il bucato. (il babbo)

3. Il suo professore di inglese le chiede di scrivere una relazione. (Silvia e Noemi)

4. I suoi genitori le chiedono di portare fuori il cane. (i vicini)

5. Marco le chiede di accompagnare suo fratello all'asilo. (la babysitter)

6. I suoi compagni di scuola le chiedono di organizzare una festa. (gli altri)

7. Il suo ragazzo le chiede di lavare lo scooter. (tuo fratello)

8. La sua professoressa di educazione fisica le chiede di mettere a posto le racchette e le palline da tennis. (Giorgio e Luca)

**B** **Non voglio.** *Un amico ti informa di alcune cose che fanno gli altri. Digli che tu non vuoi che facciano queste cose usando il congiuntivo presente, come nell'esempio.*

> ESEMPIO     Sara studia otto ore al giorno.
> → Non voglio che Sara studi otto ore al giorno.

1. Marco beve molto vino.

2. Gabriella è triste.

3. Andrea frequenta gente strana.

4. Francesco ed Enrico fumano molto.

5. Simona ha paura del buio.

6. Alessandra e Miriam mangiano molti dolci.

7. Io dormo troppo.

8. Carla lascia le finestre aperte.

9. Paola lavora molto.

10. Anna si lamenta sempre.

**C** **La festa di sabato sera.** *Hai deciso di organizzare una festa sulla spiaggia. Dai un incarico ad ogni amico e amica, come nell'esempio.*

> ESEMPIO     voglio / Lisa / invitare le sue sorelle
> → Voglio che Lisa inviti le sue sorelle.

1. preferisco / Alessandro / mandare un'e-mail a tutti

2. è importante / tutti / potere venire alla festa

3. è necessario / Claudio e Andrea / prendere la legna per il falò (*bonfire*)

4. bisogna / tu / fare la torta

5. occorre / tutti / portare un sacco a pelo (*sleeping bag*)

6. preferisco / noi / comprare piatti e bicchieri di carta

7. voglio / Rossana e Gianluca / preparare i panini

8. mi auguro / tutti / divertirsi

**D** **La terza età in gita** (**Senior citizens on a field trip**). *Un gruppo di anziani trascorre una settimana sulla costiera amalfitana. Spesso non sono d'accordo su dove andare o cosa fare. Usa il congiuntivo presente nelle proposizioni subordinate. Attenzione alle frasi dove il soggetto non cambia!*

> ESEMPIO     il signor Anselmi / volere / noi / andare / a Salerno
> → Il signor Anselmi vuole che noi andiamo a Salerno.

1. la guida turistica / preferire / noi / rimanere / in gruppo

2. l'autista / esigere / noi / non lasciare / i bagagli / sull'autobus

3. l'avvocato Neri / chiedere / il gruppo / visitare / la grotta azzurra a Capri

4. le sorelle Aloisi / preferire / tutti / andare / a Positano

5. la signora Melani / non volere / suo marito / stancarsi

6. i coniugi Franceschini / desiderare / vedere Pompei ed Ercolano

7. il dottor Lorenzi / volere / il gruppo / fare / un giro in traghetto (*ferry*)

8. la guida turistica / augurarsi / tutti / decidersi

**E** *L'erba voglio...** * *Unisci gli elementi forniti in una sola frase per dire che vuoi che gli altri facciano o non facciano queste cose. Usa il congiuntivo presente nella proposizione subordinata.*

ESEMPIO    Tu fai il bucato. (bisogna)
→ Bisogna che tu faccia il bucato.

1. I miei figli sono ancora svegli. (non voglio)

2. La casa è sporca. (non vogliamo)

3. Marco guida con prudenza. (esigo)

4. La mia famiglia è felice. (desidero)

5. Anna fa i compiti molto tardi. (non permetto)

6. I vicini sono molto curiosi. (non voglio)

7. Il cane entra in casa. (non permettiamo)

8. Marco e Anna si laureano presto. (mi auguro)

**F** *Vita in azienda.* *Esprimi le tue idee sull'azienda dove lavori usando il **si** impersonale e il congiuntivo. Quali cambiamenti sono necessari affinché la qualità dell'azienda e della vita degli impiegati migliori? Utilizza il vocabolario fornito e, se puoi, aggiungi altre espressioni.*

ESEMPIO    sprecare meno carta
→ Voglio che si sprechi meno carta.

**Per migliorare (*improve*) l'azienda**

**assumere dipendenti più qualificati**  *to hire more skilled employees*
**aumentare gli stipendi**  *to raise salaries*
**comprare nuovi computer**  *to buy new computers*
**creare un asilo nido per dipendenti con bambini**  *to create a daycare facility for employees with children*
**dare degli incentivi ai dipendenti**  *to give incentives to the employees*
**fare riunioni frequentemente**  *to have meetings frequently*
**migliorare il programma di orientamento**  *to improve the guidance program*
**offrire corsi di aggiornamento**  *to offer refresher courses*
**sprecare**  *to waste*

---

*L'erba voglio non cresce neanche nel giardino del Re** is an Italian expression that is very popular with parents and their children. It can be translated as "Grass that says 'I want' is never heard, even in the King's garden"—meaning that when asking for something, one needs to be polite and therefore use **vorrei** instead of **voglio**. In a more generic context, the expression means that one cannot always get what he or she wants.

## Emotion and Opinion

The subjunctive is used in subordinate clauses following verbs and impersonal expressions that express emotion. Following is a list of Italian verbs that express an emotional reaction and are followed by the subjunctive.

> **essere contento/felice che**  *to be happy that*
> **essere triste che**  *to be sad that*
> **essere commosso che**  *to be moved/touched that*
> **essere sorpreso che**  *to be surprised that*
> **essere convinto che**  *to be convinced that*
> **non mi spiego che**  *I am bewildered that*
> **avere paura che**  *to be afraid that*
> **temere che**  *to fear that*

Many expressions of emotion consist of a third-person singular verb and a direct or indirect object pronoun. The third-person object pronouns in the list below may be replaced by other pronouns.

> **gli fa pena che**  *he feels sorry that*
> **gli piace che**  *he likes that*
> **gli dispiace che**  *he regrets that*
> **gli fa schifo che**  *he is disgusted that*
> **lo sorprende che**  *he is surprised that*
> **lo stupisce che**  *he is astonished that*

The last two examples may also be expressed as reflexive verbs.

> **sorprendersi che**  *to be surprised that*
> **stupirsi che**  *to be astonished that*

**Rallegrarsi che** *to be glad that* is also followed by the subjunctive.

The following impersonal expressions, which have no apparent subject, are followed by a subordinate clause with **che**, which functions as the subject of these verbs.

> **è bene che**  *it's good that*
> **è male che**  *it's bad that*
> **è strano che**  *it's strange that*
> **è orribile che**  *it's horrible that*
> **è ridicolo che**  *it's ridiculous that*
> **è assurdo che**  *it's absurd that*
> **è normale che**  *it's normal that*
> **è logico che**  *it's logical that*
> **è incredibile che**  *it's incredible that*
> **è meraviglioso che**  *it's wonderful that*

These impersonal expressions are also followed by the subjunctive when they are negated.

| | |
|---|---|
| **Siamo contenti che possiate** viaggiare. | *We're glad you can travel.* |
| **Non mi stupisce che si siano arrabbiati.** | *I'm not surprised that they got angry.* |
| **Ci dispiace che** loro se ne **vadano.** | *We regret that they're leaving.* |

| | |
|---|---|
| **È bene che abbiamo** il riscaldamento centrale. | *It's good that we have central heating.* |
| **Sono commosso che vi ricordiate** di me. | *I'm touched that you remember me.* |
| —**Non teme che si sappia** quello che ha fatto? | *Isn't he afraid that people may find out what he did?* |
| —Sì, gli **dispiace che** tutti ne **parlino.** | *Yes, he's upset that everyone is talking about it.* |

**G** *L'entusiasmo di Agnese.* Agnese è una persona molto positiva. Quando gli altri le danno buone notizie lei si rallegra subito. Scrivi ciò che dice usando il congiuntivo presente nella proposizione subordinata.

ESEMPIO    Luciano non lavora oggi.
→ Sono contenta che Luciano non lavori oggi.

1. I miei genitori vanno in vacanza.

2. Fabrizio e Anna si sposano tra un mese.

3. Domani fa bel tempo.

4. Io e Lisa ceniamo insieme.

5. Antonella finisce l'università quest'anno.

6. La Professoressa Gambarota ha scritto un libro di successo.

7. Luca non fa mai capricci.

8. Noi andiamo in montagna.

**H** *In una sola frase, per favore.* Cambia l'ordine delle due frasi per crearne una sola, come negli esempi.

ESEMPI    Francesca non è in casa. È strano.
→ È strano che Francesca non sia in casa.

Io sto meglio. Il medico è contento.
→ Il medico è contento che io stia meglio.

1. Tu capisci tutto. Io sono felice.

2. Loro non vogliono aiutarci. Noi temiamo.

3. Il professore non ci riconosce. Mi stupisce.

4. Lucia non vuole venire. Rossella è dispiaciuta.

5. Filippo non apprende molto. La maestra ha paura.

6. Io ho un nuovo lavoro. È meraviglioso.

7. I bambini sono vivaci. È normale.

8. Ettore non vuole fare l'esame. È assurdo.

9. Voi me lo dite. Basta.

10. Jennifer sa pilotare un aereo. È straordinario.

**I**  *Dai voce alle tue opinioni!* *Ecco una lista di fatti ed eventi. Esprimi la tua opinione o la tua reazione ad ogni notizia, come nell'esempio.*

ESEMPIO   La biblioteca è chiusa la domenica.
→ È assurdo che la biblioteca sia chiusa la domenica.
o Non è normale che la biblioteca sia chiusa la domenica.
OPPURE  È male che la biblioteca sia chiusa la domenica.

1. Aumentano le tasse universitarie.

2. Il latino e il greco sono obbligatori a scuola.

3. Non si può prendere la patente a quindici anni.

4. Viene abolita la pena di morte.

5. I professori fanno sciopero domani.

6. È obbligatorio portare il casco se si va in bicicletta.

7. Gli extracomunitari possono votare.

8. Noi dobbiamo leggere trecento pagine per lunedì.

9. Il professore di inglese non scrive mai niente alla lavagna.

10. Anche i bambini hanno un telefono cellulare.

## Opinion, Doubt, and Negation of Fact

In formal Italian, the subjunctive is used after verbs of thinking to indicate that the verb of the subordinate clause is an opinion, not a fact. A list of verbs of thinking follows.

**credere che**  *to believe that*
**immaginare che**  *to imagine that*
**pensare che**  *to think that*
**ritenere che**  *to be of the opinion that*
**sperare che**  *to hope that*
**supporre che**  *to suppose that*

The following expressions have a similar meaning.

**mi pare che**  *it seems to me that, I think that*
**mi sembra che**  *it seems to me that, I think that*

| | |
|---|---|
| **Credo che** Paolo non **possa** aiutarci. | *I don't think that Paolo can help us.* |
| **Immagino che vi ricordiate** di quell'estate. | *I imagine that you remember that summer.* |
| **Penso che** tutti mi **capiscano**. | *I think that everyone understands me.* |
| **Ritengo che** questo sistema **non sia** efficiente. | *It is my opinion that this system is not efficient.* |
| **Spero che** Giancarlo **stia** meglio. | *I hope Giancarlo is feeling better.* |
| **Suppongo che** questo **sia** il momento di agire. | *I suppose that this is the time to act.* |
| **Mi pare che** i risultati **siano** deludenti. | *It seems to me that the results are disappointing.* |

| | |
|---|---|
| **Mi sembra che** da lì **nasca** il problema. | *I think that's where the problem arises.* |
| **Non credo che sappiano** la risposta. | *I don't believe they know the answer.* |
| **Non penso che** le cose **stiano** andando bene. | *I don't think things are going well.* |

In colloquial speech and informal writing, the subjunctive is often replaced by the present or future indicative tense.

| | |
|---|---|
| **Penso che** questa canzone **è** fenomenale. | *I think this song is terrific.* |
| **Spero che** tutto **va** bene. | *I hope everything is all right.* |
| **Suppongo che verranno** domani. | *I suppose they will come tomorrow.* |
| **Mi sembra che fanno** finta di essere contenti. | *I think they're pretending to be happy.* |
| **Non credo che pioverà** domani. | *I don't think it'll rain tomorrow.* |
| **Non mi sembra che sarà** una grande serata. | *It doesn't seem to me that it's going to be a great evening.* |

The subjunctive is used after expressions that explicitly deny the truth value of the subordinate clause or that express doubt about it.

| | |
|---|---|
| **Non è che** Lucia **non voglia** venire. | *It's not because Lucia doesn't want to come.* |
| **Non è vero che** Samuele **possa** farlo. | *It's not true that Samuele can do it.* |
| **Mi domando/chiedo se** lo **conoscano**. | *I wonder whether they know him.* |
| **Non so se** loro **lavorino** qui. | *I don't know whether they work here.* |
| **Non capisco perché** il direttore **non dica niente**. | *I don't understand why the boss doesn't say anything.* |
| **Non mi risulta che** mio fratello **sia** coinvolto nello scandalo. | *I don't think my brother is involved in the scandal.* |
| **Non sono sicuro che si scriva** così. | *I'm not sure that it's spelled this way.* |
| **Dubito che** loro **riescano** a mettere su un'impresa. | *I doubt that they'll succeed in setting up a business.* |

According to grammarians, expressions that affirm the truth value of the subordinate clause are followed by the indicative.

| | |
|---|---|
| **È che** Lucia **non vuole** venire. | *It's because Lucia doesn't want to come.* |
| **È vero che** Samuele **può** farlo. | *It's true that Samuele can do it.* |
| **So che** loro **lavorano** qui. | *I know that they work here.* |
| **Capisco perché** il direttore **non dice niente**. | *I understand why the boss isn't saying anything.* |
| **È chiaro che serve** il nostro aiuto. | *It's clear that our help is necessary.* |
| **Sono sicuro che si scrive** così. | *I'm sure that it's spelled this way.* |
| **Non dubito che** loro **riescono** a mettere su un'impresa. | *I don't doubt that they'll succeed in setting up a business.* |

The verb **negare** functions like **dubitare**.

| | |
|---|---|
| **Nego che** ci **sia** un problema. | *I deny that there's a problem.* |
| **Non nego che** c'**è** un problema. | *I don't deny that there's a problem.* |

However, the subjunctive after **non negare** has become more common in contemporary Italian.

**J**  *Una conversazione.*  *Marino fa alcune domande ad Arianna riguardo ai loro amici e colleghi. Scrivi il loro dialogo usando* **non credo** + *il congiuntivo presente nelle risposte di Arianna.*

> ESEMPIO    Francesco / arrivare oggi
> → MARINO    Francesco arriva oggi?
>    ARIANNA    Non credo che Francesco arrivi oggi.

1. il professore / finire la lezione in anticipo

2. Matteo / discutere la tesi quest'anno

3. Rossella e Lucia / andare ad abitare in un nuovo appartamento

4. tu e Donata / fare yoga stasera

5. Giacomo / studiare tutta la notte

6. Lara / lavorare in mensa

7. il laboratorio linguistico / essere aperto

8. tua cugina / venire negli Stati Uniti

9. i vicini / comprare un cane

10. gli altri / raggiungerci dopo cena

**K**  *Abbi dubbi.*  *Utilizza le espressioni tra parentesi per esprimere i tuoi dubbi sulle notizie seguenti.*

> ESEMPIO    Ilaria ha un esame oggi. (non credo)
> → Non credo che Ilaria abbia un esame oggi.

1. È la decisione migliore. (non sono convinto/a)

2. Domani nevica. (è poco probabile)

3. Il signor Livorni ha molti soldi. (non sembra)

4. Il sindaco ci conosce. (non sono sicuro/a)

5. La vita oggigiorno è più facile. (non mi pare)

6. I bambini apprendono più velocemente. (dubito)

7. I suoi genitori non vivono più insieme. (non mi risulta)

8. Questo paese è in crisi. (non penso)

**L**  *Pettegolezzi da ufficio* (Office gossip).  *Nadia e Cinzia parlano dei loro colleghi e colleghe, confermando o negando pettegolezzi su di loro. Scrivi ciò che dicono unendo i due elementi in un'unica frase. Attenzione! In alcune frasi è necessario l'indicativo e non il congiuntivo.*

> ESEMPIO    Marco si vuole licenziare. (credo)
> → Credo che Marco si voglia licenziare.

1. Michele chiede l'aumento (*raise*). (sembra)

2. Vanessa tradisce suo marito. (tutti sanno)

3. I due nuovi assunti hanno un diploma di laurea. (è poco probabile)

4. Riccardo arriva sempre in ritardo. (è evidente)

5. Il capo chiama tutti in riunione oggi pomeriggio. (sono sicura)

6. L'azienda è in deficit. (è chiaro)

7. Carlo si lamenta di tutto. (è palese)

8. Gli altri sanno che facciamo pettegolezzi. (non penso)

**M**   *In italiano.* *Traduci in italiano le seguenti frasi. Usa il congiuntivo presente quando necessario.*

1. *She prefers that I go back by plane.*

2. *It's impossible that you* (singular) *know them.*

3. *I hope they arrive soon.*

4. *I see that you know how to dance.*

5. *We are not sure that you* (formal) *understand.*

6. *He hopes she still loves him.*

7. *It seems to me that you* (singular) *are a bit depressed.*

8. *It's important that you* (plural) *make a decision* (prendere una decisione).

9. *It's evident that you* (singular) *are a good student.*

10. *I doubt that she speaks Japanese.*

---

## NOTA LINGUISTICA

### The Subjunctive in Modern Italian

In contrast to Spanish and French, where most uses of the subjunctive admit no alternatives with the indicative, the subjunctive in modern Italian seems to be more a difference of register (level of language) than a fixed grammatical pattern. The rules given in this chapter characterize the level of language that is taught in schools and is used by educated people. Foreign students are advised to follow these rules in speaking and writing, even if they hear some native speakers follow them inconsistently.

# 24

# The Subjunctive in Adjective and Adverb Clauses

## Adjective Clauses

*Adjective clause* is another term for relative clause, as you learned in Chapter 22. One subgroup of relative clauses in Italian appears in the subjunctive, not the indicative. If the antecedent (the noun modified by the relative clause) is negated, is not yet identified, or is indefinite, then the verb appears in the subjunctive.

### Clauses with Negated or Negative Antecedents

| | |
|---|---|
| **Non** c'è **niente** qui **che m'interessi**. | *There's nothing here that interests me.* |
| **Non** conosco **nessuno che parli** cinese. | *I don't know anyone who speaks Chinese.* |
| **Non** c'è **macchina che consumi** di meno. | *There's no car that uses less gasoline.* |

### Clauses with Unidentified or Not-Yet-Found Antecedents

These usually occur after verbs and expressions such as **aver bisogno di**, **cercare**, **servire a qualcuno**, and **volere**.

| | |
|---|---|
| **Ho bisogno di qualcosa che** mi **permetta** di salvare i miei dati su un hard drive esterno. | *I need something that allows me to save my data on an external hard drive.* |
| **Cerchiamo una macchina che abbia** posto per cinque persone. | *We're looking for a car that has room for five people.* |
| **Mi serve una dieta che** mi **faccia** perdere dieci chili. | *I need a diet that will make me lose 10 kilos.* |
| **Voglio una segretaria che smisti** le telefonate. | *I want a secretary who screens phone calls.* |

### Clauses with Indefinite Adjective and Pronoun Antecedents

The conjunction **che** is usually omitted.

| | |
|---|---|
| **Chiunque ci creda** è uno sciocco. | *Whoever believes that is a fool.* |
| **Dovunque Gianna vada**, trova lavoro. | *Wherever Gianna goes, she finds work.* |
| **Qualsiasi cosa tu faccia** ci piacerà. | *We will like whatever you do.* |
| **Qualunque cosa succeda**, ti aiuterò. | *Whatever happens, I will help you.* |

**A** *Cercasi appartamento.* *Daniele cerca un appartamento da affittare con i suoi amici e descrive ciò che ognuno di loro desidera nella nuova casa. Componi le frasi usando gli elementi dati, come nell'esempio.*

ESEMPIO  noi / cercare un appartamento / avere quattro camere da letto
→ Noi cerchiamo un appartamento che abbia quattro camere da letto.

1. tu / volere un appartamento / avere due bagni

2. noi / preferire un appartamento / essere climatizzato

3. Luca e Marco / desiderare un appartamento / essere vicino all'università

4. Alessio / cercare un appartamento / essere davanti alla fermata dell'autobus

5. io / volere una cucina / avere una lavastoviglie (*dishwasher*)

6. voi / preferire un appartamento / trovarsi in una zona tranquilla

7. Molly, la cagnolina di Alessio, / volere un appartamento / avere un balcone

8. noi / volere vicini / non fare troppo rumore

**B** *La donna ideale.* *Enrico e Michele parlano di donne. Enrico si confida con Michele e gli dice quali sono i requisiti della sua donna ideale. Per sapere cosa dice, completa le subordinate relative con il congiuntivo del verbo tra parentesi.*

1. Cerco una ragazza che _____ ridere e scherzare. (sapere)

2. Voglio una ragazza con cui io _____ parlare di tutto. (potere)

3. Ho bisogno di una ragazza che mi _____. (capire)

4. Preferirei una ragazza che _____ ironica e intelligente. (essere)

5. Voglio una ragazza che _____ il senso dell'umorismo. (avere)

6. Cerco una ragazza che mi _____ ridere. (fare)

7. Desidero una ragazza che mi _____ sempre la verità. (dire)

8. Vorrei una ragazza con cui io _____ a mio agio. (sentirsi)

**C** *Offerte di lavoro* (**Job offers**). *Leggi gli annunci di lavoro e trasforma il verbo tra parentesi al congiuntivo.*

1. Cercasi programmatore web che _____ Flash e Photoshop. (conoscere)

2. Cerchiamo qualcuno che _____ francese e spagnolo. (parlare)

3. L'azienda Gerace cerca candidati che _____ la contabilità. (gestire *to manage*)

4. Cercasi interprete/traduttore che _____ disposto a viaggiare all'estero. (essere)

5. Stiamo cercando un addetto alla sicurezza che _____ della rete commerciale. (occuparsi)

6. Società multinazionale cerca neolaureati (*recent graduates*) in ingegneria elettronica che _____ almeno un anno di esperienza. (avere)

7. Famiglia di Ravenna cerca collaboratrice domestica che _____ in zona. (risiedere)

8. Azienda settore ristorazione cerca candidati che _____ una buona conoscenza della lingua inglese. (possedere)

## The Subjunctive After Superlatives

The subjunctive is used after superlative expressions, which convey a subjective judgment by the speaker or writer.

| | |
|---|---|
| —È l'azienda **più dinamica che io conosca**. | *It's the most dynamic firm that I am acquainted with.* |
| —E i suoi prodotti sono **i più convenienti che si possano** acquistare. | *And its products are the most reasonably priced that you can buy.* |
| —È **il miglior** libro **che insegni** a gestire le proprie finanze. | *It's the best book that teaches how to manage one's own money.* |
| —E **il più caro che si venda**. | *And the most expensive one that they sell.* |

**NOTE** The use of the subjunctive after superlatives is more common in formal writing than in spontaneous speech.

The subjunctive is also used in adjective clauses after nouns modified by the adjectives **primo**, **ultimo**, **solo**, and **unico**.

| | |
|---|---|
| Ho scaricato **il primo motore di ricerca che trovi** tutti i dati che gli altri non trovano. | *I've downloaded the first search engine that finds all the data that the other ones can't find.* |
| La giustizia è **l'ultima cosa che interessi** ai politici. | *Justice is the last thing that interests politicians.* |
| Quell'uomo è **l'unico dottore che io conosca**. | *That man is the only doctor that I know.* |

In contemporary Italian, the indicative often replaces the subjunctive after these adjectives.

**D** *Un po' di entusiasmo!* Unisci le due frasi in una sola. Usa un superlativo (o uno dei seguenti aggettivi: **primo**, **ultimo**, **solo** e **unico**) e il congiuntivo, come negli esempi.

ESEMPI   Questa pizzeria è la migliore. Io conosco questa pizzeria.
→ Questa pizzeria è la migliore che conosca.

Quel film è il più brutto. Io non ho mai visto un film più brutto.
→ Quel film è il più brutto che abbia mai visto.

1. Alba è la ragazza più bella. Noi conosciamo Alba.

2. Questa città è la più grande. Io non ho mai visitato una città più grande.

3. L'affitto in città è il più caro. Riccardo non ha mai pagato un affitto più caro.

4. La geografia è la sola materia. Tu capisci la geografia.

5. Tu sei il primo e l'ultimo amore. Io non ho mai avuto un altro amore.

6. Leggere è il più bel passatempo. Non esistono passatempi più belli.

7. Quel museo è il più interessante. Voi non avete mai visto un museo più interessante.

8. Lorenzo è l'unica persona. Lorenzo mi capisce.

9. L'amore è la sola cosa. L'amore ha un senso.

10. Lei è l'unico studente. Lei studia l'arabo.

**E** *E ora si tratta di voi. Pensate alle vostre esperienze personali per parlare delle vostre opinioni e impressioni. Usate i superlativi o gli aggettivi* **primo, ultimo, solo** *e* **unico** *e il congiuntivo. Rispondete con la prima persona singolare. Seguite il esempio.*

ESEMPIO    il miglior libro che voi abbiate letto quest'anno
→ *L'isola di Arturo* è il miglior libro che abbia letto quest'anno.

1. il corso più interessante che voi abbiate seguito quest'anno o il progetto più interessante che voi abbiate fatto quest'anno

2. il telefilm (*TV show*) più divertente che voi abbiate guardato quest'anno

3. la persona più simpatica che voi abbiate conosciuto quest'anno

4. il film più emozionante che voi abbiate visto quest'anno

5. il locale più elegante che voi abbiate frequentato quest'anno

6. il piatto più buono che voi abbiate mangiato quest'anno

7. il momento più imbarazzante che voi abbiate vissuto quest'anno

8. il fine settimana più rilassante che voi abbiate passato

## Adverb Clauses

The subjunctive is used after the following conjunctions.

**a condizione che**  *on the condition that, provided that*
**a meno che non**  *unless*
**a patto che**  *on the condition that, provided that*
**affinché**  *so that, in order that**
**benché**  *although*†
**di modo che**  *so that*
**malgrado**  *despite, although, in spite of the fact that*
**nel caso che**  *in case*
**nonostante (che)**  *although, in spite of the fact that*
**per paura che**  *for fear that*
**perché**  *so that, in order that**‡
**prima che**  *before*§
**purché**  *provided that, as long as*
**qualora**  *if, in case*
**quantunque**  *although* (literary and formal)
**sebbene**  *although*
**senza che**  *without*
**seppure**  *even if*

---

*Affinché is more formal than **perché**.
†The conjunction **anche se** *although* is common in everyday language; it is followed by the indicative.
‡When **perché** means *because*, it is followed by the indicative.
§Note that **dopo che** *after* is followed by the indicative.

| | |
|---|---|
| —Ci andrò **a condizione che** voi **possiate** accompagnarmi. | *I'll go there as long as you can go with me.* |
| —Ti accompagneremo **affinché** tu **possa** andarci. | *We'll go with you so that you will be able to go.* |
| —Il cane si nasconde con il pezzo di carne che ha rubato **per paura che** glielo **tolgano**. | *The dog is hiding with the piece of meat that he stole for fear that people would take it away from him.* |
| —Lo mangerà **prima che se** ne **accorgano**. | *He'll eat it before they notice.* |
| —Non farò niente **senza che** tu me lo **dica**. | *I won't do anything without your telling me.* |
| —Sì. Non cominciare a fare niente anche **nel caso che non** ti **chiami** fino a martedì. | *Yes. Don't start to do anything even if I don't call you until Tuesday.* |

Note also the use of the subjunctive after **che** *whether.*

| | |
|---|---|
| **Che** mi **capiscano** o no, non cambierò i miei programmi. | *Whether they understand me or not, I won't change my plans.* |
| **Che piova** o **che ci sia** il sole, partiremo comunque. | *Whether it rains or is sunny, we will leave in any case.* |

**F**   *Lorella la negativa. Un gruppo di amici parlano dei loro programmi futuri. Lorella, la più pessimista del gruppo, trova sempre un problema che potrebbe scombinare tali programmi. Scrivi le risposte degli amici alle affermazioni di Lorella usando **a meno che non...** e il congiuntivo.*

ESEMPIO    GIORGIO   Andrò all'università.

               LORELLA   E se devi fare il servizio militare?

         →   GIORGIO   Andrò all'università a meno che non debba fare il servizio militare.

1. CLAUDIA               L'anno prossimo farò un corso di cucina orientale.
    LORELLA               E se costa troppo?

2. DAVIDE E MARICA      Tra due settimane andremo al mare.
    LORELLA               E se piove?

3. IO                     Liliana mi ospiterà a casa sua a Buenos Aires.
    LORELLA               E se Liliana cambia idea?

4. JENNIFER              Mio fratello andrà in Giappone a novembre.
    LORELLA               E se tuo padre gli vieta (*forbids*) di andare?

5. SARA                 Mio nonno andrà in vacanza in Spagna.
    LORELLA               E se si ammala (*gets sick*)?

6. FILIPPO               Riceverò un aumento (*raise*) il prossimo autunno.
    LORELLA               E se l'azienda fallisce (*goes bankrupt*)?

7. CHIARA E FRANCESCO    Andremo in viaggio di nozze in macchina.
   LORELLA    E se si rompe la macchina?

8. TUTTI GLI AMICI    Il giorno di Natale faremo una passeggiata nel parco.
   LORELLA    E se nevica?

**G**   *Le regole di casa. Marco è un adolescente che ha molti amici e molta voglia di essere indipendente. Sua madre però vuole che rispetti le regole di casa. Scrivi ciò che gli dice la madre formando frasi con* **a patto che** *e il congiuntivo.*

ESEMPIO    Mamma, stasera vado al cinema con Gianluca. (tu / prima finire i compiti)
     → Sì, a patto che finisca prima i compiti.

1. Mamma, più tardi vado a prendere un caffè con Lisa. (tu / pulire la tua stanza prima)

2. Mamma, alle 9:00 vado alla festa di Elena. (tu / tornare a casa prima di mezzanotte)

3. Mamma, voglio andare a vedere la partita di calcio domani. (tuo fratello / potere accompagnarti)

4. Mamma, posso prendere lo scooter? (non servire / a tuo padre)

5. Mamma, voglio invitare i miei amici a cena. (loro / non venire prima delle 8:00)

6. Mamma, posso uscire dopo cena? (tu / non fare tardi)

7. Mamma, posso andare in moto con Luca? (voi / stare attenti)

8. Mamma, voglio comprare un nuovo paio di scarpe. (le scarpe / non costare troppo)

**H**   *Saggezza di nonna* **(Grandmother's wisdom).** *Cristian è un bambino molto curioso e ha molte domande per nonna Milena. Scrivi le risposte della nonna usando* **perché** *o* **affinché** *e il congiuntivo.*

ESEMPIO    Nonna, perché il dottore ti parla lentamente? (io / capire / lui)
     → Perché/Affinché lo capisca.

1. Nonna, perché il dottore ti ha messo a dieta? (io / sentirmi meglio)

2. Nonna, perché il dottore ti ha dato le medicine? (io / guarire)

3. Nonna, perché diventa notte? (le persone / andare a dormire)

4. Nonna, perché mi metti il pigiama? (tu / non avere freddo)

5. Nonna, perché devo mangiare tanto? (tu / crescere sano e forte)

6. Nonna, perché devo andare a scuola? (tu / potere imparare tante cose)

7. Nonna, perché ci sono i semafori (*traffic lights*)? (gli automobilisti / non fare incidenti)

8. Nonna, perché porti gli occhiali? (io / vedere / le altre macchine)

**I** ***Forza e coraggio!*** *Incoraggia il tuo amico a fare il suo dovere, malgrado non ne abbia voglia. Usa* **benché** *e il congiuntivo.*

> ESEMPIO   —Non esci?
>            —Piove.
>        →  —Devi uscire benché piova.

1. —Non fai i compiti?
   —Sono stanco.

2. —Non studi chimica?
   —Non ho voglia.

3. —Non telefoni a Renata?
   —Abbiamo litigato (litigare (io litigo) *to quarrel*).

4. —Non vai a lezione?
   —Non mi sento bene.

5. —Non ti metti la cravatta?
   —Fa caldo.

6. —Non scrivi?
   —Non so la risposta.

7. —Non finisci il capitolo?
   —È tardi.

8. —Non mangi?
   —Non ho fame.

**J** ***Creatività.*** *Completa le seguenti frasi scegliendo una delle congiunzioni proposte e il congiuntivo.*

1. La professoressa continua a parlare (benché | malgrado) ...

2. Voglio comprare una nuova macchina (prima che | sebbene) ...

3. I tuoi genitori ti danno consigli (affinché | per paura che) ...

4. Uscirò con i miei amici dopo il lavoro (a meno che non | prima che) ...

5. Ti aiuto (a patto che | perché) ...

6. Domani andiamo in città (a meno che non | benché) ...

7. Inviterò Giovanna e Pierpaolo a casa (perché | prima che) ...

8. Ci andremo (a condizione che | di modo che) ...

**K** ***In italiano, per favore.*** *Traduci le seguenti frasi in italiano.*

1. *Even though it's cold, we could take a walk.*

2. *I'll let you go provided (that) you tell me the truth.*

3. *Call me in case you get lost.*

4. *We'll explain the situation to them so that they understand.*

5. *I'll repeat it for you* (voi) *so that you remember it.*

6. *Lisa keeps on telephoning me even though I can't help her.*

7. *I'll ride* (andare in macchina) *with you on the condition that you don't drive too fast.*

8. *You* (tu) *can go (there) as long as your sister goes* (venire) *with you.*

# 25

# The Imperfect Subjunctive

## Formation of the Imperfect Subjunctive

The imperfect subjunctive in Italian is relatively easy to form, and most verbs are regular in this tense. To form the imperfect subjunctive, drop the endings of the imperfect indicative and add the imperfect subjunctive endings.

| INFINITIVE | parlare | vendere | finire | dormire |
|---|---|---|---|---|
| IMPERFECT INDICATIVE | parlavo | vendevo | finivo | dormivo |
| IMPERFECT STEM | parla- | vende- | fini- | dormi- |
| IMPERFECT SUBJUNCTIVE | parlassi | vendessi | finissi | dormissi |
| | parlassi | vendessi | finissi | dormissi |
| | parlasse | vendesse | finisse | dormisse |
| | parlassimo | vendessimo | finissimo | dormissimo |
| | parlaste | vendeste | finiste | dormiste |
| | parlassero | vendessero | finissero | dormissero |

The verbs **bere**, **dire**, and **fare** form the imperfect subjunctive from the same stem as the imperfect indicative.

| INFINITIVE | bere | dire | fare |
|---|---|---|---|
| IMPERFECT INDICATIVE | bevevo | dicevo | facevo |
| IMPERFECT STEM | beve- | dice- | face- |
| IMPERFECT SUBJUNCTIVE | bevessi | dicessi | facessi |
| | bevessi | dicessi | facessi |
| | bevesse | dicesse | facesse |
| | bevessimo | dicessimo | facessimo |
| | beveste | diceste | faceste |
| | bevessero | dicessero | facessero |

The verbs **essere**, **dare**, and **stare** have irregular stems in the imperfect subjunctive. Their endings are the same as those of regular verbs.

| essere | dare | stare |
|---|---|---|
| fossi | dessi | stessi |
| fossi | dessi | stessi |
| fosse | desse | stesse |
| fossimo | dessimo | stessimo |
| foste | deste | steste |
| fossero | dessero | stessero |

**A** *Il congiuntivo imperfetto.* *Completa le seguenti frasi con il congiuntivo imperfetto dei verbi tra parentesi.*

1. Speravo che tu _____ con me. (venire)

2. Quando ero piccolo, volevo che mia madre mi _____ il bacio della buona notte. (dare)

3. Rocco, il cane di Hernán, lo seguiva dovunque lui _____. (andare)

4. Vorrei che (loro) _____ lo stipendio degli insegnanti. (aumentare)

5. Non sapevo che tu _____ psicologia. (studiare)

6. E io non sapevo che tu _____ avvocato. (essere)

7. Dubitavamo che _____ bel tempo. (fare)

8. Lisa desiderava che Michele la _____ a cena. (invitare)

9. Massimo e Catia non volevano che i loro figli _____ troppi dolci. (mangiare)

10. Credevamo che Sara _____ oggi. (arrivare)

11. Pensavo che a Manuela _____ i tortellini. (piacere)

12. Avevano paura che noi _____ l'offerta. (rifiutare)

13. Tutti speravano che il medico _____. (sbagliarsi)

14. Non mi ricordavo che tua nonna _____ ancora. (guidare)

15. Non sapevo che tuo fratello _____ negli Stati Uniti. (vivere)

# Uses of the Imperfect Subjunctive in Subordinate Clauses

## The Sequence of Tenses

The imperfect subjunctive is used in the same types of subordinate clauses as the present subjunctive. The imperfect subjunctive is used when the verb of the main clause is in a past tense (passato prossimo, passato remoto, imperfetto, or trapassato) or in the conditional.

Contrast the following pairs of sentences.

| PRESENT INDICATIVE | PRESENT SUBJUNCTIVE | |
|---|---|---|
| **Voglio** che loro | **tornino** presto. | *I want them to come back soon.* |
| IMPERFECT INDICATIVE | IMPERFECT SUBJUNCTIVE | |
| **Volevo** che loro | **tornassero** presto. | *I wanted them to come back soon.* |
| PRESENT INDICATIVE | PRESENT SUBJUNCTIVE | |
| **Cerchiamo** una casa che | **sia** climatizzata. | *We are looking for a house that is air-conditioned.* |
| IMPERFECT INDICATIVE | IMPERFECT SUBJUNCTIVE | |
| **Cercavamo** una casa che | **fosse** climatizzata. | *We were looking for a house that was air-conditioned.* |

| PRESENT INDICATIVE | PRESENT SUBJUNCTIVE | |
|---|---|---|
| **È importante** che | **troviate** lavoro. | *It's important for you to find work.* |

| IMPERFECT INDICATIVE | IMPERFECT SUBJUNCTIVE | |
|---|---|---|
| **Era importante** che | **trovaste** lavoro. | *It was important for you to find work.* |

| PRESENT INDICATIVE | PRESENT SUBJUNCTIVE | |
|---|---|---|
| **Proibiscono** che | **si facciano** fotografie. | *They forbid people to take pictures.* |

| PRESENT PERFECT INDICATIVE | IMPERFECT SUBJUNCTIVE | |
|---|---|---|
| **Hanno proibito** che | **si facessero** fotografie. | *They forbade people to take pictures.* |

| FUTURE INDICATIVE | PRESENT SUBJUNCTIVE | |
|---|---|---|
| **Si stupirà** che non lo | **sappiano**. | *He will be astonished that they don't know it.* |

| PRESENT CONDITIONAL | IMPERFECT SUBJUNCTIVE | |
|---|---|---|
| **Si stupirebbe** se non lo | **sapessero**. | *He would be astonished that they didn't know it.* |

The imperfect subjunctive is used after **come se** *as if.* (The conditional is also found after **come se**, but learners of Italian are advised to use the imperfect subjunctive, which is considered more correct.)

| | |
|---|---|
| Agisce **come se capisse**. | *He acts as if he understood.* |
| Ballate **come se** nessuno vi **guardasse**. | *Dance as if no one were watching (you).* |
| Mi sento **come se potessi** affrontare qualsiasi cosa. | *I feel like I could face anything.* |

Note the common expression **come se niente fosse** *with ease, as if nothing were wrong.*

| | |
|---|---|
| Dobbiamo andare avanti **come se niente fosse**. | *We have to move ahead as if nothing were wrong.* |
| Non posso continuare a lavorare qui **come se niente fosse**. | *I can't go on working here as if nothing were wrong.* |

**B**   ***Una settimana di ferie.*** *Valeria e Riccardo sono una coppia molto indecisa. Infatti è stato molto difficile per loro decidere dove andare e cosa fare durante una settimana di vacanza. Trasforma il verbo all'infinito della frase principale in imperfetto dell'indicativo e il verbo all'infinito della frase subordinata in congiuntivo imperfetto, come nell'esempio.*

ESEMPIO    Valeria volere / (loro) andare all'estero
        → Valeria voleva che loro andassero all'estero.

1. Riccardo preferire / (loro) restare in Italia

2. Valeria credere / essere meglio una vacanza di tipo culturale

3. Riccardo volere / (loro) pensare di più allo shopping e al divertimento

4. Valeria desiderare / noi andare in vacanza con loro

5. Riccardo insistere / (loro) viaggiare da soli

6. noi sperare / lui cambiare idea

7. sembrare impossibile / (loro) mettersi d'accordo

8. noi augurarsi / lei non dargliela vinta

**C** *Desideri familiari.* Scopri quali sono i desideri di queste persone trasformando il verbo tra parentesi in congiuntivo imperfetto.

1. Mia madre vorrebbe che io _____ di più. (studiare)

2. I genitori di Marco vorrebbero che lui _____ un lavoro. (trovare)

3. I miei fratelli vorrebbero che tu _____ al centro commerciale. (accompagnarli)

4. Mia nonna vorrebbe che noi _____. (sposarsi)

5. La sorella di Giada vorrebbe che lei _____ la macchina questo fine settimana. (prestarle)

6. Vostra madre vorrebbe che voi _____ meno dolci. (mangiare)

7. I tuoi nonni vorrebbero che tu _____ più spesso. (andare a trovarli)

8. I figli vorrebbero che i genitori _____ e viceversa. (capirli)

**D** *Un semestre a Siena.* Quando Julia ha deciso di studiare per un semestre all'Università per stranieri di Siena, era contenta ma anche un po' preoccupata. Per sapere cosa pensasse, completa le frasi seguenti usando il congiuntivo imperfetto dei verbi tra parentesi.

1. Julia voleva che i suoi genitori e il suo ragazzo la _____ in aeroporto. (accompagnare)

2. Era contenta che tutti _____ fiducia in lei. (avere)

3. Sperava che il viaggio in aereo non _____ troppe ore. (durare)

4. Aveva paura che nessuno _____ il suo italiano. (capire)

5. Sperava che la sua compagna di stanza _____ ordinata. (essere)

6. Non era sicura che gli altri studenti del corso la _____ simpatica. (trovare)

7. Aveva timore che il cibo italiano la _____ ingrassare. (fare)

8. Si chiedeva come mai gli italiani _____ tutti magri. (essere)

**E** *Com'è andato il semestre a Siena?* Completa le seguenti frasi con il congiuntivo imperfetto per sapere com'è andata la vacanza-studio di Julia.

1. Julia era triste che la data della partenza _____. (avvicinarsi)

2. Sperava che i suoi nuovi amici le _____ su Facebook. (scrivere)

3. Si augurava che loro la _____ a trovare negli Stati Uniti. (andare)

4. Pensava che gli italiani _____ una vita meno frenetica e che (loro) _____ di più. (vivere, divertirsi)

5. Era felicissima del fatto che (lei) _____ ottimi voti in letteratura italiana. (avere)

6. I suoi amici del corso volevano che Julia _____ l'ultima sera in Italia con loro. (festeggiare)

7. Era meglio che (lei) non _____ molto tardi perché doveva essere in aeroporto alle sei di mattina. (fare)

8. Julia sperava che i suoi compagni di corso _____ a Siena per un altro semestre insieme. (tornare)

**F** *Alla passione non si comanda.* *Elisa è una ragazza innamorata del suo amico Daniele. Il problema è che Daniele ha già una ragazza. Per sapere cosa è successo sabato scorso, completa le frasi con il congiuntivo imperfetto.*

1. Elisa voleva che Daniele _____ di lei. (accorgersi)

2. Lei non sapeva che lui _____ già una ragazza, Monica. (avere)

3. Elisa desiderava che Daniele e Monica _____. (lasciarsi)

4. Era importante che Daniele _____ da solo per potergli parlare. (essere)

5. Elisa insisté che lui le _____ un passaggio a casa (*a lift home*). (dare)

6. In macchina, lei voleva che lui la _____. (baciare)

7. Lui voleva che lei _____ di sedurlo (*to seduce him*). (smettere)

8. Daniele aveva paura che Monica _____ tutto. (scoprire)

# Conditional Sentences: Part 1

A conditional sentence consists of two clauses, one beginning with **se** *if* that expresses a condition and a main clause that expresses the result. Two of several types of conditions are considered below.

## Conditions That May Happen

Italian uses three patterns to express conditions that may happen. These conditional sentences consist of two clauses, a clause beginning with **se** and a main clause. Either clause may come first in the sentence.

### The Se Clause in the Present, the Main Clause in the Future

| | |
|---|---|
| Se **esci**, **verrò** con te. | *If you go out, I'll go with you.* |
| Se non **puoi** farlo da solo, ti **aiuteremo**. | *If you can't do it on your own, we'll help you.* |
| **Accompagnerò** i bambini se **vanno** al parco. | *I'll go with the children if they go to the park.* |

### Both Clauses in the Present

This construction is more typical of colloquial Italian.

| | |
|---|---|
| Se **esci**, **vengo** con te. | *If you go out, I'll go with you.* |
| Se non **puoi** farlo da solo, ti **aiutiamo**. | *If you can't do it on your own, we'll help you.* |
| **Accompagno** i bambini se **vanno** al parco. | *I'll go with the children if they go to the park.* |

## Both Clauses in the Future

| | |
|---|---|
| Se **uscirai, verrò** con te. | *If you go out, I'll go with you.* |
| Se non **potrai** farlo da solo, ti **aiuteremo**. | *If you can't do it on your own, we'll help you.* |
| **Accompagnerò** i bambini se **andranno** al parco. | *I'll go with the children if they to go to the park.* |

## Conditions That Contradict a Fact

If the factual occurrence is in the present tense, then the counterfactual condition has the following structure: The **se** clause is in the imperfect subjunctive and the main clause is in the conditional.

| | | |
|---|---|---|
| FACT | Piove. Non usciremo. | *It's raining. We won't go out.* |
| CONDITIONAL SENTENCE | Se **non piovesse, usciremmo**. | *If it weren't raining, we would go out.* |
| FACT | Quei ragazzi non sono diligenti. Hanno voti bassi. | *Those boys aren't hard-working. They have low grades.* |
| CONDITIONAL SENTENCE | Se quei ragazzi **fossero** diligenti, **non avrebbero** voti bassi. | *If those boys were hard-working, they wouldn't have low grades.* |
| FACT | Lui non presta attenzione all'insegnante. Non capisce la lezione. | *He doesn't pay attention to the instructor. He doesn't understand the lesson.* |
| CONDITIONAL SENTENCE | Se **prestasse** attenzione all'insegnante, **capirebbe** la lezione. | *If he paid attention to the instructor, he would understand the lesson.* |

**G** *Un programma settimanale. Paolo è un uomo molto organizzato a cui piace avere tutto sotto controllo. Componi le frasi seguenti per sapere quali sono i suoi programmi. Usa il presente nella subordinata ipotetica che inizia con* **se** *e il presente o il futuro nella frase principale.*

ESEMPIO  se oggi non piovere / (io) andare a correre
  → Se oggi non piove, vado/andrò a correre.

1. se lunedì (io) tornare dal lavoro presto / (io) pulire l'appartamento

2. se martedì esserci sciopero (*strike*) degli autobus / (io) prendere un taxi

3. se mercoledì fare bel tempo / (io) giocare a tennis con Giacomo

4. se giovedì (io) non dovere lavorare / (io) andare in biblioteca

5. se venerdì (io) ricevere un aumento / (io) festeggiare con Francesca

6. se sabato sera Francesca essere libera / (io) uscire con lei

7. se lei essere d'accordo / (noi) andare a cena fuori

8. se non essere troppo tardi / (noi) potere andare al cinema dopo cena

9. se (noi) non essere molto stanchi / (noi) tornare a casa a piedi

10. se domenica (io) avere tempo / (io) lavare la macchina

**H** *Se fosse possibile...* Completa le frasi con il congiuntivo imperfetto dei verbi tra parentesi.

ESEMPIO    Se non __*fosse*__ tardi, io ci verrei. (essere)

1. Se io _____ più tempo, mi iscriverei in palestra. (avere)

2. Se tu _____ la lotteria, che cosa faresti? (vincere)

3. Se io _____ ricco/a, farei un viaggio intorno al mondo. (diventare)

4. Se noi _____ meno dolci, dimagriremmo. (mangiare)

5. Se tuo fratello _____ di più, prenderebbe ottimi voti. (impegnarsi *to apply oneself*)

6. Se tu lo _____, me lo diresti, vero? (sapere)

7. Se (io) _____ in te, non spenderei così tanti soldi. (essere)

8. Se l'azienda _____ di più, accetterei l'impiego. (pagare)

9. Professore, dove abiterebbe se _____ scegliere? (potere)

10. Se _____ scegliere, abiterei in Spagna. (potere)

**I** *Fiabe* (Fairy tales). *Ricordi cosa succede in queste fiabe? Completa le frasi con il congiuntivo imperfetto nella subordinata ipotetica e il condizionale presente nella frase principale.*

1. "Se io _____ la ragazza che ha perso la sua scarpetta di cristallo, (io) la _____", disse il principe. (trovare, sposare)

2. "Se io non _____ bugie, il mio naso non _____", pensò Pinocchio. (dire, crescere)

3. "Se Hänsel e Gretel _____ a casa mia, (io) me li _____", disse la strega (*witch*). (venire, mangiare)

4. "Se io _____ forte, (io) _____ la casa dei tre porcellini", pensò il lupo. (soffiare, distruggere)

5. "Se una principessa mi _____, io _____ in un essere umano", disse il rospo (*toad*). (baciare, trasformarsi)

6. "Se io _____ un bacio alla bella addormentata, lei _____ subito", pensò il principe. (dare, svegliarsi)

7. "Se io _____ più velocemente, (io) _____ dalla nonna prima del lupo", pensò Cappuccetto Rosso. (correre, arrivare)

8. "Se la Regina non _____ gelosa di me, (io) non _____ con sette piccoli uomini", pensò tra sé (*thought to herself*) Biancaneve. (essere, vivere)

**J** *Cambiamenti.* *Trasforma i verbi delle frasi seguenti dal presente e futuro (o presente e presente) al congiuntivo imperfetto e condizionale presente, come nell'esempio.*

ESEMPIO    Se ti annoi, puoi leggere un libro.
           → Se ti annoiassi, potresti leggere un libro.

1. Andiamo in vacanza se abbiamo i soldi.

2. Se ho fame, mangio.

3. Se mangi, ti senti meglio.

4. Se posso, ti aiuto.

5. Se Jennifer viene in Italia, la porterò a Venezia.

6. Se trovate lavoro, sarete meno depressi.

7. Proverai molta soddisfazione se ti laurei presto.

8. Se possiamo, lo faremo.

9. Vengo volentieri se mi inviti.

10. Se fa bel tempo, possiamo andare al mare.

# Compound Subjunctive Tenses

## Formation of the Present Perfect Subjunctive

The Italian present perfect subjunctive (**il congiuntivo passato**) consists of the present subjunctive of the auxiliary verb **avere** or **essere** plus the past participle. The past participle in the present perfect subjunctive follows the same agreement rules as in the passato prossimo.

| **fare** | **andare** |
|---|---|
| che (io) abbia fatto | che (io) sia andato/a |
| che (tu) abbia fatto | che (tu) sia andato/a |
| che (lui) abbia fatto | che (lui) sia andato |
| che (lei) abbia fatto | che (lei) sia andata |
| che (noi) abbiamo fatto | che (noi) siamo andati/e |
| che (voi) abbiate fatto | che (voi) siate andati/e |
| che (loro) abbiano fatto | che (loro) siano andati/e |

The forms of the present perfect subjunctive of **avere** and **essere** follow.

| **avere** | **essere** |
|---|---|
| che (io) abbia avuto | che (io) sia stato/a |
| che (tu) abbia avuto | che (tu) sia stato/a |
| che (lui) abbia avuto | che (lui) sia stato |
| che (lei) abbia avuto | che (lei) sia stata |
| che (noi) abbiamo avuto | che (noi) siamo stati/e |
| che (voi) abbiate avuto | che (voi) siate stati/e |
| che (loro) abbiano avuto | che (loro) siano stati/e |

## Uses of the Present Perfect Subjunctive

The present perfect subjunctive is used in the same types of subordinate clauses as the present subjunctive. It indicates that the action of the subordinate clause happened before the action of the main clause. The verb of the main clause is usually in the present tense. Note that the subjunctive in Italian has far fewer tense distinctions than the indicative, as indicated by the variety of English translations. Contrast the following pairs of sentences.

Speriamo che **arrivino** sani e salvi.     *We hope they'll arrive safe and sound.*
Speriamo che **siano arrivati** sani e salvi.     *We hope they arrived safe and sound.*

Non credo che il professore ti **bocci**.     *I don't think the teacher will fail you.*
Non credo che il professore ti **abbia bocciato**.     *I don't think the teacher has failed you.*

Penso che lo **conosciate**.     *I think that you know him.*
Penso che lo **abbiate conosciuto**.     *I think that you met him.*

Siamo contenti che tu **esca** con lui.     *We're glad that you are going out with him.*
Siamo contenti che tu **sia uscita** con lui.     *We're glad that you went out with him.*

---

**A**   **Reazioni.** *Partendo dagli elementi tra parentesi, ricomponi le frasi cambiando i verbi dal passato prossimo al congiuntivo passato, come nell'esempio.*

ESEMPIO    Lisa e Michele sono andati al bar insieme. (credo)
         → Credo che Lisa e Michele siano andati al bar insieme.

1. I suoi figli hanno fatto tutti i compiti. (Daniela dubita)

2. Non siete venuti al matrimonio. (ci dispiace)

3. Tu non hai detto niente. (è meglio)

4. Giorgio si è laureato. (siamo contenti)

5. Antonella e Riccardo hanno divorziato. (è un peccato)

6. Gli studenti hanno capito l'uso del congiuntivo. (sembra)

7. La disoccupazione è aumentata negli ultimi anni. (è preoccupante)

8. È stato trovato un insetto grande come un criceto in Nuova Zelanda. (è incredibile)

9. L'insetto ha mangiato una carota intera. (pare)

10. Non avete sentito la notizia. (è strano)

**B**   **Esprimersi in italiano.** *Traduci le frasi dall'inglese all'italiano.*

1. *I'm glad Irene and Ottavio got married.*

2. *It's important that we saw those websites.*

3. *They doubt that Italy won the soccer championship.*

4. *We hope Enrico was hired.*

5. *Anna doesn't think the boys broke the window.*

6. *Marcella is afraid her husband sold the car.*

7. *I doubt that he heard me.*

8. *She believes I cheated on* (tradire) *her.*

9. *It's a pity that Marco lost his wallet.*

10. *Do you think that the neighbors have moved?*

**C** *Rimpianti* (**Regrets**). *Unisci le due frasi con la congiunzione* **senza che** *e il congiuntivo passato per esprimere un rimpianto.*

ESEMPIO   Irene è partita. Io non l'ho salutata.
→ Irene è partita senza che l'abbia salutata.

1. Il professore è andato in pensione. Noi non gli abbiamo fatto un regalo.

2. Luisa è andata via. Tu non l'hai ringraziata.

3. La cometa è passata. Io non l'ho vista.

4. Mio padre si è arrabbiato. Io non gli ho detto niente.

5. Il postino è venuto. I vicini non l'hanno sentito.

6. L'inverno è arrivato. Noi non ce ne siamo accorti.

## Formation of the Past Perfect Subjunctive

The Italian past perfect subjunctive (**il congiuntivo trapassato**) consists of the imperfect subjunctive of the auxiliary verb **avere** or **essere** plus the past participle. The past participle in the past perfect subjunctive follows the same agreement rules as in the passato prossimo.

| **fare** | **andare** |
|---|---|
| che (io) avessi fatto | che (io) fossi andato/a |
| che (tu) avessi fatto | che (tu) fossi andato/a |
| che (lui) avesse fatto | che (lui) fosse andato |
| che (lei) avesse fatto | che (lei) fosse andata |
| che (noi) avessimo fatto | che (noi) fossimo andati/e |
| che (voi) aveste fatto | che (voi) foste andati/e |
| che (loro) avessero fatto | che (loro) fossero andati/e |

The forms of the past perfect subjunctive of **avere** and **essere** follow.

| **avere** | **essere** |
|---|---|
| che (io) avessi avuto | che (io) fossi stato/a |
| che (tu) avessi avuto | che (tu) fossi stato/a |
| che (lui) avesse avuto | che (lui) fosse stato |
| che (lei) avesse avuto | che (lei) fosse stata |
| che (noi) avessimo avuto | che (noi) fossimo stati/e |
| che (voi) aveste avuto | che (voi) foste stati/e |
| che (loro) avessero avuto | che (loro) fossero stati/e |

## Uses of the Past Perfect Subjunctive

The past perfect subjunctive is used in the same types of subordinate clauses as the imperfect subjunctive. It indicates that the action of the subordinate clause happened before the action of the main clause. The verb of the main clause is usually in a past tense. Contrast the following pairs of sentences.

| | |
|---|---|
| Non sapevo che Lei **partisse**. | *I didn't know you were leaving.* |
| Non sapevo che Lei **fosse partito**. | *I didn't know you had left.* |
| Temevo che glielo **dicessero**. | *I was afraid that they would tell him.* |
| Temevo che glielo **avessero detto**. | *I was afraid that they had told him.* |
| Ci stupivamo che nessuno **venisse**. | *We were shocked that no one came.* |
| Ci stupivamo che nessuno **fosse venuto**. | *We were shocked that no one had come.* |
| Speravi che non **succedesse**. | *You hoped it wouldn't happen.* |
| Speravi che non **fosse successo**. | *You hoped it hadn't happened.* |
| Ero contento che tutto **andasse** bene. | *I was happy everything was going well.* |
| Ero contento che tutto **fosse andato** bene. | *I was happy everything had gone well.* |

## Conditional Sentences: Part 2

Italian expresses a condition that is contrary to a fact or situation in past time by using the past perfect subjunctive in the **se** clause and the conditional perfect in the main clause.

| | | |
|---|---|---|
| FACT | Non sei andato via. Io sono rimasto a casa. | *You didn't leave. I stayed home.* |
| CONDITIONAL SENTENCE | Se tu **fossi andato** via, io **non sarei rimasto** a casa. | *If you had left, I wouldn't have stayed home.* |
| FACT | Lei non è stata gentile. Non ti ha riposto. | *She wasn't nice. She didn't answer you.* |
| CONDITIONAL SENTENCE | Se lei **fosse stata** gentile, ti **avrebbe risposto**. | *If she had been nice, she would have answered you.* |
| FACT | Non ho studiato informatica. Non ho potuto trovare un buon lavoro. | *I didn't study computer science. I couldn't find a good job.* |
| CONDITIONAL SENTENCE | Se **avessi studiato** informatica, **avrei potuto** trovare un buon lavoro. | *If I had studied computer science, I would have been able to find a good job.* |

The past perfect subjunctive is used after **come se** to express an action that occurred prior to the action of the main clause.

| | |
|---|---|
| Fanno le cose **come se non avessero ascoltato** le istruzioni. | *They do things as if they hadn't listened to the instructions.* |
| Lui ci dà consigli **come se avesse studiato** giurisprudenza. | *He gives us advice as if he had studied law.* |

**D** *Se fosse stato possibile...* *Completa le frasi con la forma corretta dei verbi tra parentesi. Usa il congiuntivo trapassato nella subordinata che inizia con* **se** *e il condizionale passato nella principale. Segui l'esempio.*

ESEMPIO   Se *fosse stato* possibile, io ci *sarei andato/a* . (essere, andarci)

1. Se (voi) _____, (voi) _____. (venire, divertirsi)

2. La Professoressa Gambarota _____ il tuo saggio se (tu) glielo _____. (leggere, chiedere)

3. Se (tu) mi _____, (io) _____ l'esame. (aiutare, superare)

4. (Io) ti _____ il libro se (io) ti _____. (restituire, vedere)

5. Se Lara _____ l'e-mail, (lei) _____ il problema. (leggere, capire)

6. Se _____ bel tempo, (noi) _____ un pic-nic. (fare, fare)

7. Se Elisa e Marina _____ lingue moderne, (loro) _____ molto. (studiare, viaggiare)

8. Se (noi) _____ più tempo, (noi) _____ il progetto. (avere, finire)

9. Se (io) lo _____ prima, (io) _____ alla conferenza. (sapere, partecipare)

10. (Loro) non _____ se (loro) _____ stanchi. (uscire, essere)

**E** *Città o campagna?* *Paolo è cresciuto in campagna mentre sua cugina Stefania è cresciuta in città. Le loro vite sarebbero state molto diverse se Paolo fosse cresciuto in città e Stefania in campagna. Usa il condizionale passato nella prima parte della frase e* **se** + *il congiuntivo trapassato nella seconda parte della frase.*

ESEMPIO   Paolo / conoscere molte persone / crescere in città
→ Paolo avrebbe conosciuto molte persone se fosse cresciuto in città.

1. Stefania / respirare aria più pulita / crescere in campagna

2. Paolo / non riuscire a dormire / sentire il rumore del traffico

3. Stefania / mangiare cibi più sani / vivere in campagna

4. Paolo e Stefania / giocare di più insieme / vivere entrambi in campagna

5. Paolo / prendere la metro e l'autobus / andare a scuola in città

6. Stefania / imparare ad andare a cavallo / crescere in campagna

7. Paolo / andare al cinema tutti i giorni / vivere in città

8. Stefania / cogliere fiori bellissimi / vivere in campagna

**F** *Come se...* *Completa le frasi seguenti con la forma corretta del congiuntivo trapassato dei verbi tra parentesi.*

ESEMPIO   (Loro) gli parlavano come se lo *avessero conosciuto* molto tempo fa. (conoscere)

1. Il signor Raimondi si comportava come se non _____ la notizia. (sapere)

2. Serena tremava come se _____ un fantasma. (vedere)

3. (Tu) ti lamenti della festa come se (tu) non _____. (divertirsi)

4. Massimiliano gridava come se (loro) lo _____. (torturare)

5. I bambini mangiavano come se non _____ da una settimana. (mangiare)

6. Franco guardò Angela come se _____ l'unica persona al mondo. (essere)

7. Poi (loro) ballarono come se quello _____ il loro ultimo ballo. (essere)

8. I genitori del mio amico mi trattavano come se _____ dieci anni. (avere)

**G** *Esprimersi in italiano.* *Traduci le frasi dall'inglese all'italiano.*

1. *If Claudia had had the key, she would have opened the suitcase.*

2. *If they had been more careful, they wouldn't have lost their cell phone.*

3. *If you (Lei) had asked me, I would have given you an answer.*

4. *If they had taken the plane, they would have already arrived home.*

5. *If our uncle had missed the train, he would have called.*

6. *If you had had common sense, you wouldn't have said those things.*

7. *I would have gone on vacation with her if she had invited me.*

8. *If Dante had not seen Beatrice, he wouldn't have written the* Vita Nuova.

## NOTA CULTURALE

### La *Vita Nuova*

La *Vita Nuova* è la prima opera di Dante Alighieri, scritta tra il 1292 e il 1294 circa. È un prosimetro, cioè un'opera in prosa e in versi, in cui Dante descrive il suo amore per Beatrice, la sua musa. La prima volta che Dante la vide, lui aveva appena nove anni e lei otto anni, ma per lui fu subito amore a prima vista. Il titolo *Vita Nuova* significa infatti una vita rinnovata dall'amore.

# Word Formation

Knowledge of word formation helps you build your vocabulary and also helps you guess at the meaning of new words. Many Italian words consist of a root augmented by prefixes and suffixes that have English counterparts. Following are the most frequent of these prefixes and suffixes, as well as those that are likely to cause difficulty for English-speaking students of Italian.

## Prefixes

### The Prefix **a-/ad-**

Many Italian prefixes resemble Italian prepositions in both form and meaning. The prefix **a-/ad-** often adds the meaning *motion toward* to a verb, noun, or adjective. The underlying form of the prefix is **ad-**, and the final **d** usually assimilates to the following consonant.

**correre** *to run* → **ad** + **correre** → **accorrere** *to hurry (to)*

La polizia è accorsa sul luogo dell'incidente.

The police rushed to the scene of the accident.

**vicino** *near* → **ad** + **vicino** → **avvicinare** *to move (something) closer;* **avvicinarsi** *to approach*

Devi avvicinare la sedia al tavolo.

You should move the chair closer to the table.

Si è avvicinato all'uomo per chiedere una sigaretta.

He went up to the man to ask for a cigarette.

**giorno** *day* → **ad** + **giorno** → **aggiornare** *to update; to inform, keep/bring up-to-date*

La commissione non ha aggiornato il Parlamento.

The committee did not inform the Parliament.

Non ho un anti-virus aggiornato.

I don't have an up-to-date virus protection program.

In many other cases, the basic meaning of the prefix is not apparent.

**crescere** *to grow* → **ad** + **crescere** → **accrescere** *to increase, augment*

Temono che accresca l'inflazione.

They are afraid that inflation will increase.

**fidarsi** *to trust* → **ad** + **fidarsi** → **affidarsi** *to rely (on)*

Mi fido di voi.

I trust you.

Mi affido a voi.

I'm relying on you.

**giungere** *to join* → **ad + giungere** → **aggiungere** *to add*
Ti ho aggiunto ai miei contatti. *I added you to my contacts.*

**legare** *to tie, bind* → **ad + legare** → **allegare** *to attach* (especially electronically)
Lei troverà il documento allegato. *You'll find the document attached.*

**il laccio** *lace* → **ad + lacciare** → **allacciare** *to lace (up); to attach*
allacciare le scarpe *to tie one's shoes*
allacciare il casco *to strap one's helmet on*

## The Prefix as-

The Italian prefix **as-** derives from Latin **ab/abs** *from*, not to be confused with the prefix **a-/ad-**, which derives from Latin **ad** *to*.

**asportare** *to take away*
cibi da asportare *take-out/carry-out (food)*

**astenersi da** *to keep away from, refrain from*
Mi astengo dal commentare. *I'll refrain from commenting.*
Troppa gente si è astenuta dal voto. *Too many people abstained from voting.*

**A** *Trova il significato.* Partendo dal sostantivo o dall'aggettivo traduci ogni verbo dall'italiano all'inglese.

ESEMPIO fretta *haste, rush* affrettare <u>*to speed up*</u>

1. largo *wide* allargare _____
2. veleno *poison* avvelenare _____
3. ricco *rich* arricchirsi _____
4. fetta *slice* affettare _____
5. vero *true* avverarsi _____
6. fumo *smoke* affumicare il salmone _____ *salmon*
7. lungo *long* allungare _____
8. vicino *near* avvicinarsi _____

## The Prefix con-

The prefix **con-** often adds the meaning *together* or *accompanied by*; sometimes, it merely intensifies the meaning of the root. The **n** of **con-** may assimilate to the following consonant.

**con + dividere** *to divide* → **condividere** *to share*
Non condivido le sue idee. *I don't share his ideas.*
Condividiamo le nostre foto su Facebook. *We share our photos on Facebook.*

**con + partecipare** *to participate* → **compartecipare a** *to share in*
compartecipare agli utili della ditta *to have a share in the firm's profits*

con + correre *to run* → **concorrere a** *to compete for, bid on; to contribute to*
    concorrere a un appalto                  *to bid on a job, compete for a contract*
    concorrere alle spese                     *to contribute to expenses*
**confinare** *to border on*

**B**  *Alcuni verbi che iniziano con con-. Inserisci in ogni frase uno dei seguenti verbi coniugati al presente.*

**concentrarsi** *to concentrate, focus*
**condannare** *to condemn; to sentence*
**convalidare** *to validate*
**convenire** *to be worthwhile*
**convergere** *to converge*

1. Via Cavour e via Roma _____ su Piazza del comune.

2. Il controllore di questo autobus non _____ mai i biglietti.

3. Gli studenti _____ sull'esame finale.

4. Il giudice _____ l'imputato a cinque anni di reclusione.

5. Non _____ pagare l'affitto. Comprare una casa è meglio.

## The Prefix dis-

The prefix **dis-** adds the meaning *scattering* or *separation*. This prefix can also negate the meaning of the root, thereby creating a new word with the opposite meaning. The final **s** of **dis-** may disappear before certain consonants, such as **l** and **r**.

dis + **abituarsi** *to get used to* → **disabituarsi a** *to get out of the habit of*
    Questo ragazzo si è disabituato         *This boy has gotten out of the habit*
      a leggere.                             *of reading.*

dis + **agio** *ease* → **disagio** *discomfort, embarrassment, distress; poverty*
    Lo sciopero ha provocato un          *The strike caused great distress.*
      profondo disagio.
    Condivido il Suo disagio.            *I share your concern.*
    ridurre il disagio dei paesi del terzo    *to reduce the poverty of third-world countries*
      mondo

dis + **la rotta** *route* → **dirottare** *to change the route of; to hijack*
    dirottare un aereo                  *to hijack a plane*

dis + **occupato** *busy* → **disoccupato** *unemployed*
    Il numero dei disoccupati è         *The number of unemployed has increased.*
      aumentato.

dis + **impegnare** *to commit, engage, pawn* → **disimpegnare** *to release, free up*
    Bisogna disimpegnare i fondi       *It is necessary to free up unused funds*
      inutilizzati per aiutare le vittime     *to help the victims of the disaster.*
      del disastro.

**C** *Alcuni verbi che iniziano con **dis-**. Inserisci in ogni frase uno dei seguenti verbi coniugati al passato prossimo.*

**disfare** *to unmake, undo*
**disgelare** *to thaw*
**disintossicare** *to detoxify*
**disperdere** *to disperse, scatter*
**disprezzare** *to despise*

1. Il sole del mattino _____ la campagna.

2. Vincenzo ancora non _____ le valige.

3. Molti italiani _____ la politica del primo ministro.

4. Una semplice dieta a base di verdure e legumi _____ il mio organismo.

5. Il vento _____ il fumo del falò.

## The Prefix **in-**

The prefix **in-** adds the meaning *in, inside,* or it may be a negative prefix. The final **n** of the prefix assimilates to the following consonant. Many English borrowings from Latin with this prefix have cognates in Italian. Compare these English words: *ignorant, illusion, imbibe, immerse, impossible,* and *irresponsible.*

> **in** + **barca** *boat* → **imbarcare** *to get on board (a boat/plane); to load/bring on board*
> Lei ha bagagli da imbarcare?          *Do you have any luggage to check?*
> I passeggeri stanno imbarcando.          *The passengers are boarding.*
> La nave imbarca acqua.          *The ship is taking on water.*

> **in** + **bianco** *white* → **imbiancare** *to whitewash (a wall); to whiten; to paint (a wall any color)*
> Gi operai hanno imbiancato la scuola.          *The workmen painted the school.*

> **in** + **bottiglia** *bottle* → **imbottigliare** *to bottle*
> Questo vigneto ha imbottigliato          *This vineyard has bottled a sparkling wine*
>    per la prima volta uno spumante.          *for the first time.*

> **in** + **pugno** *fist* → **impugnare** *to grab, grasp, take hold of*
> Il falegname impugna il martello          *The carpenter grabs the hammer and starts*
>    e comincia a lavorare.          *to work.*

### In as a Negative Prefix

**illegale** *illegal*
**immaturo** *unripe*
**incivile** *uncivilized*
**infelice** *unhappy*
**inoffensivo** *harmless*

**D** *Dall'aggettivo o il sostantivo al verbo.* *Facendo riferimento all'aggettivo o al sostantivo e alla frase illustrativa, ricava il significato del verbo.*

ESEMPIO    pazzo → impazzire    <u>*to go mad/crazy*</u>
              La signora Rinaldi è impazzita per amore.

1. povero → impoverire   _____
Il paese è impoverito rapidamente negli ultimi anni.

2. croce → incrociare   _____
Incrociamo le dita e speriamo che andrà tutto bene.

3. paura → impaurire   _____
Il tuo cane sta tremando. Chissà cosa l'avrà impaurito.

4. colla → incollare   _____
Purtroppo il vaso si è rotto, ma possiamo sempre incollarlo.

5. pensiero → impensierire   _____
Quest'idea della fine del mondo mi impensierisce.

## The Prefix s-

The prefix **s-** negates the word it is added to or gives it an intensified meaning. It is pronounced /z/ before a voiced consonant (**b, d, g, l, m, n, v**).

- When the prefix **s-** negates a word, the new word often has the opposite meaning of the original word.

| | |
|---|---|
| **contento** *satisfied* | **scontento** *dissatisfied* |
| **fiducia** *trust* | **sfiducia** *distrust* |
| **macchiare** *to stain* | **smacchiare** *to remove stains* |

Sometimes, the prefix **s-** changes the part of speech.

| | |
|---|---|
| **la fame** *hunger* | **sfamare** *to feed* |
| **il pensiero** *thought* | **spensierato** *carefree* |

Sometimes, the original root has been lost or is not immediately apparent.

**slogare** *to dislocate; to sprain*
**smarrire** *to lose*

The prefix **s-** is very productive in Italian and can be added to borrowings as well.

**il boom** *(economic) boom*      **lo sboom** *bust*

- The prefix **s-** may intensify the meaning of a word.

| | |
|---|---|
| **parlare** *to speak* | **sparlare** *to speak ill of, talk behind (someone's) back* |
| **venire** *to come* | **svenire** *to faint* |
| **vuotare** *to empty* | **svuotare** *to empty out* |

**E**    *La s che fa la differenza.*   *Traduci i seguenti verbi in inglese, come nell'esempio.*

ESEMPIO    bloccare → sbloccare    <u>*to unlock*</u>

1. pettinare → spettinare    _____
2. coprire → scoprire    _____
3. montare → smontare    _____
4. macchiare → smacchiare    _____
5. fiorire → sfiorire    _____
6. consigliare → sconsigliare    _____
7. connettere → sconnettere    _____
8. tappare → stappare    _____
9. caricare → scaricare    _____
10. gonfiare → sgonfiare    _____

**F**    *Aggiungi il prefisso.*   *In ogni aggettivo aggiungi il prefisso* **dis-**, **in-** *o* **s-** *per creare il suo contrario, come nell'esempio. In caso di dubbio, utilizza il dizionario.*

ESEMPIO    onesto → disonesto

1. ordinato
2. sufficiente
3. fortunato
4. armato
5. giusto

6. comodo
7. certo
8. capace
9. informato
10. soddisfatto

# Suffixes

Italian has two main kinds of suffixes: diminutives/augmentatives and word formation suffixes.

The diminutive (**il diminutivo**) and the augmentative (**l'accrescitivo**) express not only size in Italian, but also the speaker's attitude toward the root word.

## Diminutive Suffixes

The most common diminutive endings in Italian are **-ino** and **-etto**. The endings **-ello** and **-icello** are also encountered. Following are examples of the diminutive expressing smallness.

     **la mano** *hand* → **la manina** *small hand*
     **il pezzo** *piece* → **il pezzetto** *small piece*

Italian allows diminutives to accumulate.

**il pezzettino**  *tiny piece*

Foreigners should not attempt to make up diminutive forms, especially forms with more than one suffix. It is better to imitate the usage of native speakers.

Diminutive forms may develop a specialized meaning.

**il libretto di risparmio**  *bank passbook*
**il tavolino**  *small table*
**una vittoria a tavolino**  *a victory decided by the referee*
**gli spaghetti**  *spaghetti* (< **lo spago**  *rope*)

The diminutive **-ino** may convey, in addition to smallness, the idea of tenderness and/or affection, as in the first line of Rodolfo's famous aria in *La Bohème*.

Che gelida **manina**...                    *Such an ice-cold little hand . . .*

A diminutive ending can be added to an adjective.

**bello**  *beautiful*        → **bellino**  *cute*
**caro**  *dear, charming*  → **carino**  *pretty; nice (to someone)*

The diminutive of an adjective can be used to soften the negative meaning of the base form.

Quel cane è **brutto**.                    *That dog is ugly.*
Quel cane è **bruttino**.                  *That dog is not very nice-looking.*

**G**  **Abbiniamo.**  *Trova la traduzione inglese per ogni parola della lista.*

1. cavalletto                         a. *goatee*
2. pennino                           b. *booklet*
3. finestrino                        c. *bow tie*
4. pallino                           d. *easel*
5. libretto                          e. *dressing/fitting room*
6. pizzetto                          f. *car/train/airplane window*
7. codino                            g. *fad, mania*
8. pensierino                        h. *pigtail*
9. farfallino                        i. *pen nib*
10. camerino                         j. *small present*

## Augmentative Suffixes

The most common augmentative suffix is **-one/-ona**.

**un ragazzone**  *a huge boy*
**un regalone**  *a big present*
**Che pigrona!**  *You are so lazy!*

Following are the most common affectionate suffixes in Italian.

**-occio/-occia**
    **il figlioccio**                   *godson*
    **la figlioccia**                  *goddaughter*

**-olo/-ola**
    **il figliolo**                    *son, sonny*

**-uccio/-uccia**
    **il calduccio** (< il caldo  *warmth*)
        stare al calduccio          *to be snug as a bug in a rug*
    **la casuccia** (< la casa  *home*)
        ritornare a casuccia       *to return home*
        la mia casuccia           *my home sweet home*

The most common pejorative suffix is **-accio/-accia**.

**un lavoraccio**  *drudgery*
**la parolaccia**  *swear word*
**un ragazzaccio**  *a bad boy*
**Che tempaccio!**  *What nasty weather!*

## Suffixes That Alter the Part of Speech

### Adjective → Noun

**-aggine**  (*a negative quality*)
    **stupido**               → **stupidaggine**  *stupid thing to do/say*

**-ezza**  (*a characteristic*)
    **leggero**  *light; fickle*    → **leggerezza**  *lightness; fickleness*
    **sciocco**  *foolish*       → **sciocchezza**  *foolishness; foolish thing*
    **timido**  *shy*          → **timidezza**  *shyness*

**-ità**  (*a characteristic*)
    **semplice**  *simple*     → **semplicità**  *simplicity*

**-izia**  (*a characteristic or an object with that characteristic*)
    **pigro**  *lazy*          → **pigrizia**  *laziness*
    **sporco**  *dirty*       → **sporcizia**  *filth*

### Verb → Adjective

**-abile, -ibile**  *able to (undergo the action of the verb)*
    **consigliare**  *to advise*   → **consigliabile**  *advisable*

Sometimes, this suffix can create an adjective from a noun.

**tasca**  *pocket*           → **tascabile**  *able to fit in a pocket*
    **un libro tascabile**  *a pocketbook*

### Verb → Noun

**-ata** (also **-ita** and **-uta**, depending on the conjugation)  (*the action of the verb*)

| | |
|---|---|
| **camminare**  *to walk* | → **la camminata**  *walk, stroll* |
| **dormire**  *to sleep* | → **Che dormita!**  *What a good sleep!* |
| **mangiare**  *to eat* | → **Che mangiata!**  *What a (huge) meal!* |
| **parlare**  *to speak* | → **la parlata**  *local dialect* |
| **rimpatriare**  *to return* | → **la rimpatriata**  *reunion, get-together* |
|    *to one's native country* | |
| **salire**  *to go up* | → **la salita**  *climb, ascent* |
| **sedere**  *to sit* | → **la seduta**  *session* |

Sometimes **-ata** is added to a noun, meaning *a blow with* or an extension of time.

| | |
|---|---|
| **il legno**  *wood, stick* | → **la legnata**  *beating, thrashing* |
| **il giorno**  *day* | → **Buona giornata!**  *Have a nice day!* |

### Noun → Adjective

**-evole**  (*the quality of the root* [English *-ful*])

| | |
|---|---|
| **colpa**  *guilt* | → **colpevole**  *guilty* |
| **incanto**  *charm* | → **incantevole**  *charming* |
| **piacere**  *pleasure* | → **piacevole**  *pleasant* |

# Example Prefixes and Suffixes: **Regola** as a Root

| | |
|---|---|
| NOUNS | **la regola**  *rule* |
| | **il regolamento**  *regulations* |
| | **la regolarità**  *regularity* |
| | **la regolata**  *correction of behavior* |
| |    **darsi una regolata**  *to pull oneself together, change one's behavior* |
| | **la regolatezza**  *orderliness, moderation* |
| | **la sregolatezza**  *disorderliness* |
| VERBS | **regolare**  *to regulate, control; to settle (a debt)* |
| | **regolamentare**  *to control* |
| | **regolarizzare**  *to regularize* |
| ADJECTIVES | **regolato**  *orderly, moderate, steady* |
| | **sregolato**  *disorderly* |
| | **regolare**  *regular* |
| | **regolabile**  *adjustable* |
| | **regolamentare**  *correct, according to the rules* |

# Compound Words

A common type of compound word in Italian consists of the informal imperative form plus a noun that would be the direct object of the verb in a sentence.

**apri**  *open* (< **aprire**  *to open*) + **scatole**  *cans* (< **scatola**  *can* [*food container*])
→ **l'apriscatole**  *can opener*

Such compound nouns are always masculine and do not change form in the plural: **gli apriscatole** *can openers*. Note that the order of the compound's elements is the opposite of the English equivalent.

| | | |
|---|---|---|
| ENGLISH | Noun + verb | *can opener* |
| ITALIAN | Verb + noun | **apriscatole** |

Additional examples follow.

**cava** *take out, remove* (< **cavare** *to take out, remove*) + **tappi** *corks* (< **il tappo** *cork*)
→ **il cavatappi** *corkscrew*; **i cavatappi** *corkscrews*

**porta** *carry* (< **portare** *to carry*) + **il sapone** *soap*
→ **il portasapone** *soap dish*; **i portasapone** *soap dishes*

**H** *Cose utili.* *Usa il glossario per tradurre in inglese i seguenti nomi composti.*

**gli agrumi** *citrus fruits*
**asciugare** *to dry*
**la barba** *beard*
**cacciare** *to drive out, expel*
**i capelli** *hair*
**la cenere** *ash*
**il ghiaccio** *ice*
**il lavandino** *sink*
**la noce** *nut, walnut*
**il pacco** *package; piece of luggage*
**passare** *to mash (up), puree*
**la patata** *potato*
**posare** *to lay/put down*
**regolare** *to regulate, control*
**schiacciare** *to crush*
**spremere** *to squeeze*
**sturare** *to plunge, unblock*
**tagliare** *to cut*
**tritare** *to crush*
**l' unghia** *fingernail*
**la verdura** *vegetables*
**la vite** *screw*

1. il portapacchi

2. lo schiaccianoci

3. il tagliaunghie

4. il tritaghiaccio

5. il posacenere

6. lo spremiagrumi

7. il cacciavite

8. lo sturalavandini

9. il passaverdure

10. lo schiacciapatate

11. il regolabarba

12. l'asciugacapelli

# Potential Pitfalls

## How to Say "to Know": **sapere** and **conoscere**

Italian has two verbs that mean *to know*. **Sapere** is used for repeatable information—information that you can state. **Sapere**, not **conoscere**, is used before all clauses.

| | |
|---|---|
| **Sai** la data del concerto? | *Do you know the date of the concert?* |
| Non **so** il suo cognome. | *I don't know his last name.* |
| Chi **sa** dove lavora Giulio? | *Who knows where Giulio works?* |
| **Sappiamo** che sono partiti. | *We know that they have left.* |
| **Sapete** se verranno? | *Do you know whether they'll come?* |
| Non **so** quando torneranno. | *I don't know when they'll be back.* |

**Conoscere** means *to be familiar with*. It is used with direct objects that are people, places, fields of knowledge, etc.

| | |
|---|---|
| —**Conosci** Giacomo Fiorentini? | *Do you know Giacomo Fiorentini?* |
| —No, ma **conosco** sua moglie Clara. | *No, but I know his wife, Clara.* |
| Quella professoressa **conosce** molto bene la letteratura italiana. | *That professor knows Italian literature very well.* |
| Quell'uomo **conosce** Roma come le sue tasche. | *That man knows Rome like the back of his hand.* |

Note that with names of places, **conoscere** is often the equivalent of English *have ever been to*.

| | |
|---|---|
| —**Conosci** Firenze? | *Have you ever been to Florence?* |
| —No, **non conosco** la Toscana. | *No, I've never been to Tuscany.* |

The passato prossimo of **conoscere** is often equivalent to English *met (someone)*.

| | |
|---|---|
| —Non sapevo che conoscevi il direttore. | *I didn't know you knew the director.* |
| —Sì, l'**ho conosciuto** l'anno scorso. | *Yes, I do. I met him last year.* |

The passato prossimo of **sapere** is often equivalent to English *found out*.

| | |
|---|---|
| Ho gridato di gioia quando **ho saputo** che la nostra squadra aveva vinto. | *I shouted with joy when I found out that our team had won.* |
| Quando **avete saputo** cosa è accaduto a Roma? | *When did you find out what happened in Rome?* |
| **Hai saputo** il nome dello sconosciuto? | *Did you find out the name of the stranger?* |

**Sapere** + infinitive means *to know how to do (something).*

| | |
|---|---|
| Guarda! Quel bambino già **sa nuotare**. | *Look! That child already knows how to swim.* |

**Sapere di** means *to taste/smell of.*

| | |
|---|---|
| Questo tè è molto buono. **Sa di** menta. | *This tea is very good. It tastes like mint.* |

## Expressions with **sapere**

| | |
|---|---|
| sapere qualcosa per esperienza | *to know something from experience* |
| sapere il fatto proprio | *to know what's what* |
| saperla lunga (di) | *to know a lot (about); to know the score* |
| saperci fare | *to be good at (something), know how to do (something)* |
| saperne una più del diavolo | *to have more than one trick up one's sleeve* |
| sapere ascoltare | *to be a good listener* |
| Buono a sapersi! | *That's good to know!* |
| Che io sappia... | *As far as I know . . .* |
| Che ne so io! | *How should I know!* |
| Non ne so niente. | *I don't know anything about it.* |
| senza saperlo | *unknowingly* |
| non sapere fare altro che | *to know only how to do* |
| Non sai fare altro che lamentarti. | *All you know how to do is complain.* |
| sapersi in giro | *to be publicized / made known* |
| Non voglio che si sappia in giro. | *I don't want people to know about it.* |
| Non dirgli niente se non vuoi che il tuo segreto si sappia in giro. | *Don't tell him anything if you don't want everyone to know your secret.* |
| Non ho capito come si è saputo in giro. | *I don't understand how everyone found out about it.* |

## Expressions with **conoscere**

| | |
|---|---|
| conoscere qualcuno dalla voce | *to recognize someone by his voice* |
| conoscere un luogo come le proprie tasche | *to know a place like the back of one's hand* |
| conoscere il proprio mestiere | *to know one's trade / job / line of work* |
| conoscersi | *to know each other, meet each other* |
| Ci siamo conosciuti alla festa di Paola. | *We met each other at Paola's party.* |
| conoscersi di vista | *to know each other by sight* |
| conoscere mezzo mondo | *to know everybody* |
| farsi conoscere | *to make oneself known* |
| imparare a conoscere qualcuno | *to get to know someone* |

**A** *Da scegliere. Per ogni frase scegli l'espressione con **sapere** o **conoscere**.*

1. _____ a che ora aprono i negozi?
   a. Sai
   b. Conosci

2. Non _____ nessuno in questa città.
   a. so
   b. conosco

3. Da quanto tempo _____ il Professor Marsh?
   a. sapete
   b. conoscete

4. Chi _____ qual è il cognome da nubile di mia madre?
   a. sa
   b. conosce

5. Come _____ che ho vinto la lotteria?
   a. hanno saputo
   b. hanno conosciuto

6. _____ nuotare?
   a. Sai
   b. Conosci

7. Zio Giovanni _____ la letteratura latina e la insegna a scuola.
   a. sa
   b. conosce

8. Se vieni a Roma, ti faccio _____ il mio regista preferito.
   a. sapere
   b. conoscere

9. Fammi _____ quando arrivano i tuoi.
   a. sapere
   b. conoscere

10. Il consiglio più importante per gli aspiranti scrittori è "Scrivi ciò che _____".
    a. sai
    b. conosci

## B   Tradurre in italiano.

1. *Have you ever been to Naples?*
   *No, I've never been to Italy.*

2. *Are you familiar with Rome?*
   *Yes, I know it like the back of my hand.*

3. *I didn't know you knew my lawyer.*
   *I met him last week.*

4. *How did you find out her address?*
   *My sister knew it. She told me.*

## C   *Modi di dire.*   Per ogni espressione trova il suo significato scegliendo tra a e b.

1. *Non so che pesci prendere.*
   a. Non so pescare.
   b. Non so cosa fare.

2. Marcello *ci sa fare con le donne.* È un *latin lover.*
   a. sa come trattare le donne
   b. parla in latino alle donne

3. *Per farsi conoscere* è indispensabile un sito web.
   a. Per imparare ad usare internet
   b. Per diventare noto

4. Nel gioco e nello sport *bisogna saper perdere.*
   a. bisogna far perdere l'avversario
   b. bisogna accettare le sconfitte

5. Mio padre *conosce mezza Roma.*
   a. ha molti amici a Roma
   b. fa la guida turistica a Roma

6. Spesso perdiamo occasioni d'oro, *senza saperlo.*
   a. perdiamo gioielli distrattamente
   b. non ce ne accorgiamo

## How to Say "to Leave": **partire, lasciare, uscire, and andarsene**

The English verb *to leave* has two basic meanings: *to leave someone/something behind* and *to leave a place.*

Italian uses **lasciare** to express the meaning *to leave someone/something behind*. It takes a direct object of the person or thing left behind: **lasciare qualcuno, lasciare qualcosa.**

| | |
|---|---|
| —Dove sono le mie chiavi? | *Where are my keys?* |
| —Le **hai lasciate** sulla sedia. | *You left them on the chair.* |
| Mi puoi **lasciare** davanti alla stazione. | *You can let me off in front of the station.* |
| Giuseppe **ha lasciato** sua moglie. | *Giuseppe left his wife.* |

**Partire** and **uscire** mean *to leave a place*. Both are intransitive verbs and therefore don't take a direct object; instead, they require the preposition **da** to link them to the place being left.

| | |
|---|---|
| L'aereo **è partito** da Milano. | *The plane left from Milan.* |
| Gli ufficiali **sono usciti** dall'edificio. | *The officials left the building.* |

**Partire** means *to leave a point in space* and implies leaving on a trip of some distance, while **uscire** means to leave in the sense of *to go out of.* Compare the following examples.

| | |
|---|---|
| L'autobus **è partito** da Pisa. | *The bus left from Pisa.* |
| L'autobus **è uscito** dall'autorimessa. | *The bus left the garage.* |

The following phrases differentiate meaning among **lasciare**, **partire**, and **uscire.**

**lasciare casa**  *to leave one's house (abandon it)*
**partire da casa**  *to leave from one's house (on a trip)*
**uscire di casa**  *to leave the house (go out into the street)*

**Andarsene** and **andare via** both mean *to leave* in the sense of *to go away.* Neither the starting point nor the destination needs to be specified. There is an implication of leaving and not returning with these verbs.

| | |
|---|---|
| Marco **se n'è andato** sette anni fa. | *Marco left seven years ago.* |
| L'inverno **se ne va.** | *Winter is almost over.* |
| Con l'arrivo della primavera **è andata via** la voglia di studiare. | *Now that spring has come, the desire to study is gone.* |

## Useful Expressions

### Expressions with **partire**

| | |
|---|---|
| **partire in treno/autobus/aereo** | *to leave by train/bus/plane* |
| **partire per un viaggio** | *to leave on a trip* |
| **partire per affari** | *to leave on a business trip* |
| **a partire da oggi** | *from today forward* |
| **partire dal presupposto che...** | *to depart from the assumption that . . .* |

### Expressions with **lasciare**

| | |
|---|---|
| **lasciare il lavoro / l'impiego** | *to leave one's job* |
| **lasciare una impronta** | *to leave a mark / a trace / an impression* |
| **lasciare una mancia** | *to leave a tip* |

### Expressions with **uscire**

| | |
|---|---|
| **uscire di casa** | *to leave the house* |
| **uscire dall'ospedale** | *to be released from the hospital* |
| **uscire vincitore/perdente** | *to come out a winner/loser* |
| **Quel libro sta per uscire.** | *That book is about to be published.* |

**D**   **Scelte.**  *Scegli il verbo che meglio completa ogni frase.*

1. La famiglia Marini _____ per le vacanze.
    a. è uscita
    b. è partita

2. Il nuovo album della mia cantante preferita _____ tra una settimana.
    a. parte
    b. esce

3. Ho preso un'aspirina e _____ il mal di testa.
    a. mi è andato via
    b. mi ha lasciato

4. La nonna di Elisa _____ dall'ospedale tra due mesi.
    a. partirà
    b. uscirà

5. In Italia non è consuetudine _____ una mancia.
    a. lasciare
    b. uscire

6. Il costo della benzina aumenta a _____ da lunedì.
    a. andare via
    b. partire

7. A che ora _____ il treno per Salerno?
   a. va via
   b. parte

8. Molte coppie di oggi si _____.
   a. lasciano
   b. escono

9. L'autunno sta finendo e un altro anno _____.
   a. se ne va
   b. esce

10. Madonna _____ un'impronta indelebile nella storia della musica pop.
    a. è partita
    b. ha lasciato

# How to Say "to Be": *essere* and *stare*

## NOTA LINGUISTICA

Students of Spanish should note that **essere** and **stare** do not correspond to Spanish **ser** and **estar**.

Both **essere** and **stare**, in some uses, are equivalent to English *to be*.

**Essere** is used

- To connect nouns and pronouns to each other

| | |
|---|---|
| Luigi **è** avvocato. | *Luigi is a lawyer.* |
| Il colpevole **è** lui. | *He is the guilty one.* |
| Quel palazzo **è** un ministero. | *That big building is a government ministry.* |
| **Sono** io. / **Sei** tu. / **Siamo** noi. | *It's me. / It's you. / It's us.* |

- With most adjectives

| | |
|---|---|
| **Sono** contento. | *I'm happy/glad.* |
| **Sono** ammalati. | *They're sick.* |
| Il viaggio **è stato** splendido. | *The trip was terrific.* |
| Il nuovo progetto **sarà** complicatissimo. | *The new project will be very complicated.* |

- With past participles, including those that express positions of the body

| | |
|---|---|
| La porta **è** chiusa. | *The door is closed.* |
| **Siete** annoiati? | *Are you bored?* |
| Tutti **erano** seduti. | *Everyone was sitting.* |

- With most prepositional phrases

| | |
|---|---|
| **Siamo** nei guai. | *We're in trouble.* |
| Gli studenti **sono** in vacanza. | *Students are on vacation.* |
| La mia famiglia **è** del Mezzogiorno. | *My family is from southern Italy.* |
| **Sono** a tavola con i miei amici. | *I'm at the table with my friends.* |

- As the auxiliary verb to form the passato prossimo with verbs of motion, verbs expressing a change of state, and many intransitive verbs (See Chapter 3.)

| | |
|---|---|
| Perché te ne **sei andato?** | *Why did you leave?* |
| Loro **non sono** ancora **tornati.** | *They haven't come back yet.* |
| **Sono cominciati** i saldi nei negozi. | *Sales have begun in the stores.* |

- To form the passive voice (See Chapter 11.)

| | |
|---|---|
| Questo bilancio di previsione **non sarà approvato** dal consiglio comunale. | *This budget will not be approved by the city council.* |
| Le leggi **sono promulgate** dal presidente della repubblica. | *Laws are enacted by the president of the country.* |

**Stare** usually means *to stay, remain.*

| | |
|---|---|
| **Staremo** qui fino a lunedì. | *We'll be here until Monday.* |
| Per Natale **starò** dai miei nonni. | *I'll spend Christmas with my grandparents.* |
| Questi bambini **non stanno mai** zitti. | *These children are never quiet.* |
| **stare** fermo | *to stay/stand still* |

There are phrases in which **stare** and **essere** contrast.

| | |
|---|---|
| **essere** seduto | *to be seated* |
| **stare** seduto | *to remain seated* |
| **essere** a casa | *to be at home* |
| **stare** in casa | *to be indoors* |
| **essere** a Roma | *to be in Rome* |
| **stare** a Roma | *to live / be living in Rome* |

**Stare** is used

- With certain adjectives

| | |
|---|---|
| **Sta'** tranquillo. | *Don't worry.* |
| Bambini, **state** buoni. | *Children, be good.* |
| I miei studenti **stanno** attenti. | *My students pay attention / are attentive.* |

- To form the present progressive

| | |
|---|---|
| Non disturbarlo. **Sta dipingendo.** | *Don't disturb him. He's painting.* |
| Sei arrivato proprio quando **stavo facendo** il tuo numero di telefono. | *You arrived just as I was dialing your telephone number.* |

## Useful Expressions

### Expressions with **essere**

| | |
|---|---|
| **Che sarà di me?** | *What will become of me?* |
| **essere in servizio** | *to be on duty* |
| **essere fuori di sé** | *to be out of one's mind* |
| **essere in grado di fare qualcosa** | *to be able to do something* |
| **Nessuno era dalla mia parte.** | *No one was on my side.* |

## Expressions with **stare**

| | |
|---|---|
| **stare addosso a qualcuno** | *to pester someone* |
| **Non sta a me organizzare il lavoro.** | *It is not up to me to organize the work.* |
| **La ditta sta per prendere una decisione importante.** | *The firm is about to make an important decision.* |
| **Sta' sicuro che se ne andrà.** | *You can be sure that he'll leave.* |

**E** *Essere o non essere.* Scegli il verbo che meglio completa ogni frase.

1. Quando _____ piccolo, giocavo sempre a nascondino.
   a. stavo
   b. ero

2. Marco _____ bussando alla porta.
   a. è
   b. sta

3. In quale hotel _____ per la luna di miele?
   a. sarete
   b. starete

4. Emma, se non _____ ferma, non riesco a tagliarti la frangetta (*bangs*).
   a. stai
   b. sei

5. I miei zii _____ di Vicenza.
   a. stanno
   b. sono

6. Non _____ a me organizzare la riunione.
   a. sta
   b. è

7. Non _____ nervoso. Vedrai che ci vorrà un attimo.
   a. stare
   b. essere

8. Il nuovo anno _____ molto fortunato per i nati nel segno della Vergine.
   a. starà
   b. sarà

9. Come _____ i tuoi?
   a. stanno
   b. sono

10. Benissimo, grazie. E tua madre, come _____?
    a. è
    b. sta

**F** *Stiamo traducendo.* Traduci le seguenti frasi dall'inglese all'italiano.

1. *Ron doesn't want to go out. He's staying at home.*

2. *Stay still.*

3. *Giulia's father is an accountant* (ragioniere).

4. *He is from Catania, but he lives in Pisa.*

5. *Five houses for low-income tenants* (case popolari) *will be built by the* regione
   (a governmental unit in Italy with legislative power over schools, police, agriculture, etc.).

6. *It will be up to the residents to worry about the maintenance.*

7. *My parents are upset with me.*

8. *I was out late last night.*

## How to Say "to Like" and "to Miss": **piacere** and **mancare**

The Italian equivalents of *to like* and *to miss* are **piacere** and **mancare**, respectively, but they use a construction that is very different from that of the corresponding verbs in English. The subject of the English sentence appears as the indirect object of **piacere** or **mancare**, and the thing or person liked or missed appears as the subject of the sentence. A parallel construction in English is that of the verb *to appeal to*.

| | |
|---|---|
| Mi **piace** questa torta. | *I like this cake.* |
| Mi **piacciono** i tortellini. | *I like tortellini.* |
| Mi **manca** la mia famiglia. | *I miss my family.* |
| Mi **mancano** i miei amici in Italia. | *I miss my friends in Italy.* |

Note that in the sentences above, **questa torta, i tortellini, la mia famiglia**, and **i miei amici** are the grammatical subjects. The verb is singular or plural, depending on whether the subject is singular or plural.

In the passato prossimo, both **piacere** and **mancare** are conjugated with **essere**. The past participle agrees with the grammatical subject of the sentence, which is in bold type in each of the examples below.

| | |
|---|---|
| Non ci è piaciuta **la sua risposta**. | *We didn't like his answer.* |
| Mi sono piaciuti **i giorni** che ho passato in Europa. | *I liked the days I spent in Europe.* |
| Non le sono piaciute **le critiche**. | *She didn't like the criticism.* |
| Ti è mancata molto **la famiglia**, vero? | *You missed your family a lot, didn't you?* |
| Mi sono mancati **gli amici**. | *I missed my friends.* |
| **Le tue feste** mi sono mancate tantissimo. | *I really missed your parties.* |

**NOTE** The grammatical subject usually follows these verbs, although it may precede them, as in the last example above.

When an infinitive is the subject of **piacere**, the verb is in the third person singular.

| | |
|---|---|
| Mi **piacerebbe vedere** i musei della città. | *I'd like to see the city's museums.* |
| Quando ero piccolo, mi **piaceva andare** dai nonni. | *When I was a child, I liked to go to my grandparents' house.* |

When a noun used in a general sense is the subject of **piacere**, it *must* be preceded by the definite article. In equivalent sentences in English, no article is used.

| | |
|---|---|
| Ti piacerà **la cucina veneziana**. | *You'll like Venetian cooking.* |
| Non mi piacciono **i videogiochi**. | *I don't like video games.* |

When the indirect object is a noun, the indirect object pronoun is not used.

| | |
|---|---|
| **A Paolo** piace molto la musica classica. | *Paolo likes classical music a lot.* |
| **A questi bambini** non piacciono le verdure. | *These children don't like vegetables.* |
| Il direttore non piace molto **agli impiegati**. | *The employees don't like the director much.* |

To highlight the indirect object, the pronoun is replaced by a phrase consisting of **a** plus the stressed pronoun.

| | |
|---|---|
| **A me** piacerebbe fare un viaggio. | *I'd like to take a trip.* |
| **A noi** non piace molto il calcio, ma **a lui**, sì. | *We don't like soccer much, but he does.* |

In colloquial usage, the indirect object pronoun may occur with the phrase beginning with **a**.

| | |
|---|---|
| **A Paolo gli** piace molto la musica classica. | *Paolo likes classical music a lot.* |
| **A noi** non **ci** piace molto il calcio. | *We don't like soccer much.* |

Sometimes, **piacere** appears with a first- or second-person subject to indicate that someone likes someone.

| | |
|---|---|
| —Sai, Graziella. Mi **piaci** moltissimo. | *You know, Graziella, I like you a lot.* |
| —Anche tu a me, Giacomo. | *I like you a lot too, Giacomo.* |

**G** *Ci piace la grammatica.* *Scegli la forma verbale corretta per ogni frase.*

1. Che cosa ti _____ di più dell'Italia?
   a. manca
   b. manchi

2. Mi _____ le passeggiate al Corso.
   a. manca
   b. mancano

3. A me invece _____ il gelato italiano.
   a. manchi
   b. manca

4. La panna cotta ai frutti di bosco (*cream in wild berry sauce*) ti _____ moltissimo, ne sono sicuro.
   a. piaceranno
   b. piacerà

5. Le fettuccine della nonna ci _____ moltissimo.
   a. mancherete
   b. mancheranno

6. La pasta fatta in casa vi _____ così tanto?
   a. ha piaciuto
   b. è piaciuta

7. Sì, ci _____ soprattutto le fettuccine e i tortellini.
   a. sono piaciuti
   b. siamo piaciuti

8. Quanto mi _____, amore mio!
   a. manca
   b. manchi

9. Io ti _____ così tanto?
   a. manchi
   b. manco

10. Quando eravate piccoli, a che gioco vi _____ giocare?
    a. piaceva
    b. piacevate

**H** **Sostituzioni.** *Sostituisci le parole in corsivo con quelle tra parentesi, facendo tutti i cambiamenti verbali necessari.*

ESEMPIO   Credevo che gli piacessero *quei libri.* (quel film)
          → Credevo che gli piacesse quel film.

1. Ti è piaciuta *Roma*? (le altre città italiane)

2. *La mia ragazza* è partita ieri per l'America e mi manca già tanto! (i miei fratelli)

3. A Paola, Carla e Cristina piacciono molto *i film romantici.* (il cinema francese)

4. Non ci è mai piaciuto *il teatro.* (le tragedie)

5. Gli mancheranno molto *le giornate di sole.* (l'estate)

6. Mi è piaciuto *il salmone.* (gli spaghetti alle vongole)

7. Quando mi sono trasferito in città, mi mancavano *le strade senza traffico.* (la quiete)

8. *Mamma,* mi sei mancata tanto. (Mamma e babbo)

9. Penso che a Johnny e a Vinnie piaccia molto *l'Italia.* (i vini italiani)

10. Al presidente non manca certo *il denaro.* (i soldi)

**I** **Un viaggio bellissimo!** *I tuoi amici sono appena tornati dall'Italia e adesso discutono la loro esperienza con te. Completa con il verbo* **piacere** *al passato prossimo, facendo attenzione agli accordi.*

ESEMPIO   Vi _è piaciuto_ il viaggio?

1. Vi _____ l'Italia?

2. A me _____ viaggiare in aereo.

3. A voi _____ la cucina italiana?

4. Sì, i pranzi e le cene ci _____ moltissimo.

5. Vanessa, ti _____ le scarpe italiane?

6. Non mi _____ la folla (*crowd*) a Roma!

7. A Giorgio _____ le ragazze italiane.

8. Mi _____ tanto i musei italiani.

9. A Brian _____ la mozzarella di bufala.

10. A noi _____ fare una passeggiata ogni sera.

**J**   *Ti piace tradurre?*   *Traduci le seguenti frasi dall'inglese all'italiano.*

1. *I liked the party.*

2. *They miss Spain.*

3. *Do you miss me?*

4. *Lola likes the French language.*

5. *Jennifer didn't like the film.*

6. *I miss the English countryside.*

7. *She likes to take a shower every morning.*

8. *Your mother misses you a lot.*

9. *Susanna used to like spinach.*

10. *She doesn't like them anymore.*

# Answer Key

**Verbs—Forms and Uses**

**1** The Present Tense of
Regular Verbs

**A**

1. tagliano
2. cantate
3. svegliamo
4. sperano
5. iniziamo
6. entrate
7. mangiano
8. controllano
9. incoraggiate
10. aiutano

**B**

1. spaventa
2. fischi
3. lancio
4. sveglia
5. danneggio
6. ringrazi
7. gioca
8. scii
9. incomincio
10. vari
11. prego
12. pubblichi
13. sbarco
14. tocchi
15. dimentichi

**C**

1. parcheggio
2. soffoco
3. litigo
4. lusingo
5. indovino
6. accelero
7. intervisto
8. pattino
9. dimentico
10. annoio
11. avvio
12. zoppico
13. arrivo
14. arredo
15. considero

**D**

1. I nonni lavorano in giardino.
2. La nonna pianta dei fiori.
3. Il nonno taglia l'erba.
4. Luca pattina sul marciapiede.
5. Tu giochi ai giochi elettronici.
6. Papà parcheggia la macchina.
7. Io e Laura noleggiamo un film.
8. Noi fantastichiamo sul nostro avvenire.
9. Il gatto rovescia un vaso di fiori.
10. Tu studi per l'esame di chimica organica.

11. Mia sorella compra del formaggio.
12. Noi scarichiamo articoli in italiano.
13. I vicini pranzano sul balcone.
14. Voi ascoltate un nuovo CD.
15. Tu mangi un panino.

**E**

1. Sì, anche noi investighiamo sulla rapina in banca.
2. Sì, anche tu invii molti pacchi.
3. Sì, anche tu lasci il lavoro.
4. Sì, anche noi giochiamo al biliardo.
5. Sì, anche noi impieghiamo mezz'ora per andare al lavoro.
6. Sì, anche la ragazza recita bene.
7. Sì, anche tu scii a Cortina d'Ampezzo.
8. Sì, anche loro ripassano gli appunti.
9. Sì, anch'io carico un programma sul computer.
10. Sì, anche tu copi l'indirizzo.

**F**

1. Quando inizi il dibattito?
2. Leghi il pacco con lo spago o con il nastro?
3. Pubblichi molti articoli scientifici?
4. Perché non prenoti i posti a teatro?
5. Perché non risparmi un po' di più?
6. Cosa è successo? Vedo che zoppichi.
7. Quando torni a Roma?
8. Quando incominci le vacanze?

**G**

1. torce
2. dividi
3. scommetto
4. vinco
5. proteggi
6. sceglie
7. cresce
8. dirigo
9. spengo
10. svolge

**H**

1. sconvolgo
2. tolgo
3. proteggo
4. cresco
5. raggiungo
6. accolgo
7. fingo
8. colgo
9. spengo
10. aggiungo

**I**

1. spengo
2. cresce
3. pungono
4. risolvono
5. riassumiamo
6. piangono
7. sconfiggono
8. chiudi
9. aggiungono
10. stringo

**J**

1. accolgono
2. proteggono
3. sconvolgono
4. smette
5. riflette
6. redigo
7. opprime
8. vivono
9. scelgo
10. spengono
11. promettete
12. rispondi
13. fingi
14. convinciamo
15. avvolgete

**K**

1. Cosa suggerisci per aiutarci?
2. Perchè tossisci tanto?
3. A che partito politico aderisci?
4. Spedisci molte e-mail?
5. Trasferisci i soldi in un'altra banca?
6. Perché non obbedisci alle regole?
7. Perché agisci così?
8. Quando mi fornisci quelle informazioni?
9. A chi attribuisci la colpa?
10. Perché mi impedisci di lavorare?

**L**

1. stupiscono
2. esibisce
3. puliamo
4. guarisce
5. proibisco
6. nutrisce OR nutre
7. feriscono
8. colpisce
9. capite
10. riunisco

**M**

1. falliscono
2. puniscono
3. gestisce
4. spediscono
5. preferiamo
6. istruisco
7. condite
8. digerisco

**N**

1. disobbedisco
2. restituisco
3. offro
4. colpisco
5. nutrisco OR nutro
6. fornisco
7. parto
8. smentisco
9. mentisco OR mento
10. applaudisco OR applaudo
11. scompaio
12. cucio
13. conseguo
14. tradisco
15. investo
16. arrossisco
17. preferisco
18. condisco

**O**

1. smagrisce
2. diverte
3. tossisce
4. insegue
5. garantiscono
6. riempiono
7. avverto
8. arrossisce
9. parti
10. smentiscono

**P**

1. —Da quanto tempo cerca il vostro ufficio un sistema di archiviazione?
   —Da sei mesi. Il nostro ufficio cerca un sistema di archiviazione da sei mesi.
2. —Da quanto tempo lavori a questa scrivania?
   —Da un anno. Lavoro a questa scrivania da un anno.
3. —Da quanto tempo utilizzate questo software di gestione?
   —Da un mese. Utilizziamo questo software di gestione da un mese.
4. —Da quanto tempo compra Lei le forniture per ufficio online?
   —Da due anni. Compro le forniture per ufficio online da due anni.
5. —Da quanto tempo hai bisogno di una calcolatrice per il tuo lavoro?
   —Da cinque mesi. Ho bisogno di una calcolatrice per il mio lavoro da cinque mesi.
6. —Da quanto tempo hanno i palmari tutti gli impiegati?
   —Da due anni. Tutti gli impiegati hanno i palmari da due anni.
7. —Da quanto tempo riordini i documenti sullo scaffale?
   —Da dieci minuti. Riordino i documenti sullo scaffale da dieci minuti.
8. —Da quanto tempo mettete le vecchie ricevute nel tritacarte?
   —Da un'ora. Metto le vecchie ricevute nel tritacarte da un'ora.

**Q**

1. lascio, Tomorrow I'm quitting my job.
2. Lavoro, I've been working at the same company for three years.
3. guadagno, I've been earning the same salary for two and a half years.
4. chiedo, I've been asking for a raise for six months.
5. ripete, And for six months the boss has been repeating the same answer.
6. desiderano, All my co-workers have wanted to leave the firm for a year.

7. cercano, They've been looking for new jobs for a long time.
8. annunciano, Next week, they're announcing their decision to the boss.

## 2 The Present Tense of Irregular Verbs

**A**
1. Roberto è in ufficio.
2. Paola è dalla parrucchiera.
3. Claudia e il suo ragazzo sono al cinema.
4. Io e nonna Adalgisa siamo al supermercato.
5. Il gatto è dal veterinario.
6. Tu sei dal dentista.
7. Voi siete in pizzeria.
8. I vicini sono in vacanza.

**B**
1. Nonna Adalgisa ha una casa in campagna.
2. Roberto ha un cellulare nuovo.
3. Io ho un computer portatile.
4. Paola e zia Carla hanno un negozio di abbigliamento.
5. Voi avete un giardino molto grande.
6. Io e mia sorella Claudia abbiamo un gatto.
7. Tu hai un appartamento al terzo piano.
8. Nonno Ovidio ha un camion rosso.

**C**
1. Claudia va a Milano.
2. Io e i miei amici andiamo in Spagna.
3. Nonna Adalgisa va a Fiuggi.
4. Zia Carla e zio Francesco vanno in montagna.
5. Tu vai al lago.
6. Voi andate in Puglia.
7. I vicini vanno a Firenze.
8. Lisa va in Inghilterra.

**D**
1. Io faccio colazione.
2. Mia moglie Paola fa il bucato.
3. Mia suocera Adalgisa fa un pisolino.
4. Mio figlio Luigi fa un esame di inglese.
5. I miei vicini fanno giardinaggio.
6. Mia figlia Claudia fa la spesa.
7. Mio fratello Francesco e mia cognata Carla fanno un viaggio all'estero.
8. Dopo la colazione, io faccio una passeggiata.
9. Tu fai il letto ogni mattina.
10. Voi fate molte fotografie quando andate in vacanza.

**E**
1. Lui deve riordinare la sua stanza, ma non vuole.
2. Loro devono tagliare il pratino, ma non vogliono.
3. Lei deve aiutare la mamma, ma non vuole.
4. Io devo rifare il letto, ma non voglio.
5. Tu devi lavare la macchina, ma non vuoi.
6. Noi dobbiamo innaffiare i fiori, ma non vogliamo.
7. Voi dovete fare il bucato, ma non volete.
8. Noi dobbiamo lavare i piatti, ma non vogliamo.
9. Tu devi portare il cane a passeggio, ma non vuoi.
10. Io devo portare fuori i rifiuti, ma non voglio.

**F**
1. venite
2. veniamo
3. viene
4. vengo
5. vengono
6. vieni
7. vengo
8. viene
9. Vengo
10. vengono

**G**
1. Stasera non rimango a casa. Vengo con te!
2. Il presidente ritiene necessaria una riunione.
3. Lo zaino di Massimo contiene molti libri e quaderni.
4. Tra due giorni otteniamo il visto per gli Stati Uniti.
5. Da un anno mantengo il peso forma.
6. Domani sostenete l'esame di latino.
7. A chi appartengono queste chiavi?
8. Roberto e Paola tengono molto ai loro due figli.

**H**
1. Muoio di caldo.
2. Moriamo di sonno.
3. Muoio di fame.
4. Muoio dalle risate.
5. Muoiono di noia.
6. Muori di freddo.
7. Muoio di paura.
8. Muoiono di sete.

**I**
1. Natalie e Jennifer escono con Claudio.
2. Billy esce con Lisa.
3. Tu esci con Giovanna e Carla.
4. Stephanie esce con Franco.
5. Voi uscite con Paola e Roberto.

6. Io esco con Massimo.
7. Françoise e Amir escono con Alba e Antonio.
8. Trinity esce con Martina.

**J**

| | |
|---|---|
| 1. dà | 5. dà |
| 2. danno | 6. diamo |
| 3. do | 7. danno |
| 4. dai | 8. date |

**K**

1. danno un film
2. dà una festa
3. dà una mano
4. danno un passaggio
5. dà noia/fastidio
6. dà un esame
7. dà i numeri
8. danno retta/ascolto

**L**

| | |
|---|---|
| 1. sto, Sto | 5. stiamo |
| 2. stiamo | 6. stai |
| 3. sta | 7. sto |
| 4. state | 8. stanno |

**M**

1. sta all'ombra
2. stanno al sole
3. sta in giro
4. stare a casa
5. sta in ansia/pena
6. sta fuori
7. stanno, fermi
8. stanno in piedi

**N**

| | |
|---|---|
| 1. rimane | 5. rimane |
| 2. rimani | 6. rimanete |
| 3. rimango | 7. rimane |
| 4. rimangono | 8. rimaniamo |

**O**

| | |
|---|---|
| 1. salgo | 5. sali |
| 2. sale | 6. sale |
| 3. salite | 7. salgono |
| 4. saliamo | 8. sale |

**P**

| | |
|---|---|
| 1. spengo | 5. spengo |
| 2. spegne | 6. spegni |
| 3. spengono | 7. spegniamo |
| 4. spegne | 8. spegnete |

**Q**

| | |
|---|---|
| 1. vale | 5. vale |
| 2. valgono | 6. vale |
| 3. vale | 7. valgono |
| 4. valgono | 8. valgono |

**R**

| | |
|---|---|
| 1. rimango | 5. bevo |
| 2. spengo | 6. usciamo |
| 3. salgo | 7. appare |
| 4. vale | 8. dico |

**S**

| | |
|---|---|
| 1. dico | 4. dire |
| 2. dice | 5. dici |
| 3. dicono | |

**T**

| | |
|---|---|
| 1. dico | 5. sanno |
| 2. sanno | 6. Dice |
| 3. sai | 7. sa |
| 4. dicono | 8. so |

**U**

1. è di ottimo/buon umore
2. è in ansia
3. sono in casa
4. È nei pasticci/guai
5. sono in viaggio
6. è di ritorno
7. sono d'accordo
8. sono in centro

**V**

| | |
|---|---|
| 1. c'è | 3. c'è |
| 2. ci sono | 4. ci sono |

**W**

| | |
|---|---|
| 1. Ha | 5. è, ha |
| 2. Ho | 6. abbiamo |
| 3. sono, sono | 7. hai |
| 4. sono, sono | 8. è |

**X**

1. vuole, può
2. vogliono, possono
3. vuoi, sai, puoi
4. vogliamo, possiamo
5. volete, sapete, potete
6. vuole, sa, può
7. vogliono, sanno, possono
8. voglio, so, posso

**Y**

1. È, stanno
2. fanno, stanno
3. sta, ha
4. fare, è
5. è
6. ha
7. Sono, è
8. fare

**Z**

1. compone
2. ripongo
3. ricomponi
4. scompone
5. impone
6. sottoponiamo
7. dispongono
8. Suppongo

## 3 The Passato Prossimo

**A**

1. amato, loved
2. perduto, lost
3. chiamato, called
4. lavato, washed
5. spedito, sent
6. creduto, believed
7. arrivato, arrived
8. combattuto, fought
9. garantito, guaranteed
10. battuto, beaten
11. spremuto, squeezed
12. punito, punished
13. ripetuto, repeated
14. saltato, jumped

**B**

1. preferire
2. cadere
3. procedere
4. tradire
5. sbagliare
6. ricevere
7. suggerire
8. giocare
9. temere
10. lasciare

**C**

1. soppresso
2. incorso
3. corrotto
4. desistito
5. ripreso
6. respinto
7. assunto
8. persistito
9. persuaso
10. dissolto

**D**

1. No, ho chiamato mia madre ieri.
2. No, abbiamo lavorato ieri.
3. No, abbiamo mangiato dalla nonna ieri.
4. No, ha riassunto i risultati ieri.
5. No, ha guardato la partita di calcio in TV ieri.
6. No, abbiamo letto il documento ieri.
7. No, ha fatto la spesa ieri.
8. No, hanno pulito la cameretta ieri.
9. No, hanno discusso della nuova legge ieri.
10. No, abbiamo pranzato insieme ieri.

**E**

1. Io e Lisa abbiamo noleggiato una macchina.
2. Abbiamo deciso di andare in Toscana.
3. Abbiamo fatto il pieno prima di partire.
4. Abbiamo dimenticato le valige a casa.
5. Ritornati a casa, abbiamo preso le valige.
6. Abbiamo caricato le valige nel portabagagli.
7. Appena partiti, ha iniziato a piovere.
8. Improvvisamente abbiamo sentito un rumore.
9. Abbiamo avuto una gomma a terra.
10. Abbiamo spinto la macchina al lato dell'autostrada.
11. Abbiamo comprato una gomma nuova alla stazione di servizio.
12. Abbiamo ripreso la nostra vacanza.

**F**

1. Claudia ha cercato un lavoro a Milano.
2. Ha risposto ad un annuncio su internet.
3. Ha mandato il Curriculum Vitae.
4. Ha aspettato una risposta.
5. Improvvisamente ha ricevuto una telefonata.
6. Ha fatto un colloquio di lavoro.
7. Ha parlato con la dirigente della ditta.
8. Ha fatto vedere il portfolio.
9. La dirigente ha detto che i disegni sono fantastici.
10. Ha ottenuto il posto di lavoro.

**G**

1. Il postino ha portato una lettera inaspettata per Luigi e Claudia.
2. Claudia ha aperto la busta.
3. Luigi ha letto la lettera.
4. Un loro parente lontano ha scritto la lettera.
5. Il parente ha detto che un loro zio emigrato in Australia è morto.
6. Claudia e Luigi hanno ricevuto un'eredità dallo zio.
7. Lo zio ha lasciato a Claudia e a Luigi molti soldi.
8. Luigi e Claudia hanno detto tutto ai loro genitori.
9. I loro genitori hanno deciso di andare in Australia per il funerale.
10. Tutti insieme hanno comprato il biglietto aereo su internet.

**H**

| | |
|---|---|
| 1. Sono | 6. Sono |
| 2. è | 7. sono |
| 3. sono, sono | 8. È |
| 4. sono | 9. sono |
| 5. è | 10. È |

**I**

1. Che strano. Sono dovuti tornare presto dalle vacanze.
2. Che strano. È potuta arrivare in orario.
3. Che strano. Siete voluti andare a messa.
4. Che strano. Sono potuti scappare dallo zoo.
5. Che strano. Sono potuti capitare.
6. Che strano. Sono voluti entrare in aula.
7. Che strano. Siete dovuti stare a casa.
8. Che strano. Sono potuti rimanere in ufficio.

**J**

| | |
|---|---|
| 1. lasciato | 10. dato |
| 2. offerto | 11. trovata |
| 3. accettato | 12. entrata |
| 4. fatto | 13. chiesto |
| 5. preso | 14. fatto |
| 6. arrivata | 15. scelto |
| 7. cercato | 16. iniziato |
| 8. letto | 17. presentata |
| 9. visto | 18. accolta |

**K**

1. Sì, l'ho già riordinata.
2. Sì, l'ho già fatta.
3. Sì, li abbiamo già invitati.
4. Sì, le ho già innaffiate.
5. Sì, l'ho già fatto.
6. Sì, l'ho già portato fuori.
7. Sì, l'abbiamo già preparato.
8. Sì, li ho già letti.
9. Sì, l'ho già spedita.
10. Sì, l'abbiamo già chiamata.

**L**

| | |
|---|---|
| 1. studiato | 6. letto |
| 2. partite | 7. giocato |
| 3. festeggiato | 8. andate |
| 4. rimasto/a | 9. cucinato |
| 5. andati/e | 10. visto OR veduto |

**M**

1. Carla e Paola sono andate al cinema.
2. Io ho pulito la mia stanza.
3. Claudia è tornata da Milano.
4. Lisa ha parlato al telefono con le sue sorelle.

5. Roberto ha preso una multa per eccesso di velocità.
6. Gianluca e la sua cagnolina Endora hanno fatto una passeggiata.
7. Nonna Adalgisa ha cucinato tutto il giorno.
8. Tu hai giocato a calcio.
9. I vicini hanno fatto un pic-nic.
10. Il gatto e il cane hanno dormito molto.

**N**

1. Ieri ho chiamato Laura.
2. Le ho chiesto, "Vuoi andare al cinema?"
3. Lei ha risposto di sì.
4. Sono andato a casa sua / da lei alle sette.
5. È scesa e abbiamo preso l'autobus.
6. Siamo arrivati al cinema alle sette e dieci.
7. Ho comprato subito i biglietti.
8. Io e Laura siamo andati al bar accanto al cinema.
9. Abbiamo ordinato caffè e delle paste.
10. Ho guardato il mio orologio.
11. Ho detto, "Sono le sette e cinquantacinque".
12. Ho chiesto il conto e ho pagato.
13. Siamo tornati al cinema.
14. Siamo entrati e abbiamo trovato due posti.
15. Il film è cominciato alle otto.

**4** The Imperfect Tense;
The Imperfect Tense vs.
the Passato Prossimo

**A**

1. Noi non usiamo più la macchina da scrivere. Prima usavamo la macchina da scrivere.
2. La gente non guadagna più molto. Prima guadagnava molto.
3. Lisa non abita più a Londra. Prima abitava a Londra.
4. Roberto non lavora più in aeroporto. Prima lavorava in aeroporto.
5. Tu non mangi più la carne. Prima mangiavi la carne.
6. Voi non giocate più a carte. Prima giocavate a carte.
7. Io non ho più una moto. Prima avevo una moto.
8. I vicini non danno più feste in giardino. Prima davano feste in giardino.
9. Luigi non viaggia più. Prima viaggiava.
10. Paola e Carla non sono più casalinghe. Prima erano casalinghe.

11. Tu e Gianluca non andate più d'accordo. Prima andavate d'accordo.
12. I nostri amici non vivono più in città. Prima vivevano in città.

**B**
1. Io, mia sorella, il babbo e la mamma abitavamo in un paese di montagna.
2. La nostra casa aveva otto stanze.
3. Noi avevamo un orto.
4. Mia madre coltivava l'orto.
5. Mio padre lavorava in ferrovia.
6. Io e mia sorella giocavamo sempre vicino al ruscello.
7. I figli dei vicini giocavano sempre con noi.
8. Noi andavamo a scuola a piedi insieme.
9. La domenica io, mia sorella e i miei genitori andavamo a casa della nonna.
10. Noi eravamo molto contenti.

**C**
1. Noi vivevamo in campagna.
2. Io avevo quattro fratelli.
3. Mia madre faceva la casalinga.
4. Mio padre lavorava e andava a caccia.
5. Io ero la più grande e preparavo pranzo e cena per i miei fratelli.
6. Mi piaceva molto cucinare.
7. I miei genitori avevano tre mucche.
8. Noi vendevamo il latte.
9. Il sabato io e le mie amiche andavamo alle feste in paese.
10. A Natale io cenavo insieme ai miei parenti.

**D**
1. Lisa beveva il tè ogni pomeriggio.
2. Claudia e Valerio andavano all'Umbria Jazz ogni inverno.
3. Gianluca mangiava un tramezzino ogni giorno.
4. Paola leggeva un libro ogni settimana.
5. Nonna Adalgisa piantava fiori ogni primavera.
6. Zia Carla e zio Francesco andavano in vacanza in Puglia ogni anno.
7. Franco e Giovanna chiacchieravano con gli amici tutte le sere.
8. Tu giocavi a tennis ogni sabato.
9. Noi facevamo le ore piccole ogni venerdì.
10. Voi eravate stanchi ogni mattina.

**E**
1. Io bevevo sempre il caffè a colazione, ora non più.
2. Lei mangiava il pesce ogni giorno, ora non più.
3. Noi giocavamo molte volte a golf, ora non più.
4. Loro lavoravano spesso a Verona, ora non più.
5. Lui andava all'università ogni giorno, ora non più.
6. Lei diceva frequentemente bugie, ora non più.
7. Io lavavo spesso la macchina, ora non più.
8. Noi dormivamo fino a tardi ogni fine settimana, ora non più.
9. Lei scriveva sempre poesie, ora non più.
10. Voi uscivate spesso il sabato sera, ora non più.

**F**
1. Simona e Alessandro giocavano spesso a tennis. Adesso giocano a tennis raramente.
2. Valerio vedeva i cartoni animati ogni giorno. Adesso vede i cartoni animati qualche volta.
3. Lisa e Sara uscivano frequentemente con gli amici. Adesso escono con gli amici raramente.
4. Noi ballavamo ogni sabato. Adesso balliamo di tanto in tanto.
5. Azzurra correva tutti i giorni. Adesso corre qualche volta.
6. Voi non facevate mai un pisolino. Adesso fate sempre un pisolino.
7. Io e Massimo nuotavamo molte volte. Adesso nuotiamo ogni tanto.
8. Laura dava una festa ogni fine settimana. Adesso dà una festa ogni anno.
9. Tu dormivi fino a tardi di rado. Adesso dormi spesso fino a tardi.
10. Gianluca e la sua cagnolina Endora facevano sempre una passeggiata. Adesso fanno una passeggiata molto di rado.

**G**
1. andavamo
2. prendevate, giocavamo
3. mangiavamo, prendevano
4. facevi, facevo
5. tornavi, nuotavamo
6. passeggiavamo, fotografavano
7. prendevo, bevevi
8. guardavamo, vedevate

**H**
1. faceva, ha squillato
2. sono arrivato, uscivi
3. dormiva, è iniziato
4. pescavamo, ha cominciato
5. sei arrivato/a, decollava
6. è tornata, dormivano
7. viaggiava, ha conosciuto
8. studiavo, ho sentito
9. giocavate, ha rotto
10. chiacchieravano, hanno sentito

**I**
| | |
|---|---|
| 1. hai fatto | 9. sei sposato |
| 2. hai passato | 10. guardava |
| 3. sei riuscito | 11. eravamo |
| 4. ha reso | 12. sono rimasto |
| 5. Ho sentito | 13. è stata |
| 6. sei laureato | 14. ho incontrato |
| 7. eri | 15. Siamo usciti |
| 8. studiavi | 16. abbiamo passato |

**J**
| | |
|---|---|
| 1. volavo | 9. soffiava |
| 2. vedevo | 10. riuscivo |
| 3. sentivo | 11. volava |
| 4. Sentivo | 12. mollavo |
| 5. mi voltavo | 13. resistevo |
| 6. vedevo | 14. lasciavo |
| 7. Cercavo | 15. mi sentivo |
| 8. finivo | 16. mi ritrovavo |

## 5 The Future and Conditional Tenses

**A**
1. dimenticare, dimenticherò, dimenticheranno
2. venire, verremo, verranno
3. sarò, saremo, saranno
4. avere, avrò, avremo
5. pregare, pregheremo, pregheranno
6. vedere, vedrò, vedranno
7. vivrò, vivremo, vivranno
8. giocare, giocherò, giocheremo
9. volere, vorremo, vorranno
10. sapere, saprò, sapranno

**B**
1. toccherai, toccherà, toccherete
2. potere, potrà, potrete
3. bere, berrai, berrete
4. dormire, dormirà, dormirete
5. cadrai, cadrà, cadrete
6. comporre, comporrai, comporrà

7. temere, temerai, temerà
8. navigare, navigherai, navigherete
9. tornare, tornerà, tornerete
10. salire, salirai, salirà
11. lascerai, lascerà, lascerete
12. incoraggiare, incoraggerai, incoraggerete

**C**
1. Jennifer mangerà meno dolci.
2. Io e mia sorella andremo a trovare la nonna più spesso.
3. Mio padre smetterà di fumare.
4. I miei cugini studieranno di più.
5. Tu e la tua sorellina non litigherete più.
6. I miei zii prenoteranno le vacanze per tempo.
7. Francesco e Silvina usciranno sempre insieme.
8. Elisa sorriderà di più.
9. Giovanna criticherà di meno gli altri.
10. Massimo giocherà più spesso con i suoi figli Martina e Michele.

**D**
1. No, Michele studierà domani.
2. No, Ilenia e Raffaele verranno domani.
3. No, io laverò la macchina domani.
4. No, noi faremo spese domani.
5. No, gli studenti faranno sciopero domani.
6. No, io e i miei amici usciremo domani.
7. No, io lavorerò domani.
8. No, Giorgio andrà in palestra domani.
9. No, il postino porterà la posta domani.
10. No, gli zii ritorneranno domani.

**E**
1. Penso che domani farà bel tempo.
2. Penso che sabato sera usciremo.
3. Penso che i miei genitori mi compreranno una macchina.
4. Penso che verrai in vacanza con noi.
5. Penso che il professore di inglese ci promuoverà.
6. Penso che Matteo mi telefonerà.
7. Penso che Giovanni risponderà all'e-mail di Nadia.
8. Penso che noi ti aiuteremo con i compiti.

**F**
1. Sarà bella.
2. Sarà decappottabile.
3. Sarà rossa?
4. Non sarà usata.
5. Sarà una macchina di lusso?

6. La macchina avrà due posti.
7. Consumerà molta benzina?
8. Potrà fare duecento chilometri all'ora.

**G**

1. Anna avrà un nuovo ragazzo.
2. Lisa rimarrà a casa stasera.
3. I fratelli di Ambra verranno in ritardo.
4. Antonio e Marina finiranno presto l'università.
5. Andrea non mangerà carne.
6. I figli di Larry non conosceranno l'italiano.
7. Il proprietario dell'azienda guadagnerà molti soldi.
8. Marco andrà in palestra tutti i giorni.
9. Il gatto di Marica sarà un persiano.
10. La madre di Ettore avrà sui sessanta anni.

**H**

1. Se smetti di fumare, risparmierai soldi e salute.
2. Se studia di più, supererà l'esame.
3. Se fa bel tempo domenica, andrò al mare.
4. Riceverete un aumento se lavorate sodo.
5. Se corriamo, raggiungeremo gli altri.
6. Arriveranno prima se prendono l'aereo.
7. Se ti impegni, realizzerai i tuoi sogni.
8. Se mettiamo da parte un po' di soldi, faremo una vacanza in montagna.
9. Ti sentirai meglio se diventi vegetariana.

**I**

1. Ti telefonerò appena potrò.
2. Dormirà quando sarà stanco.
3. Che cosa farai dopo che finirai il dottorato?
4. Quando tornerai in Italia, potrai fare un corso di cucina.
5. Appena arriveranno, mangeremo.
6. Quando avranno i soldi, compreranno un appartamento in città.
7. Laveremo la macchina appena farà bel tempo.
8. Quando sarò grande, farò l'avvocato.
9. Ti aiuterò appena finirò il mio progetto.
10. Che corsi seguirai quando inizierai l'università?

**J**

1. giocheresti, giocherebbe, giochereste
2. cadere, cadrebbe, cadreste
3. venire, verresti, verreste
4. sentire, sentirebbe, sentireste
5. sapresti, saprebbe, sapreste

6. supporre, supporresti, supporrebbe
7. credere, crederesti, crederebbe
8. impiegare, impiegheresti, impieghereste
9. guidare, guiderebbe, guideresti
10. scendere, scenderesti, scenderebbe
11. rinunceresti, rinuncerebbe, rinuncereste
12. noleggiare, noleggeresti, noleggereste

**K**

1. pescare, pescherei, pescheremmo
2. volere, vorremmo, vorrebbero
3. essere, sarei, sarebbero
4. avrei, avremmo, avrebbero
5. obbligare, obbligheremmo, obbligherebbero
6. godere, godrei, godrebbero
7. indicherei, indicheremmo, indicherebbero
8. toccare, toccherei, toccheremmo
9. bere, berremmo, berrebbero
10. cadere, cadrei, cadrebbero

**L**

1. Vorrei un cappuccino e un cornetto.
2. Potresti chiudere la finestra?
3. Dovreste finire l'esame entro le dieci.
4. Tuo nonno potrebbe spegnere la pipa?
5. Potrei usare la tua penna?
6. Dovrebbe seguire quella macchina.
7. Potresti inviare un sms ai nostri amici?
8. Dovremmo tornare a casa prima del temporale.
9. Potreste mettere in ordine la vostra camera?
10. Non potreste fare meno rumore?

**M**

1. a. Apriremmo subito la porta.
   b. Chiederemmo il suo nome e che cosa desidera.
2. a. Uscirei dal treno.
   b. Chiamerei i pompieri.
3. a. Telefonerebbe al marito.
   b. Metterebbe 1 euro di benzina.
4. a. Chiamerebbero la polizia.
   b. Soccorrerebbero i feriti.
5. a. Accetterei il regalo.
   b. Restituirei il regalo.
6. a. Farei un viaggio intorno al mondo.
   b. Comprerei la casa dei miei sogni.
7. a. Terremmo il cane.
   b. Porteremmo il cane al canile.
8. a. Chiederebbe spiegazioni.
   b. Ignorerebbe il messaggio.

**N**

1. Renata darebbe una parte dei soldi in beneficenza.
2. Eleonora e Alessandro acquisterebbero una villa in Toscana.
3. Tu metteresti i soldi in banca.
4. Io e Massimo investiremmo i soldi.
5. La mia ragazza aprirebbe un negozio di alta moda.
6. Sara e Billy pagherebbero i debiti.
7. Voi prenotereste un viaggio sulla luna.
8. Il mio cane comprerebbe l'osso più grande del mondo.

**O**

1. Vorrei...
2. I nostri genitori preferirebbero...
3. Mia sorella vorrebbe... OR A mia sorella piacerebbe...
4. Il mio amico amerebbe...
5. Mio fratello vorrebbe... OR A mio fratello piacerebbe...
6. Desidererei... OR Vorrei...
7. Il mio professore amerebbe...
8. La mia ragazza / Il mio ragazzo preferirebbe...
9. I nostri vicini vorrebbero...

## 6 The Imperative

**A**

1. Vieni a tavola. Non guardare la TV.
2. Finisci tutto il pranzo. Non lasciare la verdura.
3. Lascia il piatto nel lavandino. Non mettere il piatto nella lavastoviglie.
4. Gioca piano. Non far rimbalzare la palla sulla parete.
5. Raccogli i giocattoli. Non mettere la stanza in disordine.

**B**

1. Fai/Fa' esercizio regolarmente.
2. Non mangiare dolci.
3. Bevi molta acqua.
4. Varia l'alimentazione.
5. Non dormire meno di otto ore.
6. Evita di mangiare troppo tardi la sera.
7. Consuma molta frutta e verdura.
8. Non stressarti.

**C**

1. Ascolta la maestra.
2. Non parlare quando la maestra spiega.
3. Fai/Fa' amicizia con gli altri bambini.
4. Rimani in classe durante la ricreazione.
5. Mangia tutto a pranzo.
6. Scrivi i compiti sul diario.
7. Alza la mano per intervenire.
8. Aspetta la mamma all'uscita della scuola.
9. Studia almeno due ore nel pomeriggio.
10. Vai/Va' a letto presto.

**D**

1. Siate puntuali.
2. Non fate ritardo.
3. Preparate la lezione in anticipo.
4. Non copiate durante gli esami.
5. Parlate sempre in italiano.
6. Spegnete il telefono cellulare e il computer portatile.
7. Venite in ufficio se avete domande o problemi.
8. Non mangiate durante la lezione.
9. Non mancate a più di cinque lezioni.
10. Abbiate pazienza con gli studenti più lenti.

**E**

1. rimanete
2. Tornate
3. Riposate
4. Telefonate
5. esitate
6. Seguite
7. Socializzate
8. andate

**F**

1. Mettete
2. unite
3. tagliate
4. Ponete
5. Fate
6. Sbattete
7. Aggiungete
8. Scolate
9. Versate
10. Servite

**G**

1. Riposi a lungo.
2. Prenda un'aspirina.
3. Mangi riso in bianco.
4. Faccia brevi passeggiate.
5. Beva molti liquidi.
6. Stia a casa.
7. Non lavori.
8. Vada a letto presto.

**H**

1. Sì, firmi qui.
2. Sì, usi questa penna.
3. Sì, compili il modulo.

4. Sì, attivi il codice PIN.

5. Sì, usi il bancomat.

6. Sì, prelevi 100 euro.

7. Sì, prenda la ricevuta.

8. Sì, tenga la penna.

**I**

1. Entrino pure.

2. Aprano pure la finestra.

3. Facciano pure domande.

4. Vengano pure alla conferenza.

5. Usino pure il cellulare.

6. Prendano pure appunti.

7. Restino pure fino alla fine della conferenza.

8. Intervengano pure nella discussione.

**J**

1. Camminiamo fino a Giglio Castello!

2. Cerchiamo l'albergo!

3. Facciamo una passeggiata su Giglio Porto!

4. Andiamo a un ristorante a Giglio Campese!

5. Scriviamo cartoline ai nostri amici!

6. Fotografiamo il paesaggio!

7. Beviamo un aperitivo prima di cena!

8. Prendiamo il sole tutto il pomeriggio!

**K**

1. Abbi pazienza.

2. Sappiate che l'esame è tra due giorni.

3. Non abbia paura.

4. Facciamo colazione!

5. Non siate impazienti.

6. Sappi che il negozio chiude alle 8:00.

**7** Reflexive Verbs

**A**

1. Io mi alzo subito, anche Marco si alza subito.

2. Io mi rado, anche Marco si rade.

3. Io mi lavo i denti, anche Marco si lava i denti.

4. Io mi pettino, anche Marco si pettina.

5. Io mi vesto, anche Marco si veste.

6. Io mi lavo le mani, anche Marco si lava le mani.

7. Io mi asciugo le mani, anche Marco si asciuga le mani.

8. Io mi spoglio, anche Marco si spoglia.

9. Io mi faccio la doccia, anche Marco si fa la doccia.

10. Io mi addormento subito, anche Marco si addormenta subito.

**B**

1. Si alzano subito.

2. Si radono.

3. Si lavano i denti.

4. Si pettinano.

5. Si vestono.

6. Si lavano le mani.

7. Si asciugano le mani.

8. Si spogliano.

9. Si fanno la doccia.

10. Si addormentano subito.

**C**

1. Mia figlia Lucia si laurea in letteratura inglese dopodomani.

2. Io non mi intendo molto di letteratura.

3. Se voi volete venire alla discussione di laurea, vi dirigete verso Urbino.

4. La nonna di Lucia non può venire. Lei non si sente bene e si ammala facilmente.

5. Io e mia moglie ci sediamo in prima fila.

6. Se voi vi sbrigate, vi sedete vicino a noi.

7. Altrimenti ci spostiamo.

8. Dopo la laurea Lucia si trasferisce a Londra.

**D**

1. Ci facciamo il bagno.

2. Ci laviamo i denti.

3. Ci facciamo la ceretta.

4. Ci trucchiamo.

5. Ci limiamo le unghie.

6. Ci vestiamo.

7. Ci mettiamo le scarpe.

8. Ci pettiniamo.

**E**

1. mi sveglio, sveglio

2. annoiava, mi annoiavo

3. si pettina, pettina

4. preoccupa, si preoccupano

5. vi offendete, offendo

6. mi spaventavo, spaventavano

7. si stanca, stancano

8. si commuove, commuove

9. deprimono, ti deprimi

10. si diverte, divertono

11. ti fermi, mi offendo

12. si interessa, spaventano

13. si alza, alza

14. sorprenderà, si spaventa

15. mi trucco, trucco

**F**

1. Già vi svegliate da soli? No, ci sveglia la mamma.
2. Già vi lavate i denti da soli? No, ci lava i denti la mamma.
3. Già vi pettinate da soli? No, ci pettina la mamma.
4. Già vi vestite da soli? No, ci veste la mamma.
5. Già vi mettete le scarpe da soli? No, ci mette le scarpe la mamma.
6. Già vi allacciate le scarpe da soli? No, ci allaccia le scarpe la mamma.

**G**

1. Io non voglio arrabbiarmi. / Io non mi voglio arrabbiare.
2. Voi dovete calmarvi. / Voi vi dovete calmare.
3. Lui non vuole sentirsi triste. / Lui non si vuole sentire triste.
4. Tu non devi offenderti. / Tu non ti devi offendere.
5. Noi non vogliamo deprimerci. / Noi non ci vogliamo deprimere.
6. Lei non deve preoccuparsi. / Lei non si deve preoccupare.
7. Tu non devi spaventarti. / Tu non ti devi spaventare.
8. Loro non vogliono annoiarsi. / Loro non si vogliono annoiare.

**H**

1. Francesca e Giulia non vogliono alzarsi. / Francesca e Giulia non si vogliono alzare.
2. Io non voglio vestirmi. / Io non mi voglio vestire.
3. Marco non vuole pettinarsi. / Marco non si vuole pettinare.
4. Noi non vogliamo prepararci. / Noi non ci vogliamo preparare.
5. Tu e Alessia non volete farvi la doccia. / Tu e Alessia non vi volete fare la doccia.
6. Loro non vogliono lavarsi i denti. / Loro non si vogliono lavare i denti.
7. Manuela non vuole tagliarsi i capelli. / Manuela non si vuole tagliare i capelli.
8. Tu e Cristina non volete togliervi il cappotto. / Tu e Cristina non vi volete togliere il cappotto.

**I**

1. Voi dovete calmarvi. / Voi vi dovete calmare.
2. Io devo rilassarmi. / Io mi devo rilassare.

3. Noi non dobbiamo preoccuparci. / Noi non ci dobbiamo preoccupare.
4. Loro non devono offendersi. / Loro non si devono offendere.
5. Lui non deve rattristarsi. / Lui non si deve rattristare.
6. Tu devi divertirti. / Tu ti devi divertire.
7. Lei non deve scoraggiarsi. / Lei non si deve scoraggiare.
8. Noi dobbiamo tirarci su di morale. / Noi ci dobbiamo tirare su di morale.

**J**

1. —Quando ti metti a studiare?
   —Mi sono già messa a studiare.
2. —Quando si alza tuo padre?
   —Si è già alzato.
3. —Quando vi preparate tu e Franco?
   —Ci siamo già preparati.
4. —Quando si diplomano le tue amiche?
   —Si sono già diplomate.
5. —Quando si riposa Pierpaolo?
   —Si è già riposato.
6. —Quando si lava i capelli la nonna?
   —Si è già lavata i capelli.
7. —Quando si laurea tuo cugino?
   —Si è già laureato.
8. —Quando ti trucchi?
   —Mi sono già truccata.

**K**

1. No, non mi sono ancora vestita.
2. No, non mi sono ancora fatto la barba.
3. No, non mi sono ancora truccata.
4. No, non ci siamo ancora messi le scarpe.
5. No, non mi sono ancora fatto la doccia.
6. No, non mi sono ancora pettinato.

**L**

1. Ambra si è alzata tardi.
2. Ambra si è sbrigata.
3. Tutti si sono vestiti.
4. Gianluca si è messo il cappello e gli occhiali da sole.
5. Gli studenti si sono riuniti davanti al Palazzo dei Papi.
6. Nessuno si è perduto.
7. Ambra e Gianluca si sono seduti vicini sull'autobus.
8. L'autobus si è allontanato da Viterbo.
9. Gli studenti si sono addormentati durante il viaggio.
10. L'autobus si è avvicinato a Tivoli.

**M**

1. Giuliano si è fatto la pipì addosso.
2. Riccardo e Pietro si sono nascosti.
3. Rita si è fatta male al piede.
4. Daniela e Valeria si sono sporcate con i pennarelli.
5. Francesca si è tagliata i capelli da sola.
6. Lorenzo e Massimiliano si sono addormentati in classe.
7. Manuela si è tolta il grembiule.
8. Massimo si è bagnato il grembiule con l'aranciata.

**N**

1. Io non mi sono voluto/a lamentare.
2. Rossella e Lucia si sono dovute mettere in viaggio.
3. Tu non ti sei voluto/a curare della tua salute.
4. Noi ci siamo dovuti/e preparare.
5. Giovanna non si è voluta truccare.
6. Nonno Franco non si è potuto radere.
7. Gli studenti si sono dovuti preparare per l'esame.
8. Elena non si è voluta dimagrire.
9. Tu e le tue amiche non vi siete voluti/e impegnare con lo studio.
10. Io non mi sono voluto/a preoccupare.
11. Alessandro si è dovuto mettere a studiare.
12. Adriana e Simona non si sono volute lavare i capelli.
13. Noi ci siamo dovuti/e svegliare presto.
14. Voi non vi siete voluti/e stressare.
15. Laura e Claudio si sono voluti riposare.

**O**

1. Sì, ci scriviamo spesso.
2. No, non ci incontriamo spesso.
3. No, non ci vediamo spesso.
4. Sì, ci aiutiamo spesso.
5. Sì, ci telefoniamo spesso.
6. No, non ci mentiamo mai.

**P**

1. Si sono conosciuti.
2. Si sono parlati.
3. Si sono piaciuti.
4. Si sono baciati.
5. Si sono abbracciati.
6. Si sono innamorati.
7. Si sono fatti dei regali.
8. Si sono fidanzati.
9. Si sono sposati.
10. Si sono lasciati.

**Q**

1. Non vi innervosite. / Non innervositevi.
2. Non si arrabbi.
3. Non ti perdere d'animo. / Non perderti d'animo.
4. Non vi stressate. / Non stressatevi.
5. Non ti allarmare. / Non allarmarti.
6. Non si preoccupi.
7. Non vi spazientite. / Non spazientitevi.
8. Non ti scoraggiare. / Non scoraggiarti.
9. Non vi rattristate. / Non rattristatevi.
10. Non si offenda.

**R**

1. Prepariamoci!
2. Sbrighiamoci!
3. Laviamoci le mani!
4. Non ci arrabbiamo! / Non arrabbiamoci.
5. Aiutiamoci!
6. Riposiamoci!
7. Vestiamoci!
8. Pettiniamoci!

**S**

1. Non ti spogliare. / Non spogliarti. Vestiti.
2. Non ti innervosire. / Non innervosirti. Calmati.
3. Non vi bagnate. / Non bagnatevi. Asciugatevi.
4. Non ci rattristiamo. / Non rattristiamoci. Rallegriamoci.
5. Non vi odiate. / Non odiatevi. Amatevi.
6. Non vi sparpagliate. / Non sparpagliatevi. Radunatevi.
7. Non ti alzare. / Non alzarti. Siediti.
8. Non ti scoraggiare. / Non scoraggiarti. Fatti forza.

**T**

1. Si accomodi.
2. Si presenti.
3. Si rilassi.
4. Non si preoccupi.
5. Si descriva usando dieci aggettivi.
6. Si ricordi dei lavori svolti in precedenza.
7. Si prepari per un secondo colloquio.
8. Si rivolga alla segretaria.

**U**

1. Perché si vergogna della sua macchina?
2. Ti lamenti di tutto!
3. Mi infischio dei suoi problemi.
4. Ci pentiamo della nostra impazienza.
5. Non si sono accorti di niente.

6. Vedo che non ti fidi dell'avvocato.
7. Ci siamo congratulati con lui.
8. Si è impadronita della lingua italiana.

## 8 Other Compound Tenses

**A**

1. Agnese aveva già avuto un bambino.
2. Tu eri già andato/a in vacanza in Australia.
3. Io mi ero già laureato/a.
4. Voi avevate già comprato una macchina.
5. Claudia aveva già trovato un nuovo lavoro.
6. L'Italia aveva già vinto i Mondiali di Calcio.
7. Noi ci eravamo già trasferiti/e a Ferrara.
8. I nostri vicini avevano già divorziato.
9. Tuo padre era già andato in pensione.
10. Marco si era già rotto il braccio.

**B**

1. ... Simona e Alessandro avevano già comprato da mangiare e da bere.
2. ... voi avevate già decorato le pareti.
3. ... Claudia e Marica avevano già pulito il locale.
4. ... io e Riccardo avevamo già noleggiato l'impianto per il karaoke.
5. ... la mamma di Alba aveva già ordinato le bomboniere.
6. ... tutti gli amici avevano già fatto una colletta per il regalo.
7. ... la nonna e la zia di Alba avevano già mandato gli inviti.
8. ... la festa era già iniziata.

**C**

1. Quando Manuela è venuta, Enrico aveva già finito di cenare.
2. Quando i pompieri sono arrivati, i coniugi Pierini avevano già spento il fuoco in cucina.
3. Quando noi siamo usciti/e, aveva già smesso di piovere.
4. Quando tu e i tuoi amici siete entrati nel cinema, il film era già iniziato.
5. Quando io sono tornato/a a casa, i ladri avevano già rubato tutto.
6. Quando l'aereo è atterrato, gli assistenti di volo si erano già alzati in piedi.
7. Quando il postino è passato, noi eravamo già usciti/e di casa.
8. Quando i bambini si sono svegliati, Babbo Natale aveva già portato i regali.

**D**

1. Michael non aveva ancora mangiato gli spaghetti all'amatriciana.
2. Julia e Jonathan non avevano ancora conosciuto i loro cugini italiani.
3. Io non avevo ancora visto la Bocca della Verità.
4. Andrew, mio figlio più piccolo, non aveva ancora assaggiato il gelato italiano.
5. Tu non avevi ancora dato da mangiare ai piccioni di Piazza San Marco.
6. Noi non avevamo ancora passeggiato su Ponte Vecchio a Firenze.
7. Mia madre non era ancora scesa nel pozzo di San Patrizio a Orvieto.
8. Io e la mia famiglia non eravamo ancora entrati nel castello di Otranto.
9. I nostri parenti italiani non avevano ancora provato il *cheesecake*.
10. Pete e Michael non avevano ancora guidato la Ferrari.

**E**

1. Io mi sarò laureato/a in lingue e letterature moderne.
2. Gianluca avrà trovato lavoro in una compagnia di assicurazioni.
3. Emanuela si sarà trasferita a Parigi.
4. Tu e Ilia avrete comprato una casa a Roma.
5. Il nostro professore di inglese avrà scritto un libro.
6. Noi avremo vinto la lotteria.
7. Luciano avrà seguito la carriera militare.
8. Anna sarà ritornata a Buenos Aires.

**F**

1. Loro arriveranno alla stazione quando il treno sarà partito.
2. Lei busserà alla porta quando noi saremo andati/e a letto.
3. Noi andremo a mangiare quando la pizzeria avrà chiuso / sarà chiusa.
4. Voi farete un viaggio quando l'estate sarà finita.
5. Tu porterai il pane quando noi avremo finito di pranzare.
6. Loro troveranno la cartina quando voi vi sarete persi/e.
7. Io mi sveglierò quando tu sarai andato/a via.
8. Lui smetterà di fumare quando la sua salute sarà peggiorata.

**G**

1. Giorgio e Cinzia avranno divorziato.
2. I vicini avranno venduto la loro villa.
3. Andrea sarà arrivato in Sud Africa.
4. Silvia si sarà diplomata.
5. Claudia avrà trovato un buon lavoro.
6. Voi avrete fatto la fila per entrare a teatro.
7. I nostri amici avranno ricevuto l'invito.
8. La nostra attrice preferita avrà vinto l'Oscar.

**H**

1. Noi berremo il vino che mio padre avrà imbottigliato.
2. Mia zia servirà un dolce che avrà comprato.
3. I miei cugini giocheranno ai videogiochi che avranno preso in prestito dai loro amici.
4. Noi canteremo le canzoni che la nonna avrà insegnato a noi.
5. Mio zio leggerà gli articoli del giornale che avrà acquistato.
6. Mio padre e io parleremo del nuovo lavoro che avrò trovato.
7. Mia sorella venderà un quadro che lei avrà dipinto.
8. Noi tutti guarderemo un film che avremo noleggiato.

**I**

1. Io non mi sarei mai offeso/a per quello scherzo.
2. Io non avrei mai accettato un appuntamento al buio.
3. Io non mi sarei mai messo/a in viaggio con questo tempaccio.
4. Io non avrei mai fatto l'autostop.
5. Io non avrei mai colto le mele dell'albero dei vicini.
6. Io non avrei mai speso tutti i soldi.
7. Io non mi sarei mai vestita di bianco al matrimonio.
8. Io non avrei mai creduto a quella storia.

**J**

1. Davvero? I tuoi compagni avrebbero fatto l'esame.
2. Davvero? Tua sorella avrebbe dormito al buio.
3. Davvero? Marina avrebbe parlato con il capo.
4. Davvero? Io e Luca ci saremmo lanciati con il paracadute.
5. Davvero? Eleonora e Renata avrebbero discusso con il collega.
6. Davvero? Io avrei risposto.
7. Davvero? Tuo fratello avrebbe guidato di notte.
8. Davvero? Paolo sarebbe sceso dalla scala.
9. Davvero? Sara avrebbe parlato inglese.
10. Davvero? Noi avremmo chiesto un prestito.

**K**

1. Hanno annunciato che il volo sarebbe stato in ritardo.
2. Lorenzo ha promesso che avrebbe smesso di fumare.
3. Il tuo ragazzo ha giurato che si sarebbe alzato presto.
4. La maestra Marta ha detto che mi avrebbe spiegato l'uso del congiuntivo.
5. Voi avete affermato che non avreste esposto denuncia.
6. Il cliente ha detto che avrebbe pagato in contanti.
7. Lo studente ha detto che avrebbe finito la tesi tra un mese.
8. I coniugi Marini hanno detto che avrebbero preso una decisione.

**L**

1. Capivamo che lui non sarebbe partito oggi.
2. Sapevo che lei lo avrebbe detto.
3. Lui era sicuro che tu avresti riparato il suo computer.
4. Il monitor indicava che il treno avrebbe ritardato.
5. Avevano l'impressione che non avremmo finito.

## 9 The Passato Remoto and Trapassato Remoto

**A**

1. ruppe
2. svolsero
3. feci
4. dicemmo
5. fummo
6. vide
7. misero
8. stetti
9. mordeste
10. assunsi
11. venne
12. vollero
13. nacque
14. bevvi
15. seppero

**B**

1. diedi OR detti
2. fui
3. parvi
4. valsi
5. redassi
6. corsi
7. presi
8. vinsi
9. risposi
10. volli
11. spensi
12. vissi
13. chiusi
14. scrissi
15. caddi

**C**

1. vendei OR vendetti
2. ridussero
3. scelsi
4. bevve
5. ruppi
6. mise
7. finimmo
8. dissero
9. rimasero
10. diedero OR dettero
11. vennero
12. caddero
13. piansi
14. fu OR stette
15. conobbe

**D**

*Gli Etruschi: i primi italiani*

1. popolarono
2. Furono
3. vennero
4. Si organizzarono
5. formarono
6. sviluppò
7. furono
8. cominciarono
9. Riuscirono
10. ebbe
11. iniziò
12. furono
13. trasmisero
14. Praticarono
15. crederono

*Dante: il padre della lingua italiana*

1. nacque
2. vide
3. diventò
4. morì
5. morì
6. divenne
7. sposò
8. cominciò
9. iniziò
10. lavorò
11. compose
12. parlò
13. consigliò
14. venne
15. morì

*Maria Montessori: la madre dell'istruzione italiana*

1. nacque
2. Trascorse
3. decise
4. Si laureò
5. diventò
6. arrivò
7. istruì
8. furono
9. ottennero
10. aprì
11. pubblicò
12. ebbe
13. Visse
14. morì
15. venne

**E**

1. Marco Polo andò in Cina dopo che il padre e lo zio l'ebbero già visitata.
2. Cappuccetto rosso arrivò a casa della nonna dopo che il lupo l'ebbe già mangiata.
3. Galileo Galilei scrisse il *Sidereus Nuncius* dopo che ebbe scoperto i quattro satelliti di Giove.
4. Durante il suo viaggio ultraterreno Dante incontrò molte persone che ebbe conosciuto a Firenze.
5. Cleopatra si fece mordere da una vipera dopo che ebbe saputo della morte di Marco Antonio.
6. L'Italia ebbe già occupato l'Albania quando scoppiò la seconda guerra mondiale.

## 10 Participles

**A**

1. la calata; descent, drop, fall
2. la caduta; fall
3. l'entrata; entrance
4. l'uscita; exit
5. la discesa; descent
6. la salita; ascent, climb
7. la corsa; race, running, haste
8. la passeggiata; stroll
9. la mossa; move (in a game)
10. la fermata; stop

**B**

1. battere; to hit, beat
2. allegare; to attach (a computer file)
3. scommettere; to bet
4. riuscire; to succeed
5. dettare; to dictate
6. riassumere; to summarize
7. stampare; to print
8. soccorrere; to help
9. richiedere; to request
10. raccogliere; to collect, gather

**C**

1. una porta aperta
2. Le finestre sono aperte.
3. La strada è chiusa.
4. negozi chiusi
5. Le mie mani sono gelate.
6. un fiume gelato
7. un campo coltivato
8. Questi campi non sono coltivati.
9. un numero sbagliato

10. Questa risposta è sbagliata.
11. I miei occhiali sono rotti.
12. un piatto rotto

**D**

1. After having seen the situation, the consultant declared that there was nothing that could be done.
2. As soon as they got on board, the passengers went to their staterooms.
3. Having studied the documents, we understood the matter.
4. Once the emigrants returned to Italy, they tried to rebuild their lives.
5. Having fallen into the hands of the police, the thief confessed his crimes.

**E**

| | |
|---|---|
| 1. amando | 9. noleggiando |
| 2. bevendo | 10. pagando |
| 3. chiudendo | 11. producendo |
| 4. comprando | 12. pulendo |
| 5. dicendo | 13. ridendo |
| 6. fornendo | 14. rovesciando |
| 7. iniziando | 15. togliendo |
| 8. mettendo | 16. trovando |

**F**

1. Franco, il ragazzo dell'appartamento accanto, sta studiando.
2. Agnese, la ragazza del piano di sopra, sta facendo il bagno a Luca, il suo bambino.
3. I bambini dell'appartamento 1B stanno giocando a nascondino.
4. Tu e il tuo coinquilino state pulendo l'appartamento.
5. Il portinaio sta smistando la posta.
6. Azzurra e Giovanna, le sorelle del primo piano, stanno preparando la cena.
7. Sara, la studentessa del secondo piano, sta scrivendo un saggio.
8. Il signore anziano dell'ultimo piano sta leggendo il giornale.
9. La famiglia che vive a pianoterra sta cenando.
10. Io sto spiando tutti.

**G**

1. Patrizia è la signora che sta chiacchierando con tutti.
2. I miei zii sono la coppia che sta bevendo lo spumante.
3. Il Professor Vettori è l'uomo che sta leggendo la *Divina Commedia*.
4. I genitori di Gianluca sono la signora e il signore che stanno ballando.
5. Il mio capo è il signore che sta fumando la pipa.
6. I miei vicini sono i signori anziani che stanno portando a spasso il cane.
7. Il sindaco è il signore che sta parlando al microfono.
8. Il mio medico è l'uomo che si sta mettendo il camice bianco.

**H**

1. Lui stava tornando a casa.
2. Loro stavano guardando la TV.
3. Mia moglie stava leggendo un libro.
4. I miei figli stavano dormendo.
5. Mia suocera stava giocando a carte con la vicina.
6. Lui stava spazzando il cortile.
7. Lei stava parlando al telefono.
8. Lui stava mangiando.

**I**

1. Essendo in anticipo, prendo i posti sul treno.
2. Scendendo le scale, Fausto è caduto e si è fatto male.
3. Lavandomi i capelli, mi accorgo che ne perdo molti.
4. Tornando a casa, Lisa e i suoi figli hanno visto un incidente.
5. Vivendo in Italia, mangiamo spesso la pasta fatta in casa.
6. Mangiando sano e facendo esercizio fisico, vi sentirete meglio.
7. Riordinando la mia stanza, ho trovato l'anello che mi avevi regalato.
8. Lavorando di notte, dormo molto durante il giorno.
9. Viaggiando molto, Vittoria ha occasione di provare una grande varietà di cibi.
10. Pensando a Giulietta, Romeo era felice.

## **11** The Passive Voice

**A**

1. La carrozzeria è stata rifatta.
2. Il finestrino è stato cambiato.
3. La frizione è stata aggiustata.
4. La portiera anteriore è stata riattaccata.
5. I fari sono stati installati.
6. Le ruote sono state raddrizzate.
7. La targa è stata pulita.
8. Il parafango è stato sostituito.

**B**

1. Tutta la città celebrerà la festa di Santa Rosa.
2. Molti potevano ascoltare il concerto.
3. Chi ha scritto la *Divina Commedia*?
4. La giuria ha premiato la migliore attrice.
5. Il datore di lavoro dovrebbe firmare il contratto.
6. La vittima ha individuato il colpevole.
7. Gli italiani usano molte parole straniere.
8. Le famiglie e alcuni amici festeggeranno il matrimonio.
9. In passato i barbieri curavano i denti.
10. Leonardo Da Vinci dipinse *la Gioconda*.

**C**

1. Un nuovo lettore di inglese sarà selezionato.
2. La segretaria sarà licenziata.
3. Tutte le aule saranno ridipinte.
4. Il pratino sarà tagliato.
5. Le nuove liste dei libri saranno presentate.
6. I nuovi computer per il laboratorio linguistico saranno acquistati.
7. Le pagelle saranno firmate.
8. Le riunioni genitori-insegnanti saranno organizzate.
9. I genitori di Gabriele Rossi saranno informati della sospensione.
10. Lo stipendio sarà dato agli insegnanti.

**D**

1. Il patto di servizio viene firmato dalle persone che cercano lavoro.
2. I loro dati vengono messi dalla segretaria in un elenco anagrafico.
3. La scheda personale del disoccupato viene inserita dall'ufficio nel sistema informativo.
4. Il sistema viene consultato dalle aziende pubbliche e private.
5. I candidati vengono selezionati e scelti dalle aziende.
6. Il candidato prescelto viene contattato dalle aziende.
7. Un colloquio o un'offerta di lavoro vengono garantiti dai centri per l'impiego entro sei mesi.
8. Il centro per l'impiego più vicino viene contattato dalle persone interessate.

**E**

1. Quando si va a Napoli, si mangia la vera pizza.
2. In questa città si vive bene.
3. Come si fa ad arrivare in tempo?

4. Per fare il tiramisù si aggiunge il mascarpone.
5. Non si sa chi sarà il prossimo presidente.
6. Per arrivare a Orvieto si prende l'autostrada.
7. In Italia si mangia l'insalata per contorno.
8. In Spagna si cena molto tardi.

**F**

1. In questo paese la gente lavora moltissimo.
2. Se non superi l'esame di guida, puoi riprovare dopo un mese.
3. In Italia uno mangia bene.
4. Dicono che presto nevicherà.
5. La gente ha mangiato e bevuto molto al matrimonio.
6. Se solo uno potesse dire sempre la verità!
7. Se mangi dolci prima di andare a letto, non dormi bene.
8. Quando uno viaggia, spende molti soldi.

**G**

1. Cercansi autisti.
2. Vendesi villa con piscina.
3. Cercasi personale a tempo pieno.
4. Acquistansi vecchi mobili.
5. Cercansi traduttori.
6. Vendonsi appartamenti.
7. Cedesi attività.
8. Regalansi cuccioli.

**H**

1. Questo articolo si vende nei migliori negozi.
2. La nuova università si inaugura domani.
3. Gli assegni non si accettano.
4. La partita di calcio si guarda la domenica con gli amici.
5. Questa lingua si impara facilmente.
6. Queste cose si pagano a caro prezzo.
7. I compiti si fanno prima di cena.
8. Le leggi si rispettano.
9. Un appartamento ammobiliato non si trova facilmente.
10. La macchina in città non si usa molto.

## 12 The Infinitive

**A**

1. I Girardi possono dormire fino a tardi il primo giorno dell'anno.
2. Per l'Epifania Luigi e Graziella amano portare Pietro e Alice a piazza Navona a Roma per vedere la Befana.
3. Alice vuole vestirsi / si vuole vestire da principessa a Carnevale.

4. Nonna Selene deve cucinare l'agnello e le patate al forno per il pranzo di Pasqua.
5. A Pasquetta Pietro preferisce andare al lago con gli amici.
6. Il primo maggio gli italiani non devono lavorare.
7. Quest'anno per Ferragosto la famiglia Girardi desidera fare una vacanza all'estero.
8. Nonna Selene intende mettere dei fiori sulla tomba di nonno Renzo il 2 novembre.
9. Alice non può mangiare pesce la vigilia di Natale perché è allergica.
10. Il 31 dicembre i Girardi desiderano guardare i fuochi d'artificio.

**B**

| | |
|---|---|
| 1. a | 6. a OR ad |
| 2. a, a | 7. X |
| 3. a OR ad | 8. a |
| 4. X | 9. a |
| 5. a | 10. a |

**C**

1. Il professore ci incoraggia a leggere un libro a settimana.
2. Preferisco fare i compiti al computer.
3. Claudio si esercita a leggere racconti in inglese.
4. Gianna e Patrizia si annoiano a studiare chimica.
5. Gli studenti desiderano organizzare un'assemblea per discutere alcuni problemi.
6. Sua sorella lo aiuta a ripassare la lezione di latino.
7. Io e Giacomo dobbiamo fare una ricerca sul Barocco.
8. Tu continui a prendere brutti voti in algebra.
9. Non so se riesco a finire gli esercizi di francese per domani.
10. La professoressa si ostina a/ad assegnare troppi compiti.

**D**

1. Mi accorgo di non avere i soldi per l'autobus.
2. Loryn pensa di organizzare una festa per la sua laurea.
3. La nonna va a fare la spesa al supermercato.
4. Noi abbiamo voglia di andare al cinema.
5. Voi riuscite a finire di scrivere il saggio?
6. Comincia a piovere.
7. Zio Francesco smette di fumare domani.
8. Lisa e Sara si fermano a prendere un caffè dopo la lezione.

9. Mi abituo a svegliarmi presto.
10. Giorgio si rende conto di essere il più bravo della classe.

**E**

1. Bisogna persuaderle a partecipare di più.
2. Bisogna proporgli di andare in città.
3. Bisogna dirle di studiare di più.
4. Bisogna pregarlo di restare sveglio.
5. Bisogna impedirgli di litigare.
6. Bisogna sconsigliarle di farlo.
7. Bisogna chiederle di restituirli.
8. Bisogna convincerli a non smettere.

**F**

1. Il nonno ha convinto suo nipote Arturo a non lasciare il lavoro.
2. Chiara ha chiesto a suo padre di comprarle una bicicletta.
3. Zia Marina ha insegnato ai suoi nipoti a usare il computer.
4. La nonna ha perdonato sua nipote Elisa di avere dimenticato il suo compleanno.
5. I genitori hanno proibito alla loro figlia Giulietta di uscire con Romeo.
6. Giulietta ha supplicato i suoi genitori di cambiare idea.
7. Marina ha invitato i suoceri a trascorrere un fine settimana al lago.
8. Enzo ha rimproverato i figli di essere tornati a casa tardi.
9. Noi abbiamo promesso alla compagna di nostro padre di rientrare a casa presto.
10. Federica ha permesso alla sua sorellastra di giocare con le sue bambole.

**G**

| | |
|---|---|
| 1. di | 6. a |
| 2. a | 7. a |
| 3. X | 8. X |
| 4. X | 9. di |
| 5. di | 10. X |

**H**

1. Marica e Davide escono a fare spese.
2. Io resto a riposare.
3. Claudia e Simona desiderano visitare i castelli.
4. Alessandro e Adriana preferiscono andare a mangiare qualcosa.
5. Tu e tuo fratello vi fermate a vedere il Duomo.
6. Noi andiamo a fare una gita a Pompei ed Ercolano.

7. Maria Clara entra a vedere il Museo Archeologico Nazionale.
8. Paola e Carla vanno a fare il bagno al mare.
9. Giovanna sale a cambiarsi.
10. Voi vi divertite a osservare la creatività dei napoletani.

**I**

1. Ho appena parlato con Mirco.
2. Ha detto che ha paura di essere bocciato.
3. Vuole lasciare il liceo.
4. Ha detto che ha voglia di lavorare e guadagnare soldi.
5. Ho detto a Mirco che si pentirà della sua decisione.
6. È in grado di ricevere buoni voti.
7. Se si impegna a studiare, può ancora essere promosso.
8. Sfortunatamente, ha deciso di lasciare la scuola.
9. Ho intenzione di parlare con Mirco la settimana prossima.
10. Cercherò di convincerlo ancora a non lasciare la scuola.

**J**

| | |
|---|---|
| 1. di | 6. a |
| 2. di | 7. di |
| 3. di | 8. a |
| 4. a | 9. a |
| 5. di | 10. a |

**K**

1. La mamma fa mangiare gli spinaci al bambino.
2. Il marito fa cucinare la bistecca alla moglie.
3. La moglie fa lavare i piatti al marito.
4. Il padre fa lavare la macchina al figlio.
5. Il ragazzo fa prendere la palla al cane.
6. La nonna fa buttare l'immondizia al nipote.
7. Lo zio fa controllare la macchina al meccanico.
8. La zia fa cogliere i fiori alla nipotina.
9. I vicini fanno tagliare il pratino al giardiniere.
10. Tu fai spedire la lettera alla postina.

**L**

1. Bisogna farla rifare.
2. Bisogna farlo cambiare.
3. Bisogna farla aggiustare.
4. Bisogna farla riattaccare.
5. Bisogna farli installare.

6. Bisogna farle raddrizzare.
7. Bisogna farla pulire.

**M**

1. The mother has her children set the table.
2. Mr. Marini has the gardener cut down the tree.
3. I have the shoemaker repair my shoes.
4. The director has the choir sing.
5. The comedy makes the people laugh.
6. We are having some dollars changed to euros.
7. Parents make many young people angry.
8. I have my professor write the letter of recommendation.
9. Onions make the cook cry.
10. The teacher is making the elementary school children paint.

---

## II  Nouns and Their Modifiers; Pronouns

### 13  Nouns and Articles

**A**

1. la penna / le penne
2. il quaderno / i quaderni
3. la matita / le matite
4. il libro / i libri
5. la gomma / le gomme
6. la lavagna / le lavagne
7. il banco / i banchi
8. la sedia / le sedie
9. l'orologio / gli orologi
10. il calendario / i calendari
11. il vocabolario / i vocabolari
12. la biblioteca / le biblioteche
13. la mensa / le mense
14. il compito / i compiti
15. la maestra / le maestre
16. il gesso / i gessi
17. il cestino / i cestini
18. l'aula / le aule
19. la cartina / le cartine
20. lo zaino / gli zaini

**B**

| | |
|---|---|
| 1. una chiesa | 7. una scuola |
| 2. una farmacia | 8. uno stadio |
| 3. un asilo | 9. un'edicola |
| 4. una casa | 10. uno zoo |
| 5. un palazzo | 11. una fontana |
| 6. un albero | 12. una banca |

13. una pizzeria
14. un'enoteca
15. un ufficio postale
16. una piscina
17. una biblioteca
18. un'università
19. un monumento
20. un parcheggio

**C**

1. gli alberghi
2. gli autobus
3. le ciliegie
4. i sociologi OR
   i sociologhi
5. le bugie
6. le spiagge
7. gli uffici
8. i tè
9. gli autori
10. le idee
11. gli specchi
12. gli esami
13. le logge
14. le stazioni
15. i cataloghi
16. i lacci
17. gli affreschi
18. gli aghi
19. le pance
20. le effigie

**D**

1. No, ho solo uno zio.
2. No, ho solo una pelliccia.
3. No, cerco solo uno pneumatico.
4. No, voglio vedere solo un film.
5. No, ho solo un collega.
6. No, ha solo una cuccia.
7. No, ho solo una moto.
8. No, ho solo un amico.
9. No, voglio comprare solo uno stereo.
10. No, cerco solo uno zaino.

**E**

1. a
2. b
3. b
4. a
5. a
6. b
7. a
8. b
9. a
10. b

**F**

1. —Ha della mozzarella?
   —No, signora. Non c'è più mozzarella.
2. —Ha delle olive verdi?
   —No, signora. Non ci sono più olive verdi.
3. —Ha dello stracchino?
   —No, signora. Non c'è più stracchino.
4. —Ha delle acciughe?
   —No, signora. Non ci sono più acciughe.
5. —Ha dell'insalata di mare?
   —No, signora. Non c'è più insalata di mare.
6. —Ha del salame?
   —No, signora. Non c'è più salame.
7. —Ha del tonno?
   —No, signora. Non c'è più tonno.
8. —Ha della mortadella?
   —No, signora. Non c'è più mortadella.

9. —Ha dei sottaceti?
   —No, signora. Non ci sono più sottaceti.
10. —Ha degli arancini?
    —No, signora. Non ci sono più arancini.

**G**

1. Io ho trovato del pesce fresco, ma non ho trovato frutti di mare.
2. Giovanna ha preso dello zucchero, ma non ha preso sale.
3. Claudia e Marica hanno comprato delle fragole, ma non hanno comprato ciliegie.
4. Tu e Cristina avete trovato dei funghi porcini, ma non avete trovato tartufi.
5. Io e Manuela abbiamo comprato degli spaghetti, ma non abbiamo comprato riso.
6. Ilenia e Letizia hanno preso della ricotta, ma non hanno preso parmigiano.
7. Tu hai comprato della gassosa, ma non hai comprato Coca cola.
8. Fabio ha preso del pane, ma non ha preso burro.

**H**

1. —È pollo?
   —No, è del tacchino.
2. —Sono spaghetti?
   —No, sono delle fettuccine.
3. —È mozzarella?
   —No, è della burrata.
4. —Sono cipolle fritte?
   —No, sono calamari fritti.
5. —È vino?
   —No, è dello spumante.
6. —È tonno?
   —No, è del salmone.
7. —È Coca cola?
   —No, è del chinotto.
8. —È crema?
   —No, è della panna da cucina.
9. —Sono zucchine?
   —No, sono delle melanzane.
10. —È gassosa?
    —No, è dell'acqua minerale.

**I**

1. delle, dei
2. del
3. del
4. della
5. del, dei
6. degli
7. degli, dei
8. dei
9. del, del
10. dell'

**J**

1. —Lui è orafo.
   —E sua moglie?
   —Anche lei è orafa.
2. —Lui è consulente.
   —E sua moglie?
   —Anche lei è consulente.
3. —Lui è maestro.
   —E sua moglie?
   —Anche lei è maestra.
4. —Lui è pittore.
   —E sua moglie?
   —Anche lei è pittrice.
5. —Lui è parrucchiere.
   —E sua moglie?
   —Anche lei è parrucchiera.
6. —Lui è scultore.
   —E sua moglie?
   —Anche lei è scultrice.
7. —Lui è tappezziere.
   —E sua moglie?
   —Anche lei è tappezziera.
8. —Lui è assistente.
   —E sua moglie?
   —Anche lei è assistente.
9. —Lui è psicologo.
   —E sua moglie?
   —Anche lei è psicologa.
10. —Lui è ricercatore.
    —E sua moglie?
    —Anche lei è ricercatrice.

**K**

1. un docente
2. un compositore
3. un giardiniere
4. un cuoco
5. un cameriere
6. un modello
7. un arredatore
8. uno psichiatra

**L**

1. X, X
2. la
3. X, il
4. Un, un
5. X
6. una
7. la
8. uno
9. gli, X
10. il
11. i
12. X
13. X
14. Il
15. X, X
16. L'
17. X, il
18. I, i

**M**

1. (Lei) ha ballato con eleganza.
2. (Lui) ha ascoltato con attenzione.
3. (Loro) hanno risposto senza pudore.
4. (Io) sono andato in moto senza paura.
5. (Lei) gli ha parlato con tenerezza.
6. (Lui) ha insegnato con entusiasmo.
7. (Tu) hai guidato senza prudenza.
8. (Loro) hanno agito con discrezione.
9. (Lei) ha cantato con passione.
10. (Lui) ha risposto con disprezzo.

**N**

1. sull'
2. degli
3. nella
4. dai
5. allo
6. sulle
7. negli
8. del
9. alla
10. dall'

**O**

1. dalle, alle
2. del
3. all'
4. al
5. della
6. del
7. nella
8. negli
9. alla
10. sul

## 14 Adjectives

**A**

1. Anche questa birra è molto amara.
2. Anche la mia vicina è antipatica.
3. Anche questa scultura è antica.
4. Anche questa focaccia è buona.
5. Anche sua sorella è bionda.
6. Anche la sua segretaria è molto discreta.
7. Anche la colonna sonora è sensazionale.
8. Anche sua zia è argentina.
9. Anche la sua gatta è siamese.
10. Anche mia cugina è magra.

**B**

1. un racconto divertente
2. la lingua greca
3. un risultato logico
4. l'opinione pubblica
5. uno zaino leggero
6. una carne squisita
7. una verifica facile
8. una madre nervosa
9. un paese tranquillo
10. una scadenza inderogabile
11. figlia unica
12. un monumento famoso

**C**

1. Devo dare molti esami orali.
2. Ci sono molti palazzi antichi in questa città.
3. Ho imparato molte parole nuove.

4. Lui ha scritto molti romanzi avvincenti.
5. Ho provato molti formaggi francesi.
6. Ci sono molte uova fresche nel frigorifero.
7. Loro hanno fatto molti viaggi rilassanti.
8. Ho molti amici simpatici.
9. Conosco molti ristoranti greci in città.
10. Abbiamo molti esami finali oggi.

**D**
1. Ecco i profumi francesi.
2. Ecco i dizionari spagnoli.
3. Ecco i formaggi cremosi.
4. Ecco le cinte marroni.
5. Ecco gli impermeabili beige.
6. Ecco gli orologi subacquei.
7. Ecco i romanzi gialli.
8. Ecco le macchine decappottabili.
9. Ecco i computer portatili.
10. Ecco i navigatori economici.

**E**
1. attuale, attuale, attuali
2. internazionali, internazionali, internazionale
3. femminista, femministi, femministe
4. greco, greca, greche
5. religiosa, religiosi, religiose
6. classica, classici, classico
7. europea, europeo, europee
8. straniere, straniera, stranieri
9. inalienabile, inalienabile, inalienabili
10. barocca, barocchi, barocche

**F**
1. il mio vecchio professore
2. un mio caro amico
3. un libro grande
4. Un vero dramma
5. una classe unica
6. paesi poveri
7. una valigia leggera
8. stesso volo
9. diverse persone
10. una buona amica

**G**
1. dei libri vecchi
2. una casa vecchia
3. una lezione difficile
4. degli esercizi difficili
5. un'università nuova OR delle università nuove
6. delle proposte nuove
7. una chiesa antica

8. dei mosaici antichi
9. una sessione unica
10. dei pezzi unici

**H**
1. La scorsa settimana ho incontrato un mio vecchio collega.
2. Aveva lo stesso completo/vestito e gli stessi occhiali.
3. Mi ha detto che non è più un semplice impiegato.
4. Adesso è il nuovo caporeparto.
5. Sono felice per lui perché è sempre stato un buon amico per me.
6. E sebbene adesso viviamo in città diverse e abbiamo lavori diversi.
7. Possiamo passare del tempo insieme e giocare a tennis nello stesso centro sportivo dove giocavamo.
8. I veri amici sono difficili da trovare, e quando li troviamo, dovremmo cercare di tenerli.

**I**
*Answers will vary.*

**J**
1. Sant'Antonio
2. un buon amico
3. una bella casa
4. una grande famiglia
5. San Paolo
6. un buono studente
7. un bell'uomo
8. un buon padre
9. un gran premio
10. una buona idea

**K**
1. Io sono più intelligente di mio fratello. Mio fratello è meno intelligente di me.
2. Miriam è più socievole di Daniela. Daniela è meno socievole di Miriam.
3. Il museo di arte moderna è migliore del museo di storia naturale. Il museo di storia naturale è peggiore del museo di arte moderna.
4. Il tuo appartamento è più spazioso dell'appartamento di Michele. L'appartamento di Michele è meno spazioso del tuo appartamento.
5. Il film francese è più noioso del film inglese. Il film inglese è meno noioso del film francese.

6. Tuo fratello è più grande di tua sorella.
Tua sorella è più piccola di tuo fratello. OR
Tua sorella è meno grande di tuo fratello.
7. I vestiti di seta sono più eleganti dei vestiti
di lino. I vestiti di lino sono meno eleganti
dei vestiti di seta.
8. L'Islanda è più piccola dell'Italia. L'Italia
è meno piccola dell'Islanda.

**L**

1. Daniele parla più lentamente di Alessio.
Alessio parla meno lentamente di Daniele.
Alessio non parla (tanto) lentamente quanto
Daniele.
2. Tu studi più assiduamente di noi. Noi
studiamo meno assiduamente di te. Noi non
studiamo (tanto) assiduamente quanto te.
3. Mio padre risolve i problemi più facilmente
di mia madre. Mia madre risolve i problemi
meno facilmente di mio padre. Mia madre
non risolve i problemi (tanto) facilmente
quanto mio padre.
4. Loro agiscono più onestamente di voi. Voi
agite meno onestamente di loro. Voi non
agite (tanto) onestamente quanto loro.
5. Tua figlia ascolta più attentamente di mia
figlia. Mia figlia ascolta meno attentamente
di tua figlia. Mia figlia non ascolta (tanto)
attentamente quanto tua figlia.
6. Il pianista suona più dolcemente del
violinista. Il violinista suona meno
dolcemente del pianista. Il violinista non
suona (tanto) dolcemente quanto il pianista.
7. L'avvocato si comporta più educatamente
del giudice. Il giudice si comporta meno
educatamente dell'avvocato. Il giudice non
si comporta (tanto) educatamente quanto
l'avvocato.
8. Lei capisce il francese meglio di me.
Io capisco il francese peggio di lei. Io non
capisco il francese (tanto) bene quanto lei.

**M**

1. La lezione di chimica è (tanto/così) difficile
quanto/come la lezione di algebra.
2. I tortellini sono (tanto/così) buoni quanto/
come i ravioli.
3. Lucia è (tanto/così) intelligente quanto/come
Rossella.
4. La mia macchina è (tanto/così) vecchia
quanto/come la tua macchina.
5. Dipingere è (tanto/così) rilassante quanto/
come leggere.

6. Riccardo è (tanto/così) modesto quanto/
come Paolo.
7. La piscina di Billy è (tanto/così) grande
quanto/come la vostra piscina.
8. Il gatto di Gianluca è (tanto/così) affettuoso
quanto/come la gatta di Valerio.

**N**

| | |
|---|---|
| 1. che | 9. che |
| 2. di quanto | 10. che |
| 3. che | 11. che |
| 4. dell' | 12. che |
| 5. di quanto | 13. come |
| 6. degli | 14. dell' |
| 7. che | 15. del |
| 8. quanto | |

**O**

1. Rossana è la studentessa più intelligente.
2. Fabiana e Ilia sono le studentesse più
studiose.
3. Emanuela e Laura sono le studentesse meno
ambiziose.
4. Gianluca, Ambra e Annalisa sono gli
studenti più simpatici.
5. Alessandra è la studentessa meno distratta.
6. Agnese è la studentessa meno timida.
7. Luciano è lo studente più serio.
8. Filippo e Gianpiero sono gli studenti meno
attenti.

**P**

1. Mamma mia! La barca di Andrea è
grandissima.
2. È vero. So anche che è una barca
supercostosa.
3. Sì, ma se la può permettere. I suoi genitori
sono straricchi.
4. Davvero? E che lavoro fanno? Sono
supercuriosa.
5. Sono entrambi chirurghi plastici
famosissimi.
6. Adesso capisco perché sembrano entrambi
giovanissimi per la loro età.
7. Hai ragione. E che mi dici del naso di Elisa?
Ti ricordi che aveva un naso bruttissimo.
8. È vero. Adesso invece ha un naso alla
francese superdelicato.
9. Comunque i soldi non fanno la felicità.
Io sono soddisfattissima anche così.
10. Sono d'accordo, sono l'amore e la salute
a renderci strafelici.

**Q**

1. Lì c'è il museo più importante della città.
2. Qui vicino c'è l'università più prestigiosa della regione.
3. Questa è la via più larga della città.
4. In questa via ci sono i negozi più eleganti della zona.
5. Tra il negozio di abbigliamento e il bar c'è il ristorante più buono / il miglior ristorante della città.
6. Al centro della piazza c'è la torre più alta della regione.
7. Tra un po' vi faccio vedere lo stadio più grande della regione.
8. In questo museo c'è l'anello più prezioso del paese.
9. In cima alla collina c'è il parco più esteso della città.
10. All'interno del parco c'è la fontana più barocca del paese.

**R**

1. È il poema più conosciuto della letteratura europea.
2. È il dramma più rappresentato dell'anno.
3. È la commedia più applaudita del teatro nazionale.
4. È la raccolta di racconti più venduta del paese.
5. È il poeta più letto del secolo.
6. È l'autore più originale del decennio.
7. È il drammaturgo più apprezzato della nostra epoca.
8. È il romanzo più tradotto della letteratura moderna.

**S**

1. (Io) leggo (di) più di mia sorella.
2. Loro sanno meno di noi.
3. Lorenzo si lamenta (tanto) quanto sua moglie.
4. (Tu) hai più DVD di Valerio.
5. Angela vede meno film di Sabrina.
6. Abbiamo più di diecimila libri nella nostra biblioteca.
7. La partita è stata più avvincente di quanto si aspettassero / si aspettavano.
8. Giulio è il miglior programmatore dell'azienda.
9. Questa è la spiaggia più bella del paese.
10. Voi abitate nella piazza più elegante della città.

**T**

1. Today, I don't want to see anyone, least of all him.
2. This morning, I felt better and went out.
3. Now more than ever, there's a need for unity in the country.
4. He loves his work more than anything.
5. Why are they complaining so much? There are people who are worse off than they are.

**U**

| | |
|---|---|
| 1. di | 6. a, a |
| 2. di | 7. di, a |
| 3. di | 8. di |
| 4. di | 9. a |
| 5. di | 10. di |

## 15 Object Pronouns

**A**

1. Patrizia li guarda.
2. Patrizia lo prova.
3. Patrizia non lo prende.
4. Patrizia la prova.
5. Patrizia la compra.
6. Patrizia li cerca.
7. Patrizia li prende.
8. Patrizia li guarda.
9. Patrizia li prova.
10. Patrizia lo paga.

**B**

1. Lo potete mettere in salotto. / Potete metterlo in salotto.
2. Lo potete montare in camera di mio figlio. / Potete montarlo in camera di mio figlio.
3. La potete portare di sotto. / Potete portarla di sotto.
4. La potete lasciare in soggiorno. / Potete lasciarla in soggiorno.
5. Li potete spostare in sala da pranzo. / Potete spostarli in sala da pranzo.
6. Li potete mettere nell'armadio. / Potete metterli nell'armadio.
7. La potete montare nello studio. / Potete montarla nello studio.
8. Lo potete portare in camera mia e di mio marito. / Potete portarlo in camera mia e di mio marito.

**C**

1. No, non ti posso accompagnare. / No, non posso accompagnarti.
2. No, non ti posso aspettare. / No, non posso aspettarti.
3. No, non la posso aspettare. / No, non posso aspettarla.
4. No, non li posso chiamare. / No, non posso chiamarli.
5. No, non vi posso invitare. / No, non posso invitarvi.
6. No, non la posso ascoltare. / No, non posso ascoltarla.
7. No, non lo posso guardare. / No, non posso guardarlo.
8. No, non le posso cercare. / No, non posso cercarle.

**D**

1. Lo chiama Giancarlo.
2. Le scrive Graziella.
3. Li fanno Pietro e Alice.
4. Le contatta Roberto.
5. Lo fa Francesco.
6. Lo realizzate voi.
7. Li assume il capo.
8. Lo crea Giorgio.
9. Li paga l'azienda.
10. Li gettiamo noi.

**E**

1. L'ha già mandato.
2. L'ha già creato.
3. L'ha già chiamato.
4. Li hanno già fatti.
5. Li abbiamo già distrutti.
6. Le ha già contattate.
7. L'ha già fatto.
8. L'hanno già firmato.
9. Li hanno già controllati.
10. Li ha già assunti.

**F**

1. Gli diamo dei soldi. / Diamo loro dei soldi.
2. Antonella mi mostra i quadri.
3. Gli ho scritto un'e-mail. / Ho scritto loro un'e-mail.
4. I Giannini gli prestano la macchina. / I Giannini prestano loro la macchina.
5. Le regalo una collana.
6. Gli mandate un pacco. / Mandate loro un pacco.
7. Il mio cane mi porta le ciabatte.

8. Marcello le ha dato il suo numero di telefono.
9. Il professore gli ha spiegato la rivoluzione industriale. / Il professore ha spiegato loro la rivoluzione industriale.
10. La mamma le ha letto una fiaba.

**G**

1. Bisogna chiedergli se può occuparsi della cerimonia.
2. Bisogna dargli l'acconto.
3. Bisogna telefonargli. / Bisogna telefonare loro.
4. Bisogna ordinarle i fiori.
5. Bisogna pagargli l'abito da sposa. / Bisogna pagare loro l'abito da sposa.
6. Bisogna restituirgli i soldi. / Bisogna restituire loro i soldi.
7. Bisogna parlargli del viaggio di nozze.
8. Bisogna ricordargli che non si deve stressare.

**H**

1. Noi le abbiamo cantato "Tanti auguri a te".
2. Noi gli abbiamo fatto una festa a sorpresa.
3. Il padre le ha comprato un cavallo bellissimo.
4. La maestra Marta gli ha insegnato la grammatica italiana.
5. Daniela gli ha detto di fare pace. / Daniela ha detto loro di fare pace.
6. La mamma di Rita gli ha dato una medicina.
7. Manuela le ha prestato il suo.
8. La maestra Marta ci ha spiegato le tabelline.
9. Noi le abbiamo mandato dei fiori.
10. Manuela gli ha mandato un messaggio su Facebook. / Manuela ha mandato loro un messaggio su Facebook.

**I**

1. No, non ci pranzano mai.
2. No, non ci vengono mai.
3. No, non ci viaggiamo mai.
4. No, non ci mangio mai.
5. No, non ci dormiamo mai.
6. No, non ci guida mai.
7. No, non ci giocano mai.
8. No, non ci va mai.
9. No, non ci studio mai.
10. No, non ci resta mai.

**J**

1. Devi rinunciarci. / Ci devi rinunciare.
2. Devi crederci. / Ci devi credere.
3. Devi rifletterci. / Ci devi riflettere.

4. Devi provarci. / Ci devi provare.
5. Devi andarci. / Ci devi andare.
6. Devi tornarci. / Ci devi tornare.
7. Devi venirci. / Ci devi venire.
8. (Io) devo pensarci. / Ci devo pensare.

**K**

1. Sì, ne è ricca. / No, non ne è ricca.
2. Sì, se ne vanta. / No, non se ne vanta.
3. Sì, ne ho paura. / No, non ne ho paura.
4. Sì, ne parlo spesso. / No, non ne parlo spesso.
5. Sì, ne sono fiancheggiate. / No, non ne sono fiancheggiate.
6. Sì, ne sono piene. / No, non ne sono piene.
7. Sì, ne vale la pena. / No, non ne vale la pena.
8. Sì, ne discuto. / No, non ne discuto.

**L**

1. No, ne ha due.
2. No, ne guadagna mille e ottocento.
3. No, ne devono leggere cinquanta.
4. No, ne abbiamo camminati quattro.
5. No, ne devo pagare centotrenta.
6. No, ne ha tre.
7. No, ne ha settanta.
8. No, ne abbiamo undici.

**M**

1. Ne hanno avuti due.
2. Ne ha acquistate tre.
3. Ne ha adottati quattro.
4. Ne ha visti molti.
5. Ne hanno fatti cinque.
6. Ne ha visti ventisei.
7. Ne ha bevuto un litro.
8. Ne ha dati dieci.

**N**

1. Ce lo dà il vicino.
2. Gliela indichiamo noi.
3. Gliela presta Giada.
4. Me la spieghi tu.
5. Glieli raccolgo io.
6. Te lo apro io.
7. Glielo regala il suo ragazzo.
8. Me lo ripara Giorgio.
9. Gliele cucina la mamma.
10. Ve lo chiude vostro figlio.

**O**

1. Invece sì, glieli ho già regalati.
2. Invece sì, ce l'ha già spedita.
3. Invece sì, me l'hai già fatto.

4. Invece sì, me l'hanno già detto.
5. Invece sì, gliel'ha già scritta.
6. Invece sì, te l'ho già letto.
7. Invece sì, te le ha già comprate.
8. Invece sì, me l'hai già raccontata.

**P**

1. Glielo possiamo regalare. / Possiamo regalarglielo.
2. Me la puoi prestare? / Puoi prestarmela?
3. Gliela posso cambiare. / Posso cambiargliela.
4. Glielo può prestare Sofia. / Sofia può prestarglielo.
5. Gliela vuole vendere il suo amico. / Il suo amico vuole venABcdergliela.
6. Glielo posso offrire. / Posso offrirglielo.
7. Glielo possono scrivere i suoi amici. / I suoi amici possono scriverglielo.
8. Gliele potete consegnare? / Potete consegnargliele?

**Q**

1. Se li è tolti.
2. Te l'ha chiesta.
3. Gliel'hai data.
4. Se l'è accesa.
5. Se l'è messo.
6. Te l'ha offerto.
7. Gliel'hai chiesto.
8. Te l'ha scritto.
9. Te l'ha restituito.
10. Gliel'hai detto.

**R**

1. se ne infischia
2. non me ne sono pentita
3. se ne approfitta
4. non me ne vergogno
5. me ne dimenticavo
6. ricordarmene

**S**

1. Loro hanno assunto lui, non hanno assunto lei.
2. Il direttore vuole vedere te, non vuole vedere noi.
3. La mamma cerca me, non cerca te.
4. Io ho sposato te, non ho sposato lei.
5. I miei amici stimano me, non stimano te.
6. Tu ascolti me, non ascolti lui.
7. Io aspettavo te, non aspettavo lei.
8. L'avvocato vuole ascoltare me, non vuole ascoltare te.

**T**

1. A me affascina l'arte. A te no.
2. A voi fa impazzire il cinema. A noi no.
3. A lei annoia il calcio. A lui no.
4. A te disgusta il fegato. A lei no.
5. A loro non preoccupa la crisi economica. A me sì.
6. A noi sorprende la corruzione. A voi no.
7. A me fa male la cioccolata. A te no.
8. A lei non piace lo sport. A lui sì.

## 16 Possessive and Demonstrative Adjectives and Pronouns

**A**

1. Ecco la sua macchina.
2. Ecco la nostra calcolatrice.
3. Ecco i suoi DVD.
4. Ecco i miei libri.
5. Ecco il loro cane.
6. Ecco la loro sala riunioni.
7. Ecco la nostra piscina.
8. Ecco il suo zaino.
9. Ecco il suo computer.
10. Ecco il mio portatile.

**B**

1. No, non è la sua moto.
2. No, non sono le loro biciclette.
3. No, non è la sua macchina sportiva.
4. No, non è il suo camion.
5. No, non è la mia barca.
6. No, non è il suo motorino.
7. No, non è la nostra macchina.
8. No, non è il suo autobus.

**C**

1. Emanuela ha donato il suo dizionario scientifico.
2. Riccardo e Simone hanno donato la loro segreteria telefonica.
3. La professoressa di biologia ha donato il suo computer.
4. Io ho donato la mia chiavetta USB.
5. Tu e Alessio avete donato la vostra carta da lettera.
6. Tu hai donato le tue matite.
7. Elena ha donato il suo telefono.
8. Noi tutti abbiamo donato i nostri libri.

**D**

1. La mia sorellina ha tredici anni.
2. Mia madre fa l'insegnante.

3. I miei nonni paterni abitano in Umbria.
4. Il mio babbo è in pensione.
5. Il mio zio simpatico fa il medico.
6. Le mie cugine sono parrucchiere.
7. Mia cognata è molto bella.
8. Mia zia fa la commessa.
9. Il mio fratello gemello è meccanico.
10. La mia nonna materna ama cucinare.

**E**

1. Paolo si è rotto la gamba.
2. (Io) mangio spesso in macchina.
3. (Noi) abbiamo perduto/perso il gatto.
4. Margherita si è tagliata i capelli.
5. Faust ha venduto l'anima al diavolo.
6. Lavati i denti prima di andare a letto.
7. Lo chef si è scottato la lingua.
8. Chiudi gli occhi e apri la bocca.
9. (Loro) si sono trasferiti nella nuova casa.
10. (Tu) hai trovato gli occhiali?

**F**

1. Io ho il cellulare, ma Pietro ha lasciato il suo a casa.
2. Davide ha i dizionari, ma noi abbiamo lasciato i nostri a casa.
3. Cristina ha l'orologio, ma Marica ha lasciato il suo a casa.
4. Tu hai il portafogli, ma Alba ha lasciato il suo a casa.
5. Noi abbiamo le chiavi, ma Alfio e Franca hanno lasciato le loro a casa.
6. Voi avete la valigia, ma Marco e Simone hanno lasciato la loro a casa.
7. I miei amici hanno il passaporto, ma io ho lasciato il mio a casa.
8. Luciano ha la penna, ma voi avete lasciato la vostra a casa.

**G**

1. Le tue sono qui, le loro sono di sotto.
2. La nostra è qui, la sua è di sotto.
3. Il tuo è qui, il suo è di sotto.
4. Le mie sono qui, le sue sono di sotto.
5. Le tue sono qui, le loro sono di sotto.
6. I nostri sono qui, i suoi sono di sotto.
7. Il vostro è qui, il suo è di sotto.
8. La tua è qui, la sua è di sotto.

**H**

1. Ai miei.
2. Nella loro.
3. Dei nostri.
4. Con il mio.
5. Per la loro.
6. Con la nostra.
7. Alla sua.
8. Per il nostro.

**I**

1. Io e Carlo portiamo gli occhiali. I suoi sono vecchi, i miei sono nuovi.
2. Il mio insegnante / La mia insegnante di inglese è simpatico/a, il tuo / la tua è antipatico/a.
3. Lo zaino di Jennifer è rosso, il mio è verde.
4. I vostri esami sono difficili, i nostri sono più difficili.
5. Il saggio di Sara è lungo. Il mio è più lungo.
6. La mia giornata è più corta/breve della loro.
7. L'appartamento di Franco è grande. Il mio è piccolo.
8. La nostra macchina è veloce. La vostra è più veloce.

**J**

1. Mi può dire il prezzo di questo computer, per favore?
2. Mi può dire il prezzo di questi auricolari senza fili, per favore?
3. Mi può dire il prezzo di questa stampante, per favore?
4. Mi può dire il prezzo di questo inchiostro, per favore?
5. Mi può dire il prezzo di questa tastiera, per favore?
6. Mi può dire il prezzo di questo adattatore USB, per favore?
7. Mi può dire il prezzo di questo tappetino mouse, per favore?
8. Mi può dire il prezzo di questi CD registrabili, per favore?

**K**

1. Questi qui o quelli lì?
2. Questo qui o quello lì?
3. Queste qui o quelle lì?
4. Questa qui o quella lì?
5. Questo qui o quello lì?
6. Questi qui o quelli lì?
7. Questo qui o quello lì?
8. Questo qui o quello lì?

**L**

1. No, quella no.
2. No, quello no.
3. No, quella no.
4. No, quelle no.
5. No, quelli no.
6. No, quelle no.
7. No, quella no.
8. No, quello no.

**M**

1. —Chi ha dimenticato questa penna? Adriano?
   —No, è quella di Giorgio.
2. —Chi ha dimenticato questi occhiali? Giosuè?
   —No, sono quelli di Fabiano.
3. —Chi ha dimenticato questi guanti? Clara?
   —No, sono quelli di Ilaria.
4. —Chi ha dimenticato questi quaderni? Franco?
   —No, sono quelli di Maria.
5. —Chi ha dimenticato questo portatile? Matteo?
   —No, è quello di Alessio.
6. —Chi ha dimenticato questo ombrello? Lucia?
   —No, è quello di Rossella.
7. —Chi ha dimenticato questa collana? Agnese?
   —No, è quella di Claudia.
8. —Chi ha dimenticato questo orologio? Alessandro?
   —No, è quello di Manuel.

**N**

1. Non molto. Ma mi piace quello che cucini tu.
2. Non molto. Ma mi piace quella che ascolti tu.
3. Non molto. Ma mi piace quella che guidi tu.
4. Non molto. Ma mi piacciono quelli che porti tu.
5. Non molto. Ma mi piacciono quelli che compri tu.
6. Non molto. Ma mi piacciono quelli che leggi tu.
7. Non molto. Ma mi piacciono quelle che bevi tu.
8. Non molto. Ma mi piacciono quelle che scrivi tu.

---

## III   Other Elements of the Sentence

**17** Numbers; Time; Dates

**A**

| | |
|---|---|
| 1. b | 6. a |
| 2. a | 7. b |
| 3. a | 8. b |
| 4. b | 9. a |
| 5. a | 10. b |

**B**

1. tredicesimo
2. quindicesimo
3. diciassettesimo
4. diciottesimo
5. ventesimo
6. sedicesimo
7. diciannovesimo
8. quattordicesimo

**C**

1. nove e dieci
2. dieci e mezzo OR dieci e mezza OR dieci e trenta
3. undici e quaranta OR mezzogiorno meno venti
4. dodici e un quarto OR dodici e quindici OR mezzogiorno e un quarto OR mezzogiorno e quindici
5. dodici e cinquanta OR mezzogiorno e cinquanta OR l'una meno dieci
6. tredici e venticinque OR l'una e venticinque
7. quattordici e venti OR due e venti
8. quindici e cinquantacinque OR sedici meno cinque OR tre e cinquantacinque OR quattro meno cinque
9. sedici e quarantacinque OR diciassette meno un quarto OR quattro e quarantacinque OR quattro e tre quarti OR cinque meno un quarto
10. venti e trenta OR otto e trenta OR otto e mezzo OR otto e mezza

**D**

1. Parte alle otto e ventidue.
2. Arriva alle ventitré e quaranta.
3. Parte alle quattordici e trenta / e mezzo / e mezza.
4. Arriva alle quindici e cinque.
5. Parte alle diciassette.
6. Arriva alle sedici e cinquantacinque.
7. Parte alle tredici e cinquanta.
8. Arriviamo alle diciotto e quarantacinque.
9. Parte alle diciannove e trentotto.
10. Si arriva alle ventuno e dieci.

**E**

1. Dà lezioni private il venerdì e la domenica.
2. Insegna Dante il lunedì e il giovedì.
3. Si riposa la domenica.
4. Va in biblioteca il martedì e il giovedì.
5. Ha la riunione il martedì.
6. Fa sport il mercoledì e il venerdì.

7. Va in chiesa la domenica.
8. Va in palestra il lunedì e il giovedì.
9. Insegna poesia il martedì.
10. Va al cinema il sabato.

**F**

1. I tuoi figli vanno a scuola in/a luglio? No, non vanno mai a scuola in/d'estate.
2. Tuo marito insegna in/a gennaio? Sì, lui insegna sempre in/d'inverno.
3. Tu e tua sorella andate in ferie in/a marzo? Sì, qualche volta andiamo in ferie in primavera.
4. I tuoi vicini danno feste in/a dicembre? Sì, danno sempre feste in/d'inverno.
5. Il tuo giardino fiorisce in/a novembre? No, il mio giardino non fiorisce mai in/d'autunno.
6. Tu e la tua famiglia sciate in/a febbraio? Sì, noi sciamo spesso in/d'inverno.
7. Noi nuotiamo in piscina in/a ottobre? No, non nuotiamo mai in/d'autunno.
8. Tu vai al mare in/a giugno? Sì, vado sempre al mare in/d'estate.

**G**

1. È andata a Parigi ieri mattina.
2. Presenta la relazione domani sera.
3. Ha cenato con il signor Pacelli ieri sera.
4. Ha l'incontro con la ditta cinese oggi pomeriggio.
5. Telefona alla filiale di Londra domani mattina / domattina.
6. È andata in piscina ieri notte.
7. Pranza con il sindaco domani pomeriggio.
8. Prepara la relazione stanotte.
9. Prende l'aperitivo stasera.
10. Va in cantiere stamattina.

**H**

1. il ventinove maggio millecentosettantasei
2. il nove aprile millequattrocentocinquantaquattro
3. il tre aprile millecinquecentocinquantanove
4. il ventitré marzo milleottocentoquarantotto
5. il cinque maggio milleottocentosessanta
6. il diciassette marzo milleottocentosessantuno
7. il ventotto luglio millenovecentoquattordici
8. il primo settembre millenovecentotrentanove

**I**

*Answers will vary.*

## 18 Adverbs

### A

1. astutamente
2. correttamente
3. possibilmente
4. interamente
5. cortesemente
6. tristemente
7. fortunatamente
8. confusamente
9. frequentemente
10. moralmente
11. praticamente
12. generosamente
13. discretamente
14. evidentemente
15. ovviamente
16. leggermente
17. lungamente
18. precisamente
19. esattamente
20. completamente

### B

1. Sì, lei gli parla nervosamente.
2. Sì, loro gli parlano gentilmente.
3. Sì, lui gli parla onestamente.
4. Sì, loro gli parlano furiosamente.
5. Sì, lei gli parla discretamente.
6. Sì, lui gli parla educatamente.
7. Sì, lei gli parla pazientemente.
8. Sì, io gli parlo confusamente.
9. Sì, noi gli parliamo timidamente.
10. Sì, loro gli parlano allegramente.

### C

1. Tu pronunci male le parole.
2. Stasera le stelle brillano debolmente.
3. Lei mi ha risposto bruscamente.
4. Bisogna leggere i romanzi integralmente.
5. Il tuo collega ci ha spiegato la situazione sommariamente.
6. Marcello mi fa ostinatamente la corte.
7. Devo alzarmi presto domani.
8. L'autobus è lievemente in ritardo.
9. Il calciatore ha lanciato la palla energicamente.
10. Sono fortemente deluso dal Suo comportamento.

### D

1. d
2. b
3. f
4. e
5. h
6. g
7. c
8. a

### E

*Answers will vary.*

### F

1. j
2. d
3. f
4. a
5. h
6. e
7. b
8. i
9. c
10. g

### G

1. È una villa bellissima. Ci sono molti alberi intorno.
2. C'è un giardino dietro.
3. Ci sono anche due file di cipressi davanti.
4. Ci sono la cucina e la sala da pranzo di sotto.
5. Ci sono le camere da letto e due bagni di sopra.
6. Laggiù c'è il paese più vicino.
7. Ma dov'è la proprietaria? Non la vedo da nessuna parte.
8. Forse sta parlando con gli altri potenziali acquirenti fuori.
9. Eccola lì.

### H

1. —Ieri ho cercato il mio orologio dappertutto/dovunque.
   —L'ho visto da qualche parte. Hai cercato di sopra?
2. —Qui piove ogni settimana.
   —Lo so. Vorrei vivere altrove / da qualche altra parte.
3. —Non sono andato/a da nessuna parte mercoledì.
   —Neanch'io. Esco di rado dentro/durante la settimana.
4. —Quattro anni fa insegnavo ogni giorno / tutti i giorni.
   —Adesso insegni tre volte alla settimana, vero?
5. —Gli invitati arriveranno da un momento all'altro.
   —Apparecchio subito la tavola.

### I

1. presto
2. di gran lunga
3. in passato
4. in un attimo
5. fino all'angolo, a sinistra
6. a piedi
7. Da quando, a
8. Da
9. Di solito
10. fin dal mattino

**J**

| | |
|---|---|
| 1. in | 9. di |
| 2. alle | 10. da / fino a |
| 3. in | 11. in |
| 4. a | 12. All' |
| 5. con | 13. Di |
| 6. in | 14. alla |
| 7. Di | 15. in |
| 8. a | |

**K**

1. Cristina's son is only five months old and he already crawls on all fours.
2. When I got back home, the power was out, so I got to the bedroom feeling my way in the dark.
3. I am so tired that I walk dragging my feet.
4. My dog hurt his paw and came back limping.
5. When I was little, I would sit astride my father's back and pretend I was a knight.
6. One time, though, I fell on my face.

## 19 Interrogative Sentences

**A**

1. Quanti anni hai?
2. Dove abiti?
3. Che lavoro fai?
4. Con chi abiti?
5. A che ora ti alzi?
6. Che cosa mangi a pranzo e a cena?
7. Che cosa fai nel tempo libero?
8. Quanti trucchi magici conosci?
9. Dove vai in vacanza?
10. Quando vai in vacanza?

**B**

1. Di dove è? / Di che nazionalità è?
2. Che lavoro fa?
3. Dove vive?
4. Dove lavora? / Per chi lavora?
5. Con chi abita?
6. Dove è nato?
7. Quanti anni ha?
8. Che lavoro fa?
9. Quanti animali domestici ha?
10. Che cosa gli piace fare?
11. Dove vive?
12. Dove lavora? / Che lavoro fa?

13. Che cosa studia?
14. Come va all'università?
15. Quanti fratelli o sorelle ha?
16. Chi era?
17. Di dove era? / Di che nazionalità era?
18. Quando si trasferì dal Vietnam in Francia?
19. Perché andò in Francia?
20. Quale premio vinse? OR Con quale romanzo vinse il prestigioso premio Goncourt?

**C**

1. Quale?
2. Quanti?
3. Quanti?
4. Quante?
5. Per chi?
6. Quanto?
7. Di cosa?
8. Quale?
9. Come?
10. A che ora?
11. Come? / Con che (cosa)?
12. Quando?

**D**

1. Che / Cosa / Che cosa
2. Dove
3. Come / Che / Cosa / Che cosa
4. A che ora / Quando
5. Quale
6. Chi
7. Dove
8. Da dove
9. Quanti
10. Quanti

**E**

1. Chi
2. Come
3. Che / Cosa / Che cosa
4. Quanto
5. Quando
6. Dove
7. Quando
8. Come
9. Che / Cosa / Che cosa
10. A che ora

**F**

1. Quando compriamo i biglietti per l'opera?
2. Perché non li compriamo domani? Dov'è il botteghino?

3. In via Montenapoleone. Quanti biglietti ci servono?
4. Sei. Quanto costano?
5. Cinquanta euro ciascuno. Chi li paga?
6. Ognuno paga (per) il suo biglietto. Che/Quale giorno della settimana andiamo?
7. Sabato. A che ora inizia lo spettacolo?
8. Alle otto. Chi porti con te?
9. Nessuno! Il biglietto è molto costoso! Come ci andiamo?
10. In macchina o in treno. / Con la macchina o con il treno.

**G**

1. Quanto è lungo il fiume Po?
2. Quanto è grande il lago di Garda?
3. Quanti ponti ci sono a Venezia?
4. Quali sono i mari che bagnano l'Italia?
5. Quanto dista Milano da Roma? OR Quanto dista da Roma Milano?
6. Quante regioni ci sono in Italia?
7. Quale è la regione centrale che non è bagnata dal mare?
8. Dove si trova la Mole Antonelliana?

**H**

1. Quale OR Qual
2. Come
3. Come
4. Che
5. Come
6. Che
7. Quale OR Che
8. Che

**I**

1. Per chi sono i fiori?
2. Da quanti anni conosci Anna?
3. In quale palazzo lavora Anna?
4. Di che / Di cosa / Di che cosa parlavate?
5. Di chi è la bicicletta?
6. Per quanto tempo / Per quante ore va in bicicletta Anna?
7. Fino a dove arriva Anna in bicicletta?
8. Di dove è Anna?
9. Per quanti anni ha vissuto a Genova Anna?
10. Da quanto tempo / Da quanti anni state insieme?

**J**

1. b. Che
2. a. Come OR Quanto
3. b. Che
4. a. Che

5. b. Che
6. a. Che
7. a. Che
8. b. Come OR Quanto

**20** Negative and Indefinite Words

**A**

1. Ma che dici? Nessuno ti darà mille euro.
2. Ma che dici? Nessuna ragazza ti reputa il più bello della scuola.
3. Ma che dici? Non prendi mai il massimo dei voti all'esame di inglese.
4. Ma che dici? La tua attrice preferita non ti ha regalato niente/nulla per il tuo compleanno.
5. Ma che dici? Tuo padre non ti regala né una Ferrari né una Maserati.
6. Ma che dici? Non hai ancora finito tutti i compiti per domani.
7. Ma che dici? Non conosci nessuno a Sydney, in Australia.
8. Ma che dici? Non conosci nessuno neanche/ nemmeno/neppure a Toronto, in Canada.
9. Ma che dici? Non andrai da nessuna parte con Rita.
10. Ma che dici? Non hai più ottocento euro in banca.

**B**

1. Nessuno porterà qualcosa da mangiare.
2. Non berremo niente/nulla prima di mangiare.
3. Non ascolteremo né i CD né i dischi.
4. Agnese e Rossana non hanno ancora comprato le patatine.
5. Nessuno canterà le canzoni del karaoke.
6. Non ci sono più sedie disponibili per far sedere gli invitati.
7. Non c'è neanche/nemmeno/neppure un altro tavolo.
8. Nessuno si divertirà.
9. Le nostre feste non sono mai un successo.
10. Dopo la festa, non andremo a festeggiare da nessuna parte.

**C**

1. Io invece non mangio mai molto a colazione.
2. Io invece non bevo né caffè né succo d'arancia.
3. Io invece la mattina ho sempre qualcosa da fare.
4. Io invece esco di casa sempre prima delle 11:00.

5. Io invece non pranzo mai al bar.
6. Io invece il pomeriggio non vado più in palestra.
7. Io invece non prendo l'aperitivo con nessuno.
8. Io invece a cena non vado mai da nessuna parte a mangiare.

**D**
1. —Hai ancora sigarette?
   —Mi dispiace. Non ho più sigarette.
2. —Non porta mai niente quando lo invitiamo a cena.
   —Non invitarlo più. / —Non lo invitare più.
3. —Hai mai parlato con Miriam?
   —No. Non capisce né l'italiano né il francese.
4. —Possiamo offrirLe qualcosa da bere, Signor Contini? Abbiamo una grande selezione di vini.
   —No, grazie. Non bevo mai vino.

**E**
*Answers will vary.*

**F**
1. Qualunque. / Qualsiasi.
2. Qualunque. / Qualsiasi.
3. A qualunque ora. / A qualsiasi ora.
4. Qualunque. / Qualsiasi.
5. Dovunque. / Ovunque.
6. A chiunque.
7. Per qualunque. / Per qualsiasi.
8. Qualunque giorno. / Qualsiasi giorno.

**G**
1. We are both very hungry. Why don't we eat in that restaurant?
2. I don't like that restaurant. Let's go somewhere else.
3. Of course. Do you like this one?
4. Yes, very much so. They have very good fish.
5. What else do they serve?
6. Nothing but fish. If you want meat, we can go to the one near my house. Otherwise, there is another restaurant nearby that serves meat and fish.
7. I wanted something else, but fish is OK.

**H**
1. a
2. b
3. a
4. b
5. b
6. b
7. b
8. a

**I**
1. They don't call him a womanizer for nothing.
2. I am extremely pleased with your project.
3. What happened has nothing to do with you.
4. Lovers come and go. True friends are forever.
5. I need money more than ever.
6. I met my favorite singer, no less.
7. I lost my umbrella. It's all right.
8. I studied so hard for nothing.

**21  Prepositions**

**A**
1. sinonimi
2. antonimi
3. antonimi
4. antonimi
5. sinonimi
6. antonimi
7. antonimi
8. antonimi

**B**
1. Fanno le cose all'ultimo momento.
2. Puoi mangiare pane a volontà.
3. Mi hanno ricevuto a braccia aperte.
4. Legge a voce alta ai bambini.
5. Questa università è a buon diritto / a ragione considerata la migliore del paese.
6. Come puoi studiare al buio?
7. A mio avviso non riuscirà.
8. Si aiutano a vicenda.

**C**
1. a. a lungo andare
   b. A mio avviso
2. a. a bocca aperta
   b. a/alla perfezione
3. a. a bruciapelo, a ogni morte di papa
   b. alla mia età
4. a. a braccia aperte
   b. vicino a

**D**
1. del
2. di OR d'
3. X
4. a
5. di
6. X
7. di
8. di
9. della
10. a

**E**
1. a mano
2. a tinta unita
3. a strisce
4. a quadri

5. che fai di bello
6. di
7. gioielli d'oro e d'argento
8. di mattina
9. prima delle sette di sera
10. a
11. insegnante di italiano
12. a tempo pieno
13. al

**F**

| | |
|---|---|
| 1. b | 6. b |
| 2. a | 7. a |
| 3. a | 8. b |
| 4. b | 9. b |
| 5. a | 10. b |

**G**

1. There's nothing to buy.
2. a type of work handed down from father to son
3. I lived in Paris from 2009 to 2011.
4. This bus goes through downtown.
5. opera glasses
6. a circus horse
7. a restaurant to be avoided
8. a ten-dollar bill

**H**

1. C'è molto da vedere.
2. un segreto tramandato da madre in figlia
3. Lavoro da martedì a sabato.
4. Il futuro passa da qui.
5. un bicchiere da vino
6. un cane da caccia
7. un film da vedere
8. una bistecca da seicento grammi

**I**

| | |
|---|---|
| 1. di | 6. Da |
| 2. Da | 7. di |
| 3. da | 8. da |
| 4. di | 9. da |
| 5. di | 10. di |

**J**

1. There are Italian emigrants all over the world.
2. The police arrived in a flash.
3. If necessary / Should the need arise, I'll ask him for help.
4. How should I alter my program of studies?
5. Our problems are not serious in comparison with those of the other countries.

6. The new model cars are about to arrive.
7. Work is underway / in progress.
8. Under no circumstances will I be responsible for damages.

**K**

| | |
|---|---|
| 1. di | 9. in |
| 2. a, in | 10. da |
| 3. in | 11. Da |
| 4. di | 12. a |
| 5. in | 13. a |
| 6. di | 14. Da |
| 7. di | 15. in |
| 8. in | |

**L**

1. You don't fool around with your health.
2. He answered me resentfully.
3. I saw it with my own eyes.
4. That dog is washing himself with the snow.
5. It's hard to go out with this heat.
6. We work with sharp people.
7. I arrived with my friend.
8. It's a firm with a lot of employees.
9. a house with a garden in back
10. a car with "for sale" written on it
11. It's better to do things calmly.
12. It's useful to begin by explaining the purpose.

**M**

1. They discovered widespread abuse.
2. Ten out of a hundred students failed.
3. The king rules over his people.
4. The university has begun Chinese language classes at the request of the students.
5. I'm not joking—I'm being serious.
6. What do you know about the national debt?

**N**

| | |
|---|---|
| 1. da | 9. sul |
| 2. con | 10. per |
| 3. a, in, con, su | 11. a |
| 4. a, di | 12. con |
| 5. Tra | 13. negli, da |
| 6. di, con | 14. in |
| 7. per | 15. Di |
| 8. con | |

**O**

1. Posso contare su di te?
2. (È) tutto a posto?
3. I bambini hanno mangiato troppi dolci. Sono su di giri.

4. All'età di sedici anni mio zio abitava già da solo.
5. Ogni anno per la vigilia di Natale mia madre prepara uno squisito risotto agli scampi.
6. Perché non andiamo in barca a vela questo fine settimana?
7. Il postino arriva a momenti / da un momento all'altro.
8. Hai saputo della rapina a mano armata? Hanno rubato 35.000 euro.
9. Che fai di bello?
10. John è di Staten Island, ma abita a Portland, in Oregon.

**P**

1. Every good parent bends over backwards for their children.
2. Good luck on your Ph.D. exam.
3. In case of fire, evacuate the building.
4. The train is right on time.
5. The item I wanted to buy is not in stock.
6. Unfortunately, the unemployment rate is on the increase.
7. Are you still renting or have you bought a house?
8. As far as I'm concerned, it is not an issue / a problem.
9. Nothing is forever, not even love.
10. For heaven's sake! You are so cynical!

**Q**

| | |
|---|---|
| 1. simili | 9. diversi |
| 2. diversi | 10. simili |
| 3. simili | 11. simili |
| 4. diversi | 12. simili |
| 5. simili | 13. diversi |
| 6. diversi | 14. diversi |
| 7. simili | 15. simili |
| 8. simili | |

# IV The Complex Sentence and Other Aspects of Usage

## 22 Relative Pronouns and Relative Clauses

**A**

1. Voglio vedere il film francese che è uscito ieri.
2. Voglio comprare il libro che mi hanno consigliato i miei amici.
3. Preferisco i ristoranti che hanno cibo vegetariano.

4. Vado dal dentista che ha lo studio in quel palazzo.
5. Uso il portatile che mi hanno regalato i miei genitori.
6. Vado dal parrucchiere che ha il negozio in piazza.
7. Sto leggendo l'e-mail che Lucia mi ha mandato ieri.
8. Vado dal meccanico che ha l'officina fuori città.
9. Mi piace leggere le riviste che parlano di arte.
10. Prendo le vitamine che fanno bene al cuore.

**B**

1. a. La professoressa che tutti gli studenti adorano / che adorano tutti gli studenti.
   b. La professoressa che insegna il francese e lo spagnolo.
   c. La professoressa che si è appena sposata.
   d. La professoressa che i miei genitori conoscono / che conoscono i miei genitori.
2. a. La casa che Massimo e Catia hanno comprato / che hanno comprato Massimo e Catia.
   b. La casa che ha un giardino e una piscina.
   c. La casa che è stata costruita nel 1973.
   d. La casa che ha due piani.
3. a. I regali che noi abbiamo ricevuto a Natale.
   b. I regali che ci sono piaciuti molto.
   c. I regali che noi abbiamo fatto vedere ai nostri amici.
   d. I regali che tutti ci invidiano.
4. a. L'attore che ha gli occhi verdi e i capelli castani.
   b. L'attore che ha vinto un premio prestigioso.
   c. L'attore che è stato nominato molte volte agli oscar.
   d. L'attore che ha recitato in film drammatici e commedie.
5. a. Il ristorante che i nostri amici hanno aperto due anni fa.
   b. Il ristorante che ha un arredamento etnico.
   c. Il ristorante che si trova al centro di Orvieto.
   d. Il ristorante che molti artisti frequentano / che frequentano molti artisti.

**C**

1. Il progetto di cui mi hai parlato mi incuriosisce.
2. L'azienda in cui lavora Lisa esporta all'estero.
3. Il codice segreto con cui ho aperto la porta cambia ogni settimana.
4. Il motivo per cui diamo le dimissioni è valido.
5. Il film di cui mi avevi parlato non mi è piaciuto.
6. L'olio con cui ho condito l'insalata è pugliese.
7. La nave su cui abbiamo fatto la crociera è italiana.
8. Il mio collega di cui mi fido si chiama Paolo.
9. Il mio primo amore a cui penso sempre si chiama Irene.
10. Il partito per cui avete votato ha vinto le elezioni.

**D**

| | |
|---|---|
| 1. che | 7. che |
| 2. cui | 8. cui |
| 3. cui | 9. che |
| 4. che | 10. cui |
| 5. che | 11. cui |
| 6. cui | 12. cui |

**E**

1. sotto le quali ci sono varie linee della metro
2. vicino alla quale abito
3. davanti al quale c'è un ottimo ristorante
4. con cui passo le domeniche
5. in mezzo alla quale c'è una fontana molto antica
6. dietro i quali c'è un mercato all'aperto
7. al di là del quale ci sono ville molto eleganti
8. sotto il quale c'è una statua stupenda

**F**

| | |
|---|---|
| 1. dei quali | 6. dalla quale |
| 2. nel quale | 7. per la quale |
| 3. sul quale | 8. nel quale |
| 4. per il quale | 9. per la quale |
| 5. nella quale | 10. sulla quale |

**G**

1. What's the name of the company Nadia works for?
2. Naomi bought a villa that you can see the lake from.
3. Let's get together in front of the museum in which we met.
4. The concert was an event from which the university received a lot of funds.

5. Do you know the argument on which Galileo based his theories?
6. I am so tired I would like a soft bed I could lie down on.
7. That is the balcony from which Juliet would talk to Romeo.
8. You have to face the problems that you are running from.
9. I still remember the day I graduated.
10. Everyone should have an ideal to fight for.

**H**

| | |
|---|---|
| 1. i cui | 6. i cui |
| 2. la cui | 7. i cui |
| 3. il cui | 8. il cui |
| 4. le cui | 9. la cui |
| 5. la cui | 10. le cui |

**I**

1. Conosci il nome dell'attore la cui moglie è morta in un incidente di sci?
2. Questo/Lui è il ragazzo il cui padre è stato il mio professore di matematica.
3. Quelli sono gli alberi le cui foglie diventano rosse in autunno.
4. L'avvocato, il cui nome mi sfugge, è canadese.
5. L'Italia vanta molti artisti i cui capolavori sono conosciuti/noti in tutto il mondo.
6. Ho letto il romanzo il cui autore ha vinto un premio prestigioso.
7. Quella è la casa il cui proprietario è un architetto famoso.
8. Orvieto è il paese la cui cattedrale ha una facciata dorata.

**J**

1. È venuta una signora che / la quale ha chiesto di te.
2. Il corvo è un uccello la cui vista è acutissima.
3. Ti faccio leggere la tesi per cui / per la quale ho fatto due anni di ricerche.
4. Ecco la casa in cui / nella quale sono nato.
5. Ron è l'amico con cui / con il quale ho trascorso le vacanze a Salerno.
6. Questa è la conclusione a cui / alla quale sono giunto.
7. Quella è la torre dei pellegrini da cui / dalla quale si vede tutta la città.
8. Ho telefonato a un cugino che / il quale abita in Finlandia.
9. Ecco il portatile con cui / con il quale ho scritto la mia tesi.
10. Non c'è nulla di cui mi pento.

**K**

1. quello che / ciò che
2. che
3. cui
4. quale
5. cui / la quale
6. cui
7. che
8. Chi
9. quello che / ciò che
10. cui

**L**

1. Caterina ha un nuovo lavoro di cui / del quale è molto fiera.
2. Finalmente ha trovato un impiego che la rende felice.
3. È circondata da colleghi molto simpatici di cui / dei quali si fida.
4. Prima aveva un capo antipatico per il quale lavorava molte ore.
5. Il nuovo datore di lavoro, con cui / con il quale ha un ottimo rapporto, è molto gentile.
6. Il sabato e la domenica sono giorni in cui / nei quali Caterina si riposa.
7. A volte frequenta le colleghe fuori dall'ufficio con cui / con le quali va al mare.
8. Di giorno noleggiano una barca su cui / sulla quale prendono il sole.
9. Il sabato sera vanno in discoteca da cui / dalla quale non escono prima delle tre di mattina.
10. La domenica Caterina parla al telefono con i suoi genitori, a cui / ai quali racconta il suo weekend.

## 23 The Present Subjunctive

**A**

1. Voglio che la aiuti Ilenia.
2. Voglio che lo faccia il babbo.
3. Voglio che la scrivano Silvia e Noemi.
4. Voglio che lo portino fuori i vicini.
5. Voglio che lo accompagni la babysitter.
6. Voglio che la organizzino gli altri.
7. Voglio che lo lavi tuo fratello.
8. Voglio che le mettano a posto Giorgio e Luca.

**B**

1. Non voglio che Marco beva molto vino.
2. Non voglio che Gabriella sia triste.
3. Non voglio che Andrea frequenti gente strana.
4. Non voglio che Francesco ed Enrico fumino molto.
5. Non voglio che Simona abbia paura del buio.
6. Non voglio che Alessandra e Miriam mangino molti dolci.
7. Non voglio che tu dorma troppo.
8. Non voglio che Carla lasci le finestre aperte.
9. Non voglio che Paola lavori molto.
10. Non voglio che Anna si lamenti sempre.

**C**

1. Preferisco che Alessandro mandi un'e-mail a tutti.
2. È importante che tutti possano venire alla festa.
3. È necessario che Claudio e Andrea prendano la legna per il falò.
4. Bisogna che tu faccia la torta.
5. Occorre che tutti portino un sacco a pelo.
6. Preferisco che noi compriamo piatti e bicchieri di carta.
7. Voglio che Rossana e Gianluca preparino i panini.
8. Mi auguro che tutti si divertano.

**D**

1. La guida turistica preferisce che noi rimaniamo in gruppo.
2. L'autista esige che noi non lasciamo i bagagli sull'autobus.
3. L'avvocato Neri chiede che il gruppo visiti la grotta azzurra a Capri.
4. Le sorelle Aloisi preferiscono che tutti vadano a Positano.
5. La signora Melani non vuole che suo marito si stanchi.
6. I coniugi Franceschini desiderano vedere Pompei ed Ercolano.
7. Il dottor Lorenzi vuole che il gruppo faccia un giro in traghetto.
8. La guida turistica si augura che tutti si decidano.

**E**

1. Non voglio che i miei figli siano ancora svegli.
2. Non vogliamo che la casa sia sporca.
3. Esigo che Marco guidi con prudenza.
4. Desidero che la mia famiglia sia felice.
5. Non permetto che Anna faccia i compiti molto tardi.
6. Non voglio che i vicini siano molto curiosi.

7. Non permettiamo che il cane entri in casa.
8. Mi auguro che Marco e Anna si laureino presto.

**F**

*Answers will vary.*

**G**

1. Sono contenta che i tuoi genitori vadano in vacanza.
2. Sono contenta che Fabrizio e Anna si sposino tra un mese.
3. Sono contenta che domani faccia bel tempo.
4. Sono contenta che tu e Lisa ceniate insieme.
5. Sono contenta che Antonella finisca l'università quest'anno.
6. Sono contenta che la Professoressa Gambarota abbia scritto un libro di successo.
7. Sono contenta che Luca non faccia mai capricci.
8. Sono contenta che voi andiate in montagna.

**H**

1. Io sono felice che tu capisca tutto.
2. Noi temiamo che loro non vogliano aiutarci.
3. Mi stupisce che il professore non ci riconosca.
4. Rossella è dispiaciuta che Lucia non voglia venire.
5. La maestra ha paura che Filippo non apprenda molto.
6. È meraviglioso che tu abbia un nuovo lavoro.
7. È normale che i bambini siano vivaci.
8. È assurdo che Ettore non voglia fare l'esame.
9. Basta che voi me lo diciate.
10. È straordinario che Jennifer sappia pilotare un aereo.

**I**

*Answers will vary. The subjunctive forms of the verbs are as follows.*

| | |
|---|---|
| 1. aumentino | 6. sia |
| 2. siano | 7. possano |
| 3. possa | 8. dobbiamo |
| 4. venga | 9. scriva |
| 5. facciano | 10. abbiano |

**J**

1. —Il professore finisce la lezione in anticipo?
   —Non credo che il professore finisca la lezione in anticipo.
2. —Matteo discute la tesi quest'anno?
   —Non credo che Matteo discuta la tesi quest'anno.

3. —Rossella e Lucia vanno ad abitare in un nuovo appartamento?
   —Non credo che Rossella e Lucia vadano ad abitare in un nuovo appartamento.
4. —Tu e Donata fate yoga stasera?
   —Non credo che io e Donata facciamo yoga stasera.
5. —Giacomo studia tutta la notte?
   —Non credo che Giacomo studi tutta la notte.
6. —Lara lavora in mensa?
   —Non credo che Lara lavori in mensa.
7. —Il laboratorio linguistico è aperto?
   —Non credo che il laboratorio linguistico sia aperto.
8. —Tua cugina viene negli Stati Uniti?
   —Non credo che mia cugina venga negli Stati Uniti.
9. —I vicini comprano un cane?
   —Non credo che i vicini comprino un cane.
10. —Gli altri ci raggiungono dopo cena?
    —Non credo che gli altri ci raggiungano dopo cena.

**K**

1. Non sono convinto/a che sia la decisione migliore.
2. È poco probabile che domani nevichi.
3. Non sembra che il signor Livorni abbia molti soldi.
4. Non sono sicuro/a che il sindaco ci conosca.
5. Non mi pare che la vita oggigiorno sia più facile.
6. Dubito che i bambini apprendano più velocemente.
7. Non mi risulta che i suoi genitori non vivano più insieme.
8. Non penso che questo paese sia in crisi.

**L**

1. Sembra che Michele chieda l'aumento.
2. Tutti sanno che Vanessa tradisce suo marito.
3. È poco probabile che i due nuovi assunti abbiano un diploma di laurea.
4. È evidente che Riccardo arriva sempre in ritardo.
5. Sono sicura che il capo chiama tutti in riunione oggi pomeriggio.
6. È chiaro che l'azienda è in deficit.
7. È palese che Carlo si lamenta di tutto.
8. Non penso che gli altri sappiano che facciamo pettegolezzi.

## M

1. Lei preferisce che io torni in aereo.
2. È impossibile che tu li conosca.
3. Spero che arrivino presto.
4. Vedo che sai ballare.
5. Non siamo sicuri che Lei capisca.
6. Lui spera che lei lo ami ancora.
7. Mi sembra/pare che tu sia un po' depresso/a.
8. È importante che voi prendiate una decisione.
9. È evidente che sei un bravo studente / una brava studentessa.
10. Dubito che lei parli giapponese.

## 24 The Subjunctive in Adjective and Adverb Clauses

### A

1. Tu vuoi un appartamento che abbia due bagni.
2. Noi preferiamo un appartamento che sia climatizzato.
3. Luca e Marco desiderano un appartamento che sia vicino all'università.
4. Alessio cerca un appartamento che sia davanti alla fermata dell'autobus.
5. Io voglio una cucina che abbia una lavastoviglie.
6. Voi preferite un appartamento che si trovi in una zona tranquilla.
7. Molly, la cagnolina di Alessio, vuole un appartamento che abbia un balcone.
8. Noi vogliamo vicini che non facciano troppo rumore.

### B

1. sappia
2. possa
3. capisca
4. sia
5. abbia
6. faccia
7. dica
8. mi senta

### C

1. conosca
2. parli
3. gestiscano
4. sia
5. si occupi
6. abbiano
7. risieda
8. possiedano

### D

1. Alba è la ragazza più bella che conosciamo.
2. Questa città è la più grande che abbia mai visitato.
3. L'affitto in città è il più caro che Riccardo abbia mai pagato.
4. La geografia è la sola materia che tu capisca.
5. Tu sei il primo e l'ultimo amore che io abbia mai avuto.
6. Leggere è il più bel passatempo che esista.
7. Quel museo è il museo più interessante che abbiate mai visto.
8. Lorenzo è l'unica persona che mi capisca.
9. L'amore è la sola cosa che abbia un senso.
10. Lei è l'unico studente che studi l'arabo.

### E

*Answers will vary.*

### F

1. Farò un corso di cucina orientale a meno che non costi troppo.
2. Andremo al mare a meno che non piova.
3. Liliana mi ospiterà a meno che non cambi idea.
4. Mio fratello andrà in Giappone a novembre a meno che mio padre non gli vieti di andare.
5. Mio nonno andrà in vacanza in Spagna a meno che non si ammali.
6. Riceverò un aumento a meno che l'azienda non fallisca.
7. Andremo in viaggio di nozze in macchina a meno che non si rompa la macchina.
8. Faremo una passeggiata nel parco a meno che non nevichi.

### G

1. Sì, a patto che pulisca la tua stanza prima.
2. Sì, a patto che torni a casa prima di mezzanotte.
3. Sì, a patto che tuo fratello possa accompagnarti.
4. Sì, a patto che non serva a tuo padre.
5. Sì, a patto che non vengano prima delle 8:00.
6. Sì, a patto che non faccia tardi.
7. Sì, a patto che stiate attenti.
8. Sì, a patto che le scarpe non costino troppo.

### H

1. Perché/Affinché mi senta meglio.
2. Perché/Affinché guarisca.
3. Perché/Affinché le persone vadano a dormire.
4. Perché/Affinché tu non abbia freddo.
5. Perché/Affinché tu cresca sano e forte.
6. Perché/Affinché tu possa imparare tante cose.

7. Perché/Affinché gli automobilisti non facciano incidenti.
8. Perché/Affinché veda le altre macchine.

**I**

1. Devi fare i compiti benché tu sia stanco.
2. Devi studiare chimica benché tu non abbia voglia.
3. Devi telefonare a Renata benché voi abbiate litigato.
4. Devi andare a lezione benché tu non ti senta bene.
5. Devi metterti la cravatta / Ti devi mettere la cravatta benché faccia caldo.
6. Devi scrivere benché tu non sappia la risposta.
7. Devi finire il capitolo benché sia tardi.
8. Devi mangiare benché tu non abbia fame.

**J**

*Answers will vary.*

**K**

1. Benché/Sebbene faccia freddo, potremmo fare una passeggiata.
2. Ti lascio andare purché tu mi dica la verità.
3. Chiamami nel caso ti perda.
4. Gli spiegheremo la situazione affinché / di modo che / perché capiscano.
5. Ve lo ripeterò affinché / di modo che / perché lo ricordiate.
6. Lisa continua a chiamarmi / Lisa mi continua a chiamare benché/nonostante non possa aiutarla.
7. Vado in macchina con te a patto che / a condizione che tu non guidi troppo velocemente.
8. Puoi andarci / Ci puoi andare purché tua sorella venga con te.

**25** The Imperfect Subjunctive

**A**

1. venissi
2. desse
3. andasse
4. aumentassero
5. studiassi
6. fossi
7. facesse
8. invitasse
9. mangiassero
10. arrivasse
11. piacessero
12. rifiutassimo
13. si sbagliasse
14. guidasse
15. vivesse

**B**

1. Riccardo preferiva che restassero in Italia.
2. Valeria credeva che fosse meglio una vacanza di tipo culturale.
3. Riccardo voleva che pensassero di più allo shopping e al divertimento.
4. Valeria desiderava che noi andassimo in vacanza con loro.
5. Riccardo insisteva che viaggiassero da soli.
6. Noi speravamo che lui cambiasse idea.
7. Sembrava impossibile che si mettessero d'accordo.
8. Noi ci auguravamo che lei non gliela desse vinta.

**C**

1. studiassi
2. trovasse
3. li accompagnassi
4. ci sposassimo
5. le prestasse
6. mangiaste
7. andassi a trovarli
8. li capissero

**D**

1. accompagnassero
2. avessero
3. durasse
4. capisse
5. fosse
6. trovassero
7. facesse
8. fossero

**E**

1. si avvicinasse
2. scrivessero
3. andassero
4. vivessero, si divertissero
5. avesse
6. festeggiasse
7. facesse
8. tornassero

**F**

1. si accorgesse
2. avesse
3. si lasciassero
4. fosse
5. desse
6. baciasse
7. smettesse
8. scoprisse

**G**

1. Se lunedì torno dal lavoro presto, pulisco/pulirò l'appartamento.
2. Se martedì c'è sciopero degli autobus, prendo/prenderò un taxi.
3. Se mercoledì fa bel tempo, gioco/giocherò a tennis con Giacomo.
4. Se giovedì non devo lavorare, vado/andrò in biblioteca.
5. Se venerdì ricevo un aumento, festeggio/festeggerò con Francesca.
6. Se sabato sera Francesca è libera, esco/uscirò con lei.
7. Se lei è d'accordo, andiamo/andremo a cena fuori.
8. Se non è troppo tardi, possiamo/potremo andare al cinema dopo cena.
9. Se non siamo molto stanchi, torniamo/torneremo a casa a piedi.
10. Se domenica ho tempo, lavo/laverò la macchina.

**H**

1. avessi
2. vincessi
3. diventassi
4. mangiassimo
5. si impegnasse
6. sapessi
7. fossi
8. pagasse
9. potesse
10. potessi

**I**

1. trovassi, sposerei
2. dicessi, crescerebbe
3. venissero, mangerei
4. soffiassi, distruggerei
5. baciasse, mi trasformerei
6. dessi, si sveglierebbe
7. corressi, arriverei
8. fosse, vivrei

**J**

1. Andremmo in vacanza se avessimo i soldi.
2. Se avessi fame, mangerei.
3. Se mangiassi, ti sentiresti meglio.
4. Se potessi, ti aiuterei.
5. Se Jennifer venisse in Italia, la porterei a Venezia.
6. Se trovaste lavoro, sareste meno depressi.
7. Proveresti molta soddisfazione se ti laureassi presto.
8. Se potessimo, lo faremmo.
9. Verrei volentieri se mi invitassi.
10. Se facesse bel tempo, potremmo andare al mare.

## 26 Compound Subjunctive Tenses

**A**

1. Daniela dubita che i suoi figli abbiano fatto tutti i compiti.
2. Ci dispiace che non siate venuti al matrimonio.
3. È meglio che tu non abbia detto niente.
4. Siamo contenti che Giorgio si sia laureato.
5. È un peccato che Antonella e Riccardo abbiano divorziato.
6. Sembra che gli studenti abbiano capito l'uso del congiuntivo.
7. È preoccupante che la disoccupazione sia aumentata negli ultimi anni.
8. È incredibile che sia stato trovato un insetto grande come un criceto in Nuova Zelanda.
9. Pare che l'insetto abbia mangiato una carota intera.
10. È strano che non abbiate sentito la notizia.

**B**

1. Sono contento/a che Irene e Ottavio si siano sposati.
2. È importante che abbiamo visto quei siti web.
3. Dubitano che l'Italia abbia vinto il campionato di calcio.
4. Speriamo che Enrico sia stato assunto.
5. Anna non pensa che i ragazzi abbiano rotto la finestra.
6. Marcella teme / ha paura che suo marito abbia venduto la macchina.
7. Dubito che mi abbia sentito.
8. Crede che l'abbia tradita.
9. È un peccato che Marco abbia perso il portafogli.
10. Pensi che i vicini si siano trasferiti?

**C**

1. Il professore è andato in pensione senza che gli abbiamo fatto un regalo.
2. Luisa è andata via senza che tu l'abbia ringraziata.
3. La cometa è passata senza che io l'abbia vista.
4. Mio padre si è arrabbiato senza che io gli abbia detto niente.
5. Il postino è venuto senza che i vicini l'abbiano sentito.
6. L'inverno è arrivato senza che noi ce ne siamo accorti.

**D**

1. foste venuti, vi sareste divertiti
2. avrebbe letto, avessi chiesto
3. avessi aiutato, avrei superato
4. avrei restituito, avessi visto/a
5. avesse letto, avrebbe capito
6. avesse fatto, avremmo fatto
7. avessero studiato, avrebbero viaggiato
8. avessimo avuto, avremmo finito
9. avessi saputo, avrei partecipato
10. sarebbero usciti, fossero stati

**E**

1. Stefania avrebbe respirato aria più pulita se fosse cresciuta in campagna.
2. Paolo non sarebbe riuscito a dormire se avesse sentito il rumore del traffico.
3. Stefania avrebbe mangiato cibi più sani se avesse vissuto / fosse vissuta in campagna.
4. Paolo e Stefania avrebbero giocato di più insieme se avessero vissuto / fossero vissuti entrambi in campagna.
5. Paolo avrebbe preso la metro e l'autobus se fosse andato a scuola in città.
6. Stefania avrebbe imparato ad andare a cavallo se fosse cresciuta in campagna.
7. Paolo sarebbe andato al cinema tutti i giorni se avesse/fosse vissuto in città.
8. Stefania avrebbe colto fiori bellissimi se avesse vissuto / fosse vissuta in campagna.

**F**

1. avesse saputo
2. avesse visto
3. ti fossi divertito/a
4. avessero torturato
5. avessero mangiato

6. fosse stata
7. fosse stato
8. avessi avuto

**G**

1. Se Claudia avesse avuto la chiave, avrebbe aperto la valigia.
2. Se fossero stati più attenti, non avrebbero perso il loro cellulare.
3. Se me lo avesse chiesto, Le avrei dato una risposta.
4. Se avessero preso l'aereo, sarebbero già arrivati a casa.
5. Se nostro zio avesse perso il treno, avrebbe telefonato.
6. Se avessi avuto buon senso, non avresti detto quelle cose.
7. Sarei andato in vacanza con lei se mi avesse invitato.
8. Se Dante non avesse visto Beatrice, non avrebbe scritto la *Vita Nuova*.

**27** Word Formation

**A**

1. to widen, enlarge
2. to poison
3. to get rich
4. to slice
5. to come true
6. to smoke
7. to lengthen, to extend
8. to go/come closer, approach

**B**

1. convergono
2. convalida
3. si concentrano
4. condanna
5. conviene

**C**

1. ha disgelato
2. ha disfatto
3. hanno disprezzato
4. ha disintossicato
5. ha disperso

**D**

1. to become/get poor
2. to cross
3. to frighten, scare
4. to glue, paste
5. to worry

**E**

1. to ruffle / mess up (one's hair)
2. to uncover, discover
3. to strip down, disassemble
4. to remove a stain from (something)
5. to wither, fade
6. to advise (someone) not (to do something)
7. to disconnect
8. to uncork
9. to unload; to download
10. to deflate

**F**

1. disordinato
2. insufficiente
3. sfortunato
4. disarmato
5. ingiusto
6. scomodo
7. incerto
8. incapace
9. disinformato
10. insoddisfatto

**G**

| | |
|---|---|
| 1. d | 6. a |
| 2. i | 7. h |
| 3. f | 8. j |
| 4. g | 9. c |
| 5. b | 10. e |

**H**

1. luggage rack
2. nutcracker
3. nail clippers
4. ice crusher
5. ashtray
6. squeezer
7. screwdriver
8. plunger
9. vegetable masher
10. potato masher
11. shaver, hair trimmer
12. hair dryer

## 28 Potential Pitfalls

**A**

| | |
|---|---|
| 1. a | 6. a |
| 2. b | 7. b |
| 3. b | 8. b |
| 4. a | 9. a |
| 5. a | 10. a |

**B**

1. —Conosci Napoli?
   —No, non conosco l'Italia.
2. —Conosci Roma?
   —Sì, la conosco come le mie tasche.
3. —Non sapevo che conoscessi il mio avvocato.
   —L'ho conosciuto la settimana scorsa.
4. —Come hai saputo il suo indirizzo?
   —Lo sapeva mia sorella. Me l'ha detto lei.

**C**

| | |
|---|---|
| 1. b | 4. b |
| 2. a | 5. a |
| 3. b | 6. b |

**D**

| | |
|---|---|
| 1. b | 6. b |
| 2. b | 7. b |
| 3. a | 8. a |
| 4. b | 9. a |
| 5. a | 10. b |

**E**

| | |
|---|---|
| 1. b | 6. a |
| 2. b | 7. b |
| 3. b | 8. b |
| 4. a | 9. a |
| 5. b | 10. b |

**F**

1. Ron non vuole uscire. Sta a casa.
2. Stai/Sta' fermo/a.
3. Il padre di Giulia è ragioniere.
4. È di Catania ma vive/abita a Pisa.
5. Cinque case popolari saranno costruite dalla regione.
6. Starà ai residenti preoccuparsi della manutenzione.
7. I miei (genitori) sono arrabbiati con me.
8. Ero fuori fino a tardi ieri notte.

**G**

| | |
|---|---|
| 1. a | 6. b |
| 2. b | 7. a |
| 3. b | 8. b |
| 4. b | 9. b |
| 5. b | 10. a |

**H**

1. Ti sono piaciute le altre città italiane?
2. I miei fratelli sono partiti ieri per l'America e mi mancano già tanto!
3. A Paola, Carla e Cristina piace molto il cinema francese.

4. Non ci sono mai piaciute le tragedie.
5. Gli mancherà molto l'estate.
6. Mi sono piaciuti gli spaghetti alle vongole.
7. Quando mi sono trasferito in città, mi mancava la quiete.
8. Mamma e babbo, mi siete mancati tanto.
9. Penso che a Johnny e a Vinnie piacciano molto i vini italiani.
10. Al presidente non mancano certo i soldi.

**I**

1. è piaciuta
2. è piaciuto
3. è piaciuta
4. sono piaciuti
5. sono piaciute
6. è piaciuta

7. sono piaciute
8. sono piaciuti
9. è piaciuta
10. è piaciuto

**J**

1. Mi è piaciuta la festa.
2. Gli manca la Spagna.
3. Ti manco?
4. A Lola piace la lingua francese.
5. A Jennifer non è piaciuto il film.
6. Mi manca la campagna inglese.
7. Le piace fare/farsi la doccia ogni mattina.
8. Manchi molto a tua madre.
9. A Susanna piacevano gli spinaci.
10. Non le piacciono più.

# Index

# About the Authors

**David M. Stillman**, PhD, is a well-known writer of foreign language textbooks and materials for multimedia, with a bibliography that includes titles in four languages. He teaches languages and linguistics at The College of New Jersey, where he also coordinates an innovative program of student-led oral proficiency classes. He has taught and coordinated foreign language programs at Boston University, Harvard University, and Cornell University. He has presented at national and regional conventions of language educators, has consulted on states' K–12 academic standards for world languages, and has been appointed to national committees devoted to the improvement of teacher training.

**Tiziano Cherubini**, PhD, is a Lecturer of Italian in the Department of Modern Languages and Cultures at Baylor University. He holds a Laurea (BA) in Foreign Languages and Literatures from the Università di Viterbo, Italy, an MA in Italian Literature from the University of Virginia, and a PhD in Italian from Rutgers University. He is a frequent presenter at professional conferences on topics in Italian language and literature and an author of Italian grammar and vocabulary reference books.

**Ronni L. Gordon**, PhD, is a prominent author of foreign language textbooks and materials for multimedia, including more than 30 titles in Spanish and other languages. She has taught and coordinated Spanish language programs and taught Spanish American literature at Harvard University, Boston University, and Drexel University. A foreign language consultant, she has read for the National Endowment for the Humanities, presented at the United States Department of Education, and consulted on states' K–12 academic standards for world languages. She has presented at conferences on foreign language pedagogy and Spanish American literature, as one of the first scholars to offer a college course on Spanish American women writers.